J・T・ウェブ＋E・R・アメンド＋P・ベルジャン＋N・E・ウェブ＋
M・クズジャナキス＋F・R・オレンチャック＋J・ゴース 著
James T. Webb, Edward R. Amend, Paul Beljan, Nadia E. Webb,
Marianne Kuzujanakis, F. Richard Olenchak, Jean Goerss

角谷詩織＋榊原洋一 監訳
Shiori SUMIYA, Yoichi SAKAKIHARA

Misdiagnosis and
Dual Diagnoses of
Gifted Children
and Adults:
ADHD, Bipolar, OCD, Asperger's,
Depression, and Other Disorders

ギフティッド
その誤診と重複診断
●心理・医療・教育の現場から

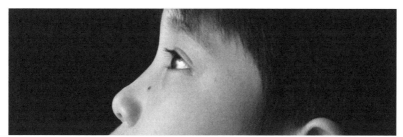

北大路書房

MISDIAGNOSIS AND DUAL DIAGNOSES OF GIFTED CHILDREN AND ADULTS
(2nd Edition)
by James T. Webb, Ph.D., Edward R. Amend, Psy.D., Paul Beljan, Psy.D., Nadia E. Webb, Psy.D.,
Marianne Kuzujanakis M.D., F. Richard Olenchak, Ph.D., and Jean Goerss, M.D.
Copyright © by James T. Webb, Ph.D.
All Rights Reserved.
Japanese translation published by arrangement with Yorwerth Associates, LLC
through The English Agency (Japan) Ltd. on behalf of Great Potential Press, Inc.

ロナルド・E・フォックス（Psy.D., Ph.D.）によるまえがき

　2004年の夏，オハイオ州デイトンにあるライト州立大学大学院臨床心理学科創立25周年記念会へ向かう飛行機のなかで，私は同乗客（後に大学の総長の奥様だとわかった）との会話に夢中になっていた。私の旅の目的を知った彼女は，ライト州立大学大学院の特に臨床心理学科がSENG（Supporting Emotional Needs of Gifted）のプログラムを開講していたことを，また，SENGはギフティッドとその家族を献身的に支援している「国の真の宝だ」と話してくれた。彼女は，私がその学科創設時の学科長であり，SENGとそのプログラムの創設者であるDr. James T. Webbとは顔なじみであるとは知らずに，SENGの話を続けた。もちろん私は彼女の話に喜んで耳を傾けた。私が学科長だったときの決断，つまり，SENGのプログラムをライト州立大学に取り入れるという決断を，彼女は称えてくれた。

　彼女の話は，私が何年もの間，様々な人々から聞いてきた話ととてもよく似たなじみ深い話だった。数年前，当時9歳だった彼女の甥は通常学級から除名されそうになっていた。成績が悪く，注意力に欠け，宿題はお粗末で，クラスメイトにはイライラし，電気モーターに強迫的ともいえるほどに強い興味をもち，クラスで何が行われていようとお構いなしに電気モーターのことばかり調べたがっていたのである。担任の先生は悩むばかりでなく途方に暮れ，苛立っていた。頭のよい生徒であるはずなのに，問題行動を改める様子がまったくみられなかったためである。彼のクラスを乱す行動を制御できなかった先生は，彼に別のプログラムを受けさせようとした。そのとき，叔母であるこの同乗客の女性が少年の母親に，オハイオ州デイトンにあるライト州立大学のSENGプログラムを紹介したのである。

　その少年の両親は検査とアドバイスを受けに，息子を連れてデイトンへ向かった。その少年は非常に知力の高いギフティッド児だったため，インディアナ州の小さな町の学校では，彼の知的ニーズは到底満たせないことがわかった。両親はその子に適した知的刺激を提供するための情報や方法を知り，また，クラスを乱す様々な行動にどのように対処したらよいかについての適切な助言を受けた。さらに，きょうだいにはどのように応じたらよいのかについても，実際的なアドバイスを受けた。

　すぐにその成果が現れた。当時のインディアナ州の学校システムでは利用できるギフティッドプログラムがなかったにもかかわらず，SENGからの支援を受けながら，両親がその少年の知的・発達的ニーズにより適切に応じられるようになり，成果が現れたのである。たった数か月の間に，その少年は問題児から意欲的で熱心な生徒へと

変貌を遂げた。それだけではない。少年があまりにも劇的な変貌を遂げたため，同じ学校の，少年と同じような特性をもつ子どもの親がSENGを訪れ，そして，同様の劇的な変化を経験したのである。

　この話を聞き，私は初期のSENGの歴史を鮮明に思い出した。どのようにして，そのプログラムがオハイオ州のデイトンにある新しい州立大学の新しい学科に組み込まれることになったのか，そして，その働きがどのようにして本書に記されることとなったのかが思い出された。それは，1980年，ダラス・エグバートという名の17歳のギフティッドでありタレンティッドであった少年の自殺から始まる。彼の両親が，当時臨床心理学科の副学科長だったDr. James T. Webbに連絡を取り，どうにかしてギフティッド児の家族のためのプログラムをライト州立大学につくってほしいと願い入れたのだった。この両親は，ギフティッド児たちの情緒的なニーズの重要性を特に重く考えていた。息子を情緒的に支えていくうえで助けを得ることの難しさを実感していたためである。Dr. Webbは，デイトンのこども医療センターの心理サービス部の元理事長であり，そのようなサービスの必要性を認め，すぐに臨床心理学科博士課程の学生の養成にも位置づけられるプログラム構想をつくった。私は彼の提案を認め，本格的に動き出した。このような特殊な子どものニーズは通常の学校システムでは認識されないことが多い。彼らが抱える問題にかかわる機会をつくったことで，この大学に2つのことがもたらされた。1つは，児童心理の臨床家のための特色ある臨床心理学科のプログラムであり，もう1つは，実際の社会的ニーズに応える機会である。

　新設されたSENGプログラムはすぐに学生の関心を引き，財政的な支援を受け，広く注目されるものとなった。まもなく，Dallas Egbert Fundからの資金援助，地域の非営利事業やその他従来からの基金により，学生支援のための支援金を最も得ることのできるプログラムの1つとなった。1981年の"Phil Donahue Show"にEgbert家とDr. Webbが出演した際には，全米の20,000人以上もの視聴者からの反響があった。このプログラムが真のニーズに応じたものであることは言うまでもなかった。

　SENGプログラムは簡潔でニーズに的を絞ったものとなっていた。第1に，大学で心理士による正式な知能検査とパーソナリティ検査，また，ギフティッド児とその家族との個別面談が行われた。第2に，個別面談やワークショップを通して，心理士，カウンセラー，教師，その他の専門家のためのコンサルテーションサービスが行われ，各地からのリクエストに応えた。第3に，親グループを対象に指導者つきの一連のディスカッション——ギフティッド児の家族の悩みとなる10のキー・トピックスを扱う——を週に1度実施した。これらを通して親たちは意見交換をし，学びあった。そして，問題を未然に防いだり，解決策を見出したり，困難な状況を予防する力を身

につけていった。ギフティッド児の育児には，ほとんどの親が持ち合わせていないスキルが必要だということを学んでいったのである。

　公立大学のアカデミック・プログラム評価に通常用いられている方法で評価を行うと，SENG は成果を上げていた。実際の社会的ニーズに応じており，新たな知識や介入方法を開発し，多くの科学論文にも掲載され，よりよい専門性の育成に貢献し，外部資金も獲得した。あいにく，プログラムが軌道に乗るにつれ，後援者が他へと移っていった。現代の大学にはよくあることだが，新しい教員や管理者が入ることで新たな優先事項や機会が生じ，ライト州立大学も次なる未来へと舵を切ることとなった。そして，ライト州立大学の SENG はやむをえず終焉を迎えた。それでもなお，SENG は独立した非営利団体（www.sengifted.org）として再建し，今日にいたるまで貢献し続けている。情報の共有，学会，親のディスカッショングループをつくるためのトレーニング，心理士や，医療，カウンセリングの専門家対象の継続教育プログラムが，今もなお提供されている。

　一方，何よりも大きな問題は，憂々しき現実でもあるが，ギフティッドやタレンティッドの人々の社会的・情緒的ニーズが米国の教育界の議題には決してのぼらなかったこと，そして，カウンセリングや医療関係者もまた，優先課題とはしてこなかったことである。ギフティッド児や成人ギフティッドの問題に特化するということは，貧困者や学習に困難を示す生徒の問題を優先すべきだとする社会においては，とかくエリート主義者や非民主的と思われるのである。ギフティッド児に資金を投じたり支援プログラムを提供するなどというのは，それ以外の問題が山積みのなかでは不必要なこと，さらには無駄なこととすらみなされる。これは今に始まったことではない。

　1919 年，心理学者の Leta S. Hollingworth が，コロンビア大学教員養成学部にギフティッド教育の分野を設け，大学 1 年生向けの講義を開始した。7 年後，彼女の先駆的な業績がギフティッド教育の最初の教科書として出版された。それが "*Gifted Children: Their Nature and Nurture*"（Hollingworth, 1926）である。その書には，70 年後に Webb らにより正確に記されることとなったいくつかの課題が詳細に記されている。それは，公立学校がこの並外れた生徒たちの役に立ち損ねていること，ギフティッド児が皆同様の特性をもつわけではないこと，非同期発達はギフティッドネスに含まれる生得的な特性であること，ギフティッドが将来的にその才能を開花させるかどうかは環境にかかっていること，並外れた知能の子どもたちは社会適応に特有の問題をもちうることである。

　米国のような民主主義社会に対して，ギフティッド児の社会的・情緒的ニーズに注目し，重点課題とするよう求めることは問題視されてきた。ギフティッド児が「知的

な黄金」であるにもかかわらず，この風潮は我が国の創立以来続いている。そして，近い将来にいたるまで変わることはないであろう。この問題に気づいた創造的でエネルギッシュな親や教師をはじめ様々な専門家が，このような子どもの弁護者となり，社会の風潮を変えられることもある。しかし，そのためには，人を疲弊させるほどの弛まぬ努力が要される。それはちょうど，膨らんだボールに指を押しつけているようなものだ。指を押しつけている間はボールは凹む。しかし，その指を放した途端，ボールは元に戻ってしまう。

　本書の著者に代表される人々（Dr. Ed Amend と Dr. Paul Beljan の2人はライト州立大学の SENG プログラムの養成を受けた）の弛みない努力なくしては，この特殊な人々のニーズは満たされることも認識されることもないままだっただろう。そして，多くのギフティッド児や成人ギフティッドが精神疾患と誤診されることとなっただろう。本書の著者と出版社の Great Potential Press は表彰に値する。Leta Hollingworth の遺産は彼らが引き継いでいる。アメリカの教育界も社会も概してよい方向へと向かっているのは，彼らの努力の賜物である。親ばかりでなく医療関係者にも，本書から多くの知見を得ていただきたい。そして，ギフティッド児と成人ギフティッドの誤診が減ることを切に願う。

Ronald E. Fox, Psy.D., Ph.D.
Executive Director, The Consulting Group of HRC, Chapel Hill, NC
米国心理学会（American Psychological Association）元会長

監訳者まえがき―ギフティッドに対する大きな誤解―

　小児神経学を専門とする私は，長年にわたって子どもの神経の病気の診療にかかわってきました。子どもの神経の病気というと，かつては脳性麻痺やてんかんがその中心的存在でしたが，近年は自閉症（スペクトラム），注意欠陥多動性障害（注意欠如多動症），学習障害などのいわゆる発達障害の占める比重が大きくなってきました。私の外来を受診されるお子さんの大部分は，発達障害とそれに類する障害が主になってきています。

　発達障害を構成する，自閉症スペクトラム，注意欠陥多動性障害，学習障害の3者の中で，自閉症スペクトラムについては，1943年のKanner, L.の報告以来比較的長い臨床実践の積み重ねがあり，社会的にもその認知は進んでいました。学習障害は，欧米ではディスレキシアとして社会的にもその存在がよく知られていましたが，日本においては注意欠陥多動性障害とともに，社会認知だけでなく医療現場においてもその理解が遅れていました。

　日本で発達障害についての社会的な認知が進むのは，2002年に文部科学省が行った全国の小中学校普通学級の児童生徒を対象に行った大掛かりな調査以降です。ご存知のように2002年と2012年に行われた文部科学省の調査で，普通学級に在籍する小中学生の6.3～6.5％に，上記3つの発達障害の行動特徴が確認されたのです。

　従来の特殊教育（障害児教育）の対象である，知的障害や肢体不自由等は，子ども全体の2％前後であり，さらにその3倍近い数の子どもたちに特別の教育的配慮が必要であるという現実に対応するために，教育関係者だけでなく医療や心理の専門家は大急ぎで対応する必要がありました。

　教育現場では，特別支援教育コーディネーターや校内委員会の設置や，発達障害についての講習などの準備が進み，医療現場でも，医療関係者の発達障害に関する講習会や研究会が盛んに開かれるようになりました。図書やマスコミを通じた一般の人々への発達障害についての啓発活動も同時に行われ，現在では発達障害という言葉は広く社会に知られるようになっています。

　しかし言葉は敷衍したものの，発達障害の正しい理解が，一般の人たちだけでなく，医師などの専門家の間でも不十分であるという事態が起きています。その結果一症状があるだけで，自閉症スペクトラムなどの診断をつける過剰診断が行われるという憂うべき現実があります。

　前置きが長くなりましたが，そんな折に本書の監修のお話がありました。

最初に「誤診」というタイトルを見た時に，本書は米国における発達障害の誤診についての本であると思いました。しかし，本文を読み始めて，本書が，国民の数パーセントにも及ぶ，発達障害だけでなく精神疾患を主とする様々な疾患と誤診される可能性の高い特定の人々についての本であることを知りました。その特定の人々こそ，ギフティド児あるいは成人ギフティドだったのです。

　ギフティド（gifted）は字義どおりに翻訳すると「才能を与えられた」という意味になります。様々なタイプのギフティドがあることは本書をお読みいただければわかりますが，その中心である高知能の子どもや大人は，我が国では英才というようによばれています。英才児といえば，一般的にはうらやまれる存在です。また高い知能によって，社会的に成功し豊かな人生を送ることのできる選ばれた人，というイメージがあります。ところが，高知能をもつ子どもや大人，あるいはそれ以外の並外れた能力をもつ個人は，その能力が平均的な能力からあまりにもかけ離れているために，幼少時から偏見や無理解の対象になりやすいだけでなく，発達障害や様々な精神疾患と「誤診」されることが多いというショッキングな事実があるのです。

　本書は，アメリカにおけるそうしたギフティド児（者）の問題点に早くから注目し，その研究所を大学内に創設するとともに，ギフティド児のための研究とその知識の普及活動を行う組織であるSENGをつくり上げたWebb教授が中心となって執筆された名著です。豊富な事例を示しながらギフティド児がさまざまな行動特徴によって，精神疾患と「誤診」される実情が詳細に記載されています。誤診されることのある疾患あるいは障害として，私の専門分野でもある発達障害だけでなく，アメリカ精神医学会で編纂した精神疾患マニュアルである『精神疾患の診断と統計マニュアル（DSM）』に記載されている基本的な精神疾患の多くがあげられています。

　本書の最大の強みは，ギフティド児の誤診についての多数の実例が示されている点です。そのために，誤診された疾患についての知識が十分ない読者でも，容易にギフティド児とその誤診について実態をイメージすることができます。

　発達障害をもつお子さんを多数診てきている私も，本書の監修にかかわる中で，より明確なギフティド像をもつことができたように思います。そして，それは私の診療にも大きな影響を与えました。

　従来であれば診断に苦慮していた子どもたちの中に，以下に述べるようなギフティドという視点をいれることで，理解できるケースがあるのです。

　私の限られた臨床経験のなかにも，以前から高知能で<u>あるにもかかわらず</u>，園や学校で様々な困難を抱えている子どもがいます。「であるにもかかわらず」という表現に下線を引いたのは，私がかつていだいていた感想であるからです。現在であれば，

そして本書で紹介された多くの実例を見れば，この表現は「であるにもかかわらず」ではなく，「であるために」と言い直さなくてはなりません。

　かなり前になるので記憶に不確かなこともありますが，5歳前後の女児のことを思い出します。保育園での集団行動になじめないことを主訴として来たこの女児は，保育園での決まりに従うことができず，また同年齢の子どもたちと関わりをもつことに困難を覚えていました。保育士の指示にも従うことが困難であり，知的障害あるいは自閉症スペクトラムを疑われての受診でした。親が心配になって受けた知能検査の結果を聞いて私は驚愕しました。IQは165以上もあったのです。当時は私なりの解釈（今から思うと正しかったのですが）として，「周りの子どもの幼さについていけない」ことがこの女児の困難の原因であるとご両親に告げたように記憶しています。この子は，その後も私の外来に来ていましたが，年齢が長じるにしたがって次第に年齢相当の子どもらしさが身につき，最後に受診された小学校低学年の時には，ほぼ年齢相当に見える女児になっていました。発達した認知能力と，生まれてからまだ数年しかたっていないことによる経験量との乖離が，この女児の困難に原因であったのです。

　発達障害についての社会的認知が進み，発達障害という診断名が，医療や心理の関係者だけでなく，教育現場を中心とする社会一般の中で知られるようになって現在，私の外来を受診されるごく限られた人数のお子さんのなかに，かなり頻繁にギフティッドの子どもたちがみられるようになってきています。

　最近次のような経験をしました。それは不登校になっている小学3年生の男児です。最初から診察室に入るのを嫌がっていましたが，私が質問を始めるとこの子の特徴が現れました。

　「何歳？」と聞くと「2歳」，「好きな食べ物は？」「ママ」，「そうか，では嫌いな食べ物は？」「ママ」，「（絵を描くことが好き，と問診票にあったので）どんな絵を描くの？」「知らない」。唯一本心を答えたのは「大きくなったら何になりたい？」「物をつくる人」だけでした。

　診察室に母親だけ残ってもらい，「〇〇くんはワザと間違った答えをしていますね」と告げると母親は「そのとおりです。彼は全て分かっています。この間本人が納得したので知能検査を受けました」といい，150近い知能指数結果を示してくれました。

　この男児は幼稚園の頃から，自分のやりたくないことはやらないために，いつも教師から注意され叱られていたようです。次第に教師への反発が強まり，指示に従えない，などの理由で自閉症スペクトラムなどの疑いで，特別支援級にいくことになりました。支援級では年齢にそぐわない初歩の授業ばかりだったので，ますます無視反抗するようになり，ついに不登校状態になったのです。母親の大きな心配は，最初は母親の言うことは聞いていたが，最近は母親にも反抗するようになったことでした。

質問に答えなかったり，指示に従わなかったのは，それらが理解できなかったのではなく，本人に反抗心があったからでしょう，という私の説明にうなずきながら母親は次のように言いました．
　「特別支援級に行かせたことがこの子の状態を悪くしてしまったと思っています」
　この子のような定型発達から外れたギフティッド児の行き先が特別支援級しかない，という日本の現状が，この子の不登校の原因となったのではないでしょうか？

　多くのギフティッドの子どもは，社会的な無理解のなかで単に苦しむだけなく，誤ったレッテルを張られたりすることによって，その子が本来もっている能力を十分に発揮できないまま，普通教育から外れ，社会から阻害されてしまう可能性が高いのです．それは，本人にとってだけでなく，社会にとっても大きな損失になります．
　本書が多くの医療や心理の関係者，教師だけでなく，多くの国民に読まれ，ギフティッド児（者）への理解が進むことを祈念して筆を置きます．

　　　　　　　　　　　　　　　　　　　　　　　　監訳者　榊原　洋一

称賛のことば

本書の刊行を心より嬉しく思います。時宜に適った書籍の出版，誠におめでとうございます。世の親たちへアドバイスを贈ります。「あなたのお子さんが誤診され誤った治療を受けることにならぬよう，本書を読みなさい」

Nicholas A. Cummings, Ph.D., Sc.D.
President, The Cummings Foundation for Behavioral Health
Distinguished Professor, University of Nevada, Reno
Former President, American Psychological Association

本書の著者たちは，世の中にまん延している深刻な問題——ギフティッド児そして成人ギフティッドの誤診，それに続く誤治療により台無しにされる人生——に光を当てた。

Jack G. Wiggins, Ph.D.
Former President, American Psychological Association
Co-Founder, Council for the Advancement of the Psychological Practices and Sciences

ギフティッド児とその家族が身近にいるすべての親，教師，専門家に本書を推薦する。

Drake D. Duane, M.D.
Director, Institute of Behavioral Neurology
Past President, International Academy for Research in Learning Disabilities
Past Chairman, Scientific Advisory Board, The Dyslexia Foundation

親，教師，医師，カウンセラー，セラピスト，そしてギフティッド当人たちは，ここに実り豊かな実践知を見出すだろう。

Nancy McWilliams, Ph.D.
Author, *Psychoanalytic Psychotherapy: A Practitioner's Guide*
Professor, Graduate School of Applied and Professional Psychology, Rutgers, The State University of New Jersey

ギフティッドネスの行動特性の多くが障害と誤解される可能性を，本書は説得力をもって訴えている。専門家と親の双方に，本書を強く推薦する。

Nicholas Colangelo, Ph.D.
Professor of Gifted Education and Director, Belin-Blank Center, University of Iowa

本書は，専門家，そして親にとって，かけがえのない財産である。ギフティッド児と成人ギフティッドが誤解されることの多い点が明らかにされている。

Colleen M. Harsin, M.A.
M. S. W., Manager of Family Services, Davidson Institute for Talent Development

本書は，精神疾患と誤解されがちなギフティッド児や成人ギフティッドの行動特性に，また，この並外れた知的能力の持ち主であるがゆえの心の傷に，どのように対応していったらよいのかを余すことなく，我がことのように，家族や教育関係者に示している。

Randi Hutter Epstein, M.D.
New York

ギフティッドネスがなぜある種の精神疾患と混同されるのか，障害を覆い隠してしまうのか，そして，なぜ特別な配慮を要することが多いのかが，本書に非常によく整理されている。

William H. Smith, Ph.D.
ABPP-CL Former Dean, Karl Menninger School of Psychiatry and Mental Health Sciences

本書は……ギフティッドのカウンセリングという分野の発展になくてはならないものである。メンタルヘルスに携わる人々が，ギフティッド者に対する誤診がどれほど深刻で有害な結果をもたらすのかに気づくために，本書は重要かつ不可欠である。

Andy Mahoney, M.S., L.P.C., L.M.F.T.
Mahoney and Associates, Herndon, VA

親，教師，心理学と医学の専門家にとって，本書は貴重な財産である。私自身，もっと早く本書に出会いたかった。

Carolyn Kottmeyer
"Hoagies' Gifted Education Page" (www.hoagiesgifted.org)
"Hoagies' Kids and Teens Page" (www.hoagieskids.org)

本書は，ギフティッド児や成人ギフティッドの重要な特性を明確にしている。ヘルスケアに携わる者に対して，この一筋縄ではいかない人々への対応指針を示している。簡潔でいて充実した，わかりやすい書である。

Richard M. Clouse, M.D.
F. A. A. F. P., Associate Professor, University of Louisville School of Medicine

本書には，ギフティッドの生徒に対する誤診と重複診断にかかわる要因や問題点が余すところなく記されている。本書により，適切な診断の難しさが大幅に軽減されるだろう。同時に，ギフティッドの生徒の健全な成長のために必要なサービスが提供されていくだろう。

Tracy L. Cross, Ph.D.
George and Frances Ball Distinguished Professor of Gifted Studies, Editor, Roeper Review

献　辞

　ギフティッド児や成人ギフティッドのための環境改善に献身的な努力を捧げてくれた非営利団体 SENG（Supporting Emotional Needs of Gifted）（www.sengifted.org）に感謝を捧げる。実に多くのギフティッド者が，家族，学校，職場，コミュニティから理解され，認められ，育まれ，支えられてきた。SENG の今後の活動の支援のために，著者一同，本書の収益の一部を SENG に捧げる。

謝 辞

　本書中の胸打たれる話を分かち合ってくださった，すべてのご家族に感謝の意を表したい。我々がともに歩んできた何百ものご家族の協力あってこそ，ギフティッド児や成人ギフティッドの誤診が広くまん延している問題で，ギフティッドネスと障害が複雑に絡み合うケースが多いと理解することができた。

　SENG（Supporting Emotional Needs of Gifted）にも感謝の意を表したい。この分野の重要な問題を取り扱うワークショップを支援してくださった。それらのワークショップから本書は多くの刺激を受けた。故 Sharon Lind 氏にも特別に感謝申し上げる。彼女には，Kazimierz Dąbrowski の過興奮性（Overexcitability: OE）についてわかりやすく解説頂いた。これまでの彼女の著書，そして，本書第1版のレビューにお力添えいただいたことに心より感謝申し上げる。Lisa Erickson, Ph.D., Nicole Tetreault, Ph.D., Joanne Haas, Ph.D. に，そして，第2版にあたり，内容の明確化，妥当性の向上に尽力いただいた多くの方々に感謝申し上げる。

　Great Potential Press のスタッフには大変なご尽力をいただいた。第2版出版の意義を認め，協力いただいたことに感謝申し上げる。

　最後に，何よりも我々の家族に感謝する。家族の協力なしには，本書は執筆できなかっただろう。

エピグラフ

その子を，ラベルのない小包に入っていた種だと考えてみなさい。あなたのすべきことは，適切な環境と栄養を与え雑草を取り除くことだ。どのような花を咲かせるか，いつその花を咲かせるかは，決めることはできない。

ある教師（Mogel, 2001 より）[1]

人は美しい蝶が大好きだ。しかし，その蝶が美しく羽ばたくまでにどのような変化を遂げてきたかに目を向けることは滅多にない。

Maya Angelou

優れた芸術家ほど不安も大きい。完全な自信は，才能のない人に与えられる慰めという名の賞である。

Robert Hughes

精神疾患のラベルは実は宝かもしれない。それは光り輝く才能の源，最たる問題の源である。

Joanne Barrie Lynn

診断ほど頭を悩ませるものはないだろう。ほぼ毎回正確な診断を下すことができているとすれば，それは驚くべきことである。

Mark Graber, M.D.

子どもの診断には特に細心の注意を払わねばならない。子どもは発達途上であり，短期間のうちにみるみる変化するため誤診が頻繁に起こる。そして，ひとたび診断が下されれば，それを取り消すことは至難の業である。

Allen J. Frances M.D.

序　文

　本書は第2版となるが，現代の悲劇を描いている。最も聡明で創造的で自立的思考のもち主である子どもや成人が，行動障害，情緒障害，精神障害と誤診されている。ギフティッドネスという観点からとらえたほうがより適切に理解できる特性や行動が，病理や障害に起因するものと誤解されている。そして，ギフティッド者は薬物療法やカウンセリングを受け，彼らが彼らたることを変えさせられ，学校，家庭，地域により受け入れられやすくなるように，あるいは，自身や自身が身を置く状況に甘んじられるようにさせられてしまう。ここでの悲劇とは，誤診されたギフティッド児や成人ギフティッドが彼らの自己意識を傷つけるような烙印を押され，その結果，本人ばかりか家族や社会にとって不必要で有害ですらある治療が施されることである。さらに，そのような状況にある生徒たちは，その行動特性が病的なものと捉えられてしまうために，ギフティッドとしての才能に応じた教育的配慮をほぼ受けられなくなる。そして，伸びうる可能性の芽が摘まれてしまう。

　別の不幸に陥っている聡明な子どもや成人もいる。知能の高さゆえに，本当はもち合わせている障害が隠されてしまうケースである。抱える問題を高い知能で相殺したり埋め合わせてしまう。あるいは，周囲がこのような人々を，単に突飛な人とか変な人と感じるだけで終わってしまう。このような診断漏れもまた，その人に必要な介入を受けられなくさせる。

　さらに別のタイプがある。実際に疾患を患う知的ギフティッド児や成人ギフティッドである。その際，彼らの疾患が知能の高さや創造性の高さと関連していることに注意を向ける専門家はほとんどおらず，彼ら自身も意識を向けることはない。そして，ギフティッドという特性が考慮されずに治療がなされる。これは，その人のウエストや身長のサイズを知らないままズボンを買うようなものである。その結果，疾患のあるギフティッド児の多くが，自分の知的ニーズや才能は決して認められることなく見落とされ無視され続け，長所よりも弱点に注目されていると考えるようになる。長所ではなく弱点に注目することにより才能を伸ばす機会を逃し，ネガティブなセルフイメージが形成され，苦悩をため込んでしまう。

　我々著者7人は皆，ヘルスケア専門の臨床家である。そして，各々が以下のことを警告すべきだと考えるにいたった。つまり，誤診，診断漏れ，適切な対処を伴わない重複診断により，多くの非常に聡明な人々が不要に苦しんでいる。これまで20年以上もの間，我々はそれぞれの臨床現場で，他の医師から誤診を受けた患者に出会って

きた。それがたとえ熟練した評判のよい専門家であっても誤診される。ギフティッドネスの特性はときに誤解され，間違ったものに原因を求められてしまう。ギフティッド児や成人ギフティッドの特性が障害を隠すこともある。さらに，診断は的確であってもギフティッドネスの要素が治療計画に組み込まれないことがある。

　これらの問題について幾人かの専門家と内々に話を重ねた後，多少躊躇する思いを抱えつつ，2003 年に本書の第 1 版刊行を決めた。躊躇したというのは，我々の考えが心理学や医療の主流ではないことを承知しており，また，議論を巻き起こすだろうと考えたためである。しかし，同時に我々のもつ情報の正しさと，それらが，子ども，親，専門家にとって大きな助けとなるとも確信していた。

　第 1 版が評価され，多くの人々，家族，専門家の役に立つことができた。そして，今ここに第 2 版を刊行することとなった。我々の経験や知識が増し加わっただけでなく，ギフティッド児や成人ギフティッドの誤診と重複診断の問題が，以前より広く受け入れられるようになってきている。我々の見解を支持するデータは，統制された調査研究よりも事例研究が多いが，世間からの圧倒的な反響を伴っている。たとえば，University of Wisconsin Medical School でギフティッド児の誤診を取り扱った症例検討会のビデオは，13,000 以上も視聴されている。そして，SENG Misdiagnosis Initiative もまた同様の注目を得ている[1]。症例検討会に招かれた本書の著者 7 人以外の多くの専門家も，世界中にこの問題を訴えている。いつの日か，医療関係者の間で我々の見解が広く受け入れられるようになってほしいと願う。

　DSM-5 として発行されている，アメリカ精神医学会による『精神疾患の診断・統計マニュアル』が改定されたことも，本書の第 2 版発行の理由の 1 つである。我々著者は，この広く用いられている手引きに本書の内容を対応させる必要性を感じた。ただ，それより切実な理由があった。つまり，ギフティッド児や成人ギフティッドの誤診の問題は米国に限ったものではなく，世界中にみられる現象だと気づいたのである。医療関係者の間で，DSM-5 ではなく ICD-10 (International Classification of Diseases：国際疾病分類第 10 版) が用いられている国もあること，そして，ICD の診断が必ずしも DSM のものとは厳密に一致しないことにも留意した。このことから，現行の DSM と ICD の診断の命名方式を照合できるよう工夫した。

　我々の経歴に関心のある読者には，巻末の「著者プロフィール」を参照いただきたい。ここでは，臨床心理学者 2 人，神経心理学者 2 人，カウンセリング心理学者 1 人，小児科医 2 人が著者であることだけを記すに止めたい。領域を同じくする他の有数の専門家と我々が大きく異なる点は，我々各々に，発達的に早熟な人々に関する問題意識があり，ギフティッド者やその家族と長年かかわってきたという点である。我々が蓄積してきた知識を，親ばかりでなく多くの専門家と共有したいと切に願っている。

本書に書かれている説明，概念，事例は，共感を生み反響をよぶことと思う。そして，もしかするとパラダイム・シフトが起こり，多くのギフティッド児や成人ギフティッドの行動，教育，ヘルスケアの問題に対する新たな見解が生まれるのではないかと期待している。

本書は主に2つの読者に向けて書かれている。第1に，ヘルスケアやカウンセリングの専門家，つまり，小児科医，家族医療の専門家，精神科医，心理士，クリニカル・ソーシャルワーカー，看護師，ナース・プラクティショナー，結婚・家族セラピスト，メンタルヘルス・カウンセラー，学校カウンセラーである。第2に，教育関係者やギフティッド児の親，医療関係者ではない聡明な成人にも向けて書かれた。我々の経験からすると，ギフティッド児の親は熱心に，ときに必死に，我が子の理解に役立つ情報を探し回っている。どの行動特性がギフティッドネスによるものなのか，そして，どのような行動が行動障害，情緒障害，あるいは精神障害によるものであるのかを理解しようとしている。多くの成人ギフティッドもまた，自己理解の助けとなる情報を探し求めている。自分がなぜ周囲とは異質で調和していないと感じてしまうのかを知りたがっている (Fiedler, 2015; Jacobsen, 1999; Streznewski, 1999; Webb, 2013)。

本書の挿話はすべて実話である。内容の明確化，個人情報の保護の目的以外での変更はなされていない。それらは実態を誠実に映し出しているはずである。読者は，ソーシャル・メディア・プラットフォームや，www.hoagiesgifted.org のようなインターネット・サイトで，他のギフティッド児の親からも同様の話が寄せられているのがわかるだろう。

最後に，本書の印税の一部は非営利団体 SENG (Supporting Emotional Needs of Gifted) と SENG Misdiagnosis Initiative に寄付されることを記したい。SENG は，1981年に起きた，17歳のハイリー・ギフティッドである若者の自殺という悲劇により設立された。今日では，米国心理学会 (American Psychological Association) により，専門家を対象としたギフティッド児と成人ギフティッドの社会的・情緒的ニーズ——誤診と重複診断も含む——にかかわる継続教育コースの認定を受けている。

目　次

ロナルド・E・フォックスによるまえがき　i
監訳者まえがき　v
称賛のことば　ix
献　辞　xi
謝　辞　xii
エピグラフ　xiii
序　文　xiv

序　章　1

1節　「ギフティッド」という語は何を意味するのか？　7
2節　ギフティッド児や成人ギフティッドは
　　　問題を抱えるリスクが高いのか？　9

第1章　ギフティッド児・成人ギフティッドの特性　15

1節　行動特性　19
2節　ギフティッド児の専門機関受診のきっかけとなる
　　　ことの多い問題　21
3節　成人ギフティッドが支援を要する主な理由　22
4節　激しさ・繊細さ・過興奮性　26
　　　知的過興奮性　28
　　　想像の過興奮性　28
　　　感情の過興奮性　29
　　　精神運動の過興奮性　30
　　　感覚の過興奮性　31
5節　過興奮性と誤診　32
6節　思考スタイル　33
　　　「視覚空間型」非線形的思考スタイルに関連する問題　36
　　　「聴覚継次型」線形的思考スタイルに関連する問題　38
7節　理想主義　39
8節　仲間関係　40
9節　非同期発達　43
　　　判断力は知的能力よりも未発達であることが多い　45
10節　独特の興味関心　47
11節　創造性　49

12節　合わない教育環境，理解のない家庭に起因する問題　50

第2章　ギフティッド児と成人ギフティッドの誤診と重複診断　53

1節　なぜ，ギフティッド児や成人ギフティッドが
　　　それほど多く誤診されるのか？　54
2節　重複診断（2e）　56
3節　SENGによる全米調査　59
4節　医療やカウンセリングの専門家の役割　60

第3章　注意欠如・多動症　63

1節　ADHDかギフティッドか，それとも両方か？　65
　　生活上の支障　70
　　活動性レベル　71
　　診断基準　71
2節　従来のADHDの診断傾向　72
　　評価スケール　73
　　不注意と注意散漫　74
　　多動性および衝動性　76
　　検査：知能検査・学力検査・神経心理学的検査　77
　　人格検査　77
　　過集中と被刺激性　78
3節　ギフティッドの行動特性とADHDの行動特性の
　　　識別　80
　　文脈や状況に応じて現れる行動特性　80
　　ADHDのあるギフティッド児　83
　　ADHDのある成人ギフティッド　84
　　薬物療法　84
　　類似点と相違点　87
　　相反・矛盾する特徴　88
4節　まとめ　89

第4章　怒りの診断　91

1節　ギフティッド児と怒り　91
2節　怒りの診断　95
3節　反抗挑発症　96
　　ギフティッド児にみられる反抗　97
　　相反・矛盾する特徴　98
4節　重篤気分調節症　99
5節　素行障害〔行為障害〕　100

相反・矛盾する特徴	101
6節　間欠爆発症	102
相反・矛盾する特徴	102
7節　自己愛性パーソナリティ障害	103
ギフティッドネスの自己愛	105
相反・矛盾する特徴	109
8節　まとめ	109

第5章　観念性疾患・不安症群　111

1節　強迫症	113
2節　強迫性パーソナリティ障害	116
ギフティッドネスとの関連	116
3節　摂食障害	119
4節　自閉スペクトラム症とアスペルガー症候群	121
ギフティッドとアスペルガー症候群の行動特性の類似点	126
行動特性の相違点	128
状況特異性	132
内向型か，不安症か，アスペルガー症候群か	133
相反・矛盾する特徴	134
5節　社会的（語用論的）コミュニケーション障害	135
相反・矛盾する特徴	136
6節　シゾイドパーソナリティ障害〔統合失調質パーソナリティ障害〕	136
ギフティッド児・成人ギフティッドとの類似点	137
相反・矛盾する特徴	139
7節　統合失調〔症〕型パーソナリティ障害	140
ギフティッド児との類似点	141
相反・矛盾する特徴	142
8節　回避性パーソナリティ障害	143
ギフティッド児・成人ギフティッドとの類似点	143
相反・矛盾する特徴	145
9節　その他の不安症群	146

第6章　気分（感情）障害　149

1節　双極性障害	151
双極性障害の特徴	151
青年と成人の双極性障害	153
子どもの双極性障害	154
子どもの急速交代型双極性障害	154

ギフティッド児・成人ギフティッドとの類似点	155
2節　気分循環性障害	157
3節　抑うつ障害〔うつ病性障害〕	158
4節　持続性抑うつ障害〔気分変調症〕	163
ギフティッド児・成人ギフティッドとの類似点	164
5節　実存的うつ	165

第7章　学習障害　169

1節　学習障害の診断	174
2節　限局性学習障害	181
読字・書字・言語産出，記憶と想起の機能障害	183
算数障害	187
3節　まとめ	190
4節　非言語性学習障害	191
5節　感覚統合障害	193
6節　聴覚情報処理障害	195
7節　認知リハビリテーション	198
8節　まとめ	198

第8章　睡眠障害　201

1節　短時間睡眠者と長時間睡眠者	202
短時間睡眠や長時間睡眠の影響	204
専門家・親へのアドバイス	205
正常な範囲内の短時間・長時間睡眠パターンと睡眠障害との識別	205
2節　不眠症	206
相反・矛盾する特徴	207
3節　過眠症	207
相反・矛盾する特徴	208
4節　その他の睡眠障害	208
遺尿症	210
悪夢障害	211
睡眠時驚愕症	212
その他の睡眠障害	212
5節　まとめ	213

第9章　アレルギー，喘息，反応性低血糖症　215

1節　脳と胃腸	215

2節	アレルギーと喘息	218
	医療専門家への示唆	220
3節	反応性低血糖症／一時的なグルコース不足	221
	低血糖症とアレルギー	223
	反応性低血糖症と誤診	223
4節	その他の自己免疫疾患	224

第10章　嗜癖性障害群　227

1節	アルコール摂取，薬物使用とギフティッドネスに関する研究	230
2節	ギフティッド者は，なぜリスクが高いのか？	232
3節	アルコール依存症のサブタイプ	233
4節	専門家への示唆	239

第11章　ギフティッド児や成人ギフティッドが抱える対人関係の問題　241

1節	対人関係の問題を診断する	242
2節	親子関係	243
	衝突	244
	境界の曖昧な親子（纏綿）	246
	ギフティッド児の大人扱い	248
	望ましくない社会的行動の言い訳としてギフティッドネスを用いる	249
	親／子の操作	250
	ギフティッドの行動特性に環境を合わせすぎる	251
	ギフティッドネスを否定する	252
3節	仲間関係	253
	きょうだい間の競争	255
	ジェンダー・アイデンティティの問題	256
	ピア・プレッシャー	256
4節	大人の対人関係	257
	結婚／パートナーとの関係の問題	258
	雇用関係上の問題	259
	社交性	261
5節	診断と治療	262

第12章　診断のプロセス　265

1節	ギフティッド児・成人ギフティッドと診断	265
2節	誤診を回避するための論理的アプローチ	267

3節　短期記憶障害の例　　　　　　　　　　267
　　4節　処理速度障害の例　　　　　　　　　　269
　　5節　聴覚処理障害の例　　　　　　　　　　270
　　6節　感覚統合障害の例　　　　　　　　　　271
　　7節　反抗挑発症の例　　　　　　　　　　　273
　　8節　障害が障害でなくなるとき　　　　　　276

第13章　ギフティッドの行動特性と病理学的行動との識別　277

　　1節　診断のプロセス　　　　　　　　　　　281
　　　　ギフティッド児や成人ギフティッドにみられる
　　　　　典型的なパターン　　　　　　　　　　283
　　　　発育歴　　　　　　　　　　　　　　　　283
　　　　文脈の問題　　　　　　　　　　　　　　283
　　　　診断カテゴリに適合する範囲　　　　　　284
　　　　重複診断　　　　　　　　　　　　　　　284
　　　　支障の程度　　　　　　　　　　　　　　286
　　2節　知的能力を尊重したコミュニケーション　286

第14章　ギフティッド児・成人ギフティッドのための
　　　　医療機関，カウンセラーを見つける　289

第15章　資　料　299

　　1．学会・関連団体　　　　　　　　　　　　299
　　2．インターネット上の情報　　　　　　　　299

　　　　文　献　301
　　　　巻末注　330
　　　　索　引　351
　　　　監訳者あとがき　356

本文中，原書の注は巻末注として算用数字で示した。
また，監訳者の付した注は脚注として＊で示した。

障害名，症状名は，DSM-5，ICD-10の和訳を基本とした。DSM-5とICD-10の和訳に相違があったときはICD-10の和訳を〔　〕で示した。

序　章

　ギフティッドやタレンティッドとよばれる人々には標準的にみられる行動特性に，臨床上の診断名が与えられるという，深刻な問題がまん延していると我々は考える。彼らの行動特性が精神医学的問題に分類されるということがあちこちで起こっている。我々はヘルスケアの専門家として，人の行動特性や症状を評価，分類する訓練を受けている。そして，あるカテゴリに当てはまる臨床症状がみられるときに診断名を与える。しかし，ギフティッドとよばれる人々においては，病理学上の診断名ではない説明のほうが適切な場合がある。

　ギフティッドの行動特性に対する誤診の主たる原因は，医療関係者の多くがギフティッド児や成人ギフティッドの社会的・情緒的特性やニーズを知らないことからきていると考えられる。心理学や精神医学分野での臨床家の診断が精密さに欠けるということもこの問題の原因となる。

　精神医学的診断は，もっぱら行動特性が該当するかだけに基づいている場合が（不幸にも）多く，その行動が生じたそもそもの原因，その人のバックグラウンドや生活環境を考えればそのような行動は正常だろうということまで考慮されることは滅多にない。それらの行動特性が精神疾患の診断の指標とみなされうる症状であるかの判断に際し，どの程度の支障がみられるのかも考慮されねばならない。特定の行動が該当するだけでは的確な診断とはいえない。

　生活上の支障は，個人の行動とその環境のもとで想定される行動――観察される行動と想定される行動――間のズレの結果生じる。しかし，ほとんどの場合，診断基準として用いられるのは観察された特定の行動特性のみである。その人が身を置く状況を考慮したり，環境が不適切なのではないかと考えられることは滅多にない。ある環境のもとでは適切な行動が，別の環境のもとでは不適切とされることが起こりうる。

たとえば，馬鹿にしたようなものまねはコメディという状況下では価値あるものとされるが，それ以外の状況では失礼なもの，侮辱的なものとみなされる。同様に，創造的な行動は，定義上は革新的なもので普通とは異なる方法でものごとに取り組むことを意味するが，普通とは異なる方法が人々を不快にさせ，何かを発明したりしない限りその価値が認められないままでいることが多い。

　もう1つ関連する要因として文化的な想定があり，これは特にマイノリティの人々にとって不利なものとなる。つまり，教育や医療関係者が抱く文化的な想定により，社会的マイノリティのギフティッドネスとそれに関連する問題を見落とし，ADHDなどの誤診を下すことが頻繁にみられる。アフリカ系アメリカ人，ヒスパニック系アメリカ人などマイノリティ文化圏の生徒の多くが，最終的には特殊学級に通うことになったり，白人の教師から行動上の問題があるとみなされたりする。このような生徒を教師がギフティッド教育プログラムに推薦することはない。貧困層や移民など，社会的マイノリティの親はギフティッドに関する情報をあまり得られず，学校外のテストや検査を受ける機会も少なく，セカンドオピニオンを受ける選択肢があることすら知らない場合もある。その結果，多くの学校で白人ばかりがギフティッドプログラムを受けるという不公平が生じ，社会的マイノリティのギフティッド児はその才能が見落とされ，行動特性が障害に分類される傾向が一層高まる[1]。

　さらに暗黙の前提として，すべての人があらゆる状況下で同様に機能するはずだという考えがある。種々ある障害の症状かと思われるような，独特で変わった行動や，支障をきたすわけではないが突飛な行動をする人はよくいる。しかし，だからといってそのような行動特性に臨床的診断を下すのは適切ではない。行動上あるいは医学上の疾患の診断基準となる症状が，その状況下では慣習にとらわれないだけの正常な行動，あるいはただ極端すぎるだけの場合もある。たとえば，細心の注意を払うことはほとんどの状況下で適応上問題のないことであるが，程度の問題でもある。それが極端すぎると強迫症とよばれることがある。しかし，たとえば医大の優秀な医者は強迫症ともいえるほどに細心の注意を払うが，そうあってこそ難しい訓練もやり遂げられるのである。

　もう1つの暗黙の前提として，ギフティッドネスは子どもや青年にだけ当てはまるもので成人には関係のないもの，たとえあったとしても特別に頭がよかったり創造性溢れる人にだけ当てはまるものという考えがある。成人ギフティッドについての，また，彼らが抱える問題や困難に関する研究が増えてきている。成人であっても，ギフティッドの長所となるような特性がアキレスのかかとにもなりえ，いくつかの要因次第でその特性ゆえに問題が生じることもある。

これまで約 20 年の間，著者たち——資格をもち経験豊富な心理学，精神医学，小児科の専門家——は，いずれも，ADHD，強迫症，アスペルガー症候群，反抗挑発症，双極性障害などの診断を受け紹介されてきた患者を診てきた。そしてよく調べた結果，これらの多くが深刻な誤診であることがわかった。つまり，実際は，激しさ，繊細さ，意志の強さをもつギフティッド者であり，知的ギフティッド者や創造的ギフティッド者に生来備わる行動特性を周囲から十分に理解されていない，あるいは受け入れられていない状況にあることがわかった。その行動は実際普通ではないのだが，支障はないばかりか，むしろ適応的なことすらある。

　別のタイプの誤診もある。それは，ギフティッドの才能ゆえに障害が見落とされるケースである。我々はこのタイプの誤診に多く遭遇してきた。たとえば，非常に聡明で知的能力の高い患者に学習障害などが伴うことが実際あるが，このような場合，それぞれの特性がお互いを覆い隠してしまうために，ギフティッドであることも学習障害であることも気づかれない。知的能力と障害の両方が見落とされ放置されたままになる。このような見落としは，その人のギフティッドの側面が顧みられないという点においても，明らかに誤診であると考えられる。

　我々の経験から，ギフティッド以外の分野では優秀で訓練を積んだ専門家がこのような誤診を生んでいると考えるにいたった。また，ギフティッド児や成人ギフティッドにかかわる誤診の問題は確固たる事実であるばかりでなく，非常に広範囲にわたりまん延している問題であると確信するにいたった。

　そのようなことが起こりうるのだろうか？　医師，心理士*，看護師，正看護師などの医療関係者らは，ギフティッド児や成人ギフティッドの行動，情緒，知能の特性を学んだのではないだろうか？　その答えはノーである。これらの専門家がギフティッドの知的特性や多様性について訓練を受けることは実際ほとんどない，あるいはあってもほんのわずかである。ましてや，ギフティッドの社会的・情緒的・行動的特性やニーズとなると，学ぶ機会はさらに少ない。この情報不足こそが，誤診の多さの最大の原因である。それゆえに本書がある。以下の手紙が専門家の知識不足をよく表している。

---

* Psychologist を心理士と訳出した。ただし，日米での心理士の社会的位置づけや医療専門家としての位置づけは異なる。米国では，専門職としての臨床心理学，心理学に対する社会的認識が日本よりも強い。1949 年のボルダー会議にて，科学-実践者モデルが確立され，臨床心理士の専門性が明確に理念として示された。Psychologist の資格取得のためには，博士号（Ph.D., Psy D., Ed.D）の取得が必須条件である。また，そのために 1 年間のインターンシップが必要となる。学位取得後 1 年間の臨床研修を求める州が多い。医療専門家としての地位は医師とほぼ同等という位置づけにあり，psychologist が薬を処方できる州もある。

私は，3歳3か月の子どもの母親です。この子はギフティッドだと思うのですが，小児科医も心理士もある程度しか助けになりません。息子が他のギフティッドのお子さんと同じようなのかどうかわかりませんので，教えていただけたらと思います。息子は長男ですので比較できる子どもがおりません。
　息子は赤ちゃんの頃から警戒心が非常に強く，ことばに遅れがみられ，2歳になるまでおしゃべりをしませんでした。小児科の先生は，自閉症の可能性があるとして，息子が3歳になる前に心理士に知能を測ってもらえるようにしてくださいました。そして，個別式知能検査で130点台を出し，視覚空間領域が特に優れていることがわかりました。
　その6か月後，おしゃべりの点に関しても標準的な子どものようになりました。そして，話し始めると同時に本を読み始めました。息子は3歳の頃から本を読んでいます（音声学的に正しい発音をし，非常に優れた視覚記憶をもっています）。そして，かなり長い時間文字を書いています。難しいことばを聞けば，すぐに頭で考えてつづりを書いてしまいます。さらに，基本的な算数の力もあり，数の識別などができます。
　息子は多動とは違うように思いますが，朝起きてから夜寝るまで常に動き回っています。いつも新しい楽しいことを探しています。3歳の誕生日には，アメリカのパズルをプレゼントでいただきました。すると，50すべての州の名前を1回で覚えてしまいました。翌朝6時，私がまだ半分眠っているうちから，息子は州のクイズを出しとせがんできました。
　息子は形をとてもよく憶えています。サンドイッチを何口か食べた後，それを持ち上げて「見て！　アイダホ州！」と言うのですが，それがアイダホ州の形そっくりなのです。それからまたもう何口か食べると，今度は「オハイオ州！」と言い出すのですが，これまたオハイオ州の形そっくりでした。数日後にはネバダ州のサンドイッチをつくり，それもまたそっくりでした。またある日は，本箱のほうを指さして「8！　8！」と言い続けていました。スピーカーのことだったのですが，その2つの側面がちょうど数字の8のような形をしていたのです。
　それから，息子は『サウンド・オブ・ミュージック』の映画が大好きになり，3週間もの間，毎日それを見続けました。そして，映画に出てくる音楽をすべて覚えてしまい，完璧なピッチで，演出もたっぷり交じえ，抜群のセンスで歌うのです。さらに，マリア（『サウンド・オブ・ミュージック』の登場人物）を探すことになり，私は色々なところを車で走り回らなくてはならなくなりました。この「マリア探し」に，私は正直怖くなりました。息子は統合失調症なのだろうか，多動なのだろうか，強迫観念があるのだろうかと。
　3週間経ち，サウンド・オブ・ミュージック熱は収まりました。『サウンド・オブ・ミュージック』には，たくさんの興味関心を示し，全身全霊で追究していました。そして，次の対象へと興味関心を移していったのです。今は惑星にのめり込んでいます。
　私にとって一番の気がかりは，息子の社会生活です。息子は，ひとりで遊ぶほかないという辛さを味わっています。プリスクールではとても活躍しています（息子は断然年上の子が好きなので，5歳の子どももいることがよいみたいです）。ただ，私の前では，フラストレーションを少し感じているような様子を見せることがあります。自分の手が思うようにならないときは泣き出します。また，「だめ」と言われると，とても激しい癇癪を起こすこともあります。ただ，理由に納得できれば落ち着きますし，プリスクールでは癇癪を起こしたり大泣

> きすることはありません。
> 　息子にはただ，優しい人間になってほしい，完璧主義にならずに幸せな子ども時代を過ごしてほしいと願うばかりです。今後社会で様々な経験をするようになる（ゲームで負けたり，息子の思うようにものごとが運ばなかったりする）ときにも，それに対応できるようになってほしいと思っています。幸いにも，息子はとても人柄がよくひょうきんな性格です。
> 　友人からは，「小さな頃に賢くても，1年生になる頃には他の子とそう違わなくなるわよ」と言われました。3歳から本を読んでいるような子どもでもそうなのでしょうか？
> 　私の悩みを笑う人もいるでしょう。でも，実際問題，息子は普通とは違うのではないでしょうか？　このようなことを，家族にも，また，親しい友人にも話していません。というのも，これまでの経験で思い知らされたことがあります。(a) 話しても信じてもらえない。(b) 話したところで，自分の子どものことを自慢していると思われる（私の場合，息子の行動に私が怖くなってしまうことがあるので，そういった行動が普通なのかどうか知りたくて情報交換をしたことはあります）。(c) 親が子どもに色々と早くから教え込んでいると思われる。歩き始めたばかりの子どもに読むことを教えられると考えているようです！　もしかしたら，できるかもしれません。しかし，たとえ教え込むことができたところで，息子のように，色々なことが大好きになったり，追い求めたり，夢中になったりするように教えることはできないと思います。そもそも，私がとやかく言うことでもありません。いずれ彼自身が証明するでしょう。
> 　息子のような子どもが他にもいるようでしたら，教えていただけないでしょうか？

　この手紙には，ギフティッド児の親が直面する多くの問題が凝縮されている。それは，聡明な子どもにみられる典型的な行動特性についての社会の無知，それらの行動特性がいずれは「安定する」という神話，我が子の「普通ではない」行動について人と話をするのは得策ではないという現実への気づきである。親は，我が子が早熟であることを心配し，目の当たりにする我が子の行動に混乱する。そして，他の親や熟練した専門家と話をして安心したいと思う。しかし，悲しいかな，それが不信や誤りの情報，批判を招くことがあまりにも多い。親は情報を求めて探し回る。今日では，インターネット上で正しい情報を見つけられる機会も増えたが，医療やカウンセリングの専門家の間ですら，依然として誤った情報が横行している。

　著者のひとりが，自身が大学院で受けたギフティッドに関する講義について以下のように記した。これは，今日も心理士（また，他の医療関係者）が受ける典型的な養成の実態である。

> 　4年間のプログラムはすべて，博士号レベルの臨床心理士養成のために米国心理学会の認証評価を受けたものでした。博士課程の4年間で，ギフティッドやタレンティッドの子どもについて学んだのはわずか1時間弱の講義1回のみで，成人ギフティッドについては学びませんでした。その講義は主に，Lewis Termanらの研究についてで，それは，1920年代に開

> 始され現在も追跡されている1,000名以上のギフティッド児を対象とした研究です。その講義での重要ポイントは縦断研究の方法と課題ということでした。
> 　講義も残り5分というところで教授が,「そうだ。ところで,ギフティッド児についても少し触れておきましょう。Termanらの研究によると,知的ギフティッド児は概して学業成績がよく,社会性の面でも早熟で,身体的には健康,情緒は安定しているということです。ですから,臨床の場では,ギフティッドについてはあまり考える必要はないでしょう」と言いました。そして,「それから,そのような子どものウェクスラー式知能検査などの検査をする際には,IQが130まで行ったところで検査をやめてよいでしょう。130より上までIQを測ることには意味がありません」とつけ加えました。そして,その教授が大切だと考えている,他のエクセプショナルな子どもについての話題に移りました。

Termanら(Cox, 1926; Terman, 1925; Terman, Burks, & Jensen, 1935; Terman & Oden, 1947, 1959)は,大まかには,この教授が言われたようなことを発見した。ただし,この教授は,Termanの研究対象の約20%が深刻な学業不振や情緒的問題を抱えていることを示したその後の研究結果(e.g., Coleman, 1980)に触れていない。また,Termanの研究結果に影響を与えている研究手法上の限界についても触れていない。

Termanの研究は,偶然ではあるが選択バイアスがかかり,その結果,行動特性が標準的な子どもを選出している。研究対象として選出された子どもの条件は,(a)クラスで最年少であること,(b)集団テストの成績がよいこと,(c)教師からの推薦を受けていること,さらに,(d)続いて実施される個別式知能検査(スタンフォード・ビネー)の成績がよいこと,である。簡潔にいえば,研究対象となった子どもは,その知的ニーズが認識され,概してそれに適した教育環境が与えられ,周囲に受け入れられ,孤立していなかったということである。Termanの研究の基準を満たすようなギフティッド児は,その時点ですでに,知的にも,学業的にも,社会的にも,情緒的にも,ある一定レベルを満たして適応し,学業不振や顕著な社会的・情緒問題を抱えてはいない子どもだったのである。

さらに,Termanらと被験者の家族とは,毎年,直接あるいは電話で連絡をとっていた。それは,ときに年に2～3回になることもあった。そして,教育計画,家庭内の心配事,友だち関係などを支援した。そのようなケア,カウンセリング,モニタリングにより,被験児の社会的・情緒的・教育的な適応は確実に向上しただろう。もし,すべてのギフティッド児がそのようなサービスを受けられれば,今日の社会におけるギフティッド児の不安や困難は少なくなるだろうし,より理解され,よりよい環境で育くまれるようになるだろう。そして,本書の必要性も大幅に低くなるだろう。

Termanが研究を開始したとき,知的に早熟な子どもは社会的・神経的・精神的な

障害のリスクが高いと，広く考えられていた。これは，「早く熟すれば早く腐る」ということわざにある考えである。つまり，早熟な子どもは社会的にも情緒的にも代償が多く，後に潰れてしまうかもしれないという考えである。Terman らはこの通念に挑んだのである。そして，研究結果をもってこの社会的通念を反証できたとして喜んだ。しかし，あいにく，Terman らの研究により社会的通念が対極へ向かうこととなったようだ。

　今日の臨床心理士，クリニカルソーシャルワーカー，精神科医，小児科医などの医療関係者は，ギフティッド児や成人ギフティッドの特性や特別なニーズについて学んだり訓練を受ける機会が減多にない[2]。それら専門家のための論文として，"Gifted and Talented Children: Issues for Pediatricians" (Robinson & Olszewski-Kubilius, 1996)，"The Role of Physicians in the Lives of Gifted Children" (Amend & Clouse, 2007)，"The Antecedents of Misdiagnosis: When Normal Behaviors of Gifted Children are Interpreted as Pathological" (Amend & Beljan, 2009)，"Discovering Gifted Children in Pediatric Practice" (Liu, Lien, Kafka, & Stein, 2010)，"Gifted Children and Adults: Neglected Areas of Practice" (Webb, 2013) などがあり，ギフティッドの特性や特別なニーズについて書かれているが，通常この分野の継続教育はほとんど存在しない。

　SENG Misdiagnosis Initiative により，ギフティッド者独特の特性や彼らが抱えるであろう問題，また，誤診のリスクに対する注意関心が高められてきた。米国小児科学会 (American Academy of Pediatrics: AAP) は，ギフティッドや二重にエクセプショナルな (twice-exceptional)＊子どもの問題をより正確に理解しようと歩みはじめ，患者や親への予防的ガイダンスにこの情報を組み込む方針を示した[3]。とはいうものの，大半の医療や教育の専門家の間では，ギフティッド児に特別な困難はなく，自分でうまくやっていくことができ，特別な介入は必要なく，必要であってもごくわずかで，知的能力や創造性の高さは診断や治療とは関係がないという，誤った神話が未だにはびこっている。

1節　「ギフティッド」という語は何を意味するのか？

　ギフティッドは天才と同意ではない。また，一般に考えられているよりも広範囲の人々が含まれる。たとえば，1つか2つだけの分野で並外れて優れた能力を見せる一

＊ ギフティッドであり，ADHD，LD などの障害もある人々を指す。

表0.1 各レベルのギフティッド児の割合（Borland & Gross, 2007, p.159）

レベル	IQの範囲	割合
マイルドリー	115-129	1：6～1：40
モデレイトリー	130-144	1：40～1：1,000
ハイリー	145-159	1：1,000～1：10,000
エクセプショナリー	160-179	1：10,000～1：100万
プロファウンドリー	180+	1：100万より少ない

方，その他の分野では平均か平均以下の能力である場合も含まれる。にもかかわらず，ギフティッドというと，あらゆる分野で並み外れた能力があると考える人々が非常に多い。

医療分野ではギフティッド者への関心が高いとはいえないが，教育分野ではギフティッドについて非常に多くの書籍が出ている。ギフティッドとよばれる人々が明らかに早熟であると認識されるなかで，教育の専門家はギフティッドをどのように定義，判定すべきかに関心を向けてきた。これは，今なお議論のわかれる問題である。人間の多くの特性と同様，ギフティッドネスは複雑な行動特性の集合体であり，その現れ方は様々である。そして，まさにどの行動特性がどの程度みられた際にその人をギフティッドとみなすかという点において，見解の違いが生じる。

本書では，ギフティッドの定義に関する膨大な議論を中心的に扱うことはしない。ただし，次章において，ギフティッド児や成人ギフティッドに一般的にみられる特性を記し，巻末に参考図書を紹介する。そして，ここでは以下のように述べるに留める。ギフティッドは発達的に早熟な人々であり，ギフティッド児とは，大半の州の法律で以下の分野のいずれか，あるいは複数で上位3～5％に位置する子どもとされる。その分野とは，知的能力全般，特定の学問領域，創造的思考，ビジュアルアーツやパフォーミング・アーツ，リーダーシップである。

全米小児ギフティッド協会（National Association for Gifted Children: NAGC）はより広い定義を推奨している。つまり，「**ギフティッドは，1つあるいは複数の分野でずば抜けた素質（論理的思考力や学習能力），あるいは，力量（上位10％以上の成績）を示す人々である**」[4]。この新しい定義には成人も対象に入り，以下の2点で特に注目に値する。第1に，ギフティッドの可能性のある子どもや成人の割合を従来の2倍以上に設定している。第2に，いわゆる「グローバリー・ギフティッド」とよばれるような，あらゆる分野でギフティッドであるべきだという条件を除外している。この定義は，我々の経験知としての，1つの分野で並外れた力量を見せたり素質のある者が必ずしもあらゆる分野でそうであるわけではなく，ときにはギフティッドの特性を見せる分野がありながら同時に学習障害の分野がある人もいるという見解と確かに

一致する。

　上位3～5％と定義しようが上位10％と定義しようが，ギフティッドがマイノリティであることには変わりない。そして，IQが高くなればなるほど，独特の特性もより強くなる。知能指数は比率尺度ではないが，IQの高さに基づいて，様々なレベルのギフティッドの出現率や希少性を表0.1のように推定できる。

　もう1つ注目すべきことは，ギフティッドネスというカテゴリが，聡明よりも少し上のレベルから，いわゆる天才とよばれるレベルまでの広い範囲を含むという点である。実際，「……どのような分野の素質や力量であっても，上位1％の生徒が該当する範囲は，2パーセンタイルから98パーセンタイルまでの生徒の該当する範囲と等しい。……知能指数が上位1％の子どもの範囲はIQ135から200以上となるが，これは，2パーセンタイル（IQ 64）から98パーセンタイル（IQ 132）と同じ幅をもつ[5]」。このように考えると，ギフティッド児や成人ギフティッドが，大半の人々と比べて普通ではない行動特性をもつこと，才能が高ければ高いほど発達の凹凸も大きくなることも当然といえるだろう[6]。

　また，成人におけるギフティッドネスが必ずしも卓越を意味しているわけではないことも留意すべき重要なポイントである。Rinn & Bishop（2015）が以下のように述べている。

> ギフティッドネスは，ある特定の領域での並外れた生得的能力ととらえられる。そして，その才能によってどのような成果をあげたかということは必ずしも必要な条件ではない。すべての成人ギフティッドが自分の才能を発揮して卓越しようとしているわけではないし，そのような機会がいつも与えられるとは限らない。「成人ギフティッド」の条件に卓越性を入れるのであれば，あるいは，その人の実績が基準とされるのであれば，不公平性が生じ，自分の才能をどのように用いるかを決める自由意志を無視することになる。したがって，今後の研究において，成人のギフティッドネスと卓越性とは互いに切り離して検討すべきである。

2節　ギフティッド児や成人ギフティッドは問題を抱えるリスクが高いのか？

　Termanと同時代，1920年代から1930年代の心理学者Dr. Leta Hollingworthは，ギフティッド児に生じやすい問題があると指摘した。その一方，最適知能――IQで

いえば 120〜145 の範囲——についても言及している。これは，通常の環境下で一般的にリスクの小さい人々で，教育や職業上成功するほどの頭脳をもちつつ，深刻な対人関係の問題を抱えるほどには知能が高くないという範囲である。Hollingworth はさらに，社会的リーダーになる人々のほとんどはこの範囲に該当するだろうという仮説も立てた。彼女の草分け的書籍である *"Children above 180 IQ"* (Hollingworth, 1942) のなかで，この最適知能よりも高い知能の人々が孤立感を抱えるリスクがかなり高いことが示されており，この見解を支持する研究がその後もなされている (e.g., Brody & Benbow, 1986; Delisle, 1999; Shaywitz et al., 2001; Webb, 2013)。あいにく，この考えが注目される前に Hollingworth は他界し，彼女の研究はほとんど忘れ去られてしまった (Klein, 2002)。

　1972 年，米国教育省によるマーランド・レポート (Marland Report) で以下のように述べられた。「ギフティッド児やタレンティッド児は，実際に才能の芽を摘まれ，心理的な傷を受け，才能を永続的に活かせなくなる可能性を抱えている状態にある……」。あいにく，ギフティッド児には特別なニーズはない，あるいはあってもごくわずかであるという神話が社会に定着しており，議会でのこのレポートによる警告はあまり注目されなかった。

　今日では，ギフティッド児が社会的・情緒的問題を抱えるリスクが特に高いかということに関して 2 つの立場が存在する。1 つは，ギフティッドやタレンティッドという特性そのものに問題の抱えやすさがあり，このような子ども特有の問題を予防したり克服するために特別な介入が必要だという立場である (e.g., Altman, 1983; Delise, 2015; Hayes & Sloat, 1989; Lovecky, 2004; Silverman, 1991; Webb, 2013)。もう 1 つは，たいていのギフティッド児は適応よく歩み，問題を抱え特別な介入を必要とするギフティッド児は比較的少数だという立場である (e.g., Janos & Robinson, 1985; Neihart, Pfeiffer, & Cross, 2015; Neihart, Reis, Robinson, & Moon, 2002; Robinson, Shore, & Enerson, 2006)。実際，全米小児ギフティッド協会 (NAGC) 推進の書 (Neihart, Reis, Robinson, & Moon, 2002) では，ギフティッド児全体では，社会的・情緒的問題を抱える可能性は他の子どもよりも高くも低くもないと結論づけられている。ただし，この書には完璧主義や非同期発達などのリスク要因があることも記されており，さらなる研究の必要性も強調されている。成人ギフティッドに関する研究はさらに少なく，今日得られている知見は主に臨床観察に基づくものである。

　以上のように互いに異なる見解は，よく考えると矛盾したものではない。ギフティッド児が比較的適応的であると示唆した研究は，主にギフティッド児のために特別にデザインされた教育プログラムを受けている生徒を対象としている。まさに選出

そのものの本質により，対象となる子どもは概して学校での適応がよく，結果的に大きな社会的・情緒的問題を起こしにくくなる。そのような選出方法では，研究対象となるギフティッド児のサンプルに偏りが生じやすく，社会的・情緒的問題が原因で学業不振に陥っているギフティッド児や，ギフティッド児のための特別教育プログラムを受けられないでいるギフティッド児を除外することになるだろう。このようなサンプル・バイアスは，ギフティッド児の抱えうる社会的・情緒的問題の過小評価につながるだろう。対するギフティッド児は問題を抱えるリスクが高いことを示唆した研究は，臨床現場で得られたギフティッド児のデータに基づいており，自主選択による母集団での個別のケーススタディが多い。その結果，サンプル・バイアスが生じ，社会的・情緒的問題の発生率を過大評価する傾向が生まれる。

　いずれの立場も，部分的にはある程度妥当である。ギフティッド児がギフティッドであることを認められ学校で十分に適応できていると，特別な教育プログラムを受けられる可能性が高まる。そして，それがその子に適していれば，ギフティッド児の様々なニーズが満たされる。同様に，学校環境で力を発揮できれば，学校以外の場面でも力を発揮でき，社会的・情緒的問題を生じさせるリスクは小さいだろう。特に，学校の教育プログラムがその子の学業的・社会的ニーズを積極的に満たすようなものであれば，そのようなリスクはないと思われる。

　他方，優れた素質をもちながらもギフティッドとはみなされずにいる子どもは，公的教育での最初の数年の間に生じるであろう社会的・情緒的問題のために，ギフティッド児のための特別な教育プログラムを受けられなくなることが多い。そして，そのような子どもを探し出し支援しようとする試みがなされることは滅多にない (Ballering & Koch, 1984; Webb, 1993)。

　ギフティッド児の社会的・情緒的問題の緩和に役立つギフティッド教育プログラムやサービスを，まさにその子自身の社会的・情緒的問題が原因で受けられないという事態が生じる。これではお手上げである。また，マイノリティ出身の子どもはギフティッドとみなされにくい傾向がある。この背景には，ギフティッド児の判定や支援のうえで，人種や文化の多様性を考慮してこなかったという歴史的経緯があり，マイノリティ出身の子どもは社会的・情緒的問題のリスクや誤診のリスクが高まる（Beljan, 2011; Davis, 2010; Ford, 2011）。

　このような生徒は3～4年生になる頃までに落ちこぼれることがある。そして，それがまた原因となり，ギフティッド児のためにデザインされた，より徹底した特別教育プログラムを受けられなくなる。いかなる教育水準にあっても社会的・情緒的・行動的問題のある生徒は，他の面ではギフティッド児のための特別教育を受けるに値す

る場合でも，法律や法規とは裏腹に対象から除外され，さらに問題が悪化する。たとえば，強迫症や反抗挑発症とレッテルを貼られた（診断された）生徒は，優れた知的・創造的素質があっても，それらを伸ばすような教育——この教育こそが，彼らの抱えた問題を緩和できる——を受けられる可能性が低くなるだろう。このような生徒の問題が，その子のギフティッド判定を妨げることがある。あるいは，ギフティッドと判定されるかもしれないが，その子の行動上の問題が原因で適切な教育的配慮を受けられないこともある。いずれのケースでも，そのような生徒は，その子の人生や教育の質を高めるような支援を受けられない。

> アマーリは小学2年生である。学校での問題行動が原因で，地域のメンタルヘルス・センターに紹介された。学校職員は，アマーリが注意欠如・多動症（ADHD）で薬物療法が必要だと確信していた。検査の結果，アマーリにはADHDに関連するいくつかの症状がみられるが，同時に，驚くほどのギフティッドネスの反応パターンも示した。彼の知能及び学力は，暦年齢群の99パーセンタイル以上だった。
>
> これらの得点がアマーリの学校に送られた。併せて心理士から，アマーリのギフティッドネスに対応できるような個に応じた教育サービスを提供するように強く勧められた。そうした教育的配慮がアマーリのニーズに合い，特に行動変容法を部分的に併用することで問題行動が軽減するだろうと，その書類には記されていた。
>
> 心理士からそのようなデータが送られたにもかかわらず，学校はアマーリをギフティッド児のための教育プログラムに入れず，その代わりに，情緒・行動障害児のためのクラスに登録させた。当然，この方法は効果なく，アマーリの問題行動は改善されなかった。そして，彼の両親は学費の高い私立学校への転校を余儀なくされた。

ギフティッドであるにもかかわらず，学校がギフティッドとは認めない子どもに関する実証的研究はほとんどない。一般に可能とされる実験デザインに合う方法でそのような対象を得ることの難しさが，その主たる原因である。また，研究者のなかには，明らかに優秀な子どものみをギフティッドとみなす者もいる。しかし，皮肉にも，ギフティッド児の教育的ニーズがどの程度満たされているかが，その子の社会的・情緒的適応に強く影響することを示す研究もある（Neihart, 1999; Neihart, Reis, Robinson, & Moon, 2002）。ギフティッドの判定や適切な教育を受けられないギフティッド児は，学校で多くの困難を経験し，成人後も多くの困難を経験する可能性が高まる。

ギフティッドネスという用語は聡明な子どもだけに用いられる語ではない。成人にもギフティッドはいる。実際，ギフティッドネスは一生涯を通じて進化し，生得的なものばかりでなく，人生経験，より広い世界環境，自己調整力からも非常に強く影響されながら形作られる[7]。ただし，大半の研究はギフティッド児に注目しており，成人

ギフティッドを対象とした研究はほとんどない。まるでギフティッドネスは成長するにつれて消えてしまうものであるか，大した問題ではなくなるかのようである（Fielder, 2015）。我々の経験からすると，これはまるで見当違いである。ギフティッド児の親と話をしていると，彼らは我が子についてだけでなく自身について話をしているように感じると言うことが珍しくない。研究デザインの大きな欠点が指摘される（Kaufman, 2013; Schlesinger, 2012）ものの，創造性と双極性障害や抑うつ障害との関連を示した研究がある（e.g., Andreasen, 2008; Jamison, 1996; Ludwig, 1995; Piirto, 2004）。また，青年・成人ギフティッドにおいて，実存的うつ（Webb, 2013），アルコール摂取（Kanazawa & Hellberg, 2010），違法ドラッグ使用（White & Batty, 2012; Wilmoth, 2012），摂食障害（Kerr & Robinson-Kurpius, 2004），対人関係の問題（Jacobsen, 1999; Streznewski, 1999），結婚問題（Kerr & Mckay, 2014; Kerr & Cohn, 2001）を抱える頻度が高いことも示されている。

　研究が蓄積されていない場合は，専門家自身の臨床経験や観察力に頼らざるをえない。実際，研究の大半は臨床観察や事例研究から始まり発展している。我々の臨床的知見は，前述のように，ギフティッド児や成人ギフティッドが実際に特定の診断を下されるリスクが高いということである。ギフティッドネスのなかには，特定の障害の診断を判断する鍵となる特性と重なるものがある。アスペルガー症候群（DSM-5では自閉スペクトラム症に統合されたが，ICD-10ではアスペルガー症候群とされている），実存的うつ，DSM-5 に新たに組み込まれた社会的（語用論的）コミュニケーション障害などである。ただし，我々からすれば，他にももっと多くの誤診がある。ギフティッド児や成人ギフティッドに共通してみられる行動特性を理解し，彼らを受け入れ，導き，そして，ギフティッド児に適切な教育環境を提供することで，実に多くの問題行動が予防・改善できるとも考えている。

　本書を通じてギフティッド者の事例を取り上げる。そのほとんどは，ひとたび彼らの教育的ニーズや情緒的ニーズが満たされると，見事に適応が改善された。同様に，成人ギフティッドが自身の独特の特性を理解し，コミュニティからの支援を受け，少なくとも数人の人との健全な関係を保てれば，社会的・情緒的問題を抱える可能性は減る（Fiedler, 2015; Nauta & Rommer, 2013; Webb, 2013）。逆に，誤診や不適切なケアを受け，あまり思わしくない結果となった事例も取り上げる。

　精神医療関係者ではない読者にとっては，次章以降に用いられる様々な公式の診断カテゴリには耳慣れないものもあるだろう。本書で取り上げる診断名は，主に米国精神医学会（American Psychiatric Association）による DSM-5（*Diagnostic and Statistical Manual, Fifth Edition*, 2013*）と，ICD-10（*International Classification of*

Mental Health and Behavioral Disorders, 1992**）から引用されており，これらはほとんどの公立図書館で閲覧できる。DSM-5 は，米国では，医師，心理士，クリニカルソーシャルワーカー，カウンセラーのスタンダードとされている。米国以外の諸外国の専門家は ICD-10 を用いている場合もある。これら 2 つは，数年後に ICD-11 に統合される予定である***。そして，世界保健機関（WHO）参加諸国において使用が義務づけられる。DSM の診断は，ICD の診断の手引きとなる。診断カテゴリは，治療を要する内科的・心理的症状を互いに区別できるものにしようとする近年の精神医療分野での試みを反映した枠組みを取り入れている。次章以降では，ギフティッド児や成人ギフティッドの特性との関連性の観点から診断をグループ化した。

　本書が専門家や親のためのガイドとなり，的確な診断とそれに続く治療につなげられればと願っている。そして，専門家にとっての適切な手引きとなり，我々がこれまで出会ってきたような不必要な被害や苦痛を防ぐことができればと願う。また，ギフティッド，タレンティッド，クリエイティブな子どもや成人の誤診や重複診断という重要な分野の研究の発展に貢献できればと願う。

---

* 日本語版：日本精神神経学会（監修）(2014)．精神疾患の診断・統計マニュアル第 5 版　医学書院
** 日本語版：融・中根・小見山・岡崎・大久保（監訳）(2005)．精神および行動の障害―臨床記述と診断ガイドライン　医学書院
*** 2018 年に統合された。

第1章

ギフティッド児・成人ギフティッドの特性

　ある行動が障害によるものであるのか，それとも我々の言うところのギフティッドネスの一部であるのかを判断するためには，まず，ギフティッド児や成人ギフティッドに広くみられる特性を理解する必要がある。それなくしては，特定の行動をアセスメントしたり，その行動によって個人の情緒的機能や精神機能にもたらされる支障の程度を査定することはできない。

　「ギフティッド」という用語は，以下の領域の1つあるいは複数で「並外れた力量を見せる，あるいはその素質のある」様々な人々を広くとらえたカテゴリである[1]。

- 知的能力全般
- 特定の学問領域
- 創造的思考
- リーダーシップ
- ビジュアル・アーツやパフォーミング・アーツ

　この定義が，単なる学力あるいは特定のスキルや才能という概念よりも広範囲の能力を指していることは明らかである。ギフティッドとよばれる人々は，上記の1つあるいは複数の領域で早熟である可能性がある。すべての領域で同程度にギフティッドである人は珍しいが，たいていは，2つ3つ，ときには4つの領域で並外れた力量や素質を示すだろう。一方，1つだけの領域（たとえば，機械を使う作業，音楽，数学など）でギフティッドであり，他の領域では「標準的」という場合もある。これらのカテゴリは成人にも同様に当てはまるが，多くの場合は子どもや子どもの教育経験に当てはめられる。

　ギフティッド児はどのくらいいるのだろうか？　どの程度の並外れた力量や素質の

ある子どもがギフティッドとみなされるのだろうか？　頭のよい子どもがみなギフティッドであるわけではなく，ギフティッドであれば誰もが天才というわけでもない。

　専門家や州の法令の大半が，上位3〜5％の能力の子どもをギフティッドとみなすべきだと考えている（Karnes & Johnson, 1986）。——これは，知的にハンディのある子ども，あるいは知的障害のある子どもの割合と同じである。また，上述の5つの領域のうちいずれかの領域において上位3〜5％に入っていればギフティッドであるとみなすことが多い。とはいうものの，多くの——おそらくほとんどの——ギフティッド児は，5つの領域のうち複数の領域でギフティッドの範囲に入るだろう。ただし，前述のように，より最近の定義（NAGC, 2010）では，いずれかの領域で上位10％に入る素質あるいは実績があれば十分だとも考えられている。

　従来の3〜5％という基準を用いると，100人中3〜5人の子ども（1クラス30人であればクラスに1人）は，いずれかの領域でギフティッドとなるだろう。ただし，1,000人に1人か2人程度の子どもはハイリー・ギフティッド（Highly Gifted: HG）あるいはプロファウンドリー・ギフティッド（Profoundly Gifted: PG）に相当するだろう。IQでいえば，130〜155は単純にギフティッドとよばれる範囲であるが，IQ 155以上は一般にハイリー・ギフティッドとされ（Albert, 1971; Gross, 2000a），IQ 180以上はプロファウンドリー・ギフティッドとする専門家もいる（Gross, 2006）[2]。

　ギフティッド児や成人ギフティッドの間には，その能力のレベルとタイプの両方において，知的障害児の間にある違いよりも大きな違いがみられる（Robinson & Olszewski-Kubilius, 1996）。ハイリー・ギフティッドやプロファウンドリー・ギフティッドの間にはさらに大きな違いがみられる。この点についてRogersは次のように述べている。「ハイリー・ギフティッド児は，互いに似ているというよりは，むしろ，互いに異なるといったほうがよい」（Rogers, 2007a）。

　児童向けウェクスラー知能検査，スタンフォード・ビネー知能検査第5版など近年の知能検査はIQの高得点側を圧縮しており，その結果，IQ上位レベルの範囲は実際に生じうるものよりもかなり狭まった（Gilman, 2008）。WISC-IVでは175までの得点を測定できたが，WISC-Vではそれができない。**スタンフォード・ビネー知能検査L-M版**など以前の知能テストでは200より高い知能指数を測定でき，140より高い得点が算出されることもかなりの頻度でみられた。ところが，近年の知能検査では「外れ値」が統計的に正規分布曲線にまとめられてしまうため，以前のテストでいうと160以上の得点と同等の知的水準の場合でも，140より高い得点が算出されることは滅多になくなった。この問題を修正するために，検査作成者は拡張規準データなどでの調整を試みているが，特に，能力をより簡易的に測定するようなものについては，

項目の最高レベルに限界があるままで，高得点が抑制されている。

　ギフティッドとプロファウンドリー・ギフティッドとの違いは非常に大きい（Shaywitz et al., 2001; Webb, 2013）。知的プロファウンドリー・ギフティッド児，特に IQ が 165 より高い子どもは明らかに異色で，天才とよびたくなるような存在である。知的領域以外の行動面──すなわち，創造性，ユーモアのセンス，リーダーシップ──においても同様に非常に異質であることが多い。

　このように，ギフティッドネスはある 1 つの特性というよりはいくつかの次元のスペクトラムととらえられるが，知能検査では，認知面ではない社会的特性の多くを測ることができない（Warne, 2016）。確かにいえることは，本章で後述する特定の特性は，一般に，定型の（typical）*子どもよりもハイリー・ギフティッド児にかなり多く，広く，激しくみられ，その子の人生のきわめて早い時期からその特性が現れるということである（Ruf, 2009）。プロファウンドリー・ギフティッド児にとって，知的な刺激や創造的表現への欲求は，空腹やのどの渇きなどの生理的欲求と同じように，情緒的欲求として激しく欲するものであることが多い。

　皮肉なことに，プロファウンドリー・ギフティッドという概念は何世紀も前から存在しているが，近年の知能検査の得点基準では，一般に平均から 4 標準偏差高い得点（すなわち，IQ 160）までしか測定されない。「拡張規準（extended norms）**」を用いることが可能な場合は 160 より高い得点を算出できる。ただし，拡張規準を適用できるのは，該当するデータを十分集め定式化できることが実証されたテストに限られている（Gilman, 2008）。そして，現在の知能検査は一部のギフティッド児におけるギフティッドネスの程度を測定するに足る最高値が設けられていない。

　知能指数が 160 を超えるケースは非常にまれで考慮する必要がないと広く考えられてきたが，ここ数十年の臨床データによると，この見解には疑問の余地が残る（Webb & Kleine, 1993）。正規曲線に基づけば，IQ 160 以上は 32,000 人のうちたった 1 人で，IQ 180 以上となると 2,590,000 人に 1 人ということになる。以前の知能検査で測定した際には，このような高得点を示す子どもはもっと頻繁に出現した。また，ハイリー・ギフティッド専門の心理士による臨床報告（e.g., Ruf, 2009; Webb &

---

*　本書では一貫してギフティッドを「非定型（atypical）」に位置づけている。ただし，「標準から外れた」という意味で「非定型」なのであり，一般に（専門家の間でも）「非定型」と「障害」が同義語のように扱われているのとは意を異にする。「非定型」が「障害」とのみ解釈されること，そして，「障害」ではないが「標準的」ではない「非定型」のギフティッドが「障害」の枠組みに当てはめて解釈されていることの問題を，本書は一貫して指摘している。

**　測定可能な最高値の範囲を広げた規準。天井効果の影響を受け実際の能力よりも得点が低く産出されることを防ぐために，特に高 IQ 者のための適用を目的とした規準。https://images.pearsonclinical.com/images/assets/WISC-IV/WISCIV_TechReport_7.pdf

Kleine, 1993) でも，IQ が 160 を超える人は統計上の推定値より 2 倍以上，180 を超える人は 3 倍以上いるとされている。おそらく IQ 得点の分布は，少なくとも高得点側において，一般に考えられている正規分布のような滑らかな曲線にはなっていないのだろう。

正規分布から外れる人がこれほど多くなる理由は明らかにされていない。考えられる原因として，同類交配の問題[3]，標準サンプルでの検査の不十分さ，知能スペクトラムの高得点側は，実際，正規曲線のように滑らかになっていないだろうと考えられることなど様々ある。原因が何であれ，現実問題として知能指数の正規曲線の 160 あたりに顕著な「凸」があるようで，その該当者は多くの専門家が考えるほど珍しくはないのは明らかだろう（Webb & Kleine, 1993）。この見解はまだ広く認識されてはいないが，当然考えられるものである。Wechsler (1935)，Cronbach (1970)，Dodrill (1997) をはじめとする多くの研究者も，知能が滑らかな「正規」曲線に従って分布するという仮説が誤りであると主張している。

心理士や医療関係者は，ウェクスラー式やスタンフォード・ビネー式のような，知能検査に特化した訓練を多く受けているため，ギフティッド児について IQ 用語を用いて話をしがちのようである。世間一般にも IQ はよく知られているため，この傾向を助長してしまう。ところが，IQ の数値がそのまま知的障害を意味するのではないのと同様に，ギフティッドネスもまた，IQ と同等のものと考えるべきではない。たとえば，IQ が 120 を超えると，創造性と知能との相関はきわめて小さくなる（Amabile, 1983; Piirto, 2004）。同様に，知能検査は領域個々の「才能」（特にリーダーシップや音楽，身体能力）を適切に測ることができない場合が多い。全検査 IQ 得点はいくつかの下位領域の能力が合成されたものとなる。そして，多くの才能は全検査 IQ 得点とわずかに関連している程度でしかない（Winner, 1997a）。全検査 IQ は複数の下位領域の能力を統合した合成物であり，個々の得点の凹凸を人為的に平坦にしたものとなる。IQ の「数値」に注目しすぎることで，下位検査結果に含まれる重要な情報が見えにくくなるとともに，音楽やビジュアル・アーツのように知能検査では計測できない子どもの才能を見落とすこととなる。また，知能検査の結果如何にかかわらず，子どもを数値だけで判断すべきではない。検査結果の数値で子どもの人生を制限したり予測したりすべきではない。ギフティッドネスは他の諸々の特性と同様，個人の一部にすぎないが，間違いなくその個人の人生の隅々にまで影響を及ぼす非常に重要な部分を担っている。

心理学や教育学界では，ギフティッドネスが必ずしも "g"（すなわち，一般的）因子とは限らないこと，また，必ずしも，あらゆる領域でギフティッドであるわけでは

ない（その必要もない）ことが広く受け入れられつつある。つまり，たった1つ，あるいは2，3の領域で並外れた素質や力量があれば，ギフティッドの可能性がある。以前は，そのような人々は「タレンティッド」とよばれ，「ギフティッド」と区別されていたが，近年では，これら2つの用語は一般に同義的に用いられている。実際，学術面でのギフティッド児の能力には凹凸があるのが普通で，あらゆる領域で等しく高い才能のあるグローバル・ギフティッドネスは珍しいということが実証されている（Winner, 1997b）。

1節　行動特性

　ギフティッド児の特性を記した最近の書籍のほとんどは，知的・学業的特性に注目している。それに対して，彼らの社会，情緒，行動の特性が記された書籍や論文（e.g., Baum & Olenchak, 2002; Hébert, 2010; Lovecky, 2004; Neihart, Pfeiffer, & Cross, 2015; Neihart, Reis, Robinson, & Moon, 2002; Silverman, 1993a, 2002; Webb, 1993; Webb, Meckstroth, & Tolan, 1982; Winner, 1997b）は，ほんのわずかである。しかし，この社会，情緒，行動の特性こそが誤診や重複診断と最も強く関連する。

　学術面でのギフティッド児にきわめて頻繁にみられる一連の行動特性が確かにあるようだ。この特性はギフティッド児に普遍的にみられるものではないが，大半のギフティッド児が，たいていの場合これらほぼすべての特性を見せるといえるだろう。また，これらの行動特性の多くが，ほぼ変化することなく成人後もみられる。なかには学術的な側面や知的な側面が際立つものもあるが，我々が注目するのは社会的・情緒的特性である。

　以下のリストは，この特性をまとめたものである。その多くは前述の一般的定義を裏づけている。

- 年齢のわりに並外れて語彙が豊富で文章構造も複雑である。
- ことばの微妙なニュアンスを非常によく理解する。
- 集中時間が長い。粘り強い。
- 激しさと繊細さをもつ。
- 興味関心の幅が広い。
- 好奇心が非常に強く早熟で，質問はとどまることがない。
- 実際に試してみたり普通とは違う方法でものごとを行いたがる。
- 拡散的思考をもち，普通では思いつかないような方法，ありきたりではない方法，独

創的な方法でアイディアやものごとを結びつけて考える。
- あまり練習せずとも基本的スキルをすぐに習得する。
- 就学前に，ほぼ教えられることなく自然に読み書きができるようになる。
- 多量の情報を保持できる。並外れた記憶力がある。
- 想像上の友だちが大勢いる。
- 並外れたユーモアのセンスがある。
- 複雑なゲームを考案するなど，人々やものごとを仕切りたがる。

後述のように，これらの特性のなかでギフティッドネスの一部とは理解されないものがあると，医療機関の受診，行動障害の誤診へとつながる可能性が生じる。ギフティッド児も成人ギフティッドも，ギフティッドネスの判定やその理解のためではなく，行動上の問題のために医療機関に紹介されることが非常に多い。以下に，よくみられる主症状を記す。

ギフティッド児や成人ギフティッドの行動特性は，それ自体が生得的に社会的・情緒的問題を引き起こすことは滅多にない。むしろ，彼らの文化的背景や家庭での周囲の態度や期待と，この行動特性との相互作用のなかで問題が生じる。それでもなお，なかには文化的環境如何によらず，社会的・情緒的問題の可能性を高める特性もあるようだ。それは以下のような特性である。

- 自分の能力を酷使する。
- とことん理解しよう，一貫性を求めようとする。
- 先の可能性と，さらにそれとは別の可能性を察知する能力がある。
- 情緒的な激しさ（強烈な集中力，強烈な内発的動機づけ，猛烈な粘り強さ）。
- 社会問題や道徳的問題への関心の高さ（理想主義，繊細さ）。
- 身体的発達や情緒的発達と知的発達との不釣り合い。

皮肉なことに，ギフティッド者の素晴らしい長所となる特性そのものが，アキレスのかかとにもなり，その結果問題が生じることがある。以下に，ギフティッドに一般にみられる長所と，それと表裏一体の問題をあげる（Clark, 2012; Webb, 1993; Webb, Gore, Amend, & DeVries, 2007）。

- 情報を素早く理解する。v.s. 他者の理解の遅さに耐えられない。
- 探究心が強い。v.s. ばつの悪い質問をする。
- やると決めたらやり抜く。v.s. 人に指図されることに断固として抵抗する。
- 秩序や体系を追い求める。v.s. 仕切り屋のように見えたり支配的に見えたりする。
- 創造的で発明的である。v.s. 他の人々の計画を乱すことがある。

- 強烈な集中力がある。 v.s. 遮られることを極度に嫌がる。頑固に見える。
- エネルギーが溢れている。 v.s. 活動的でない状態にフラストレーションを感じる。
- 興味関心が広く多様である。 v.s. 散漫に見える。
- 並外れたユーモアのセンスがある。 v.s. ユーモアが授業や仕事の邪魔になることがある。
- 鋭い観察眼をもつ。 v.s. 矛盾が見え失望してしまうことがある。

　これらの特性それ自体が問題であることは滅多にないが，これらの特性と状況要因との相互作用により行動上の問題が生じ，医療機関やカウンセリングの専門家を受診することになる。以下に，ギフティッド児や成人ギフティッドが医療機関を受診する際にきわめて多い訴えを記す。

2節　ギフティッド児の専門機関受診のきっかけとなることの多い問題

- 活動性レベルが高く衝動性コントロールが低い。ADHDだろうか？
- 先生はこの子をADHDだと考えている。
- 年齢の割に深刻にものごとを考えすぎだ。いつも，道徳的，倫理的，哲学的な問題を思い悩んでいる。うつだろうか？
- 感情的に激しすぎる！　そこまで取り乱すほどのことは起こっていないのに。出来事と反応の大きさとが不釣合いだ。
- いつも何かにのめり込んでいたり徹底的に調べたりしている。ものごとを放っておくことができないのだろうか？
- とても賢いのに常識がほとんどない。簡単な思慮分別を教えるにはどうしたらよいのだろうか？
- 完璧主義だ。自身や人への期待が高すぎる。
- とても睡眠時間が短く非常にはっきりとした夢を見る。悪夢を見たり夜驚症になることもある。
- おねしょがあったり夢遊病になったりする。
- 敏感でえり好みが激しい。シャツのタグをすべて切り取らなくてはならないし，学校では蛍光灯が気になって集中できないと言う。
- 感情的すぎるようだ。目標を達成できなかったときには強烈なフラストレーションを抱え，癇癪を起こすこともある。この錯乱状態を招かないように，家では常に細心の注意を払わねばならない。
- 1つの課題を最後までやり抜くことができないように見える。部屋や机はぐちゃぐちゃで整理整頓ができない。せっかく仕上げた課題も提出するのを忘れてしまう。

- 自己愛的で自己陶酔の度が過ぎているように見える。すべてが自分中心に動いているようだ。
- 同じ年頃の仲間との関係づくりが苦手だ。ボスになって友だちを従わせたがるし，同じくらいの年の子どもと興味が合わない。ひとりで過ごしたり年上の子どもや大人と過ごすほうが好きだ。
- いつも何か質問したり他の人を遮ったり，自分の知っていることをひけらかしたりする。
- とにかく繊細すぎで，公正であるかどうかに思い悩んでいる。夕方のニュースで悲惨な事件を見ると涙する。この年齢で普通あることだろうか？
- 担任の先生はこの子は賢いと言うが，決して宿題をやろうとしない。これでは，テストの点数がよくても落第するのではないだろうか。
- しきりに私たちに議論をしかけ，いちいち挑んでくる。いつも私たちより一枚上手でいられるようにしているみたいだ。どうすることもできない。自分のやりたいことをやっていきたいようだ。
- ソーシャルスキルがまったくない。SF以外の本にはまったく興味がない。科学クラブでの年上の男の子2人以外に友だちがいないのが心配だ。この子はアスペルガー症候群ではないかとも言われたことがある。
- 気が短くせっかちだ。まるで人間嫌いにも見える。
- ものすごく才能のある分野もあればそうでない分野もある。字がとてもひどい。学習障害だろうか？
- いつもぼんやりしているようだし，あげたものをすべてなくしてしまう。何か精神的な問題を抱えているのだろうか？
- 気分屋で癇癪もちだ。二重人格のようにも見える。ものすごく気力に溢れているかと思えば，次の瞬間は怒り心頭ということもある。双極性障害ではないかと言われたこともある。
- 雑誌で色々と読んだが，この子は双極性障害かアスペルガー症候群だと思う。

3節　成人ギフティッドが支援を要する主な理由

- これまで何度も職を失ってきた。それは，私が利益を生むことよりも公平さを優先するからだと思う。
- 妻（夫）から，繊細すぎるとか深刻に考えすぎると言われる。
- 自分は人と違うのではないかと感じる。人づきあいを楽しめない。
- いつの間に，私は「お悩み相談係」になってしまったのだろうか。誰もが自分の悩みごとを私に話すばかりで，私の悩みごとは聞いてもらえない。もう，ほとほとうんざりだ。
- 父のような人間にはなるまいと決めていたはずなのに，今や父に負けない大酒家だ。
- 職務評価では，同僚に対して厳しすぎるという評価を受けた。そのために誰も私と仕

- 事をしたがらない。
- 私には人の考えに挑む義務があるように感じる。当然，皆それをよくは思わない。そして，それが原因で対人関係の問題を引き起こしてしまう。
- 交際が長続きしない。自分の情熱や熱意を分かち合える人がいない。たぶん私は人と何かが違うのだと思う。
- 妻（夫）から，家庭を顧みずに色々なことに没頭しすぎだと言われる。妻（夫）は，私が躁うつ病ではないかと心配しているし，私もそうではないかと思うことがある。双極性障害ではないだろうか。
- 家族は，私が仕事や家事に猛烈に入れ込むので，それに巻き込まれて気が狂いそうだと言っている。
- 自分は人と違うように感じる。社会の不合理に我慢ならないし，実際，孤独で気分が沈んでしまう。
- すべてが見かけだおしで，私の人生はほぼ無意味に見える。いったい何の意味があるのだろうか？　何もありはしない。
- 私は頭がおかしいのだと思う。誰も好きになれない。家族にさえ，お前は頭のおかしい変人だと言われながら育ってきた。もう，こんな風に生きるのは嫌だ。世間が正しいのだ。普通の人間として生きるにはどうしたらよいのだろうか。
- 図らずも成人ギフティッドの情報を目にした。自分の何かが悪いのだと感じながら生きてきたこれまでの年月を思い，涙が溢れた。そこに書かれていたのは，まさに私のことだった。

　上述の行動特性は，いずれも実際それだけで問題となることもある。しかし，あらゆる問題は，個人とその生活環境や職場環境をしっかりと調べたうえで初めて，理解し対処できるものである。あいにく，医療関係者はこれらの問題に対して限られた狭いやり方で対処してしまうことがある。つまり，ギフティッド者やタレンティッド者の特性や通常みられる性質，そして，その問題が生じた経緯を考慮することなく対処してしまうのである。

　並外れた知能や創造性の高さに付随して，あるいはその副産物として生じている問題行動とはどの程度までをいうのかを考える必要がある。そうでないと，その問題行動が誤って障害の診断根拠の一部として意味づけられてしまう。前述のとおり，実際，我々はギフティッド児や成人ギフティッドが上述のような愁訴のために，注意欠如症（ADD），アスペルガー症候群，反抗挑発症，素行障害〔行為障害〕，強迫症，睡眠時驚愕症（夜驚症），自己愛性パーソナリティ障害，さらには双極性障害とまで誤診されたケースに多々遭遇してきた。また，夫婦間不和など成人の対人関係の問題など，診断自体は的確であっても，その問題に知的能力や創造性の要素が含まれており，その要素が主要原因であるにもかかわらず，それが完全に見落とされているケースも見

てきた。

　ただし，ギフティッド者は情緒障害や行動障害にはならないと我々が考えているのではない。ギフティッド者もまた，ADDやアスペルガー症候群，DSM-5にあるあらゆる障害になりうる。我々はまた，ギフティッドネスを引き合いに出し，彼らの不適切な行動や不適応行動の言い訳としたり，実際に存在する精神疾患や内科疾患の言い逃れとするつもりもない。とはいえ，ギフティッド児や成人ギフティッドの特性が，病理ではないにもかかわらず病理とみなされてしまうことが実際にある。本書を手にした親，医療関係者，教育関係者をはじめとする読者が，ギフティッド者に広くみられる特性は彼らにしてみれば普通にあることだと理解できるよう，また，本書がギフティッド者の問題行動の「枠組み」を再構築するためのガイドとなるよう願っている。そして，それらの特性に障害のレッテルを貼り，潰していくような対処ではなく，むしろ，その特性を適切に導き，育て，形作れるようになってほしい。ギフティッドネスによって説明できる行動がある。ときには非常に変わった行動も説明できる。だからといって，不適切な行動に対して「あらあら，この子はギフティッドなのよ。だから仕方ないわ」のような言い逃れとしてギフティッドネスを利用してよいというのではない。不適切な行動として現れたものに対処するときに，ギフティッドネスに気づき，その特性と問題との密接な関連に留意することが重要である。このシンプルではあるが重要なパラダイムシフトにより，見落とされていた問題もよりはっきりと見えるようになり，それが結果的に，より効果的で焦点化された介入を可能とするのである。

　ギフティッド児や成人ギフティッドにみられる行動特性を理解しなければ，親や子どもだけでなく医療関係者もまた，我流でその特性を意味づけ理解することとなる。行動障害とは診断せずとも，親や教育関係者，医療関係者の間では，ギフティッド児や成人ギフティッドの行動パターンを，しつけの問題，本人の未熟さの問題，社会性の問題，生まれながらの気質の問題と考える傾向が強い。これは，特に文化的・言語的マイノリティに属すギフティッド者にとって深刻な問題となる。マイノリティ出身のギフティッド児は，教師からギフティッドとみなされにくい（Davis, 2010; Ford, Moore, & Whiting, 2006; Grantham, 2012）[4]。このような子どもたちがギフティッドと判定されずにいる場合，教師はその行動特性を理解する際にギフティッドネスという枠組みを用いることはないだろうし，適切な教育や治療が施されることもないだろう。そして，子ども時代にニーズに合わない環境にさらされたままでいると，成人後に問題を抱える可能性が高まる。文化的マイノリティ出身者の特性は，その人自身でも周囲からも異なるレンズでみられることとなり，誤診を受ける可能性が一層高まる

(Beljan, 2011)。

　適切なレンズを通さずに見ていると、ギフティッド者自身や周囲の人々は、その特性を理解するうえで別の意味づけをしようとする。そして、その多くは肯定的でない。変な人とか変わった人という決まり文句の類から、「躁病」「クレイジー」「統合失調症」のような病理学上のことばまで用いられる。ギフティッドネスという枠組みのなかでその特性をとらえ直すことで、互いに理解し合い肯定的に受け止め合うことができる（Mahoney, 1998）。それらの特性がギフティッド者を彼らたらしめている一部として受け入れ、その特性が他者に与える影響を考えて行動できるように働きかけることで、ギフティッド者は成長できる。すると、ギフティッドネスは育まれるべき長所となり、ポジティブな意味づけがなされる。そして、抑えつけたり追放したりしなくてはならない口実や特性、治療しなくてはならない障害という特性ではなくなる。

　我々はまた、ギフティッドの特性をギフティッドだからと安易に容赦してしまうと、問題に発展しうること、さらには病理にもつながりうるということも述べておきたい。ギフティッド児も成人ギフティッドも、責任ある人間として、自身のギフティッドネスへの洞察力を培わなくてはならない。これは、彼らが彼らたることを根こそぎ変えなければならないということではない。そうではなく、自分自身のギフティッドという特性や性質をしっかりと認識し、それがどのようにして自身や人との関係に影響するのかを理解する必要があることを意味する。

　　ワークショップをありがとうございました。ちょうど7歳の息子のことで色々と問題が起き、ADHDと診断されたところです。息子の検査にあたり、私たちは、息子の不注意の問題がギフティッドネスの可能性が高いことと関係があるのではないかと、医師（子どもの発達と行動を専門とする小児科医）に確認しました。（息子は正式にIQテストを受けてはおりませんが、3歳の頃からチャプターブック*を読んでいますし、その他にも、息子の知能がとても高いのではないかと思うことがあります。）この小児科医のおっしゃるには、息子の不注意の問題とギフティッドである可能性とには何の関係もないということでした。というのは、「ギフティッド児というのは非常に聡明で、退屈な状況を自分で工夫して対処できるし、注意がそがれたり注意散漫になることはないものだから」だそうです。そんなこと、7歳の子どもはおろか、大人の私にすら無理だと思いました。
　　息子のADHDという診断の原因とされる注意欠如は、「その教科が息子にとって面白くなかったり退屈だったりする際に」問題になる「タイプ」です。また、ワークショップで取り上げられたような感覚過敏の問題（温度に敏感、きつい匂いに敏感、ごわごわした肌触りの服に敏感）、聴覚の問題（特に、ざわざわしたところで集中できない）が息子にはあります。
　　主人も私も、ADHDという診断には正直とても戸惑っておりました。息子の頭のなかで何

* 絵本ではない7〜10歳向けの文字中心の児童書。

> が起こっているのかということは考慮されずに，表面的な行動だけ一般的なカテゴリの枠に
> 当てはめられたような気がしたのです。このワークショップで得ることのできた新しい情報
> をもとに，単なるレッテル貼りではない新たな答えを探そうと思いました。

　診断を下すということは，個々の症状を一般化することで最適な治療を施せるようにし，医師や患者にその指針を提供できるようにするということである。診断は一連のプロセスの始まりであり，終わりではない。正確な診断のためには，患者個人のことだけでなく，個人を取り巻く環境についても理解する必要がある。個人と環境とが合わないがために問題行動が生じるということが起こりうるためである。たとえば，睡眠不足は注意力を低下させ，その結果，最終的には幻覚を引き起こすこともある。もし，その一連の経緯を考慮しなければ，幻覚を見るような人は異常あるいは統合失調症だということになってしまう。同様にうつ病の診断も，うつが生じるに至った経緯を無視すれば何の意味もなくなる。最近の配偶者との死別，突発性のうつ病歴，新しく取り入れた薬物療法，仲間からの長期にわたる拒絶，あるいは幼稚園に入ったばかりで，しかも本を読める子が自分しかいないという状況などは，正確な診断，的確な治療のうえで考慮すべき必須事項である。

　ギフティッド児や成人ギフティッドの誤診につながることの非常に多い，主な特性，行動パターン，環境の詳細を次に記す。

4節　激しさ・繊細さ・過興奮性

　ギフティッド児や成人ギフティッドにほぼ普遍的にみられる特性は，激しさである。ある母親は次のように言った。「この子の人生のモットーは，すべきことは猛烈にすべし，感じるべきことは強烈に感じるべしなんです！」このような子どもはあらゆることにつけて激しく，「過剰パーソナリティ」ではないかと思えてしまうほどである。そして，IQが高ければ高いほど好奇心も激しさを増す（Rogers, 2007a）。激しさ，集中力，粘り強さは，ごく幼いうちから現れる知能の高さを示すサインだということは昔から認識されていた（Kolata, 1987; Tucker & Hafenstein, 1997; Webb, 1993; Webb et al., 1982）。ギフティッド児を同年代の標準的な子どもと比較したとき，感情的に繊細なばかりでなく生理学的にも繊細であることが示されている（Gere, Capps, Mitchell, & Grubbs, 2009）。

　ここ10年の間に，ポーランドの精神科医であるKasimierz Dąbrowskiによる研究

がギフティッド児や成人ギフティッドに適用されたことで，ギフティッド者の激しさや繊細さに対する理解が進んだ（e.g., Daniels & Piechowski, 2008; Kitano, 1990; Lind, 2001; Mendaglio, 2008; Piechowski, 2006; Piechowski & Colangelo, 1984; Tucker & Hafenstein, 1997）。彼の理論や研究の1つに「過興奮性（Overexcitability: OE）」という概念がある。この概念は，知能が並外れて高い人々に非常に多くみられる激しさや繊細さの問題に光明を投じた[5]。

Dąbrowskiの理論は，何世紀にもわたり認識されてきたこと，つまり，子どもは本来周囲の環境にワクワクさせられる存在として誕生するという認識のうえに成り立っている。赤ん坊は誕生したその時から，本能的にある種の刺激を求める。生後数週間足らずのうちに，明暗がわかり，顔や動くものに魅了される。その後，自発的に物を触ったり口に入れたり匂いを嗅いだりするようになる。周りの刺激にワクワクさせられているのである。

近年，ギフティッド教育のリーダーたちの間では，高知能の子どもや成人には生得的な激しさが伴い，それが原因で刺激から受ける経験が増幅される（つまり，日常の出来事からより強烈な経験をしている），また，刺激への反応が増幅される（つまり，経験へより強烈な反応を示す）といわれている。このような激しさは，Dąbrowskiの用語をそのまま引用し，過興奮性としてとらえられることが多い（Bouchet & Falk, 2001; Daniels & Piechowski, 2008; Lind, 2001; Tucker & Hafenstein, 1997）。生得的な情熱や激しさのために，これらの聡明な人々は非常に敏感で，その感情，経験，反応は，一般の想定をはるかに超えたものとなる。

> 私は「読書の快楽」について書かれたロラン・バルト（1975）の作品に出合い，とてもゾクゾクしました。この本には，人の考えとの親密なやりとりがどれほど魅惑的でワクワクさせられるものであるかが書かれています。才気ほど激しくそして突然にものの見方を変えることのできるものは，滅多にありません。直接間接問わず，作家や芸術家は人々の精神に入り込み，そこに決定的変化を引き起こします。親密な行為の極みとはこのことをいうのでしょう。未経験の人からしたら，当然，理解に苦しむことかもしれません。恋愛に心酔している友人たちを思い浮かべてみても，恋の魔法は他人にはよくわからないものです。それに人間同士の恋愛は受け入れられていますが，思想との熱愛は一般的な行為として理解されません。

Dąbrowskiは，この過興奮性が5つの領域の1つあるいは複数で生じうるとしている。ただし，専門家のなかには，いずれかの領域で過興奮性を示す人は，子どもも成人も，たいてい他のいくつかの領域でも同様に過興奮性を示すと考える者もいる。

Lind（2001）と Piechowski（1991）に基づく5つの潜在的過興奮性を以下に記す。

知的過興奮性

好奇心，鋭い質問，集中力，問題解決力，内省力，論理的思考力，これらの高さはすべて知的過興奮性を裏づける特性である。知的過興奮性のある人は非常に思考が活発で，知識と理解を求め，真実を探し，問題を解決しようと邁進する。小児期は本をむさぼるように読み，成人後も熱烈な読書家となる。

子どもの場合，猛烈な好奇心から矢継ぎ早に質問し，応じる大人がうんざりしてしまう。内省的で，焦点化したり集中力や問題解決力が求められるような知的難問が大好きである。そして，かなり長い間ひとりで座ってあれこれ考えては満足していることもある。そのようなときは，たいてい自分の思考について考えるというメタ認知を働かせている。知的過興奮性のある者は，道徳的問題や公正さの問題に関心を向けることが多い。独立した思想家，鋭い観察者であり，思想や考えをめぐりワクワクする気持ちを人と共有できない状況に我慢できないことがある。

> サレンダはいくつもの事柄について底なしの知識をもつ優秀な生徒である。ある日，先生は授業中に何名かの著名人を板書し，こう尋ねた。「ここにあげた人物の誰についてでもよいので，知っていることを教えてくれますか？」サレンダは，他の生徒が簡単なコメントや一般的に知られていることを言うのを聞いていた。しかし，次第にやむにやまれぬ気持ちになり，ある芸術家のあまり知られていない情報をつけ足した。本当に正しいがほとんど知られていない事柄についてサレンダがつけ足したとき，先生はそれが正しいかどうかわからないので後で確かめておくと言った。すると，サレンダの後ろの席の生徒が「サレンダを信じなくっちゃ。サレンダの言うことはいつも正しいもの」と口をはさんだ。

想像の過興奮性

聡明で創造性の高い子どもにとって，豊かなイマジネーション，空想遊び，アニミズム的思考，白昼夢，ドラマティックな感覚，隠喩は非常に魅力的である。ギフティッド児の約4分の3には，就学前に想像上の友だちがおり，その友だちは想像上の宇宙のなかの惑星に住んでいたり，想像上のペットを飼っていたりする（Webb et al., 1982, 2000）。このような子どもたちは，複雑な構想を思い描くことを好み，そこにはたいてい非常に劇的なドラマが盛り込まれている。ある母親は「我が家では，食事中にただ塩を渡すだけのことが三幕もの演劇になってしまいます」と言った。幼児では現実とファンタジーを混ぜ，クラスのなかである種の空想の世界を創り上げてそ

こに入り込んだりする。そして，その世界を鮮明な視覚情報としてとらえている。

　想像の過興奮性のある成人の多くは人とのやりとりがドラマチックであることが，故ロビン・ウィリアムスの即興劇によく表されている。このような人たちは創造的思考や拡散的思考に非常に長けており，その空想は非常に詳細で鮮明である。ただ，傍から見るとその様子は「ボーっとしている」ように見える。漫画家のマイク・ピーターズ（"*Mother Goose and Grimm*"の作者）のことを，学校の教師たちは落第者とみなしていた。というのも，彼はいつも勉強などせずに教師たちの風刺画を描いていたためである。後にその才能が開花し，彼の時事漫画はピューリッツァー賞を受賞した。この才能が高く評価されるまでは，学校のイヤー・ブック＊に「大人になったほうがいいですよ，ピーターズさん！　大人になったら漫画ばかり描いていられませんからねえ」と書かれたりした（Peters, 2003）。

感情の過興奮性

　この領域，つまり，極端で複雑そして強烈な感情は，まず，その子の親が気づくことが多い（Lind, 2001）。感情の過興奮性のある人は，周囲の環境に非常に敏感で，ひどく心配し，強い反応を示す。人，場所，物に対して非常に強い愛着を抱き，新しい環境や状況への適応に困難を示す。そして，反応がオーバーだと批判されることが多い。その感情の激しさは，慈悲深さ，共感性の高さ，繊細さに現れる。ある母親が，夜車を急いで走らせていたときに娘が泣き出したというエピソードを話した。同乗していた娘が「止まって！　スピードを落として！」と泣き叫んだため，「どうして？」と聞くと，「フロントガラスでたくさん虫を殺しているのよ！　私はこの年齢にして，あまりにも多くの死を目にしすぎたわ！」と答えた。このような子どもは，路上のホームレスの人々を見て泣き出したり，（3歳以降にも）癇癪を頻繁に起こしたりする。また，「ゲームに負けた」「のけ者にされたと感じた」「1番にならなくてはいけない」「思いどおりにできない」といって逆上したりもする。さらに，自分が熱狂したことにかかわるすべてを大切にとっておきたがり，興奮の余韻に何度でも浸ったりする。初めてディズニーワールドに行ったときに食べたガムの包み紙，これまで味わったことのないほど美味しかったスコーンのかけら，学力テスト（SAT）やアメリカン・カレッジ・テスト（ACT）で満点を取ったときに使っていた鉛筆などに非常に強い愛着を抱き，それらが秘蔵品となる。彼らの強い感情——他人の苦境に深い悲しみを抱いたり，予想外の幸運に意気揚々と上機嫌になったり——は極端で，周囲の大人を困

＊1年間の学校生活を振り返ったアルバムのような思い出集。

惑させる。この極端で強烈で何度も反復される感情的反応のために，ギフティッドについて知識不足の臨床医は双極性障害と誤診しやすい。

感情の過興奮性のある成人は，社会的大義に熱中し理想を追い求め人道支援や自然環境保護活動などを行う傾向がある[6]。自分の理想や繊細さを周囲と共有できないとわかると，その現実に非常に落胆し，偏屈になったり怒りを沸きあがらせたり落ち込んだりする。このような経験は一時的な場合もあるが，慢性的なものとなることもある[7]。

> 6歳のアンソニーは，人との関係に非常に敏感で情緒的な絆を強く求めるために，周囲を困らせていた。また，この幼さで森林破壊，テロリズム，戦争，飢餓といった問題に悩んでいた。これらの問題について，また，それらが人類に与える影響について，グローバルな視点からもローカルな視点からも考えていた。特に，夜眠りにつく前にこれらの問題を，そして，自分には何ができるのかを考えた。
> 　ニュースで悪い出来事が流れるとアンソニーは必ずといってよいほど憤慨するため，両親はアンソニーの見る番組に油断できなかった。ある晩，イブニングニュースの広告で「ホームレスのことを考えよう。今晩11：00に，このチャンネルで」と流れたのには両親も参ってしまった。アンソニーが「ママ，その時間にぼくは起きていないけど，ホームレスの人たちに何かしてあげられるよね？　ジェニスが大学へ行ったから寝室が余っているよね。それから，パパはあまり書斎を使っていないよね…」と言ったからである。
> 　アンソニーが6歳にして他者の苦しみに敏感に反応し，その問題を何とかしようとしていることは明らかである。彼の両親はホームレスの人々を家に招き入れることはしなかったが，アンソニーの何とかしたいという意に応じてできることをした。ボランティアをはじめ，衣料や食糧の寄付をした。この両親の協力のおかげで，アンソニーはある程度気持ちを落ち着かせることができた。

精神運動の過興奮性

精神運動の過興奮性のある人は，筋神経系の興奮性が高く，「活動性やエネルギッシュさの許容量が大きい」（Piechowski, 1991, p.287）ように見える。動くことそれ自体が大好きで，エネルギーが有り余っている。それは早口，熱烈な意気込み，身体活動や活動欲求の激しさとして現れる（Piechowski, 1991, 1997）。緊張すると衝動的な言動が現れ，神経症的習癖が出たり激しく自分を鼓舞したりする（「ワーカホリック」に陥りやすい）。また，衝動的に計画を立てたり非常に競争的になったり，無作法に振る舞ったり感情をあらわにすることもある（Lind, 2001）。その無限ともいえる身体的・言語的情熱や活動性により，彼ら自身は非常な喜びを得られるが，周囲は圧倒されてしまう。子どもの場合，家や学校で片時もじっとしていられず，常に何か話して

いるように見えることがある。周囲の大人も子どもも，たいてい「静かに座ってて！」と言いたくなる。精神運動の過興奮性のある成人の場合，一緒にいると疲れると周囲から思われることが多い[8]。ケン・ロビンソン氏は，「学校は創造性を殺している（How Do Schools Kill Creativity）」のなかで，「オペラ座の怪人」や「キャッツ」のダンサー兼振付師のジリアン・リンと対談した。ジリアン・リンは，子どもの頃，常に動いており注意が持続しなかったため，両親は彼女に学習障害があるのではないかと心配していた。しかし，ロビンソン氏が言ったように，「この子はダンスをすべくして生まれた」のであり，考えるためには動く必要があったのである[9]。

　精神運動の過興奮性のある子どもは，注意欠如・多動症（ADHD）と誤診される可能性が特に高い。この過興奮性のある子どもや成人は，あることに精神的に釘づけになって集中しているようなとき，その興奮のあまり身体はソワソワしたりピクピク動いたりしやすい。そして，これが多動の状態に非常によく似ているのである。運動系と認知系は密接な関係にある。あいにく，大半の ADHD 行動チェックリストでは，絶えず動いているということが ADHD の判定要因としかみなされておらず，知能や集中状態との関連要因とは考えられていない。舌突出癖，貧乏ゆすり，机を指でタップする，ハミングなどの行動は脱抑制行動とよばれ，集中してものごとを考える際にみられることの多い行動で正常と考えられている。しかし，授業中にこのような行動が絶えずみられる際に，教師がどのように反応するのかは想像に難くないだろう。成人の場合，多くは自身の過興奮性に自分で対処できる。つまり，積極的な運動，紙への落書き，編み物のように，社会的に受け入れられる行動をしたり，何かに集中しているときは貧乏ゆすりをすることもある。

感覚の過興奮性

　感覚の過興奮性のある子どもは，日々の感覚——視覚，嗅覚，味覚，触覚，聴覚——刺激を，他の子どもよりも非常に増幅された形で受け取っている。シャツについているタグを嫌がる，ザラザラしていたり縫い目のある靴下を履けない，あるいは縫い目がまっすぐでないと嫌がるなどがある。蛍光灯の点滅やブーンという音が非常に目障り耳障りで頭痛を引き起こしたり，芳香剤等の臭いに参ってしまうこともある。乳児の頃から食べ物の舌触りや味に強く反応する。教室の常にザワザワした感じに疲弊したりもする。成人の場合，会議などの職場環境でのザワザワした感じに非常に疲れてしまったり，同僚の香水やアフターシェーブローションの匂いに耐えられなかったりする。この過興奮性のある人々のなかには共感覚をもつ者もいる。つまり，色彩，音，数，形，手触り，匂い，感情などにおいて，ある感覚を受け取ると，それが溢れ

出て他の感覚を引き起こす。たとえば，ある特定のアルファベットの文字を見るといつも同じ色が見える，ある匂いを嗅ぐといつも同じ音が聞こえる，ある肌触りに対して特定の匂いを感じるといったことである。強烈な感情（肯定的な感情，否定的な感情）が文字どおり溢れ出て，他の感覚や感情のなかに流れ込み混ざり合う[10]。これらは傍から見ると奇妙に見え，自閉症と誤解されることもある。

　当然ながら，感覚の過興奮性のあるギフティッド児や成人ギフティッドは，刺激過多の環境を避けたり極力刺激の少ないところに身を置こうとする。その一方，自身の並外れた繊細さゆえに，音楽，言語，芸術，食などを通して大きな喜びを伴う経験ができる。そして，この絶大な喜びを与えてくれる刺激対象に強烈に集中するために，周りの世界が一時消滅したようになることがある。

5節　過興奮性と誤診

　我々の経験からいうと，以上の過興奮性は，ハイリー・ギフティッド，プロファウンドリー・ギフティッドの人々に特に顕著にみられる。過興奮性のなかには精神疾患と誤診されやすいものもあるのはもうおわかりだろう。たとえば，子どもの知的過興奮性や精神運動の過興奮性は ADHD の誤診を生みやすい（Hartnett, Nelson, & Rinn, 2004）。授業中に新しい情報に興奮したり好奇心をもって熱心に取り組んでいると，思わず答えを口走ったり質問したりする。そして，それが一見授業の内容とは関係のないもののように見える。というのも，その子の頭のなかでは，与えられた情報を他の状況にも応用できるような考えをすでに思いついているのである。勉強中に貧乏ゆすりをしていたり鉛筆をトントンさせているからといって，授業と関係のないことを考えているわけではない。また，際限のない情熱をもって自分の強い意見を人に伝えようとすることがある。それはその子自身の学習を妨げるものではないが，周囲の邪魔になることもあり，それが原因で，医療機関の受診そして誤診につながることがある。さらに，すでに知っていることを授業で学習するような場合は退屈になり，授業とは関係のないことをしだしたりする。これがさらに ADHD という診断を確かなものとしてしまう。

　激しさという特性は頑固な行動に現れることが多く，これが反抗挑発症の診断につながることがある。意志や主張の強さは親や教師が望んでいないような言動にも現れる。ギフティッド児がこだわったり分かち合いたいと思っているような，いちいち細かい話題や歴史上の人物の話などは，教師にとってみれば不毛な議論に感じられたり，

あるいは，衝突（power struggles）に巻き込まれる羽目になる。このことを，ギフティッド者の集中力の長さや鋭さ，意欲の高さと併せ考えると，ギフティッド者は長期にわたる知的精神的努力が可能で，非常に粘り強く没頭できるとみなせる。しかし，自分の内側から生じたものでなく外側から与えられた課題や，他から関心を向けるように言われたものに対しては，まったく異なる行動を見せることがある。知的過興奮性のある人に対して，周囲の人間が注目する方向を変えるように働きかけたり，他の視点を示したり，課題をするように指示したりすると，怒りに満ちた衝突に終わることが多い。ある親は，我が子のこの過興奮性にほとほと手を焼いていた。というのも，「この子はエレベーターとだって言い争うのだから！」

聡明な子どもや成人にみられる激しさは，その人の行動，思考，感情すべてに浸透しており，その人の社会的・情緒的機能の多くが影響される。たとえば，精神運動の過興奮性のある成人は，自分の手や口を動かしていたほうが集中できると感じることがある。そのような人は，会議中にガムを噛んだり，紙に落書きをしたり，編み物をしたりするかもしれない。また，授業中に，子どもがスクイーズボールを握るなど，何か物をいじらせてあげる教師も出てきた。そうすることで，他の子の邪魔にならないように手を常に動かしていられる。貧乏ゆすりや何かをいじることは，生理的に緊張を和らげる適応的な行動選択でもある（Soussignan & Koch, 1985）。集中するということは必ずしもじっとしているということではない。強制的にじっとさせることが子どもの注意力を妨げる場合もあり，とりわけ過興奮性のある子どもの注意力は妨げられることが多い。

6節　思考スタイル

激しさと繊細さはギフティッド児の思考スタイルにもかなり影響する。長年にわたり，教育関係者をはじめとする多くの人々の間では，いわゆる「左脳タイプ」「右脳タイプ」という学習スタイルのタイプ分けがなされていた。これは神経学的に明確な根拠があるわけではなく，個人の思考スタイルや学習スタイルの違いを理解するのに便利なメタファーだった（Ornstein, 1997）。近年では，これらのスタイルは聴覚継次型と視覚空間型という学習スタイルあるいは思考スタイルとして再概念化された（Lovecky, 2004; Silverman, 2002）。ただし，この概念もまた一般化されすぎていると考えるべきだろう。人が効率よく考えたり学習するためには，脳全体の膨大なネットワークが一体となって機能するはずだからである。

表1.1 思考スタイル

聴覚継次型	視覚空間型
主にことばを用いて考え，フォニックスを容易に習得する。	主にイメージを用いて考え，課題を実際にやって見せてもらうことを好む。
聴覚情報を好む。	視覚情報を好む。
情報や課題を時系列に沿って処理する。	情報を全体的に処理する。詳細を見る前に全体を見ることを好む。
事実や詳細の学習を好む。具体的で細かい指示を好む。	抽象的な課題を好む。全体的目標や指示を好む。
1つの課題を直線的に順序立てて処理する。	一度に複数の課題に取り組むことを好み，課題がたくさんあるような混とんとした状況を苦にしない。
構造，秩序を好む。正式な題材や作業環境を好む。	ざっくりとした流動的な状況を好む。独自の構造を創り出す。即興ですることが多い。パターンを探索する。
分析的思考のもち主。関係を論理的に推論する。	情報や考えを統合させる活動を好む。直観的にアイディアを生み出す。
実在する問題の解決を好む。	新しい問題，自分で生み出した問題の解決を好む。
唯一の正解のある具体的な課題を好む。	概念を好む。計算より推論が得意。
多くの場合，真剣にものごとに取り組む。	遊び心をもって問題にアプローチする。

[Silverman, L. K. (2002). *Upside-down brilliance: The visual-spatial learner.* Denver, CO: Deleon Publishing. より]

　聴覚継次型と視覚空間型という概念も単純化されすぎてはいるものの，ギフティッド者の誤診につながる重要な問題について考える視点を提供している。なかには両方の思考スタイルをもつ者もいるが，多くの場合，自分がどちらかの思考スタイルが得意と感じるようである。そして，いずれか一方の思考スタイルに極端に偏っている者もおり，ギフティッド者にこの極端な思考スタイルの偏りがあると，その行動が精神病理によるものという誤解につながる。

　このような単純に二分化された概念以外にも，思考スタイルについての様々な概念がある。最も広く知られているものとしては，Howard Gardner（1983）の理論があり，この理論に賛同する研究も多い。教育における学習スタイルの重要性を示した研究（Zhang, 2006）がある一方で，個人の学習スタイルと教授スタイルが合っているかどうかよりも，教授内容と教授スタイルが合っているかに焦点を当てた研究（Pashler, McDaniel, Rohrer, & Bjork, 2008）もある。

　教育における学習スタイルの重要性に関する議論は本書の範疇を超えているため，本書では「思考スタイル」という用語を個人の思考の好みに注目する意味で使用するに止め，それが教授や学習にどのような意味をもつのかという議論には広げない。個人の思考スタイルが教育においてどの程度重要な意味をもつのかは別として，この思考スタイルという概念がギフティッド者の誤診にかかわる問題を考えるうえで非常に

重要な役割を果たすと考えられる。我々が出会ったギフティッド者のなかには，非常に鮮明なイマジネーションをもち写真のような映像を思い浮かべて考える人もいれば，従来「言語的」思考者とよばれるような特性に当てはまるような人もいる。ギフティッドの誤診と思考スタイルとの関連を理解するために，表 1.1 に聴覚継次型と視覚空間型の思考スタイルをまとめ，それぞれのスタイルに関連する特性を記した。

表 1.1 は 2 つの思考スタイルを対照させている。この 2 つのスタイルは未だに「左脳」と「右脳」の機能と誤解されることもあるが，そうではなく，思考スタイルのメタファーととらえるべきである。大脳左半球あるいは右半球が主としてかかわる機能もあるが，いずれの半球も多種多様な機能を司り，ほとんどの場合，半球間で相互作用がみられる (Goldberg, 2001)。

問題となるのは，右脳での思考は「視覚空間型」「非線形」思考であり，左脳での思考は「聴覚継次型」「線形」思考であるというように，すべての思考を半球の機能と対応させてとらえてしまうことである。これは，異なる機能をもつにもかかわらず位置が近いというだけで同じカテゴリに分類する典型例である（目と鼻は近いので目でも匂いをかぐことができると考えるようなものである）。左脳は問題解決に優位にかかわり，右脳は視覚空間的課題や音楽課題に優位にかかわるのではあるが，実際には，ほぼどのような課題においても両半球が使われる。たとえば，橋をデザインする技師は視覚空間的課題（右脳スタイルの課題）を線形的に（左脳スタイルで）考えたりする。詩人はことばを用いる（左脳）なかで，自由に連想する（右脳）。いずれも両半球間の行き来が伴うのである。

ただし，いずれかの思考スタイルを好む者が確かに存在し，それが極端な場合もある。まるで，絵図や文字が書き込まれたかのように視覚的に考える者もいる。一方，耳から言語情報を取り入れるとよく考えることができる者もいる。思考スタイルの好みは，どうすれば最もよい情報提示手段となるのかの判断材料となる。

いわゆる聴覚継次型思考スタイルは，非常に言語的で具体的，時系列的で線形的な思考スタイルである。課題や概念を 1 つずつ順を追って正確に整理整頓し考える。このような思考スタイルの者は，適切な材料や器具，環境を必要とし，その姿勢は真剣で，事実や具体的な情報を正確に整えて使いこなそうとし，完璧を求める。社会的なやりとりなど，統合や直観が要されることは苦手な場合もある。これが極端になると，強迫症やアスペルガー症候群に見えたり，実際そうだったりする。このような人々にとって，騒々しく雑然とした予測しにくい環境は，とかく耐えられないものとなる。

以上のような非常に秩序だった人とはまったく異なる特性が，いわゆる視覚空間型思考スタイルである (e.g., Silverman, 2002)。このタイプの思考や行動は非常に自由

で，一見すると細部には関心がないように見えることが多い。概観したり全体像をつかむことを好む。即興で何かをつくろうとし，拡散的思考をとり，定石にとらわれないやり方をしたときにどうなるのかを知りたがる。そして，細かく構造化された状況を嫌う。視覚空間型思考スタイルの人は，自由で流動的で構造化されていない状況を好み，ドリルや暗記課題を嫌がる。"The Far Side"を書いた漫画家のゲイリー・ラーソンはこの思考スタイルの典型だろう。たくさんのルールや罰則の伴う構造化された厳格な環境は得意ではない。

視覚空間型思考スタイルを好むギフティッド児や成人ギフティッドは，聴覚継次型思考スタイルの人とは異なるロジックを用いる。聴覚継次型思考スタイルの典型的なロジックは演繹的で，原理原則をとらえたうえでそれに基づき論理的に推論する。視覚空間型思考スタイルは帰納的ロジックを用いる。バラバラな情報を取り出し，それらを統合し包括的な原理原則を生み出す。ものごとの新しいとらえ方を考え出し，「既成概念の枠を超える」傾向がある。マルチプロセッサであり帰納的推論のほうが得意である。常にいくつかの課題に同時に取り組み，それぞれの課題の進み具合はバラバラで未完成の状態である。先が見えないことや構造化されていない状態，混乱した状態をまったく苦にしない度量があり，これに周囲が戸惑ったり落胆することもある。自分が携わる課題を完成させなければならないというプレッシャーなど感じていないことがほとんどである。問題とその解決方法を思い描くことができ，身体を用いた問題解決を得意とする。

「視覚空間型」非線形的思考スタイルに関連する問題

今日の社会はテクノロジーやシステム，制度，もちつもたれつの関係などがますます重視され，それに伴い，一般的には左脳スタイルや聴覚継次型思考スタイルが好まれる。その結果，いわゆる視覚空間型思考スタイルでギフティッドの特性を併せもつ場合，以下にあげるいくつかの問題行動のパターンに陥るリスクを背負うこととなる。まず，細かなことに関心がなく興味のない課題はやり遂げようとしない者は，怠け者あるいはできない人間というレッテルを貼られる。学校では，そのような子どもの潜在的な学力の高さは気づかれないままでいることがある。成人の場合，多くの職場で秩序あるスタイルが好まれ要求されるために，創造的で革新的な人間はだらしがないとか細かな気配りがないということで，仕事から外されたり職場や対人関係の問題を抱えることがある。

ギフティッド児の激しさが創造的ではあるがとりとめのないスタイルを伴うと，そのような子どもを「注意力散漫」「怠けもの」「わがまま」とみなす大人との間に衝突

が生まれることがある。この衝突が激しさを増し，反抗挑発症の診断を招くケースもある。激しく繊細で視覚空間型思考スタイルのギフティッド児が聴覚継次型思考スタイルの教師や親のもとで過ごす場合，そのやりとりは水と油のようになる可能性がある。

　このようなギフティッド児が拡散的思考を用いて，自分で質問を創り出しそれに自分で答えていく姿は，周囲からすると魅力的でもあり非常に腹立たしくもある。「テストでBを取るには最低限どのくらいの勉強が必要か正確に計算できるかな？」「本当はそれほど相手が元気かどうかなんて興味もないのに，どうして『元気？』と挨拶するのだろうか？」「内容の質が一番大切だというのなら，作文を風船に書いて提出したらどうなるだろうか？」このような子どもは学校や勉学の神聖な体制などにはおかまいなしで，限界を確かめたり，制限や変更，例外などのような，社会的「事実」の厳密な範囲を確認すべきだという義務感にかられていることが多い。

　拡散的思考の成人も同様である。科学者や芸術家の多くは問題を自ら創り出したり見出したりして，それを自ら解決しようとする。芸術家であれば，スケッチに二点透視法を取り入れようとしたり，アクリル画の新たな技法を生み出そうとするかもしれない。研究者であれば，自ら疑問を投げかけ自らそれを解明しようとするだろう。教師であれば，「感情の転移はクラス内でどのような役割を果たすだろうか」などと考えるかもしれない。問題を見出しその問題を解決していくことは創造的な作業である。

　視覚空間型思考スタイルの成人は，職場が自分に合わないと感じることもある。規則に疑問を呈したり会社の伝統を軽んじて，同僚から誤解されたり疎まれることが多い。

　このような視覚空間型思考者の考えることは非常に独創的で，この独創性は一般に価値あるものとされる特性である。一方，彼らの慣習にとらわれない行動は現状を混乱させ，周囲は不快感を抱く。また，このような人々の仕事は雑然としていてまとまりがないと思われることもある。特に，几帳面な教師，配偶者，同僚，上司にしてみれば，彼らがものごとを中途半端にしているのが耐えられない。その結果，同僚との摩擦からストレスが生まれ，曖昧で答えようのない質問により不安が生まれ，創造的な面も怠惰であると受け取られ，アンダーアチーバーだとかADHDとして医療機関に紹介されることがある。創造的な人への誤解が明らかに誤診のリスクとなり，特に，「創造的な人はクレイジーだ」という神話が広く受け入れられている場合には，抑うつや双極性障害などの誤診のリスクが高まる（Schlesinger, 2012）。

「聴覚継次型」線形的思考スタイルに関連する問題

　聴覚継次型思考スタイルの傾向の強いギフティッド児や成人ギフティッドもまた，独特の行動パターンを示す傾向があり，それが誤解や障害の誤診につながることがある。たとえば，聴覚継次型のギフティッド児はものごとを非常に深刻に受け止める傾向がある。なぜ，5，6年生の友だちが不真面目な態度をとるのか，クラスのルールを破るのか，あるいは，最新の人気ロックスターのことなどとるに足らないことをチャラチャラ考えているのかを理解できないということが生じたりする。ギフティッドの激しさと相まって真剣さも非常に極端なものとなる。聴覚継次型思考スタイルの子どもや成人は非常に真面目でルールに縛られがちであり，人生の喜びやのびのびした感覚を味わうことがあまりない。そして，たとえ本人がそのような自分のライフスタイルに満足していても，周囲は彼らを固い人，心配しすぎ，うつ的だとみなすことがある。

　このようなギフティッド児や成人ギフティッドのなかには完璧主義者もいる。完璧主義は長所でもあり，優れた成果を目指しての努力を可能にする。しかし，約20％ものギフティッド児が「不健全な完璧主義者」（Parker & Mills, 1996; Peters, 2013a, 2013b）とよばれる状態に苦しんでいる。このような子どもは罪悪感や恥の感情に対処するために完璧主義となり（Mofield & Peters, 2015），医療関係者がその完璧主義を強迫症の兆候かもしれないと思うほどのものになる。

　ギフティッド児や成人ギフティッドのなかには，批判的な傾向があり，他者に対しても許容度の低い者がいる。知的能力の高い者にとって，標準的な人の視点からものごとをとらえるのは難しいだろう。ものごとが不適切に単純化されすぎている場合は特に難しく，標準的な人のものの見方に耐えられないという状況が生じる。彼らは，自分自身だけでなく周囲に対しても高い水準を要求する。たいてい「標準的」という物差しはもっていない。自分が容易に習得できるスキルは誰にとっても容易だと考える。ギフティッド児や成人ギフティッドは，自分ができることを他の人ができないとか難しいと言うと，その人がわざとゆっくりする強情な人だとか，当てにならないとか，努力が足りないのだと，早まった（そして誤った）判断をすることがある。ギフティッド児に――そして，成人ギフティッドにも――みられる，思いやりがないと思われがちな行動の多くはこの認識のズレから生じるものであり，彼らが周囲の人々を傷つけたり疎外しようとして行っているのではない。強迫性パーソナリティ障害やシゾイドパーソナリティ障害〔統合失調質パーソナリティ障害〕などのパーソナリティ障害や，強迫症，不安症は，このような人々が受けることの多い診断であり誤診である。

7節　理想主義

　ギフティッド児や青年ギフティッドが早くから呈すものに理想主義があり，それは長所にもなりうる。ところが，この理想主義がギフティッド者のメタ認知能力や激しさと相まったとき，人間関係に緊張が生じ，失望，苦悩，うつを引き起こす可能性もある（Fiedler, 2015; Webb, 2013）。

　明敏な人はものごとがどうあるべきかを心に思い描けるが，同時に，同じくらい鮮明に，思い描いた理想水準と現実とがかけ離れていることも察知できてしまう。人間関係，大気汚染，都市スプロール現象のいずれの問題に目を向けようとも，この理想と現実のギャップに苦しむこととなる。人生で多くの偽善や不条理を，そして，社会で理不尽さを経験する。レストランでは本当においしい食べ物が廃棄されていることを知り，世界にはそれを食べることができれば幸せになれるような，飢餓に苦しむ人やホームレスなどがいることを想い心を痛める。

　先生や家族，また，社会が理想には到底及ばないと分かったときのギフティッド児の落胆は非常に激しい。成人ギフティッドもまた，社会の偽善や不公正にぶつかり落胆する。その結果，ギフティッド児は，ときに成人ギフティッドも，現実に失望し，偏屈になり，怒り，落胆する。そして，そのような落胆した気持ちを学校や職場のコンピュータ妨害などの行動で表現することもあり，反社会的な素行障害〔行為障害〕とみなされる可能性がある。

　激しく，理想主義のギフティッド児や成人ギフティッドは，親や教師，上司や同僚に誤解され，繊細すぎる，非現実的だ，深刻に考えすぎだ，悲観的だ，うつではないかと思われやすい。そのような状況に置かれたギフティッド者は，社会の片隅や狭く秘めた自分だけの世界に引きこもることがある。そのような世界は自分でコントロール可能なため，満足と安心感をより得やすいのである。また，薬物使用・乱用などで自身の感覚を抹殺しようとしたり，社交的なふりをしてそのような錯覚をもとうとすることもある。彼らは，どうにかしてこの馬鹿げた世界とつながっていようと立ち向かうのであるが，それが痛みや困難を生みだす。そして，彼らのさらされた状況やギフティッドネスが考慮されないと，病理とみなされることになる。

8節　仲間関係[*]

　ギフティッド児やタレンティッド児の親や教師に共通する心配事が子どもの仲間関係であるのは当然かもしれない。対人関係は学校生活においても後の社会生活においても大切なものであると，親や教師は認識している。子ども同士の仲間関係は幼稚園時代に始まるが，幼稚園で仲間から受け入れられることが公教育へのポジティブな態度と関連する（Ladd & Coleman, 1997; Szewczyk-Sokolowski, Bost, & Wainwright, 2005）。また，「小学校卒業時に仲間から拒絶されていることは青年期における情緒不安の一要因となる」ことを示す研究もある（Scholte, Haselager, van Aken, & van Lieshout, 1999）。さらに，友だちがいないということが学校からのドロップアウトの強いリスク要因となることがレビュー論文により示されている（Bullock, 1992）。

　ギフティッド児にとっての仲間関係の問題は，1920年代に心理学者 Leta Hollingworth により，早くも指摘されていた。彼女は，ギフティッド児や成人ギフティッドにとっての大きな困難の1つは「愚か者を容認することだ」（Klein, 2002）と断言した。これは何とも辛辣なことばであるが，Hollingworth はウィットも込めてこのように表現したのだろう。とは言うものの，周囲の人間が自分のようにできるようになるのを待つことは，多くのギフティッド児にとって現実的な問題であるというのは確かだ。幼少期にギフティッド児が疎外感や拒絶感を経験することは，彼らの社会的・情緒的発達に影響を及ぼし，問題を生む。そして，それが精神疾患の診断につながることは多くの研究により示されている（Cillessen, 1992; Hymel, Rubin, Rowden, & LeMare, 1990; Parke et al, 1997; Strop, 2001）。

　ギフティッド児にとって仲間を見つけることは容易なことではない。就学前のギフティッド児は，平行遊びの時期が短く共同遊びの時期にすぐに入る。そして，非常に多くの場合，自分が創り出した複雑なゲームに他の子どもを組み込もうとする。そのゲームにはたくさんのルールや例外があり，他の子どもが理解するには難しすぎるものとなる。そしてフラストレーションが生じ，涙と傷心に終わることが多い。

　もう少し大きくなると，仲たがいは違う形で生じる。ギフティッド児は同年齢の友だちとは趣味が合わないことに気づき始める。たとえば，1年生でチェスの上手な子どもは，同学年の友だちがチェスの駒の名前や動かし方すら知らないことに気づきフラストレーションを感じる。2年生でチャプターブックを読むような子どもは，同じ

---

[*] Peer を「仲間」とした。これは「一緒にものごとをする間柄。また，その人」を指し，必ずしも親しい間柄にあるとは限らない。

年の子が単語の読み方を教わっているのを見てがっかりする。進度が自分よりも遅い人，共通点のほとんどない人と共に過ごすのは非常に辛いものである。また，言語的なギフティッド児は，非言語的なギフティッド児よりも仲間関係で困難を示す傾向が高いようである。言語面の優れたギフティッド児は，言語能力が自分より低い集団に適応するためのロールプレイがなぜ必要なのかがわからず，常に葛藤している。ただし，ギフティッドの女児はギフティッドの男児よりも，社会的なやりとりを理解したり実際のやりとりをうまくできる（Lee, Olszewski-Kubilius, & Thompson, 2012）[11]。仲間から受け入れられるかどうかにおいて，文化的・民族的障壁があることも多い。アフリカ系アメリカ人のギフティッド児は，白人のギフティッド児が大多数を占めるクラスでは，アイデンティティ，所属感，仲間関係において葛藤を抱えることがある（Moore, Ford, & Milner 2005）[12]。

> 息子のジョージはひとりで遊ぶことがとても多く，学校が大嫌いでした。学校へ通わせるということ自体，とても骨の折れることでした。息子は誰かに違う意見を言われたり，批判されたり，実際彼が間違っていると指摘されることにとても過敏な子でした。そして，そのようなことでひどい癇癪を起こしてばかりいました。ギフティッドの友だちの集まるクラスでの学校生活が始まると，息子は家に帰るや否や喜び叫んだのです。「ママ！ 僕のクラスにね，何でも上手に描いちゃう子がいるし，コンピュータのことなら何でも知っている子もいるんだよ。僕はね，クラスの前でお話しするのが上手なんだ！」と。息子の声には深い安堵が込められていました。そして，その年，息子の行動はどんどん改善されていきました。

　仲間関係に難しさを抱えるような状況にギフティッド児がさらされた際の反応の1つに，読書への熱中がある。本は彼らを飽きさせず，同じ興味関心を分かち合える登場人物にも出会える。親や教師向けの書籍に，"Some of My Best Friends Are Books"（Halsted, 2009）があるが，ここにはこの状況が見事に描かれており，ギフティッド児にお勧めの本も紹介されている。読書に没頭するあまり休み時間に友だちと遊ばずに過ごすことも珍しくなく，それは親や教師が心配するほどになる。本の登場人物が彼らの仲間となるのである。

　ギフティッド児は，年上の遊び仲間や，ときには大人をも仲間としたがることがある。そのような人たちとであれば，少なくともおしゃべりを楽しむこともできるし友情を育むこともできる。ところが，大人たちは「趣向の合う」友だちではなく同年齢の仲間をつくってほしいと願うために，年上の子どもや大人とばかり遊んでいる状況をたいていは受け入れることができない。「友情」という名のもと，聡明な子どもは不適切な場でとても孤独な立場に置かれる。

我々は，ギフティッド児にとって真の仲間とは誰なのかを考えることが重要だという立場をとる。それは，たいてい同じ年齢の子どもではない。多くの場合，興味関心を分かち合うことができ，同じ分野が得意な子どもである。同年齢の子どもたちの間でも得意分野や興味関心が様々であることはほぼ常識的なことだが，学校では依然として年齢によるグループ分けが基本とされている。これは学業的にも社会的にもあまり有効でない慣習である。通常学級に在籍しているギフティッド児のほとんどが，4分の1から2分の1の時間を，他の子どもができるようになるのを待って過ごしているという驚くべき結果がある（Reis et al., 1993; Webb et al., 1982）。

　親や教師は，ギフティッド児に仲間と歩調を合わせ馴染んでほしいと強く願うことが多い。皮肉にも，そのように求めている親や教師が，その子が中学生になり，ピア・プレッシャーから仲間間の文化に馴染もうとして自分の才能を伸ばそうとしなくなると，今度はそれを嘆くようになる。青年期に入ると，ギフティッドの女児は上級の学習プログラムからドロップアウトしたり，男児は「ボーイ・コード」に沿おうと必死になり，力が強く，たくましく，ストイックで自立していることを目指し，自分の知的，創造的，芸術的才能を伸ばすことにはあまり関心を向けなくなる（Kerr, 1997; Kerr & Cohn, 2001; Kerr & McKay, 2014）。

　成人期になると，社会に順応しようという欲求により，ギフティッドネスの「忘却」が広くみられるようになる。これは，非常に自暴自棄な人生を送る女性に特に顕著にみられる。そのような人々は，自分がなぜ才能を十分に発揮して生きることができないのか理解できずにいる。ある臨床医は次のように言った。「まさにその状態にあるクライアントがいます。当然ですが，彼女は深刻なうつ状態で何年もセラピーを受けてきました。そして，今日に至るまでギフティッドネスを理解してくれるセラピストに診てもらうことができていませんでした」

　同年齢の人との関係の難しさを抱えるのは小さな子どもだけではない。成人ギフティッドもまた仲間関係の問題を抱える（Jacobsen, 1999; Streznewski, 1999; Webb, 2013）。彼らは「連中のせいで私は家に閉じこもって本を読みたくなるんだ！」「いったいどうして，そんなに激しくなるなとか，繊細すぎるから直せとか言われ続けなくちゃならないんだ？」「自分が異国から来た外国人のように感じる」と言う。伴侶や心から打ち解け合える人を見つけることすら非常な難題となる。第11章にあるように，Kerr & Cohn（2001）はギフティッドの男女の結婚に興味深いパターンを見出した[13]。

　このような仲間関係での困難が問題を生み，その問題が病理あるいは少なくとも臨床的に問題があるものととらえられていくのがわかるだろう。偉そうな態度だったり人を避けがちな子どもは，自分の行動が人に与える影響を理解できないととらえられ

てしまう可能性がある。そして，それが自閉スペクトラム症，社会的（語用論的）コミュニケーション障害の疑いに目を向けさせる。また，期待されているようには友だちと歩調を合わせないために，反抗的とみなされることもある。

9節　非同期発達

　ギフティッド児や多くの成人ギフティッドは，仲間関係に不調和を感じるだけでなく，自身のなかにも不調和を感じることが多い。この状態を「非同期発達（発達の非同期性）」という。そして，この非同期発達がギフティッドネスの主要特性であるとみなす専門家もいる（Silverman, 1997）。

　ギフティッド児にみられる非同期発達は，周囲と調和できないというだけではなく，一個人内の能力間に相当な違いがあることを指し，これは，特にハイリー・ギフティッド児で顕著である（Guénolé, Louis, Creveuil, Baleyte, Montlahuc, Fourneret, & Revol, 2013; Guénolé, Speranza, Louis, Fourneret, Revol, & Baleyte, 2015; Mofield & Peters, 2015; Rivero, 2002; Rogers, 2002; Silverman, 1993b; Strip & Hirsch, 2000; Winner, 1997b）。たとえば，知的能力は非常に発達しているが運動能力やソーシャルスキルは非常に遅れている，パズルや機械などはずば抜けて長けている一方で言語能力や数学能力は標準的である，判断力が知的能力よりもかなり遅れているなどである。

　多くの子どもは成長とともに遅れていた能力が追いつく。ただし，なかには成人後も非同期性を抱え続ける者もいる。彼らの能力は領域ごとに大きく開きがあり釣り合わない。この非同期性は，二重にエクセプショナルな（twice-exceptional: 2e）生徒，つまり，障害のあるギフティッド児において一層顕著にみられる。

> 　ジョシュは，7歳にして驚くべき問題解決スキルを備えた思考力のもち主で，読書も大好きだった。一方，普通の7歳児がするようなことも大好きだった。
> 　ある日の午後，近所の本屋で，ジョシュは表紙にテディベアの描かれている本に惹きつけられた。「かわいいテディベアだなぁ。こういう本を読みたかったんだ」と思った。そして，夢中になって読んだ。結局，その本にはテディベアを連れた子どもが登場するが，誘拐がテーマの退屈なフィクション小説だった。しかし，ジョシュはその本を読破した。表紙にかわいいテディベアがあるからという理由でその本に惹かれるような子どもの多くは，実際にその本を読み通して内容を理解することはできないだろう。しかし，ジョシュはそれをやり遂げた。両親は本の内容の一部にうろたえたのではあるが。
> 　ある意味，ジョシュは情緒的にはまだ小さな7歳の少年であり，知的には10代の若者で

あるといえよう。

　この例にあるような個人内での発達の非同期性は，発達的に早熟な子どもの多様性を考慮した場合，より極端になる。ギフティッドの枠に入る子どもは，標準の範囲に入る子どもよりも個人差が大きい（Gagné, 1991）——つまり，ギフティッドというカテゴリ内の子どもたちの間にみられる特性や傾向の個人差は非常に大きい。さらに，ギフティッドの程度が極端であればあるほど，個人内の発達の非同期性は大きい（Neihart, Reis, Robinson, & Moon, 2002; Rogers, 2007a; Silverman, 2012; Webb & Kleine, 1993）。

　ギフティッド児は一般に考えられているほど多くの領域の能力が順調に発達しているわけではない。よくある例として，7歳のハイリー・ギフティッド児の読み能力は7年生（中学2年生）レベル，数的能力は6年生（中学1年生）レベル，微細運動能力は（小学）2年生レベルということがある。同様に，知能検査においても，下位尺度得点が平均レベルのものから，得点表からはみ出してしまうレベルまでに相当な開きがみられることも珍しくない（Gilman et al., 2013; Webb & Kleine, 1993）[14]。第7章で触れられているように，このような差異があるときは，たとえ最も低い得点が平均レベルにあろうとも学習障害の可能性が生じる。幼少期のギフティッド児にみられるこのような非同期発達は，一時的な発達のスパートや遅れなどの変則的状態のこともある。一方，この非同期発達が永続的な特性となり，弱点に妨げられて優れた才能を十分に発揮できないギフティッド児もいる。重要なのは，ある1つの領域で非常に優秀な子どもが，他の領域では標準的だったり平均以下の能力ということも十分あり得ると理解することである。

　多くの場合，ギフティッド児自身が自分のなかでの発達の非同期性を鋭く感じ取っている。あることは非常によくできる一方で他のことは同じようにできないために，フラストレーションを抱えることが多い。作りたい物の完成像を視覚的に鮮明にイメージできるにもかかわらず，微細運動スキルの発達が追いつかずにイメージどおりに作り上げられないということがある。自分にとって簡単な課題の価値を低く評価し，自分にとって難しい課題ばかりを価値あるものとみなすのも，ギフティッドの特性の1つのようである。彼らの自尊心は，彼らにとって容易な課題ではなく難しい課題に標準を当てたものとなる。これが彼らの激しさや完璧主義，全か無かの思考と相まったとき，「自分は何もできない人間だ」と感じるようになる。そして，自暴自棄，抑うつが生まれる。

　この非同期発達は，フラストレーションや抑うつを引き起こす原因となるばかりで

なく，病理と誤解されやすい。判断力が知能より劣る場合，衝動的な行動によりADHD の可能性があるとして受診を勧められる。読み書き能力が他の能力よりも劣る場合には学習障害が疑われるとして医療機関に紹介される可能性も生じる。ギフティッド児が知的には本の内容を理解できる一方で，情緒的にはその内容を処理できないような場合には，この非同期発達がゆえに苦痛を感じる。

判断力は知的能力よりも未発達であることが多い

　ギフティッド児において，判断力（専門用語では「実行機能」）の発達は知的能力の発達よりも遅れることが多い。これは，ギフティッド児の非同期発達として特に留意すべき点である。この判断力と知的能力の発達の非同期性により，ギフティッド児と周囲の人々との間に緊張が生じる。特に，周囲の大人が「これほど賢い子どもが常識に欠けるなどということがあるのだろうか？」と受け入れられずにいる場合に緊張が生じやすい。

　思春期直前の子どもやティーンエイジャーにみられる判断の誤りや自己中心性は，若い脳が解釈や優先順位の決定，予測に失敗することによるものである可能性があり，前頭葉が未熟なためだと考えられている。これは，すべての青年に当てはまることではあるが，ギフティッド児の前頭葉の成熟は同年代の青年よりもさらに遅れることが明らかにされている（Henderson & Ebner, 1997）。知能の機能的構造的特性を解明しようと多くの研究がなされている。前頭葉と頭頂葉，相互に連結した神経回路網，知能に関係する遺伝子や遺伝子変異が注目されている。今後 10 年で，ギフティッドネスの神経科学について，より包括的な臨床的説明が可能となるだろう。

　ギフティッド者の脳が非定型で，非定型の脳機能をもつことは，かなり実証されてきている（Mrazik & Dombrowski, 2010）。その 1 つの研究では，307 名の子どもを10 年以上追跡し，IQ の最も高い群（IQ = 121～149）の大脳皮質の肥厚とその後の刈り込みの開始年齢が遅いことが明らかにされた。研究開始の 7 歳時点で，ギフティッド児は他の子どもと比較して大脳皮質が薄い状態にあり，その後，非常に速い速度で肥厚化し，11～12 歳をピークに再び薄くなった。それよりもわずかに知能が低い群のピークは 9 歳，標準的な知能の子どもの肥厚ピークは 6 歳だった。すべてのケースにおいて，大脳皮質が再び薄くなる時期に子どもは成熟の段階に入った。これらの結果は，複雑な精神作業を司る前頭葉の大脳皮質において特に顕著にみられた。また，IQ の最も高い群の脳は発達の開始が遅れるが，ひとたび発達し始めると大脳皮質の肥厚化と刈り込みの速度が非常に速いことも明らかにされた（Shaw et al., 2006）[15]。

　我々が判断力の善し悪しを感じ取る行動のほとんどは，複雑で暗黙の了解とされて

いるやりとりである。たとえば，聡明な7歳児が，一緒にエレベーターに乗っている人に向かって体重は何キロあるのか聞いたとしよう。この子にしてみれば，その時ちょうど「最大積載重量」の貼り紙が目に入り，乗っている人の体重は重要な問題だったのである。一方，そのような質問をされた人はたいてい，何て失礼で場をわきまえない子だろう（つまり，分別のない子どもだ）と感じるだろう。

　ある分野では16歳並の知的能力をもつ8歳のギフティッド児でも，判断力という点では実年齢相応だったり少し遅れてさえいることが多い。周囲の大人は，聡明ならば社会・情緒面も成熟していると誤解しやすい。そのような子はなにしろ大人びた話し方をするため，そのような誤解が生じやすい。その結果，ギフティッド児は同年齢の他の子どもよりも分別があるだろうと期待される。しかし，分別や対人的な器用さ，気配りができるかどうかなどは，論理的思考や推論により習得できるものではない。むしろ，ゆっくりと時間をかけて様々な経験をし，人とかかわるなかで学び取らねばならないものである。

　一般的に，聡明であればあるほど判断力と知的能力のギャップは広がる。ただし，年齢とともにそのギャップは小さくなる。たいていは，20代半ば頃までに成人ギフティッドの判断力は知的能力に追いつく。しかし，あらゆる人がそうなるわけではない。我々は，知的能力が非常に高い一方で判断力が乏しいままの成人ギフティッドにも出会ってきた。

　判断力あるいは実行機能は，ちょうど思春期と同じように，生物学的に規定された決まった時期に活発になるようである。脳の前頭前野は，計画，判断，衝動抑制，注意等を司る部位であるが，最も発達の遅い部位であり，16歳から20歳に最終発達段階が完了する。一方，学力として測定される類のもの——言語，数学，視覚空間スキル，音楽の才能，微細運動スキル——を司る脳の領域はもっと早い時期に発達が完了する。「実行機能」や判断力を司る前頭葉の発達は，知覚や思考，行動を司る脳の部位よりも発達が遅いということを我々専門家は見落としやすい。さらに複雑なことに，ギフティッド児の前頭前野の発達は同年齢の子どもよりも遅れるが，その後，非常に速いスピードで追いつくことが見出された（Willis, 2009）。知的に早熟であることと成熟とは，行動的にも神経学的にも同義語ではない。

　このような非同期発達に関連するもう1つの要因に，ギフティッド児や成人ギフティッドの激しさがある。この激しさのために，知的好奇心が判断力を上回ることがある。つまり，人の体重を聞くのは失礼だと頭ではわかっていても，エレベーターの安全性が心底強烈に気になってしまうのである。公正さを真剣に考えるような成人ギフティッドは，会議中に自分の会社の倫理についてあからさまに質問しだすかもしれ

ない。たとえそれが分別に乏しい行動だとわかっていても，知りたいという思いが強すぎるためにその思いに突き動かされ，そうせずにはいられないのである。

10節　独特の興味関心

　ギフティッド児や成人ギフティッドの大半は，様々なことへ興味関心を抱く。興味関心の幅が広すぎるために散漫に見えることがある。**視覚空間型思考スタイル**をもつ場合は特に散漫に思われやすい。新しい興味関心が次々と湧き上がるために，1つの課題に最後まで取り組むことがあまりない。バッタが葉から葉へと飛び移るように，1つの関心事から次の関心事へと次々に飛び移っていく。周囲の人間は，つい先ほどまであれほど情熱を注いでいたはずが，突然，別の新しいものを追求し始めるギフティッド者をなかなか理解できないだろう。

　聡明な子どもや成人が同年代の人々よりも進んだ興味関心を示すことは珍しくはない。彼らの示す関心が普通とは違う（e.g., 暗号作戦），あるいは非常に細かい（e.g., ゲティスバーグの戦い）ほど，友だち，家族，教師，上司などは，彼らのことを風変わりだとか奇妙だと感じる。たとえば，ビル・ゲイツはマイクロソフトの創設者であるが，非常に幼い頃からコンピュータに熱烈な関心を示し，13歳で最初のコンピュータプログラムを書きあげた。当時，コンピュータプログラムに関心をもつ若者などほとんどいなかった時代である。ハーバード大学時代は講義にほとんど出席しなかった（彼にとっては，退屈なものばかりだった）。そして，大半の時間をコンピュータセンターで過ごしたりポーカーをして過ごしていた。結局，彼は退学することになり，今や，「億万長者になったコンピュータオタク」として名が通っている（Goertzel, Goertzel, Goertzel, & Hansen, 2004）[16]。

　ギフティッド児や成人ギフティッドの興味関心は非常に広く多様なために，多才性——多くの領域で高い可能性をもつこと——に葛藤する。幼少のギフティッド児が，大人になったらミュージシャンと医者と消防士と宇宙飛行士になりたいと言うのはよくある。成人後でも，その日のうちにやりたいことが多すぎて疲労困憊してしまう者がいる。ハイリー・ギフティッドの大学生は標準的な大学生よりも専攻を変える頻度が高い（Simpson & Kaufmann, 1981）。また，成人ギフティッドは頻繁に職を変え，家族を落胆させることもある（Jacobsen, 1999; Streznewski, 1999）。

心理士が5歳のエレナの知能検査をしている最中，父親はエレナの注意力のことを心配し

てこう言った。「もう1つ心配なことがあります。エレナはものごとを最後までやり抜くことができません。やり遂げないうちに別のことに夢中になってしまいます。たとえば，チェスをできるようになりたいと言い出したのでやり始めたのですが，すぐにまったくやらなくなってしまいました」

　父親によると，エレナは姉と父親のチェスの対戦を見るのが大好きだった。エレナがチェスをただ見ているだけでなくやってみたいと言い出したとき，父親はとても嬉しかったという。エレナのリクエストに応じて，父親はチェスのボードを取り出しそれぞれの駒の動きを説明した。一通り説明し終えた後，チェスをしようかと誘った。するとエレナは断ったので，その日はそれで満足したのだと思った。それから数日間，父親はエレナにチェスをしようかと誘ったが，エレナはやらないと言った。このように，エレナは何でも中途半端なのだと父親は言った。このことについて心理士がエレナと話をすると，彼女は本当にチェスなどやりたくなかったこと，ただチェスのルールが知りたかったこと，ルールがわかれば姉と父親のチェスをもっと楽しく見られると考えていたことがわかった。エレナは自分がやりたいと思ったことをやり遂げていた。ただ，それが周囲の期待に添うものではなかっただけである。興味関心が移りやすいという周囲の心配は，彼女自身にとってはまったく的外れだったのである。

　知的能力の高い者のなかには多様な興味関心をもつ者がいる一方，生来，興味関心の範囲が狭く，それを広げようとしても強硬に抵抗する者もいる。彼らの激しさは，数学，海洋生物学，ウェブサイトの開発など，ある1つの分野をひたすら追究し続ける姿に現れる。彼らに別の選択肢に目を向けさせることは非常に難しく，特に子どもでは困難を極める。そのため，教師や親がそのような子どもに応じるには忍耐と熟練を要する。ギフティッド児のなかにはごく少数だが，もはや強迫的ともいえるほどの猛烈さと集中力で興味関心を追究する者もいる（Winner, 1997b）。それは非常に幼い頃から始まり，蜘蛛，火山，アイザック・アシモフの小説などのように，子ども特有のものであることが多い。子どもは色々なものに興味を向けたほうがよいと考えている親や教師はたいてい，過度に1つのことばかり追究し続ける姿に心配になる。

　一般にギフティッド児は女児も男児も，標準的な子どもよりも行動や興味関心が中性的である（Kerr, 1997; Kerr & Cohn, 2001）。これは長所にも短所にもなる。ギフティッドの女児は定型の女児よりもずっと興味の対象が広い。ガールスカウト，工芸，ダンスも好きだが，ロッククライミング，釣り，マラソンといった，従来男性の趣味とされることにも興味を示す。ギフティッドの男児の興味関心も同様に多様で中性的なことが多い（Hébert, 2002）。フットボールも好きだが，ダンスやガーデニングも好きだったりする。子どもが色々な分野で可能性を伸ばしていくのを見て喜ばしく思う大人は多い。ただ，興味関心が広く中性的な成人もまた，多才性からくる困難を経験

する。情熱を注ぐ対象が移り変わるために，いずれの領域でもキャリアを長期的に積み重ねることができないことがある。そして，周囲から表面的とか気まぐれという評価を受ける可能性がある。

以上のような非定型の興味関心のパターンは様々な点で誤診につながる。1つの課題をやり遂げずに次から次へと関心が移り変わるのは不注意型のADHDの特性とみなされる可能性が高い。多才であるがゆえに多種多様な興味関心をもち，1つのキャリアに決めることができないために，やる気がない，強迫的，心配性とみなされたりもする。典型的な性役割にそぐわない興味関心を示せば，本人や家族，友だちから，性的指向やジェンダーアイデンティティを心配される。ある特定の狭い対象に全身全霊で関心を向ければ自閉スペクトラム症とみなされることもある。

11節　創造性

我々は，すべての人が，創造性に溢れ優れた問題解決能力をもってほしい，もちたいと願うものだ。かく言う我々が特に子どもにおいて忘れがちなのは，創造性の高さは，繊細さ，新たな経験への開放性，非伝統的なあり方，体制への挑戦を伴うということである（Kaufman & Gregoire, 2015）。さらに我々は子どもが幼いうちから，ルールに従うように，枠からはみ出さないように，大人の権威につべこべ言わずに従うようにと子どもをしつけていく。これらの行動は，社会が円滑に機能するうえでは必要であるが，創造性と対極にあることも確かである。ギフティッド児は両者のバランスを自分で見出すこともあるが，それができないこともある。

知的に早熟な子どもの創造性は世の中を他の子どもとは違う見方で見る能力から生じ，この独特で想像的な観点のおかげでよい結果が生まれたり別のやり方が見つかったりする。一方，同じ創造性が人と違う方法でものごとを行ったり慣習的なやり方に従わないことに現れると，反逆的とみなされることもある。スティーブ・ウォズニアックは，アップルコンピュータ社の共同創立者である。彼は，自分が考え出した電子メトロノームを学校のロッカーに置いておいたことで停学になったという。自分の発明を家族に見せたかっただけのことなのだが，「カチッ，カチッ」という音を消さなかったために，学校が不発弾処理班を呼ぶ騒ぎとなったのである。

慣習にとらわれない人の行動は周囲を不快にするため，創造的であることの代価を支払わなくてはならなくなる。非慣習的なギフティッド児は，変わった子，トラブルメーカー，非従順な子などのレッテルを貼られるリスクを背負う。そのような子ども

は指示に従うことができない。なぜならば，彼ら自身が自分のやり方のほうがよいと「知っている」からである。彼らは人がとりがちな方法をとらない。ギフティッド児は創造的な問題解決能力を有していることが多く，自分自身のやり方に高いプライドをもっている。あいにく，このように人と違った独自の路線を行くことで誤解を招き，ときに，反抗挑発症，自閉スペクトラム症，シゾイドパーソナリティ障害〔統合失調質パーソナリティ障害〕，さらには，統合失調症と誤診されることもある。

12節　合わない教育環境，理解のない家庭に起因する問題

　以上のような生得的特性そのものがギフティッド児や成人ギフティッドの障害や疾病のリスクを標準的な人々よりも高めるということは滅多にない。実際のところ，ギフティッドを全体で見ると，知的，社会的，情緒的ニーズがある程度満たされさえすれば，標準的な人々よりもリスクが低くなることも示されている（Neihart, Reis, Robinson, & Moon, 2002）。一方，教育環境が合わなかったり家族の理解が足りない場合は，様々な障害の診断——そして，誤診——をかなり受けやすくなる（Rogers, 2002; Webb, Gore, Amend, & DeVries, 2007; Winner, 1997）。ギフティッド児に合わない環境要因により，周囲の大人だけでなくギフティッド児も大きなストレスを抱える。ハイリー・ギフティッドやプロファウンドリー・ギフティッドの子どもたちは，その突出した特性によりおそらく誤診を受けるリスクが高まるだろう（Grobman, 2009）。

　子ども時代に不運な境遇を経験することはギフティッド児に深刻な影響を与え，また，成人期以降にも及ぶ長期的な影響を与える可能性がある。ギフティッド児は非常に有能で，かつ，理想的なまでに優しいことが多いため，利己的な搾取に利用される危険性が特に高い。それが必要だと考えれば，彼らは家族のために自らのギフティッドネスを投げうつからだ。彼らは家庭のなかで最も要求に適った人物となる場合もある。特に，親がその機能を果たしていなかったり，慢性的な家庭問題があるにもかかわらず，大した問題ではないなどとして解決されないような環境では，最も役に立つ人物となるだろう[17]。

　同じようなパターンが成人ギフティッドにもあてはまる。彼らの知能，創造性，繊細さ，非同期発達がゆえに，職場や家庭で役立たずの役割を負ったり，職場や家庭が合わず，大きなストレスが生じるだろう（Jacobsen, 1999; Nauta & Ronner, 2013; Streznewski, 1991; Webb, 2013）。大人は自分が不快に感じるような状況から比較的

自由に離れられるため，子どもよりはストレスを減らしやすい。それでもなお，合わない教育環境，仲間や同僚，家族の理解不足が原因で誤診が起きる。その大半が診断の過程で問題が生じた経緯が考慮されていない。

　たとえば，ギフティッド者が訪れる医療機関への相談回数や相談内容に保険会社が制限を設けたら，経緯やギフティッドネス，そしてそれらの影響を吟味したうえでの綿密な診断プロセスは，おそらくなされないだろう。とはいうものの，成人ギフティッドやギフティッド児の親の多くは，診断の可能性を共有するうえで強力なパートナーとなり，多くの場合，インターネットや書籍，ギフティッドに関する学会などを通して関連する情報を得ることができる。

第2章
ギフティッド児と成人ギフティッドの誤診と重複診断

　本書において誤診という際に何を意味するのかを，まず明確にしておく必要がある。広義には，ギフティッド児の実際の教育や健康上のニーズが周囲の認識とズレていることを指す。狭義には，このズレが原因で，(a) その子の行動や心配な点がギフティッドネスによってより適切に説明できるにもかかわらず，メンタルヘルスの診断名や学習障害の診断名がつけられること，あるいは (b) その子の健康上の障害や学習上のニーズが見逃され，必要な診断がなされずにいることを指す。いずれの場合も，ギフティッド者には破滅的な影響をもたらす。なぜならば，このような診断により不適切な治療が施されるばかりでなく，適切な介入も妨げられるためである。

　それでは，誤診はどの程度生じているのだろうか？　正確な数値は定かではないが，相当数に上ることは確かである。"*Journal of Health Economics*"に掲載された研究の1つによると，約20%（つまり，ADHDと診断された子ども約5,000,000人中，約900,000人）が，誤診の可能性がありながら行動変容を目的とした中枢神経刺激薬治療を受けている。そして，その長期的影響は未だ明らかではない[1]。約12,000名の幼稚園児を対象としたこの研究結果から導き出された結論は，ADHDと診断されるかどうか，また，教師が子どもの不注意や衝動性の問題があると評価するかどうかは，クラス内の相対年齢の影響を強く受けるということである。教師がADHDの診断をくだすわけではないが，当該児を医療機関に受診させるべきかどうか判断するうえで，教師による評価の影響は大きい（Sax, & Kautz, 2003）。

　標準的な人々の間でよりもギフティッド児や成人ギフティッドの間でのほうが誤診の問題が生じる可能性が高いかを確認する必要がある。率直にいえば，この問題に関する知見が得られる情報源の多くは，事例研究や臨床観察に基づいたものである。前述のように，これらの手法は伝統的なものであり，ヘルスケアの領域では十分価値の

ある手法だが，最近，これらの臨床的知見を支持するデータが得られた（Webb, Kuzujanakis, Gallagher, & Chou, 2013）。この研究により，ギフティッド児は，ギフティッドに関する訓練を受けていない心理士や小児科医をはじめとする医療やカウンセリングの専門家のもとで診断を受けると，特に誤診される確率が高まることが示された。

1節 なぜ，ギフティッド児や成人ギフティッドがそれほど多く誤診されるのか？

その理由として，大きく3つ考えられる。第1に，前述のとおりここ数十年の間に，過剰診断や，特異な行動をすぐに障害と結びつける傾向が高まった（Gnaulati, 2013; Schlesinger, 2012）。また，周囲との調和に重きが置かれるようになった（Robinson, 2016）[2]。子どもは学校で，大人は職場で，社会性が非常に重視される。ただし，変わった行動が精神障害と同じではないことに留意しなくてはならない。たとえば，マルセル・プルーストは小説の多くをベッドのなかで書いたといわれており，ベートーベンは清潔さにあまりにも無頓着だったため，彼が寝ている間に友だちが服を脱がせて洗濯をしていたといわれている。ウィリアム・フォークナーはつま先でタイプするのを好み，アレキサンダー・グラハム・ベルは月の光は有害だとして窓にカバーをかけていたといわれている[3]。

近年，メンタルヘルスの診断が急増している。1950年代には，米国精神医学会（American Psychiatric Association）による『精神疾患の診断・統計マニュアル（*Diagnostic and Statistical Manual*: DSM）』に掲載された診断名は106だった。それが，1968年のDSM-IIでは182，1980年のDSM-IIIでは265，2000年のDSM-IV-TRでは365の診断名が掲載された。そして，2013年に出された最新のDSM-5には539の神経症や精神疾患が掲載されている。実際，米国では，7人中1人以上の子どもがDSMにある精神，行動，発達の何らかの障害基準を満たすという統計結果を示した研究がある[4]。2010年の米国小児科学会（American Academy of Pediatrics: AAP）メンタルヘルス調査特別委員会（Mental Health Task Force）の報告によると，米国の子どもにおけるDSM-5掲載の障害発生率は20%に上り，37〜39%が16歳までに何らかのメンタルヘルスの診断を受けるだろうと予測されている。現在は，米国のどの年代の子どもにおいても，約11〜20%が『DSM-5精神疾患の診断・統計マニュアル（*Diagnostic and Statistical Manual of Mental Disorders, Fifth Edition*）』

に定義されている行動障害あるいは情緒障害があると推定されている[5]。

　向精神薬の処方の増加も特筆すべき事項である。特に，米国では向精神薬の85％が精神科以外の医師により処方されている。2010年には，米国の成人5人に1人が向精神薬を服用している[6]。2011〜2012年には，7.5％の子どもが「情緒あるいは行動上の問題」のために服薬している[7]。また，就園・就学前の子どもでも向精神薬が処方され，その多くが「米国食品医薬品局（FDA）認可外」の服薬である[8]。

　人間がこれほどまでに急激に変化するとは考えにくい。そうではなく，単に異常行動の診断と治療の技術が上がったのだと専門家らは主張する。しかし，たとえそうだとしても，異常とか病的とみなされるような行動は増加の一途をたどっているといえるだろう。ギフティッド児や成人ギフティッドは変わった言動が多いため，それだけでも過剰診断の懸念が高まる。

　第2に，専門家にギフティッドの特性に関する知識が欠けているため，ギフティッドの典型的な行動が様々な障害と間違えられてしまう。スクールカウンセラーや教師だけでなく，精神科医，心理士，小児科医といった専門家も，ギフティッドに関する訓練をほぼ受けていない。そのため，ギフティッドネスによる行動と障害と診断すべき行動との区別ができない（Hartnett, Nelson, & Rinn, 2004; Silverman, 1998; Webb, 2014）。

　臨床的な訓練においては，能力が平均よりも2標準偏差以上低い個人に多くの焦点が当てられており，平均よりも2標準偏差以上高い個人のことは触れられない。心理学分野でのギフティッド研究は事例研究やサンプル数の少ないものである（Hayden, 1985; Horowitz & O'Brien, 1985; Webb, 2014）。全米小児ギフティッド協会による書（Neihart, Pfeiffer, & Cross, 2015）のなかで，多様な分野でのさらなる研究が望まれると述べられている。

　第3に，実存的うつ，神経性食思不振症＊のように，一部のギフティッド児や成人ギフティッドに多くみられ，実際その診断が的確な障害がある（Neihart, 1999; Piirto, 2004; Webb, 1999, 2001, 2014）。しかし，どの程度の障害が気質と環境との相互作用によって生じるのだろうか？　環境に誘発された問題を安易に「原因不明の病理」とすべきではない。環境を変えることが多くの疾患に有効である可能性がある。我々の主張するところは，医療関係者が個人のさらされた環境を考慮したうえでその人の精神機能を理解しようとするならば，もっと有効な治療を施すことができるだろうということである。その際，考慮すべき主な環境は，家庭，学校，職場である。

＊拒食症。

2009年に，Amend & Beljanは誤診の前例と子どもの誤診が生じやすい状況を記した。そこにも前述のような，評価の過程でギフティッドネスが考慮されていないなどの様々な要因が記されている。そして，ギフティッドネスを烙印とみなすことも正確な診断を阻むもう1つの要因であると報告されている。他の親や教師，その他の専門家から，我が子の才能に関して否定的なことを言われた経験があると，親はその子のギフティッドネスについて医療関係者への相談を躊躇することがある。さらに，診断ツールとして薬物療法が多く用いられるようになっているとも報告されている。これは，医療保険や管理医療の影響を受けた診断プロセスであり，細心の注意を払った診断や環境要因・状況要因を考慮した診断を難しくさせている。成人ギフティッドの誤診についてもほぼ同様のことがいえる（Fiedler, 2015; Nauta & Ronner, 2013; Webb, 2013）。

2節　重複診断（2e）

　的確な診断に潜在的な影響を与えるもう1つの要因にも焦点を当てなくてはならない。それは，ギフティッドであっても精神疾患や内科疾患を抱えうるという点である。そして，ギフティッド児や成人ギフティッドが実際になりやすい障害もある。そのため，ギフティッドネスと特定の診断カテゴリが重複していると思われる事態についても考えるべきである。この重複診断——つまり，ギフティッドであり，かつ，他の特定の障害を伴うという診断——は，二重にエクセプショナルな人々（2e）にとって，彼らの教育的ニーズ，就労，治療方針を考えるうえで重要な意味をなす。これらの二重にエクセプショナルな人々には極端に優れた才能と障害の双方があり，結果として独特の状況が生じる。極端に優れた能力が目立つと障害が見えにくくなり，障害が目立つと優れた能力が見えにくくなる。あるいは，優れた部分と障害のある部分が相互に打ち消し合い，どちらも気づかれないままだったり対処されないままのこともある[9]。
　ギフティッド児や成人ギフティッドの特性のなかには，医療や教育の専門家がその背後にある障害を見落としやすくする特性もある。つまり，ギフティッドネスの特性が実際に状況を複雑にし，適切な診断や介入を難しくさせることがある。Amend & Beljan（2009）は，二重にエクセプショナルである可能性を見落とすことが誤診の1つの原因であると指摘している。たとえば聡明な幼児では，学習障害があってもそれが判明するまでに数年かかることがある。これは，その子の知的能力の高さや鋭敏な

推測力により，学校の勉強も少し見聞きするだけでできてしまう状態が数年続くためである。このような子どもの親は，我が子が巧みな言語スキルを用いて親やセラピストを「説き伏せる」ため，それほどの力があれば我が子には何の問題もない，問題があるのは自分たちのほうだと思っていたと言うことが多い。ギフティッド児は自分の短所について話すことが苦手で，自分の弱さを隠そうとすることが多い。そして，心配事をたいしたことはない風に都合よく表現することがある。その結果，セラピストはなかなか真の問題を突き止めることができなくなる。

　同様に，ギフティッド児に脳性麻痺，視覚障害，聴覚障害，学習障害など，明らかに障害があると診断されたような場合には，専門家や親は障害にばかり目が向き，その子の優れた能力に気づかずにいる傾向がある[10]。結果として，その子の優れた才能が見過ごされ対処されないという誤診が起き，さらなる問題が生じる。

　ギフティッド児のなかには，障害の診断を多数受けたり矛盾する診断を受けた経歴をもつ者もいる。これは，問題が非常に深刻であるか，いずれの診断カテゴリにもぴったりとは当てはまらないかのいずれかを意味する。もし，もっぱらギフティッドの典型的な行動を参照しただけで診断するならば，非常に多くの診断リストが連なることになるだろう。そして，そのいずれの診断も，その子の行動特性の一部はとらえることができたとしても，その特性を完全に説明することはできないはずだ。たとえば我々が出会ったケースでは，反抗挑発症，強迫症，ADHD，双極性障害，アスペルガー症候群を同時に診断されたギフティッド児がいる。このような多重診断は事態を混乱させ，その子に汚名を着せ，「自分の何かがおかしいかもしれない」という疑念を強化するようなものである。確かに，そのような子どもはどこか普通とは違うだろう。しかし，必ずしもそれが「おかしい」ということにはならない。ギフティッド児は生まれながらにして並外れており，独特の行動特性を極端に示すことが多いため，多重診断のリスクは高く，より深刻な問題を抱えているように誤解されることが多く，成人期以降も実際に問題にぶつかることが多い。2e の成人に関する研究は現在のところ限られているが，高知能者が注意力にかかわる障害を伴うと特有の困難を示し，自分の才能を最大限発揮できないことが示されている（Olenchak, Jacobs, Hussain, Lee, & Gaa, 2016）。小児期に ADHD を見過ごされてきた場合，成人期以降に感情と知性の板挟みに苦しみ，注意にかかわる得体の知れない葛藤を受け入れることができず，その結果不適応行動が生じ，恥や罪悪感を抱くようになる。そして，アンダーアチーブメント＊，不安，抑うつが生じる（Brown, 2005）。ギフティッド児や成人ギフ

＊ 自分の本来持ちうる能力を十分発揮できず，適応上の問題を抱えた状態にあること。

ティッドの知的・社会的・情緒的特性を理解することで，このような不幸な状況は間違いなくすべて改善できる。

　イライジャは利発だけれど難しい子どもだと，私たちはいつも感じていました。イライジャがプリスクールに通っている頃，私たちはウィスコンシン州に住んでおり，そこでイライジャの相談先を探し始めました。イライジャは，まずADHDと診断され，それからギフティッドと判定されました。また，セラピストから，それまで出会った子どものなかでも最も意志の強い断固とした子どもの部類に入ると言われました。プリスクールでは，IQテストと学力テストを受けました。イライジャのIQは138で，読み能力と数的能力のなかには高校生レベルの得点を示したものもありました。プリスクールでは飛び級できる時間もあり，概して問題なくやっていました。私はいつも，イライジャに何かもう少し他にも問題があるのではないか，それとも「ただの」ギフティッドなのだろうかと考えていました。
　イライジャが2年生になる前の夏に，私たちはロードアイランド州に引っ越しました。担任の先生は若い頃にギフティッドの生徒をもった経験があり，とてもよい先生でした。ただ，その年度の終わり直前まで，算数の授業の飛び級ができませんでした。ある日，イライジャは算数のテストの際に消しゴムを忘れて落第点を取り，取り乱してしまいました。すると，算数の先生はイライジャに，今後自分の授業を受けさせないと言ったのです。その年は，2学年の先生がイライジャに3年生の算数を教えていました。私たちは息子を守ることができなかったことにとても大きなショックを受けました。一方，このことがきっかけで，息子の振る舞いについてもっと真剣に考えるようになりました。そして，たくさんの神経精神医学的評価を受けた結果，アスペルガー症候群と診断されました。ADHDとギフティッドネスとアスペルガー症候群はオーバーラップすることは知っていますが，この診断はそう簡単に受け入れられませんでしたし，今でも完全に受け入れているわけではありません。
　イライジャが学校で何らかの教育支援を受けることができるようにするためには，私たち親のかなりの努力が必要でした。イライジャのIQの下位得点間，つまり，処理速度の遅さとワーキングメモリの間には明らかに開きがあります。とはいえ，イライジャは苦手な部分をたいていカバーできるため，学校の勉強はすべて合格できています。今は，彼の実行機能スキルのさらなる支援を探しています。新しい神経精神医学的評価も受けました。彼は今，個別教育プログラム（Individualized Education Program: IEP）を受けていますが，率直なところ，30分間のソーシャルスキルグループ以外はあまり役に立っているようには思えません。
　息子の学校にはギフティッドプログラムがありません。そして，息子は自分が知っていることをいつも表に出すわけではないので，ギフティッドプログラムの必要性も理解してもらえません。ただ，算数に関しては1学年分の飛び級ができることになりました。また，自治体から，小学校が始まる秋までに，もっとハイレベルの算数の受講など息子に合った教育計画を考えてもらえることになりました。イライジャは，単に無意識に色々な知識を身につけているだけではありません。いったん何かを教えてもらうとすぐにそれを習得するのです。二重にエクセプショナルな生徒，また，その親にとって，学校は難しいところです！

3節　SENGによる全米調査

　2011年に，非営利団体のSENG（Supporting Emotional Needs of Gifted）は3,000人以上のギフティッド児の親を対象とし，医療関係者との相談などの経験について全国的なインターネット調査を実施した。対象はギフティッドクラスで教育を受けているギフティッド児の親に限定されない。調査結果はいくつかの学会にて報告されたほか[11]，現在，発行予定である。主たる結果は以下のとおりである[12]。自分の子どもをADHDとみなされたことのある親は18.2％，実際に子どもがADHDの治療を受けた親は12.8％，合わせると31％となる。これは，先行研究で子どものADHDは一般に11％とされている割合のほぼ3倍に相当する。また，対象者の17％がアスペルガー症候群あるいは自閉スペクトラム症とみなされたり，実際にその治療を受けたりしたことがあると回答した。これに対して，高機能自閉症を含めた場合でも，一般にアスペルガー症候群の割合は多くて2％とされている。対象者の18％が感覚処理障害と診断された経験があるとした。一般に感覚処理障害の割合は5％である。さらに，対象者の13％が強迫症の診断や治療の経験があると回答したが，一般には子どもの強迫症の割合は2.7％とされている。

　その他にも通常の割合と相違のみられる障害としては，不安症（ギフティッド児35％，一般25％），アレルギー（ギフティッド児57％，一般25％），抑うつ（ギフティッド児19％，一般3～6％）がある。

　以上のデータは我々の臨床的知見を支持している。すなわち，ギフティッド児は標準の子どもよりも，精神的な問題や行動上の問題を示す障害の診断を受けやすい。SENGの調査結果はギフティッド児のメンタルヘルスにかかわる診断の問題の深刻さを示している。より最近の全国調査でも，3,715名のメンサ会員を対象に広く同様の障害についての調査が行われた。そして，対象者における障害診断の割合もまた全国平均よりも有意に高いと報告された（Karpinski, Kolb, Tetreault, & Borowski, 2016）。医療関係者はギフティッドネスの複雑さについて，ほとんど教育を受けていない。これが臨床現場での誤診の主たる原因である。教育環境を調整したり個別教育プランを提供する前に，臨床診断を受けるように教育機関（K-12）から親に要請されるが，これもまた障害診断の割合に差が生じる原因の1つだろう。

　同様に，他の章にもあるように，ギフティッド者もまた障害を合併することがある（二重にエクセプショナル，あるいは2eともよばれる）。2eの人々がいることもまた，障害の割合に影響を与える要因だろう。ただし，2eの割合は調査による開きが大きく，

2〜5％と報告がなされているが，それらは主に小規模の事例研究結果に基づいている（Foley-Nicpon, Assouline, & Colangelo, 2013）。実際には，2e の見落としや誤診により，その正確な数値はわからない（Pfeiffer, 2013）。実際に二重にエクセプショナルな人と誤診されている人とを明確に識別できるよう，さらなる研究が要される。

4節　医療やカウンセリングの専門家の役割

　就学前のギフティッド児で，特にギフティッドの可能性が判定されていない場合，親はその子の睡眠の問題，しつけ，きょうだい関係や仲間関係の難しさ，気の短さ，自分自身や他者に対する厳しさ，意志の強さ，多動のような行動，家庭の混乱，就学レディネス，学校への早期入学などの問題に悩むことになる。学齢期になると，学業不振，強情さ，過剰反応，仲間関係の問題，きょうだい間の激しい競争，自己概念の脆さ，完璧主義，抑うつの問題が表にでてくることが多い（Webb, Gore, Amend, & DeVries, 2007）。青年期や成人期では，孤独感，人間関係において受容されているという感覚の欠如，高い理想と現実への幻滅というフラストレーション，仕事や仲間関係，夫婦関係への不満，そして，実存的うつの問題を抱えやすい（Jacobsen, 1999; Rivero, 2010; Streznewski, 1999; Webb, 2013）。

　これらの問題を抱えたとき，ギフティッド者やその親は医療専門機関に助けを求めるかもしれない。ギフティッドの幼児をもつ親は，我が子が小学校入学よりもずっと早くに，読書をはじめとする様々な能力を身につけているというように，通常では考えられないほどに早熟な行動や問題を家庭や幼稚園で見せていることを心配し，小児科医をはじめとする医療関係者に支援や助言を求めることだろう。もし，その医療関係者がギフティッドの可能性に気づけば，早期にスクリーニング検査を行い判定し，この聡明な子やその家族にあらかじめ情報を提供できる。そして，教育方針，学習や行動上の問題，養育のあり方について支援できる。もっと重要なこととして，ギフティッド児の家族がその子をよりよく理解，支援できるように導くことを通して，後々，成人期でも遭遇するであろう多くの問題を回避，軽減できる（Amend & Clouse, 2007; Hayden, 1985; Kuzujanakis, 2011; Robinson & Olszewski-Kubilius, 1996; SENG, 2015; Whitmore, 1980）。

　しかし，医大や研修医の期間，心理学の大学院課程，インターンシップにおいて取り扱われることは，あいにく知能が平均より低い人々の神経学的あるいは精神医学的な領域のことばかりである。ギフティッド児にみられる問題はカリキュラムに組み込

まれていない。ギフティッド児に標準的にみられる特性すら医療関係者の間ではほとんど知られていない。たとえば，就学前のギフティッド児は個人差こそあれ，標準的な就学前児よりも平均して約30％発達が進んでいることも，医療関係者の間ではほとんど理解されていない（Brink, 1982; Ruf, 2009）。その結果，ギフティッド児の親は必要なサポートを得られなくなる。ただし，ギフティッドに関する適切な訓練を受けさえすれば，医療関係者は助けを求めるギフティッド児の親を強力にサポートできる。

　前述のSENGによる調査は，ギフティッド児の親が医療関係者の助けを非常に必要としていることも示している。調査対象の親の約46％が，子どものギフティッドネスについて担当医に相談した際にフラストレーションを感じている。そして，28％の親が担当医への相談にあたりギフティッドネスに触れなかったと報告している。その理由として，以前に医者と相談した際に嫌な思いをした，その担当医の専門ではないと思ったなど，様々あげられている。そして，我が子のギフティッドネスについて担当医と相談して満足できたと回答したのは，たったの24％だった。

　SENGの調査は広く全国からサンプルを集めた調査であるが，便宜的なサンプルをもとにした研究すべてがそうであるように，さらに多くの研究が必要とされる。とはいえ，この研究成果を半分に見積もったとしても，データの示唆するところは大きい。

# 第 3 章

注意欠如・多動症

　注意欠如・多動症（Attention-Deficit/Hyperactivity Disorder）は，今や広く知られる障害だが，ICD-10 では多動性障害（Hyperkinetic Disorder）とされている。これは子どもが医療機関に紹介される理由として最も多い障害の 1 つでもある（American Academy of Pediatrics, 2011; Brown, 2000）。また，メディアでは，驚異的な勢いでこの診断を受ける子どもが増加していると報じられている。これは，統一された ADHD の診断方法がないためでもある。ギフティッド児の割合と同程度，専門家による ADHD の誤診が生じている可能性がある。診断の経費を抑えるために，ADHD の診断チェックリストが過剰に使用され，神経心理学的な評価がなされないことも，ADHD 診断のまん延に拍車をかけていると考えられる。いずれの ADHD チェックリストのなかにも，対象者が並外れて賢いかあるいは聡明かを確認する項目，また，機能に影響を及ぼしている要因が何であるのかを確認する項目は含まれてない。

　調査研究で示される実際の ADHD の割合は一般に認識されているものよりもかなり低いものの，ここ数十年でその診断率は増加しており，現在では，米国の 11％ の子どもが ADHD と診断されている[1]。そして，ギフティッド児もこの流れに巻き込まれている。米国の子どもの 9 人に 1 人が ADHD というのは決して信頼できる値ではない。特に，2003 年以降の有病率は，2003 年 7.8％，2007 年 9.5％，2011 年 11％ と急増している（Visser et al., 2014）。Garfield ら（2012）は，2000 年から 2010 年の間に米国の小児・青年における ADHD の診断は 66％ 増加していること，そして，約 90％ のケースで中枢神経刺激薬の薬物療法が施されていることを明らかにした。中枢神経刺激薬の処方はここ 20 年で急増している[2]。ADHD 処方薬の売り上げは 2010 年以来毎年 8％ 増加しており，今後も毎年平均 6 ～ 8％ の割合で増え続けるだろうと予測されている[3]。米国以外での ADHD 処方薬の売り上げはもっと急増している[4]。リタリン®

（メチルフェニデート）は，今や 12～17 歳の外来患者に最も多く処方される薬である[5]。

我々の考えは，DSM-IV の編集委員長でもあった Allen Frances M. D. とも意を同じくするものである。つまり，一連の DSM の版の改定のなかで障害が増え，障害に分類される行動の範囲が広がり，ADHD も例外ではない。その結果，DSM は過剰診断のリスクを高め，報告される有病率は誇張されたものとなり正確ではなくなる。そして，このことは特に ADHD に当てはまる。もう 1 点，この問題に関連して，2011 年に米国小児科学会（American Academy Pediatrics）の "Clinical Practice Guidelines" は ADHD の診断と治療の対象年齢を 4～18 歳に広げた（それ以前は 6～12 歳だった）。これもまた ADHD の診断が拡大している大きな要因の 1 つだろう[6]。

ADHD の調査データに対して，Frances（2016）は以下の見解を示している。「本当に ADHD なのは 1～2％にすぎないだろう」。また，「まったく病気などではないにもかかわらず中枢神経刺激薬を処方されている子どもが大勢いる。ADHD 診断の暴騰を後押ししているものには，強行的な医薬品マーケティングの影響，子どもの包括的な評価なしに症状のチェックリストによる診断がなされていること，中枢神経刺激薬が『向知性薬』とみなされていることが含まれる[7]」。他の要因として，親が教育的配慮をはじめとする様々な便宜を求めることによる「診断のインフレ」がある。「診断のインフレは，医師が『積極的診断』をおこなって，患者が何か得になるものを入手しやすくするときに決まって助長される——障害者手当とか，学校での特別支援とかだ」（Frances, 2013, p. 84*）。

以上のような付加的な難しさを差し引いたとしても，ギフティッド児には生得的に ADHD 児と似た行動特性が多くみられる（Baum & Olenchak, 2002; Hartnett, Nelson & Rinn, 2004; Webb, Gore, Amend & DeVries, 2007）。ADHD 児もギフティッド児もともに，社会性や学業面での困難を抱えることがある（Guenther, 1995; Leroux & Levitt-Perlman, 2000）。実際，DSM-IV-TR には，「教室における不注意は，知能の高い子どもが学業的に刺激の少ない環境におかれたときにも起こるかもしれない」（American Psychiatric Association, 2000, p. 91**）と明記されており，そのようなケースの ADHD 診断に対して警告を鳴らしている[8]。このようなケースの多くは，適切なカリキュラムや教育環境を提供すると，不注意や学校での問題が著しく軽減する。

ルールや規制に従うことの困難もまた，一般に ADHD のサインと認識されている

---

* アレン・フランセス（著）／青木　創（訳）大野　裕（監修）（2013）．〈正常〉を救え：精神医学を混乱させる DSM-5 への警告　講談社　p. 147
** 高橋・染矢・大野（訳）（2003）．DSM-IV-TR 精神疾患の診断・統計マニュアル新訂版　p. 101

(Barkley, 1990; 2006)。ギフティッド児にも同じ傾向がみられることが多いが，その理由は異なる。並外れて聡明な子どもは，低学年のうちから，ルール，慣習，伝統の意味に活発に疑問を投じる。また，激しさゆえに，権威との間に衝突が生じやすい。その結果，親，教師，友だちは不快感を抱くことが多い。ADHDとギフティッドは，その根源や必要とする介入がまったく異なるにもかかわらず，簡易的な「評価」では見分けることができない所以が見て取れるだろう。

Kaufman, Kalbfleisch, & Castellanos (2000) や，Mullett & Rinn (2015) のように，この問題を実証しようとした医学，教育学，心理学分野での先行研究には実証データが存在しないという指摘もあるが，本書の著者も含め，ギフティッド児がADHDと誤診されることが非常に多いと主張する者もいる（Amend & Beljan, 2009; Baum & Olenchak, 2002; Baum, Olenchak, & Owen, 1998; Cramond, 1995; Freed & Parsons, 1997; Lawler, 2000; Lee & Olenchak, 2014; Lind, 1993; Silverman, 1998; Tucker & Hafenstein, 1997; Webb, 2001; Webb & Latimer, 1993）。

注意欠如・多動症（ADHD）は，不注意優勢型，多動・衝動優勢型，混合型のいずれであっても，そのコアとなる症状は不注意，衝動性，多動性ではあるものの，通常は多様な症状が同時に併発している（American Psychiatric Association, 2013*）。学齢期の子どもにおけるADHDの割合は，男女合わせて約2％とする研究もある（e.g., Lahey, Miller, Gordon, & Riley, 1999）。DSM-5では，子どものADHDは5％，成人では2.5％で，男児にその割合が高いとされている。これらの数値は，CDC**にて近年報告された11％よりもはるかに低い値である[9]。

これまで，ADHDの診断は子どもが多く受けてきたが，成人にもその診断が適用されることについては後述する。ただし，ADHDの検査に用いられる診断方法を包括的に精査した結果，いずれの方法も子どもの診断用に作成されている（Brassett-Harknett & Butler, 2007）ことは，ここで述べておく必要があるだろう。

1節　ADHDかギフティッドか，それとも両方か？

注意の問題や多動がある子どもは通常，ADHDの可能性を疑われる。専門家の診断を受けに来る子どものなかには，特定の神経損傷が原因で不注意のある子どももいるが，たいてい，その子の行動が原因で仲間から拒絶されたり，学業に支障をきたし

---

* 日本精神神経学会（監修）（2014）．DSM-5精神疾患の診断・統計マニュアル
** Center for Desease Control and Prevention，疾病対策センター．

たり，家庭や学校では手に負えなくなったり，教師がその子にかかりっきりになったり，クラスの友だちの学習が妨害されたりするために，教師がフラストレーションを抱える段階にまでいたった結果，専門家のもとに連れてこられる。

ただし，本来 ADHD の診断は，他の障害や問題の可能性をすべて除外した後の最終的なものとすべきである。抑うつ，不安，学習障害，個人的な悩み，非現実的な期待，困難な境遇，能力と周囲の想定とのズレからくる退屈，聴覚処理の問題，脳震とう，軽度外傷性脳損傷，健康問題，薬物乱用，睡眠障害による疲労，劣悪な食習慣や摂食障害によるエネルギー欠乏，あるいは，薬物療法による認知機能低下などの可能性を除外する必要がある。これらを含むあらゆる可能性を除外するには多くの時間を要するため，ADHD の診断を容易に下すことはできない。ADHD の診断は，親や学校職員による評価項目への回答に目を通した主治医が 10 分程度の面接をしただけで下すべきものではない。ADHD を的確に診断するためには，小児神経心理学者，あるいは評定の資格を有した専門家により，注意や実行機能を実際に測定する様々な標準化された検査を実施する必要がある。

ギフティッド児のなかには，実際に ADHD も併せもつケースがある。つまり，ギフティッドであり ADHD でもある子どもがいる（Moon, Zentall, Grskovic, Hall, & Stormont-Spurgin, 2001）。そのようなケースでは，両方の特性を考慮することが重要である。というのも，両方（ADHD とギフティッドネス）を併せもつことはありえないと主張する専門家もいるためである。我々の見解はそうではない。ギフティッド児もまた ADHD でありうるし，実際，ADHD でもあるギフティッド児は存在する。ギフティッド児がそれ以外の子どもよりも ADHD になりやすいとかなりにくいといったことを示す研究はない。また，知的能力の高さゆえに ADHD の症状が隠され，的確な診断が遅れることがある（Moon, 2002）。非常に聡明な子どもは，低学年の頃は授業中に少しだけ注意を傾ければよく，知的能力の高さゆえにテストなどの評価では同年齢の他の子どもよりもかなりよくできることもある。このようにして学年が上がり，持続的注意が求められるような学習が始まる段階で初めて，不注意の問題が表に現れることとなる。プロファウンドリー・ギフティッド者では，大学や大学院になって初めて不注意の問題が生じるケースもある。

我々の経験からすると，おそらく ADHD の診断を受けたギフティッド児の半分が，DSM-5 で ADHD の診断に必要とされている不注意や多動性にかかわる顕著な支障がない。そのようなギフティッド児は，状況によっては問題行動とみなされるような態度を示す。しかし，その行動はギフティッドネスに基づいた解釈のほうが矛盾なくしっくりとくることがある。要するに，このような子どもは安易に ADD や ADHD と

誤診され，その子が実際に直面している問題（例：不適切なカリキュラムやいじめ）への必要な介入がなされず，それとはかけ離れた ADHD の治療を受けている。この傾向は特に男児（Gnaulati, 2013）やエスニックマイノリティの子ども（Beljan, 2011; Bryant, 2005）に顕著にみられる。

　次の例を考えてみよう。ラファエルは，先生たちから力を発揮できていないと思われている。課題を最後までやらず，答えを書き記すだけで自分で考えようとしない。字は汚くつづりも滅茶苦茶である。授業中は，ソワソワしたり，友だちに話しかけたり，人の話に割り込んで授業を妨害したりしてばかりいる。このような行動のためにラファエルは叱られ，それらをやめさせようとたくさんの罰が課せられてきた。その結果，以前は先生からの質問に大声で答えていた（そして，それはたいてい正答だった）が，今では，授業中は空想にふけっていたりボーっとしているように見える。ラファエルは ADHD なのか？　ギフティッドなのか？　それとも両方か？

　そのいずれかであるかもしれないし，他の原因があるかもしれない。今日の慣習では，親からこのような報告を受けた医者は診断を下すだけでなく，試験的投薬も行うことがある。そして，最初の処方薬で期待されるような効果がみられないときには，さらに検査をして原因を調べるのではなく，別の新しい薬や強い薬が処方される。薬物療法により問題行動の明らかな改善がみられるケースもあり，その結果，診断は正しいに違いないという循環論法が生まれる。不注意の問題の治療に用いられる中枢神経刺激薬は，ADHD であろうがなかろうが，だれにおいても注意持続時間を改善させることがあるという研究結果（Smith & Farah, 2011）があるにもかかわらず，そのような判断がなされる[10]。さらに，中枢神経刺激薬を投与されたにもかかわらず，子どもはそれと矛盾する反応を示すことがしばしばある。つまり，中枢神経刺激薬の投与後，一見したところ落ち着き素直になったように見えるため，多動という診断を不当に確実なものとしてしまうのである。

　通常の臨床現場では，子どもの能力の高さやそれゆえの行動特性は滅多に考慮されない。たとえば，心理士から次のように言われた親もいる。「あなたのお子さんがギフティッドであることはわかっています。でも，今は，そのことは一旦横に置いておきましょう」。このようなことはあってはならない！　これでは，その人の身長や体重を無視してどのサイズのズボンを買うべきかを考えるようなものである。ギフティッドネスは，その子に生まれながらにして備わっている全神経系を構成している一部であり，あらゆることについて考慮しなくてはならない。特に，本書の中心的議論である診断と治療においては，考慮しないなどありえないことだ。

　以下に，ADHD に共通にみられる症状を示した短い例を3つあげる。どの子ども

がギフティッドネスのサインを，どの子がADHDのサインを，どの子が両方のサインを出しているのか考えてほしい。

アリアンナは8歳で，養子としてシングルマザーに育てられている。「難しい子」だったがとても賢いため，家族ぐるみの友人からIQを測るように勧められた。心理士による知能検査を受けたところ，IQは130だった。言語能力得点は141，非言語能力得点は123だった。

母親と祖母が言うには，家庭には秩序があり，子どもへの指示も明確でしつけも一貫しているのだが，アリアンナは決められたお手伝いをすぐに忘れてしまい，やったとしても，終始だれかが傍にいないと最後までやりとおすことができないでいた。また，丁寧に教えたり，その都度思い出させたり，ペナルティを課したりしても，トイレの後に手を洗うのを「忘れてしまう」のだった。実際，彼女自身も，自分がどうしてそうなるのかわからずに戸惑っているようで，友だちがいないことにも悩んでいるようだった。きょうだい3人からも「うっとうしいやつ」と思われていた。

心理士は，アリアンナに音声を聞かせ，ある特定のことばが聞こえたら手をあげるという検査を実施した。最初にそのことばが出たときには気づいて手をあげたが，その後は，どんなにわかりやすくしても該当することばを聞き逃していた。肥満の傾向がみられたため，健康診断と甲状腺の検査を実施したが，いずれも正常だった。リタリン®を処方され，1回の服薬量を2倍にしたときに，母親や先生の言うところの「別人」になった。学校では友だちができ，家のお手伝いをよくしてくれるようになり，順番を待つことができるようになり，成績は上がり，体重も減った。彼女の周りの大人は，今では彼女が服薬を減らしたときは目に見えて行動が悪くなるのですぐにわかると言っている。

アンドリューは6歳，両親は医者である。5歳を過ぎても「魔の二歳児」にみられるような癇癪が続いたため，両親が心理士に検査を依頼した。両親によると，アンドリューは欲求不満になるとほぼいつも癇癪を起こし，体も大きくなってきているので，無理やり身体を抑えて落ち着かせることもできなくなってきたとのことだった。母親は消耗しきった様子で，「このままでは，息子の大暴れになすすべがなくなります！」と訴えた。

アンドリュー本人から話を聞くと，じっとしていられなかったり，色々なことをたっぷりと考えてからでないと寝られず，両親が寝た後もたびたび目が覚めてしまうとのことだった。それでも朝早く目が覚め，1日中元気に動き回っていた。教会やレストランなど，動き回ったり走り回ったりできないようなときには，そわそわし，体をくねくねさせたり肩をすくめたりしていた。

心理士の検査報告によると，検査の間，アンドリューは年齢のわりに並外れて語彙が多く明瞭に話した。両親は，「息子は一方的にしゃべりすぎる」と言っていた。担任の先生の話では，学校でもひとりでしゃべっていたりクラスメイトの邪魔をしているかと思えば，本に熱中するあまりだれかがボディタッチなどをしないとまったく気づかないこともあった。静かに着席しているときもあるが，そんなときは決まって本を読んでおり，授業が終わり休み時間（アンドリューの大好きな時間）がきたのも気づかないこともあった。知能検査の結果，彼のIQは140だった。心理士はADHDと診断し，小児科医がリタリン®を処方した。数週

> 間後，アンドリューにはチックや震えがみられ，過敏性が高まってしまった。リタリン®の処方が中止されると症状は改善したが，チックは残った。それ以来2度，心理士や教師からADHDと言われたが，両親はこの見解を受け入れなかった。この子は現在，弁護士となっている。

> シュミーザは9歳の女の子で，担任の先生からADHDではないかと言われ紹介されてきた。先生によると，シュミーザは空想にふけっていることが多く，1日中ほぼ課題に集中できないでいた。授業を妨害するようなことはなくテストの成績も概してよいが，宿題を滅多にしてこない。友だちがほとんどおらず，休み時間は，本を読んでいるかボーっとして過ごしている。知能検査は実施されなかった。担任の先生がConnersチェックリストに回答し，小児科医はその結果に基づきリタリン®を処方した。
> 数週間後，母親は，シュミーザが宿題をするようになったと報告した。担任の先生は，彼女が授業に参加することが増えたと報告した。ただ，学校では医師からの指示どおりにリタリン®を服用していたが，家では母親が薬を飲ませるのをよく忘れた。リタリン®の不定期な服薬により，シュミーザの回復は安定しなかった。

Kaufmann, Kalbfleisch, & Castellanos (2000) の指摘のとおり，ADHDを見落とすという診断上のエラーは，ギフティッド児をADHDと誤診するのと同等に深刻な問題である。幼少期にADHDが見落とされると，小学校では障害をカバーできたはずの自分のスキルが，中学校や高校の学習では役に立たないという壁に突然ぶつかることがある。このときのフラストレーションは相当なものとなるだろう。

Kaufmann, Kalbfleisch, & Castellanos (2000) は，子どもの行動が学業，社会性，また，自己概念形成のうえで何らかの支障をきたすようなときは，臨床検査を通して治療可能な疾患を取り除いていくことが重要だとしており，我々もこの点については意を同じくする。ただし，子どもの知的能力が高い場合には，ギフティッド児に関する訓練を受け経験を積んだ専門家による検査を受けるべきである (Silverman, 1988)。我々がこのように警告するのは，ADHD児の行動と，創造性やギフティッドネス (Cramond, 1995)，過興奮性 (Lee & Olenchak, 2014; Piechowski, 1997; Silverman, 1993a) による典型的な行動特性とが似ていることが多い反面，ギフティッドネスや創造性，過興奮性への対処方法は，ADHD児への対処方法とは異なるためである。さらに，服薬には必ずリスクが伴うため，何らかの診断方法がある限り，障害を特定するために試しに薬を処方するようなことはすべきではない。診断と治療が非特異的な場合には，なおさら処方すべきではない。

生活上の支障

　診断や治療方針の決定にあたり，生活上の支障（impairment）の程度は特に重要な問題となる。しかし，どの程度の支障があるのかは主観に基づくもので，子どもが置かれた学校や家庭の状況によるところが大きい。授業中にギフティッド児が課題に集中していられないように見える場合，その大半は合わない教育環境が原因だろう。前述のとおり，DSM-IV-TR（American Psychiatric Association, 2000, p. 91*）では，ギフティッドネスが診断プロセスに影響を与えると言及されている。つまり，「教室における不注意は，知能の高い子どもが学業的に刺激の少ない環境におかれたときにも起こるかもしれない」と記されている。DSM-5 にこの記述はない。ただし，ICD-10 では「判定の基準は，状況から予想される程度より活動が過度でかつ，同じ年齢と IQ の他の小児と比較して活動が過度であることが必要である」（WHO, 1992, p. 263**）としている。ICD-10 に記載されているように，IQ を考慮に入れた診断プロセスにより，アセスメントの新たな水準を提示できる。これは，ADHD の可能性が疑われるような活動性の高い子どもの支障の程度や症状を明らかにするうえで必要となる。実際 ICD-10 は，診断プロセスで IQ の測定結果を考慮すべきだと示唆しているのであるが，ADHD の評定に広く用いられるチェックリストに基づいた慣例的なアセスメントでは，IQ は考慮されない。

　ギフティッド児は，課題に興味があるなど何らかの理由で意欲が高まれば，たいていはよくできる。興味がなかったり意欲が湧かないと，親や教師による行動チェックリストのような主観的評価だけでなく，客観的な注意の検査も誤診を招きかねない結果となりうる。注意の障害のように見える行動が，ただ退屈しているだけだとか興味がないだけだという可能性があるため，意欲のアセスメントも重要な評価要素となる。

　ギフティッド児は，通常の授業の 4 分の 1 から半分ほどの時間を他の子ができるまで待つことに費やしており，クラスに多様な子どもがいる場合は，もっと多くの時間をただ待って過ごしている（Gallagher & Harradine, 1997; Webb & Latimer, 1993）。ハイリー・ギフティッド児は，授業の 4 分の 3 を「時間つぶしの課題」や他の子どもができるのを待って過ごすこともある（Reis et al., 1993; Rogers, 2002）。ギフティッド児の学業成績レベルは，実年齢の学年よりも 2〜4 学年上のことが多い（Rogers, 2002）。課題をすぐに終え，示された概念をすぐに理解する。そして，学校の授業が反復ばかりの非常にスローペースなものだと感じる（Reis et al., 1993; Winner, 1997b）。

---

* 高橋・染矢・大野（訳）（2003）．DSM-IV-TR 精神疾患の診断・統計マニュアル新訂版　医学書院　p. 101
** 融・中根・小見山・岡崎・大久保（監訳）（2005）．ICD-10 精神および行動の障害―臨床記述と診断ガイドライン新訂版　医学書院　p. 273

適切な教育環境の調整がなされなければ，学年が進むにつれ，ギフティッド児の能力と標準的な授業レベルの開きは大きくなる（Marland, 1972; Rimm, 2008; Rogers, 2002）。やりがいに欠け，刺激のない授業へのクリエイティブな子どもの反応として，白昼夢，授業妨害，自己刺激といった，課題に関係のない行動が現れる。このようにして待ち時間を過ごしている子どもを見た学校側は，ADHDの可能性を疑い，専門機関へ相談することになる。ギフティッド児は知的能力がいかに高くても，退屈なときには彼らの実年齢相応の行動をすることを忘れてはならない。自分の能力を実証する力に支障をきたしているだろうか？　そうかもしれないが，それは学習していないことが原因ではない。不注意それ自体だけでは診断を決定することはできない。不注意による，学習，仕事，社会活動への支障を考慮すべきである。上述のケースは学習に支障をきたしているのだろうか？　それはないだろう。

活動性レベル

「ハイパーアクティブ（多動）」は，ギフティッド児やADHD児のことを親が話すときによく用いられることばである。ただ，ギフティッド児の親はこのことばを漫然と用いており，我が子が目標に向かって非常にエネルギッシュに活動することを指している。これは，ADHD児に用いられるような，無秩序で的の定まらないエネルギーの発散とは異なる。ADHD児はたいていの状況で活動性レベルが高い（Barkley, 1990; 2006）。ギフティッド児の多くも活動性が同様に高い。ギフティッド児の4分の1は睡眠時間が少なく，1日4〜5時間の睡眠にもかかわらず，日中の活動性は非常に高い子どももいる（Clark, 2012; Webb et al., 1982）。ADHD児とは対照的に，ギフティッド児のエネルギーは，特定のものごとへの集中や長時間の集中力の持続を可能にする。ギフティッド児の非常な激しさにより長時間の集中が可能となり（引き起こされ），注意を向けたものに対しては膨大なエネルギーを注ぎ込むことができる（注ぎ込んでしまう）。ただし，ギフティッド児が注意を向ける対象は，教師や親が向けてほしいと考える対象とは異なる場合もあることに留意すべきだろう。

診断基準

聡明な子どもが落ち着きのなさ，不注意，衝動性，活動性の高さ，白昼夢などの行動により，心理士や小児科医に紹介されることがたびたびある。これらの行動はすべて，ADHDに関連する行動としてDSM-5にあげられているものである。ICD-10ではリストアップはされていないが，同様の行動が多動性障害の診断にかかわるものとされている。実際，DSM-5では，ADHDと診断された子どもにみられることのある

表3.1 ADHD児とギフティッド児の行動の類似点

ADHDに関連する行動 (Barkley, 2006; Hinshaw & Ellison, 2016)	ギフティッドネスに関連する行動 (Webb, 1993)
ほぼあらゆる状況下で注意の持続が困難。	特定の状況下で不注意，退屈，白昼夢の様子がみられる。
注意をそらすような直接的な原因がない状況でも課題への集中が困難。	無意味だと思う課題に無理やり取り組ませられることへの耐性が低い。
衝動的で，報酬を我慢することが困難。	知的能力に対して判断力の発達が遅れている。
社会生活において，行動を抑制したりコントロールするよう要求されてもできない。	激しさゆえに権力との間に衝突を引き起こすことがある。
標準的な子どもよりも活動性が高く落ち着きがない。	活動性が高い。睡眠時間が短いことがある。精神運動の過興奮性（OE）をもつ。
ルールや規則を守ることが困難。	ルールや慣習，伝統に疑問を投じる。

18の特性を公式にリストアップしている。そのうち9つが不注意にかかわる特性，もう9つが多動性や衝動性にかかわる特性である。

さらに，以下の4つの条件があげられている。(1) 各カテゴリにおいて，9の症状のうち少なくとも6つが該当すること。(2) 該当する症状のうちいくつかが12歳になる前からみられていること。(3) それらは2つ以上の場面で少なくとも6カ月間持続していること。(4) 該当する症状が，「社会的，学業的，または職業的機能を損なわせているまたはその質を低下させているという明確な証拠がある」(American Psychiatric Association, 2013, p.60*）こと。米国小児科学会もまた，いくつかの相違点はあるが大枠は同様の基準を用いている[11]。

DSM-5では，ADHDの下位に3つのサブタイプが設定されている。それは，(1) 不注意優勢に存在，(2) 多動・衝動優勢に存在，(3) 混合して存在，である。

2節　従来のADHDの診断傾向

ADHDとギフティッドネスをいつも容易に識別できるとは限らない。たいてい，ある程度の期間複数の状況での観察が必要とされる。テレビを見ていたりテレビゲームをしているときの集中力は除外して考えるべきである。ADHDであろうがなかろうが，テレビやテレビゲームは子どもにとって非常に刺激に溢れ魅力的だからである。表3.1にリストアップするように，ギフティッドネスとADHDの双方に同じようにみられる行動がある。これらの行動の大半は，特定の状況下で，聡明で才能があり，

---

* 日本精神神経学会（監修）(2014). DSM-5精神疾患の診断・統計マニュアル　医学書院　p.59

創造性の高いギフティッド児にみられる。親や教師，医療関係者は，どうすればこれらが ADHD によるものなのかギフティッドによるものなのかを識別できるのだろうか？

評価スケール

教師や親による評価スケールとして，Vanderbilt Assessment Scales, Conners Comprehensive Behavior Rating Scales（Conners, 2008），Conners Third Edition Rating Scales（for ADHD），Child Behavior Checklist（Achenbach, 2001）などがある。これらは ADHD に関連する行動や問題となる行動パターンの最初の特定手段として最も多く用いられている。ただし，これらのスケールの大半は，DSM-5 で ADHD の症状として記されていることをただ言い換えているだけである。そのため，その行動の背景や原因についての情報がまったくなく，ADHD とギフティッドネスの識別には役立たないだろう。親や教師は，各項目に「いつもある」「しばしばある」「時々ある」「ほとんどもしくはまったくない」といった形式の回答番号に〇をつけ，それぞれが点数化される。各点数は，注意，活動性，抑うつ，不安，衝動性といったサブスケールごとに合計される。医療関係者はこの得点を用いて，周囲の人々による子どもの評価を定量化し，標準的な子どもの親や教師の評価得点との比較ができるようになる。

これらのスケールは，問題とされる行動の原因／神経学的要因を考慮していない。実際，専門家は抑うつや不安のような他の潜在要因についても検査するよう忠告されている。それらの潜在要因が原因で絶えず侵入思考に悩まされ，集中が妨げられることが多くある。身体の精密検査（アレルギー，軽度外傷性脳損傷，トラウマによる過覚醒，甲状腺機能低下症などの身体的疾患の可能性），知能検査，学力検査，情緒検査，実行機能検査など様々な心理検査を受け，ADHD 以外の原因の可能性を見極めることのできたケースもあるが，我々の経験からすると，このような例はあまりにも少なすぎる。

注意散漫はギフティッド児にもよくみられる状態といってもよい。つまり，教育環境が彼らに合わないこと，知的刺激が少なすぎること，また，教師がギフティッド児の特性を知らないためにその子の激しさや情熱を ADHD の衝動性と誤解することは珍しくはない。ひとたび学校で問題ありのレッテルが貼られると，その視線を取り除くのは至難の業である。そして，その後の様々な問題もこのレッテルに原因を帰せられることとなり，レッテルが強化されるという悪循環が生じる。

> ルイーザはコンピュータの才能があるギフティッド児に間違いなかった。2年生の1学期にコンピュータの授業を受けもった先生は，ルイーザのずば抜けた才能に気づき，2年生のカリキュラムはルイーザには退屈すぎると考えた。そのため，ルイーザに他の生徒のサポートをしてもらうことにした。ルイーザは，教室を歩き回っては友だちのサポートをした。先生は，ルイーザがこの授業にとてもよい働きをしてくれていると感じ，ルイーザのサポートを心から頼もしく思った。そして，ルイーザも力を発揮し成長していった。
>
> 2学期になると，別の先生がコンピュータの授業担当となった。この先生は，ルイーザがじっと座って「いられない」こと，自分のことだけに専念して「いられない」ことに苛立った。また，ルイーザが「衝動的に」クラスメイトをサポートし，自分のすべきことには「滅多に集中できない」とみなした。そして，ADHDであるに違いないと考え，すぐに両親にそのことを伝えた。その後行われた検査の結果，ADHDを裏づける臨床的な見解は得られなかった。

不注意と注意散漫

　DSM-5や大半の評価スケールは，ADHDの基本的な特性として「注意の持続が困難」であることをあげている。一方，授業の大半を，何年も前にとっくに理解していたりできていたりする内容を眺めて過ごさなくてはならないのであれば，ギフティッド児の空想の世界のほうが，その授業よりもはるかにおもしろいのではないだろうか。そして，その子の注意は授業以外のものへとさまようことだろう。

　ADHDのもう1つの特性として，「直接話しかけられたときに，しばしば聞いていないように見える」がある。ギフティッド児にみられる想像の過興奮性により，自分の思考や読んでいる本に我を忘れてのめり込み，本当に人の声が聞こえていないということがある。これはこれで問題になることもあるが，いわゆるADHDの「ハイパーフォーカス（過集中）」とは異なるものである。Csikszentmihalyi（1990）は，創造的な人々の没頭した生産的な注意集中状態を「フロー」と表現した。この状態，特に，アイディアと恋に落ちたようなとき，その人には時間の過ぎゆく感覚がなく，強烈な興奮と喜びに満たされる。このような人は，猛烈なひたむきさをもってその課題に全身全霊を注ぐ。

　「指示に従えない」あるいは「学業や宿題などに従事することをしばしば避ける，嫌う，またはいやいや行う」という特性は，その状況を考慮すると病的とは考えられないことが多い。ある生徒にとって，算数の問題が簡単すぎて頭のなかであっという間に答えを出せてしまうようなときに，「どのようにして答えを導き出したのか説明しなさい」と言われるという例を考えてみれば，本当の問題が何であるのかがわかるだろう。その子にとってみれば，答えを導き出す方法を順に書き出すということは，

まったく役に立たない「時間つぶしの課題」以外のなにものでもない。このようなケースでは，その行動が生じている経緯を考えれば，何が原因であるのかがはっきりとわかる。

「しばしば外的な刺激によってすぐ気が散ってしまう」のは，感覚の過興奮性が強くみられる子どもではADHD以外の可能性が考えられる。我々は，香水などの匂いに非常に敏感だったり，シャツの襟繰りにあるタグを切り取らないとそれが気になって集中できなかったり，教室の蛍光灯のちらつきやノイズに非常に敏感だったりするギフティッド児にたくさん出会ってきた（Webb, Gore, Amend, & DeVries, 2007）。これらは対処すべき問題ではあるが，薬物療法は効果がない。

「課題や活動を順序立ててすることがしばしば困難」「課題や活動に必要なものをしばしばなくしてしまう」「しばしば日々の活動で忘れっぽい」のは，「視覚空間型」思考スタイルの傾向が非常に強い子どもの特性でもあり，このような子どもは社会的によしとされる枠に収まらないだけのことがある。ある母親は，9歳の息子が野球のグローブを失くした話をした。しかも，失くしたのは野球の試合中である。外野の守備に立っているとき，その子は熱気球を見つけた。気球の色にうっとりし，気球から世界を見下ろしたときの眺めを想像した。そして，パイロットが気球を操縦するときに作用する物理的現象について考え始めた。自分の考えの世界に深くのめり込んでしまったために，グローブが手から滑り落ちたことに気づかなかった。また，その回が終わったことにも気づかず，コーチがチームメイトを送って彼を呼び戻した。ベンチに戻ったとき，なぜグローブをはめていないのかとコーチに聞かれ，彼は心底困ってしまった。グローブをどこに置き忘れたのかわからなかったのである。

この不注意は実際にADHDの症状だとみなす専門家もいるかもしれない。一方，我々はそのような行動に対して，まず最もシンプルで最も肯定的な理解の姿勢をとることが大切だと考える。そして，前述のように，生じている支障の程度を入念に調べることが重要である。一連の行動がみられるということだけでは診断の根拠にはなりえないし，そうすべきではない。その一連の行動により，子どもの社会的，教育的，あるいは，それ以外の生活において深刻な支障をきたしているのでなければ，単に特定の行動がみられるということだけで診断を下すべきではない。上述の例では，野球の場面で「支障がみられる」と考えることができるかもしれない。しかし，この不注意が本当にADHDを裏づけるものなのだろうか？　支障の程度は見落とされがちな問題である。特に，特定の行動の有無だけを考えたり，大人がその環境のなかで期待していること——その期待が実際その子にとって不適切なことがあるのだが——に照らし合わせるだけで判断しているようなときは，支障の程度は見落とされることが多

い[12]。

　だれに対しても，自分を偽って周囲の気に入るような行動や他者の枠組みに合わせた行動を期待，強要するのは適切ではない。医療では，その効用だけでなく副作用の点からも治療効果を判断すべきである。グルテンアレルギーの子どものアレルギー反応を予防するためにステロイド剤を用いる人はいない。むしろ，小麦や大麦，ライ麦などを含む食物を摂取しないようにするだろう。ギフティッドの行動は規範から外れ問題とされることが多いが，その場合も，その子ではなく環境を変えることが最も有効で害のない介入方法となることがある。

　注意欠如は多くの障害と同様，正常からの連続性のあるもので，ADHD は正常な精神特性の最極端に位置する（Barkley, 1997; 2006; Olenchack et al., 2016）。症状がどの程度あると病理的障害の域に入るのかを判断する明確な基準はない。ウィスコンシン州の境界線のような明確な線引きはできないのである。ADHD の診断には，その子とその子が身を置く状況にも十分配慮し，熟考された完全な評価が必要となる。チェックリストや評価スケールだけでは診断には不十分である。十分配慮された評価のために必要な事項は後述する。

多動性および衝動性

　多動性と衝動性は ADHD の診断における第 2 の主要要素であるが，この問題においても同様のことが考えられる。「手足をそわそわ動かす」「いすの上でもじもじする」「じっとしていない」「しばしばしゃべりすぎる」「しばしば質問が終わる前に出し抜いて答え始めてしまう」「しばしば自分の順番を待つことが困難である」「しばしば他人を妨害し，邪魔する」は，多動性や衝動性を裏づける症状とされている。ギフティッド児や成人ギフティッドの最も典型的な特性の 1 つが激しさ（intensity）だとされている[13]。この激しさと好奇心や言語能力の高さが相まって，多動性や衝動性に関連する行動と同様の行動がみられることがある。落ち着きのなさや速く繰り返される動きは，精神運動の過興奮性が現れているだけのこともある。これらは ADHD のような行動障害の指標となるだろうか？　必ずしもそうはならない。実際，小学 1 年生が退屈な課題に取り組む際に脚をぶらぶらさせると心拍数やストレスレベルが下がる（Soussignan & Koch, 1985）。ガムを噛むことでも集中力が高まる（Hirano, Obata, Kashikura, Nonaka, Tachibana, Ikehira, & Onozuka, 2008; Scholey, Haskell, Robertson, Kennedy, Milne, & Wetherell, 2009）。

　衝動的に人の話をさえぎってしまうのは知的過興奮性の現れで，その子の情熱が判断力を押しのけてしまうために生じることがある。ギフティッド児の親の多くが，我

が子の判断力が知的能力に比べて遅れているという一種の非同期発達を報告する。判断力が未熟なために熱烈で性急な決断をし，自分の順番を待てなかったり人の邪魔をしてしまったりすることがある。判断力は感情の影響も受け，著しい意気込みが決断にも影響を与える。この非同期発達は，ハイリー・ギフティッドやプロファウンドリー・ギフティッドの人々に特に顕著にみられる。情動知能と認知知能は相互に関連するが発達の速度は異なることが，神経学的に実証されている（Bechara, Tranel, & Damasio, 2000）。その行動をギフティッドネスとして理解できたとしても，行動そのものに対しては何らかの方法での対処が求められる。

検査：知能検査・学力検査・神経心理学的検査

聡明な子どもが ADHD であるのか，それとも ADHD ではなくギフティッドの特性が現れているだけなのかを判断するうえで，個別式の知能検査，学力検査，神経心理学的検査は非常に有用だろう。個別に検査することで，専門家と子どもとのラポールが最大限に確立でき，子どもは検査で最大限の力を発揮できる。これは，アセスメントの過程で最も重要なポイントである。ギフティッド児はたいてい個別式検査の難しい問題に非常に夢中になって取り組む。対する ADHD 児は，難しい問題にフラストレーションを感じ，ラポールを形成できない。取り組みの様子が安定しないこと，結果に一貫性がないことが ADHD の基準となる。

　知能検査，学力検査，神経心理学的検査の結果の解釈には，特別な専門的訓練がかなり必要となる。全般的な IQ や学力検査の得点だけを考慮したのでは不十分である。また，WISC-V にあるような処理速度指標（processing speed index），ワーキングメモリ指標（working memory index）といった特定の尺度指標に注目して解釈しても十分とはいえない。精巧で綿密なアプローチが求められる。医療関係者らへの専門的な情報やガイドラインを巻末注に記す[14]。

人格検査

　綿密な検査を行う際に，カウンセラーや心理士は人格検査を用いて，ADHD 様の行動を引き起こしているかもしれない情緒的問題の可能性を調べることもある。DSM-5 や ICD-10 では，ADHD 様の行動を引き起こす可能性のある要因として不安や抑うつを検討すべきだとされているが，実際その可能性が調べられることは滅多にない。一方，人格検査を実施する際には，過興奮性（すなわち，繊細さや激しさ）のためにギフティッド児の反応には非常に感情が込められていることが多い点に，心理士は留意すべきである。たとえばロールシャッハ・テストや TAT のような投影法で

は，想定以上に想像的あるいは「思いもよらない反応」[15]を見せる一方，その反応の構成や構造的な部分は概して非常に優れている（Webb & Kleine, 1993）。ギフティッド者のこのような反応パターンや関連する注意点を知らない心理士は，そのような反応を病的なものと誤解する可能性がある。

　ギフティッド児の示した最初の反応だけではなく，なぜそのような反応を示したのかを調べることも重要である。たとえば，人格検査の結果「自傷行為を考えている」となったとき，その文脈を調べる必要がある。ギフティッド児に自殺願望があるとされた場合，適切な警戒が必要となる状況もある。一方，質問をさらに続けていくうちに「えっと，すごくイライラして，壁に思いっきり頭を打ちつけたいと思ったことはある？　私はあるわ。そのことを考えていたの。ちょうど今，ものすごくイライラしているのよ」と言い出したらどうだろうか。もちろん，フラストレーションに対処する必要はある。しかし，このケースでは自殺の可能性を警戒する必要はないだろう。

　どのような評価においても，親，祖父母，教師など，日頃多くの時間その子の世話をしている人々からの情報を，じっくりと時間をかけて収集することも重要である。そうすることで，その子の現在の様子を深く理解できるようになるばかりでなく，発育歴や病歴についても多くの情報を得ることができるだろう。

過集中と被刺激性

　ADHD 者が集中できるような状況は「過集中」とよばれる状態だとする専門家もいる（Hallowell & Ratey, 1994）。過集中は ADHD にみられることのある症状であり，特定の領域での並外れた集中状態のことを指す。過集中は，ADHD の子どもや成人の脳活動の測定により記録できる（Doyle, 2006; Schecklmann, Ehlis, Plichta, Romanos, Heine, Boreatti-Hummer, Jacob, & Fallgatter, 2008）。一方，ADHD ではないギフティッド児や成人ギフティッドにみられる没頭した生産性の高い集中状態は，Csikszentmihalyi（1990）の「フロー」ととらえることができる。複数の課題の間を行き来しなくてはならないときには過集中は弊害を生む。しかし，1つの課題に継続的に取り組み，詳細に深めていくレベルにまで高めることが求められるような状況では力を発揮する。その結果，ADHD やギフティッドネスに多くみられる他の特性と同様，過集中も欠点というよりはむしろ長所となる状況もある。

　ADHD 者の経験する過集中は，アクション映画，スポーツイベント，コンピュータゲームなど，刺激が強く変化の速い事柄のなかで起こる傾向が高い。ギフティッド児は，ADHD を伴っていても読書中に過集中を見せることが多い。ADHD 児の過集中には「保続」とよばれる要因がかかわっている可能性がある。これは，1つの課題か

ら他の課題へ移ることの困難を指す（Barkley, 1997; 2006）。保続は実行機能の障害で，現実的な社会的時間のなかで行動を変えたり調整する際に用いられる，環境からのフィードバックへ敏感に反応する力を維持できないことも含まれる。このような子どもは，1つの思考の枠組みから別の思考の枠組みへ，あるいは1つの課題から他の課題へと移ることに困難を示す。一般に学校では色々なものへ注意を向けなくてはならず，課題はすぐに楽しさを感じられるものではなく，努力を要するものが多い。ADHDは必ずしも注意の持続に問題があることを指すのではなく，むしろ，様々な課題，特に楽しいだけのものではなく努力を要する課題に対して適切に注意を払えるようコントロールする力に問題があるととらえられる。ギフティッド者が1つの課題から別の課題へとなかなか移ろうとしないのは，保続によるのではなく，強い興味関心による可能性が高い。

　最も重要なポイントとして，ギフティッド児（ときには成人ギフティッドでも）が何かに行き詰まった際，今の方法ではうまくいかないにもかかわらず，なかなかやめようとしないという特性がある。うまくいかなくても，以前うまくいかなかったことがあっても，またうまくいきそうにないような場合でも，黙々と挑戦し続ける。これを「過集中」と位置づけることもできるかもしれないが，ギフティッド児や成人ギフティッドの意志の固さに留意することが重要である。また，保続のように見える行動も衝突の現れという可能性もある。ADHDの特性として造り出された「過集中」という用語は，保続の医学的意味の示すものとは多少異なるように思われる。

　過集中に関連した状況に「被刺激性症状」がある。刺激がその子にとって十分な価値があり十分な報酬となるときには，それ以外の状況では集中できない子どもでもその刺激に引きつけられる。たいていの子どもにとって，テレビゲームは誘発性刺激である。テレビゲームの動きや変化はとても速く，子どもの注意を繰り返し引きつける。テレビも多くの子どもに同じことがいえる。子どもはニュース番組をあまり好まず，動きが速くカラフルなアニメやショーを好む。

　同様に，我々は，ADHDでもあるが何時間も読書のできるギフティッド児を多数診てきた。本をとても上手に流暢に読むことができ，本の情景をそっくりそのまま頭のなかで映像を見ているようになり，その刺激の虜状態になる。課題に脳への報酬作用があるときにはADHD児でも集中するが，それは集中すべきだから集中するのではなく，刺激の虜とされた集中状態といえる。ADHDは集中力や持続力がまったくないということを意味するのではない。課題に報酬作用があると，側坐核がドーパミンの刺激を受け，ADHD児でも注意を持続させることができる。ただし，この集中は主体的な集中ではなく受動的な集中であり，その刺激がその子の注意を引きつけてい

るのである。特定の限られた状況で集中できるからといってADHDの可能性を除外することはできない。

3節　ギフティッドの行動特性とADHDの行動特性の識別

　私は，娘のADHDの可能性から目を背けていました。娘が衝動的な行動をとったり癇癪を起したりしたときには，いつも，これは娘が非常に早熟で明敏であることの裏返しだと片づけてきました。アインシュタインのお母さんは育児に疲れ果てていたに違いない，ダ・ヴィンチの両親は息子の気分のむらに手を焼いていただろうと，自分に言い聞かせてきました。
　しかし，娘の自尊心が急激に落ち込んだとき，娘を助けなくてはいけないと真剣に考え始めました。娘にはセルフコントロールの力がなく，それが原因と思われるネガティブなセルフトークや怒りは，ときとともにエスカレートしていきました。娘がプロファウンドリー・ギフティッドなのは事実ですが，だからこそ，色々な点で自分が人とは異なるということを娘自身が感じ取り，それがさらに娘を苦しめているように思いました。
　薬物療法を始めようと決めたときには，悪い副作用のことが本当に心配でした。娘にこれ以上辛い思いをさせたくないと思いました。今では薬物療法の効果には本当に驚き，とても嬉しく思っています。娘のセルフコントロールの力が高まり，じっと座っていることができ，私たちと話ができるようになりました。以前は，娘の思考が速すぎて，娘自身が自分の考えていることをことばに表すことができないことがたびたびあったのです。そして何よりも，娘に急激に自信が溢れてきたことが一番の喜びです。

文脈や状況に応じて現れる行動特性

　ギフティッド児におけるADHDの正確な識別診断のために専門家がとるべき必須方法は，ギフティッド／タレンティッド児の特性とその子が身を置く状況の両方を吟味することである。ギフティッド児に生じる問題はある特定の状況のみにみられる傾向がある。それに対して，ADHDの診断のためには2つ以上の場面で問題による支障が生じている必要があると定義されているが，実際ADHD児にみられる問題はもっと広範囲でみられる傾向がある。
　ADHD児にみられギフティッド児には通常みられない特性として，ADHD児は課題の取り組み方にその都度ばらつきがある点があげられる。ADHD児のパフォーマンス（つまり，成績や作業など）の質，スピード，効率性には大きなばらつきがあり一貫性がない（Barkley, 1990; 2006）。ギフティッド児は，先生との関係が良好で知的に適度なやりがいのある課題であれば，一貫して課題に努力を見せ，よい成果を上げ

る。そして，みずから課した高い目標を達成しようと，強迫的ともいえるほどの努力を見せることすらある（激しさという特性の一面）。学校でADHD様の問題行動を見せるがADHDではないギフティッド児は，家や博物館，図書館，動物園などではそのような問題行動は見せないだろう。家では自分が本当にやりたいことができ，博物館などで目にする物には心から興味を抱くためである。問題行動が生じている文脈を吟味することが重要である。特に，才能のある子ども同士で活動する際に問題行動が極端に減るかどうかは重要なポイントとなる。

　ADHDの診断の際に気をつけて識別しなくてはならないものの1つに，1日のなかで特定の時間帯にのみADHD様の問題行動がみられるというものがある。この時間帯は，通常食事を摂ってからどのくらいの時間が経過したかに関係する。ADHD児では，午前後半と午後後半だけに問題行動が生じるということはない。第9章にあるように，ギフティッド児の脳は新しい情報を学ぶ際に，他の子どもの脳よりもずっと多くのグルコースを消費する。そして，脳内のグルコース量が減ると注意散漫になり，イライラし，反抗的になりやすい。このような問題行動が脳内のグルコースが減っているであろう時間帯にのみみられるようであれば，その子がADHDの可能性は非常に低くなる。

　子どもの行動を評価する際に考慮すべき環境要因がいくつかある。まず，新奇な環境ではADHD児もADHD様の行動を示さず，新奇性が失われたときに初めてその行動が出てくることがある。そのため，臨床診療では少なくとも2日は来診の日を設けることが望ましい。1回目の来診では問題行動がみられなかったり，新しい環境に興味を引きつけられているかもしれない。しかし，2回目，3回目となると，ADHD児は受診理由である不注意や衝動性を見せるようになるだろう。大半のADHD児は，受診の前や受診中に，じっとしているように親から注意されたり約束をしたり励まされたりしても，注意散漫で落ち着きがなくなる[16]。ただし，そのような短時間の行動観察がADHDの包括的な診断に取って代わることはできないことも重要なポイントである。子どもの行動には，簡単な行動観察では特定できない別の要因もかかわる可能性があるためである。

　第2に，行動アセスメントにあたり環境がどれだけ構造化されているのかに留意する必要がある。ADHD児では，たとえば，よりかっちりとした構造をもつハリソン先生のクラスでは問題がないが，構造が緩やかなオルテガ先生のクラスではうまく行動できないということがある。ADHD児には制限と秩序が必要である。彼らは通常，具体的な制限，時系列に沿った説明，短い課題，スモールステップに分けた課題に最もよい反応を示す。実際，ADHD児への対応として，1日をスケジュール化しルーチン

を増やすことで，子ども自身が自分の行動をコントロールできるようにする方法がある。ギフティッド児も先の見通しをもつことを好み，構造化された状況のほうがうまく行動できることがある。しかし，それはその秩序だった状況でも知的刺激が十分にあり，環境に柔軟性も兼ね備えられている場合に限られる。あまりにも融通の利かない秩序に対してギフティッド児は抵抗を示すためである。

ADHD児とギフティッド児の行動の識別に役立つ第3の観点として，課題への集中時間ではなく，課題からそれている時間がある。ADHD児はひとたび課題から注意をそがれると，その課題に戻るのに時間がかかり，その課題へ戻らない確率が定型発達の子どもよりも非常に高い（Aase & Sagvolden, 2006）。対するギフティッド児は，通常没頭していた課題であれば，いったん注意をそがれたとしても，それほど人から促されずともすぐにまたその課題に取り組み始める。しかし，興味のない課題の際には再び取り組もうとはしないこともある。このようなことからも，識別の過程で文脈や状況を吟味することが重要とわかるだろう。

ADHDとギフティッドの行動の識別に役立つ第4の観点は，親による観察である。親に，その子が不注意や衝動性の心配なく長時間静かにひとりで何らかの活動に取り組んでいられるかどうか尋ねてみるとよい。ADHDではないギフティッド児の親からは，即座に「ええ，この子は読書が本当に好きなんです。本を読んでいるときは岩のように微動だにしないんです。そのままにさせておくと何時間でも読んでいられます。周りで何が起こっていようと，まったく気にしません」という類の返事が返ってくるだろう。そのようなケースではADHDの可能性は低くなる。ただし，なかには，本のもつ報酬作用により，前述のような刺激の虜とされた行動としての集中力が発揮されているギフティッド児もいる。本以外にも，プラモデルやレゴ®などの複雑な作業からの刺激や本質的な報酬作用を受け，45分以上集中できていれば，ADHDの可能性は皆無とはいわずとも低くなる。

テレビ，ビデオ，テレビゲームなどの電子メディアには我が子も非常に集中できると，親が報告するケースがある。通常，これらの電子メディアは取り組みにほぼ努力を要さず，動きが速く常に変化し，ADHD児をも含めたあらゆる子どもの注意を常に引きつけるよう機能する（Bioulac, Arfi, & Bouvard, 2008; Borcherding et al., 1988; Douglas & Parry, 1994; Weiss, Baer, Allan, Saran, & Schibuk, 2011; Wigal et al., 1998）。脳は報酬を求めて活動する。そして，電子メディアを使った活動は刺激と報酬に溢れ，それが実行機能の欠陥よりも優位に働く。よって，電子メディアにかかわる集中時間が長くてもADHDの可能性が小さいとはいえない。

ギフティッド児におけるADHD診断の際には，上述の4つの観点（新奇性，構造

化の程度，課題からそれている時間，ひとり遊び）と食物摂取への反応が特に重要となる。要するに，ADHDではないギフティッド児は長時間集中することが難なくでき，特に興味のある課題には没頭して取り組む。対するADHD児は課題が何であれ長時間集中することが難しい。例外として，テレビ，テレビゲームなど，それ自体が脳の報酬となる活動や速く動く刺激には集中できる。ADHD児は何らかの誘発要因に従って行動し続ける――「脱抑制」状態にある――ためである。

ADHDのあるギフティッド児

　ギフティッド児のなかにもADHD児がいる。通常ギフティッドではないADHD児と同様に，彼らにも不注意や衝動性の問題が複数の状況でみられる。彼らは二重にエクセプショナルな子どもであり，ADHDの治療とギフティッドネスに対する教育支援が必要となる。ギフティッド児だからADHDではないと安易に判断すべきではない。にもかかわらず，成績のよいギフティッド児は友だち関係などに支障をきたす症状があったとしてもADHDにはなりえないと主張する者もいる。

　ADHDを伴うギフティッド児の診断と治療は難しい。環境が適度に構造化され，彼ら自身が十分に内発的に動機づけられている，あるいは十分に価値のある報酬が得られるような状況では見事な力を発揮するが，そうでないときは日常の単純な作業すらできないという事態が生じるためである。「以前はあんなに上手に本を読んでくれたじゃないの。どうして今は自分で読めないの？」これは，一般にADHD児に顕著な特徴とされる一貫性のなさを示しているが，ADHDを伴うギフティッド児にもみられるものである。

> 　ADHDとギフティッドという二重にエクセプショナルな診断を受けるということは，まったくもってのお手上げ状態を意味します。このような子どもに合う環境はどこにもないように思えます。14歳になる息子を通してこれまで経験してきたことは，概して息子の弱点（ADHD）ばかりが注目され，長所（ギフティッドネス）にはあまり注意が払われなかったということです。これは，息子が必要としていたこととは真逆の状況を意味します。息子が何か本当にやりがいを感じられるような状況ではADHDの症状は改善されます。しかし，息子がADHDであるがゆえに，そのようなやりがいのある環境が与えられないのです。
> 　息子が4年生のとき私立の小学校から公立の小学校へ転校した際に，息子には並外れた数学の力があることがわかりました。息子の抽象思考能力はきわめて高く，代数を学び始めました。ところが，計算テストを制限時間内に終えることができなかったために算数の飛び級が認められませんでした。
> 　やりがいに欠ける退屈な環境に身を置き退屈な課題に取り組むことは，息子にとってとてつもなく辛く苦しいことです。そして，「意欲がない」というレッテルを貼られるのです。

ADHDのある成人ギフティッド

　ADHDの症状が年齢とともに目立たなくなる一方，加齢とともにギフティッドネスとADHDの併存率が下がる保証はない（Olenchak, Jacobs, Hussain, Lee, & Gaa, 2016）ため，ADHDの特性があるかもしれないと思われるギフティッド者の診断はますます難しくなる。成人におけるADHDの未診断や誤診は感情面での不協和音の原因ともなり，問題はすべて自分のせいなのだと自身を追いつめるなど，QOL（クオリティ・オブ・ライフ）が悪化する。

　2009年，Antshelらは，高IQ・ADHD群（n＝64，平均年齢33.4歳）と高IQ・統制群（n＝53，平均年齢27.9歳）の比較調査を行った。IQが120以上の成人を被験者とした。その結果，高IQ・統制群よりも高IQ・ADHD群のほうが，うつ病，強迫症，全般不安症の診断を受けた人が多かった。全体として，高IQ・ADHD群の被験者における併存疾患や生活上の支障などの程度は，標準的なIQのADHD者にみられる程度（Arnold, Easteal, Rice, & Easteal, 2010）と同等だった。これらの結果から，高IQ成人におけるADHDの診断は妥当と考えられる。また，高IQ群においても，生活上の支障，関連する臨床症状，家族歴などの包括的なアセスメントにより，効果的な診断と介入が可能となることが示唆された。

薬物療法

　子どもにADHDの可能性があると言われ，親が小児科医へ受診に連れて行くとする。すると，小児科医はとても忙しく，「えーっと，よくわからないので，数週間リタリン® かアデロール®を試しに使って様子を観てみましょう。その効果をみてADHDかどうか判断しましょう」と言うことがある。これはよい方法とはいえない。リタリン®やデキセドリン®といった中枢神経刺激薬は，運動活動性や反応時間を減らし，認知テストの成績を上げる効果があるが，この効果はほぼすべての子どもにみられる（Rapoport et al., 1978）[17]。

　一般的に，医者は個々の患者に対して，平均して数分しか時間を割くことができない。さらに，ADHD児，特にADHDのギフティッド児を識別する時間も術ももち合わせていないのが普通である。彼らの診断は，親や教師からの子どもの行動に関する報告に頼る部分が大きい——大きすぎるかもしれない。大半の子どもが，リタリン®やアデロール®などの中枢神経刺激薬を少し服用すると，それまでよりずっと長時間課題に集中できるようになる。ギフティッド児がそのような薬物療法を施されると，通常ならば耐えられないような，自分に合わない教室環境にも耐えられるようになることもある。しかし，そのような薬物療法は問題を抑圧するだけで，学習環境をその

子に合うように変えて支援するような対処にはならない。その子に合うようにカリキュラムを先に進めることで，その子の注意力や興味関心が高まるケースがある（Rogers, 2002）。ギフティッドネスと ADHD を識別するうえでは，このように環境を変えてみることのほうが，薬物療法よりも有効だろう。ギフティッド児は，ADHD 児よりもずっと敏感に環境の変化に反応する。

> 息子がキンダーのとき，担任の先生から小児科で ADHD の検査を受けるように言われました。1年生のときに，担任の先生と私がそれぞれ所定の書式に記入した後，小児科の先生が，リタリン® を試して効果があるかどうか様子を見てみようと言いました。そして，2年生の秋にリタリン® を服用したところ，効果が出ました。担任の先生によると，注意力が改善し，衝動的に話したり椅子でくねくね身体を動かしたりすることが減ったとのことでした。ただ一方で，息子の感情はフラットになってしまい，特に創造性は著しく低下しました。
> 　4年生のときにギフティッド・スクールに転校しました。そのときは，まだリタリン®（またはコンサータ®）を服用していましたが，その後 3 か月で服用をやめました。息子が，薬は役に立たないし飲みたくないと言ったのです。ギフティッド・スクールでは，薬物療法をやめた後に息子の行動がどうなるのかを少し心配されました。しかし，適切なやりがいがあれば，息子の行動や注意は薬を服用しなくても改善されるということを，ほぼ全員が口をそろえて言ってくれました。
> 　ギフティッド・スクールの心理士が，息子の ADHD の診断が正しいかどうか疑わしいと考えてくださいました。別のギフティッド児専門の心理士によると，話を聞いた限りでは，息子は ADHD ではなく"際限のない知力"のもち主だろうとのことでした。そして，息子を診てくださっている心理士からも，"際限のない知力"での説明のほうがよく当てはまると思われるため ADHD の治療はしない，ADHD のラベルも一切用いないと言われました。薬物療法をやめてもうすぐ 3 年になろうとしています。息子は申しぶんなくやってこれており，これでよかったのだと家族皆とても喜んでいます。
> 　母親としては，ADHD ばかりに気をとられギフティッドネスに目を向けることのできなかった日々のことを，息子にとても申し訳なく思っています。

　成人では，集中力を高めるためにコーヒーを飲む人は多い。リタリン® やアデロール®，カフェインが同じような効能を示すため，子どもへの薬物療法を始める前にコーヒーを少し飲ませてみる親もいる。これもまたリタリン® の場合と同様，カフェインにどのように反応するかが ADHD 診断の判断材料になるわけではない。カフェインやリタリン® の効果持続時間は同程度だが，カフェインの効用の強さは中枢神経刺激薬に比べれば微々たるものである。カフェインが脳の活性レベルを上げる基本的な原理は，特定の神経伝達物質系を狙って働きかけるものではない。カフェイン分子が非特異的にアデノシン受容体に結合することで，神経伝達物質ドーパミンがより効果的に機能したり，副腎からのアドレナリンの分泌を促したり，長時間ノルエピネフ

リン受容体を減らしたりするのである[18]。カフェインとリタリン®は代用可能なものではない。的確な診断の結果薬物療法が必要とされた際は，どのような薬であろうと医師からの十分な説明・管理のもとに服用すべきである。

米国小児科学会によるADHDの治療ガイドラインでは，ウェルブトリン®*による治療もある。これは集中力を持続させる効果もある非定型抗うつ薬で，選択的セロトニン再取り込み阻害薬や選択的ノルエピネフリン再取り込み阻害薬である。ノルエピネフリン再取り込み抑制に伴いドーパミンの再取り込みも抑制され，結果的に中枢神経刺激薬と同様の効果を見せる。現在では，小児，成人ともに，この薬物療法の効用が実証されている。

ADHD治療用の非中枢神経刺激薬として，イーライリリー社のストラテラ®がある。これまでのところ，ADHDではないギフティッド児がストラテラ®にどのように反応するのかを検証した公式報告はない。事例報告のなかには，年齢の高い子どもや青年のほうが効果がみられることを示したものもある。しかし，概してギフティッド児に関する結果は一貫していない。ストラテラ®はプロドラッグとよばれ，不活性状態で取り込まれ，肝臓で酵素により活性化されて中枢神経刺激薬となる。

インチュニブ®やテネックス®（グアンファシン）は同じ種類で，それぞれ，24時間型，12時間型の薬である。非中枢神経刺激薬である中枢性アドレナリンα_2作動薬は，単独あるいは中枢神経刺激薬との併用で用いられる。ADHDを伴うギフティッド児の衝動性のコントロールや多動の抑制に有効とする事例報告がある。

デイトラーナ®はパッチ製剤の中枢神経刺激薬である。錠剤を飲めない繊細なギフティッド児向きである。アデロール®，フォカリン®，ビバンセ®，クィリバント®などの中枢神経刺激薬もあるが，これらは症状の軽減には効果を示すが，ADHDを治すわけではない。即効性の高いものもあれば長期間効果が持続するものもあり，半減期は薬により様々である。これらをはじめとするあらゆる薬は，専門家による適切な指示のもとに用いられるべきである。ここにあげた以外の薬は，当面ADHDの治療薬として米国食品医薬品局（FDA）に認められるかどうか定かではない。

ADHD児への補完代替医療（Complementary and Alternative Treatments: CAM），特に，特定の食物に敏感な子どもへの栄養療法などが徐々に普及されつつある[19]。食事療法では，人工着色料や添加物，砂糖，人工甘味料などを除去したり，高プロテインのものや複合糖質の食物を積極的に摂取したりする。ビタミンやミネラルの積極的な摂取もなされる。特に，マグネシウム，ビタミンB6，亜鉛，オメガ3やオメガ6

---

* ブプロピオンの米国での商品名。

などの必須脂肪酸，L-カルニチンを積極的に摂取する。これらの効果の検証結果は様々であるが，どういうわけかギフティッド児や成人ギフティッドは生理学的に特異体質の傾向が高く，CAM を選択肢の1つとすることも必要だろうと考えられる。「多くの ADHD 治療薬は，ごくまれに生じる有害事象，長期服薬の安全性や有効性の検証が想定されていない」ことを示した大規模な調査研究結果（Bourgeois, Jeong, & Mandl, 2014）を考えると，CAM を選択肢の1つとすることは特に重要だと思われる。

類似点と相違点

　ギフティッド児と ADHD 児は，いずれも学校環境下で問題がみられることがある。しかし，両者の違いの1つに，ADHD はほぼいかなる状況下でも問題が生じるという点がある。ギフティッド児も ADHD 児も，課題の遂行や提出にかかわり問題が生じることがある。ADHD 児では，気が散ってしまってできない，あるいはやるのを忘れてしまう，指示どおりに課題ができない，間違えてしまう，途中でやめてしまう，無くしてしまう，提出し忘れてしまうという事態が起こる。ギフティッド児では，課題を意図的に指示どおりの方法でやらなかったり，何らかの理由があり意図的に提出しなかったりというように，本人の意図的選択が絡んでいる傾向がある。たとえば，数学の問題が 20 問あれば，ギフティッド児は最初の 10 問はスキップしたがることもある。一方，ADHD 児は問題用紙をなくしたり，すぐには手ごたえの感じられない長い課題に取り組めなかったりする。ギフティッド児も ADHD 児も，与えられた課題に粘り強く取り組んだり最後までやり通すことが苦手なように見えるかもしれない。しかし，ADHD 児では，課題への粘り強さが乏しいという特性が状況によらず一貫している傾向がある。特に，手ごたえをすぐに感じることができないときや結果が曖昧な状態が続くときにその特性が現れる。

　ADHD 児は通常，自分がどのような場面で不注意になったり衝動的になったりするのかについて無自覚である。よって，自分がいつ問題行動を起こしているのかの自覚がない。そのために，自身の行動が原因で生じるべくして生じた結果や課せられた賞罰などに基づき，自分自身で問題を改善することはほぼ不可能である。その子自身が，自分がいつ不注意あるいは衝動的であるのかがわからなければ，行動に対して賞罰を与えたり，何度も言い聞かせたり話し合ったとしても，その子の行動改善はまったく望めない[20]。

　ギフティッド児はルールや慣習に疑問を抱くことが多い。特にルールが理にかなっていないときには疑問を抱く。対する ADHD 児は，ルールを憶えていないまま，あるいは考慮せずに意志決定したり，障害に伴う生得的な衝動性の高さのためにルール

や社会的慣習を考えることなしに行動したりすることが多い。ここでもまた，ギフティッド児の行動はより自覚的であることが多いのがわかる。

　ギフティッド児もADHD児も，仲間関係に問題を抱えやすい。ADHD児，特に不注意と多動性／衝動性の双方をもつADHD児では，より攻撃性が高い傾向（Barkley, 1997; 2006; Nijmeijer, Minderaa, Buitelaar, Mulligan, Hartman, & Hoekstra, 2008），あるいは友だちと協調できない傾向がある。これは人間関係に明らかにネガティブな影響を与える。ADHD児が仲間から拒絶される原因として，社会的な状況で再三にわたり「横柄な」態度を示すこと，仲間からはっきりと，あるいは微妙なニュアンスで発せられる「邪魔しないでほしい」という合図を読み取ることができないことがある。ギフティッド児も攻撃的と思われることがあるが，それは，議論を好んだり，人の間違いを正したり，ときには説教までしたりするためである。彼らの興味や話題は同年齢の仲間のものとはズレているために，拒絶されたりいじめられたりすることが多い（Peterson, 2006）。

相反・矛盾する特徴

　以下にあげる点が，知的能力の高い子どもにみられ，ADHDの診断とは相反・矛盾する行動である。あるいは少なくとも，ADHDの診断が的確かどうかに対する重大な問題提起となる。

- 問題は，公的な義務教育の開始とともに，また，公的教育環境下で生じる。
- 興味関心のある課題には熱中し，興味関心のない課題には取り組もうとしないという，本人の意図的選択がみてとれる。
- すぐに報酬を得ることができなくても，興味があり挑戦しがいのある課題に対しては，長期間強烈に集中して取り組むことができる。
- 興味関心のある課題に取り組んでいるときには，周囲で何が起きていようが気にならない。
- 課題に興味がもてないときには注意散漫になりやすいが，周囲の人を邪魔しようとはしない。
- 問いかけに対する応答が遅いが，その応答の内容はよく考えられており示唆に富んでいる。
- 課題（特にルーチン・ワーク）をやり遂げないときには，意図された理由がある。
- 出し抜けに口走ったりするときの回答は，たいてい正解である。
- 会話に口をはさむときは，たいてい人のミスを正すときである。
- 興味関心が同程度の課題であれば，1つの課題から別の課題へと注意を移すことが難なくできる。
- 注意力検査には問題なく，意欲さえあれば注意をすぐに移行できる。

●課題に取り組んでいる最中に注意を削がれても，すぐに課題に戻ることができる。

　以上の要因に加え，Sharon Lind（2002）は論文 "Before Referring Gifted Child for ADHD Evaluation" のなかで，ADHD かどうかを考えるうえでの 15 のチェックリストを記している。この 15 項目は，SENG のウェブサイト，www.sengifted.org. で公開されている[21]。この論文にあるように，教育環境やカリキュラムの調整を試みることなく ADHD の診断を下すのは，時期尚早であることが多い。的確な評価判断により，教育環境の改善や調整に向けて教育機関が動きだすこともある。何らかの評価を行っても，クラスアセスメントや教育計画，育児などに建設的な提案ができなければ，その評価は不十分だと考えるべきだ。綿密な評価と実際に有効な示唆こそが必要とされる。評価は綿密であってこそ意味をなし，提案されることは実際に役立つものでなければならない。

4節　まとめ

　ADHD は，メンタルヘルスの専門機関に子どもが連れてこられる理由として最も多いものの 1 つである。そして，成人の間でもその診断が広がりつつある。我々の臨床経験から主張するところは，ADHD と診断されたギフティド児の半数は，DSM-5 の診断基準を満たす支障がないということにある。他方，実際に ADHD のあるギフティド児や成人ギフティドは，知的能力の高さで支障を補ってしまうために，何年もの間 ADHD が見過ごされるケースもある。我々の臨床的見解の妥当性を実証する確固たる研究が必要とされる。現段階では，これらの問題はとても複雑な臨床ケースと考えられる。そして，これらのケースを適切に診断し対応するためには，ギフティッドネスと ADHD の双方に精通している臨床家による包括的な評価が必要である。ADHD の診断には，綿密で様々な可能性を吟味した評価，つまり，その人の認知能力，情緒，そして家庭や学校，職場環境を考慮した包括的な評価プロセスが求められる。

　これまでの ADHD 診断の慣習的なアプローチの仕方の多くは，ADHD の特性に類似したギフティドの特性を十分に考慮してこなかった。たいてい，専門家は親や教師による行動評価スケールを参照するだけである。個別式の知能検査，学力検査，神経心理学的検査を実施することで，より正確なアセスメントが可能となる。ADHD を伴うギフティドと ADHD ではないギフティドを見極めるうえで専門家が吟味

すべき事項は，主に以下の6つである。(1) ADHDの特性が，実際ほどのような状況下でもみられるのか？ (2) ほぼあらゆる状況で，その子の課題への取り組みの質に大きなムラがみられるのか？ (3) 新奇な状況かそうでないかで，その子の行動に大きな違いがみられるか？ (4) 構造的な状況であればあるほど，その子の行動は改善されるか？ (5) 注意をそがれたとき，元の課題にスムースに戻ることができるか，あるいは別の課題にスムースに注意を移行させることができるか？ (6) ひとりで静かに長時間何かに没頭できるか？

第4章

怒りの診断

1節　ギフティッド児と怒り

　大半のギフティッド児，特にハイリー・ギフティッド児は，幼い頃から強い自己感覚を有し，ことあるごとに大人と同等に扱われることを期待する。これが彼らの意志の強さと相まって問題を引き起こしたり，しばしば大人の意図や指示との間に対立を引き起こしたりするだろう。「一歩も譲らない」で，親，教師など人と言い争うことも珍しくない。カッとなって反抗することすらある。これまでも度々述べているように，ギフティッド児の激しさは彼らを彼らたらしめているもので，あらゆることと切り離すことがない。腹を立てるときには猛烈に腹を立てる。自分は正しいと主張するとき，または正しいと信じているとき，彼らは心からそう信じ，頑として力強く主張する。就学前のギフティッド児の親は，我が子の癇癪の激しさは他の子とは比べものにならないと言うことが多い。ギフティッド児の親の多くは，我が子の聡明さと意志の強さに驚き，心配し，混乱し，怯えてさえいる。教師はギフティッド児について，批判的で善悪に関して譲らず，信念を曲げようとしないうえに心が傷つきやすく繊細な子だと感じることがある（Webb, Gore, Amend, & DeVries, 2007）。

　多くのギフティッド児が感じている怒りを理解する助けとなることわざがある。それは「怒りの底に痛みあり」である。ギフティッド児の繊細さが激しさと重なると，強い苦痛，フラストレーション，怒りの感情となる。怒りは言語化されない苦痛が表現されたものであることが多い。むき出しの怒りは，特に男子には苦痛よりも受け入れやすい表現である。ギフティッド児が苦痛を表に出すと，からかわれたり泣き虫や

弱虫扱いされたり，さらには仲間外れにされることもある。

　ギフティッド児の大半が，多くの日々を地域の公立学校に通って過ごすが，公立学校の大半は，年齢別で費用効率のよい社会モデルに生徒を馴染ませることを重視している。また，通常これらの学校は学校といえどもむしろ反知性主義的で，順応性や一律性に重きを置いている（Cross, 2004; Hébert, 2010; Kerr & Cohn, 2001）。その結果，あいにく成績のよさ，卓越していること，創造力の豊かさよりも，順応すること，普通であること，調和することのほうが高く評価される（Webb, 2000b）。そして，成績の非常に高い子どもたちは阻まれる。この種の学校は，ギフティッド児にとってのまさに真のニーズである，探究し学ばずにはいられないという欲求を抑え込む[1]。

　独立的，創造的，拡散的思考をもつギフティッド児は，慣習にとらわれず，即興や斬新なやり方を好むため，特に親や教師との間に衝突（power struggles）が生じやすい。ものごとの詳細や細かな秩序を気にしない子どももいる。当然ながら，多くの教師や親はこの見方を理解せず，構造化された逐次的方法で考えさせ行動させようとする。それは，一昔前の教師が左利きの子どもたちに右手で書くように要求していたのと同じである。長期的な葛藤が引き起こされて終わることが多い。

> 　ジャマールは就園前からずっと並外れて利発で鉄の意志をもった子どもだった。9歳で妹が生まれると，さらに強情さを増していった。おもちゃを片づけるようにとか簡単なお手伝いをするように言うと，聞こえないふりをしたり，いい加減にやったりわざとゆっくりとやったりした。断固拒否することもあり，次第に反抗的になっていった。
> 　かかりつけの心理士は，ジャマールがすべきことをしたらカレンダーにシールを貼るトークン・エコノミー法を取り入れるよう，両親に提案した。すべきことができなかったときには，ジャマールの部屋から1つずつ物を取り上げることになった。数週間経ってもジャマールはシールを2つしかもらえなかった（しかもそれをすぐになくしていた）。そればかりか，彼の部屋からすべてのおもちゃ，本，ビデオゲームを撤去していたことに両親は気づき，愕然とした。しかし，彼の態度は相変わらずだった。
> 　心理士は，ジャマールが反抗挑発症であると判断し，両親がめげずにやり抜けば，この方法の効果が出るはずだと断言した。そして，両親にトークン・エコノミー法を続けるよう励まし，ジャマールの部屋から，椅子やサイドテーブル，ベッドフレーム，枕さえも取り上げ，床にマットレスだけが残るまで続けるよう勧めた。その心理士は，ジャマールが自分の持ち物を取り返そうとシールを獲得するようになると思い込んでいた。
> 　両親が新しいルールをジャマールに伝えたとき，ジャマールは反抗的に両親に言い返した。「ファシストのような養育スタイルに操られたり強制的に従わされる」つもりはないという信念に基づいて行動すると。
> 　ジャマールの両親は，より効果的で，かつジャマールとの関係を悪化させる可能性の低い養育方法や対策を支援してくれる別の心理士を探した。家族全員で協力していくうちにジャマールも協力的になり，すべきことをするようになるという望ましい結果が得られた。

親や教師がトークン・エコノミー法（適切な行動にシールや他の賞品を与えることで，報酬や罰とすること）で反抗行動をやめさせようとすることがある。それは，反抗行動がいかに犠牲の大きなものかを子どもに理解させるのに役立ち，大人に受け入れられやすい行動をとるように促すためのものである。トークン・エコノミー法は，非常に聡明な子どもたちにはあまり効果がないことが多い。彼らはトークン・エコノミー法を心理操作とみなしたり，報酬をすぐに得られないと劣等感をもつことがあるためである。また，この種の動機づけを試そうとすると，彼らの鋭い頭脳に真意を弄ばれ抜け穴を探させる結果を招く。ギフティッド児は猛烈に強固な意志をもつため，特に，そうする理由がほとんどないと考えた際は，周囲に合わせたりなどせず，衝突を引き起こしてでもみずからを貫き通すだろう。そして親は，トークン・エコノミー法では問題を解決するどころか，事態をますます悪化させると訴えることがある。

　トークン・エコノミー法がまったく効かないというのではない。トークン・エコノミー法は効果がある。ただし，子どもとの良好な関係性が維持されている必要がある。非常に繊細で激しい子どもの場合は特にそうだ。「もし○○なら△△する（if-then）」という約束ごとは，衝突の誘因となるだけでなく，望ましい目標にすぐに到達できず「失敗した」と子どもが思った場合，フラストレーションや劣等感をもたらしもする。「○○したときは△△する（when-then）」という取り決めはまだよいが，約束ごとやトークン・エコノミー法を用いる際には，繊細なギフティッド児の自尊感情へのネガティブな影響が最小限となるように，彼らと良好な関係を築くよう配慮しなければならない。

　苦痛の原因となるのは学校の統制や親との衝突だけではない。ギフティッド児，特に男児は，周囲とは違うためにいじめられることが多いことを示した研究がある。たとえば，Peterson（2006）は全国規模の研究により，8年生の全ギフティッド児の半数近くがいじめを経験し，11％が繰り返しいじめられる経験をしていたことを明らかにした。ギフティッド児や成人ギフティッドが，変わり者，変な人としてメディアで描かれることがたびたびあり，それが悪意や軽視につながることがある。実際，我々の社会は芸術や学問の探究に優れていることよりも，反知性主義に価値を置く傾向があるようだ（Allen, 2001; Delisle, 2014; Robinson, 2008; Schroeder-Davis, 1998, 1999）。繊細で激しい若者が深く傷つき，結果として怒りの感情を抱くのも至極当然のことではないだろうか。

　ギフティッド児や成人ギフティッドすべてではないが，その多くが怒りを抱えている。彼らは，自分が理解されず評価されない状況にいることを感じ取っている。そこは，彼らを彼らたらしめる特性が繰り返し批判されるところであり，他者が作った型

にはまるよう無理矢理変えさせようとするところである（Grobman, 2009; Kerr & Cohn, 2001; Webb, 2013）。ギフティッド児に「標準的な」生き方をさせようとか，「標準的な」育て方をしようとすることは，キリンを馬にしようとするようなもので，かかわるあらゆる人にとって苦痛な経験となる。ギフティッド児を長期間型にはめることは，膨大な精神的・感情的エネルギーを要し，最終的には不満で終わることになる。Kerr & Cohn（2001）は，これを「逸脱疲労（deviance fatigue）」とよんだ。人は周囲からの，異質だとか逸脱しているという視線に実に辟易するものである。その結果生じる苦痛が真の自己を抑圧し，抑うつを生み出し，それがときに怒りとなって表面化する。この状態は，その子のIQと仲間のIQとの差がより極端であればあるほど深刻になる。

多くの文化で「出る杭は打たれる」という現象がある。これは知的に優れた人たちを「こき下ろす」集団衝動である（Geake, 2000, 2004a; Geake & Gross, 2008）。異質だと知覚した他者を「やっつける」欲求は，未知なるものに対する恐れからくる。ギフティッドのコミュニティのなかでさえ，特別な教育的配慮を依頼する際，エリート主義なのではないかという懸念が生じることが多い。皮肉にも，ギフティッドのアスリートにとっては状況がまったく異なる。彼らは全国各地からリクルートされ，ギフティッドでない仲間と区別するために特別なユニフォームを与えられ，全国的に認められた人からその分野の個別指導やコーチを受け，他地域の早咲きのアスリートと公に競い合う。彼らは多くの修業規則の特例を受けたり，素行が悪くても寛大な措置を受けるのが一般的である。

一方，スペリング・ビー*のように，知的なギフティッド児の特別な才能を際立たせる大会では，矛盾したメッセージが含まれることが多い。能力は賞賛されるが，まるで物珍しいフリークショーであるかように笑いものにされ，からかわれる。高水準のパフォーマンスが「期待」されながらも，それができても称賛されず，できなければばかにされる。聡明な子どもたちは観察力が鋭く偽善に敏感であるため，大半の教育機関が運動競技のギフティッドを大切に育てるのに対し，学業面でのギフティッドを軽視していることに気づいている。この辛い状況が，苦痛や深い屈辱感を生むことが多い（Begin & Gagne, 1994; Kerr & Cohn, 2001）。

幸いなことに，抱えている怒りが激しいにもかかわらず，ギフティッド児や成人ギフティッドが暴力的になることは多くはない（Cross, 2004）。現在までにこの問題を扱った非公式な研究は存在するが，刊行されているものはほとんどない。Delisle

---

* 単語のつづりの正確さを競う大会。

(2015)は，2000年から2013年の間に起きた銃乱射事件を調査し，「学校記録の質は様々であるが，どの銃撃犯も若い頃に『聡明（bright）』から『ハイリー・ギフティド』の範囲にあると記録されている」ことを明らかにした。Kerr & Cohn は，受賞本 "*Smart Boys: Talent, Manhood, and the Search for Meaning*"（2001）のなかで，ギフティド男児が，知的探究または芸術的探究をやめ，代わりに運動指向の「ボーイ・コード（Boy Code）」に合わせなくてはならないようなプレッシャーを感じていることを示した。そして，"Gifted Sociopaths, Redeemable Rebels, and How to Tell the Difference（ギフティドの社会病質者，矯正可能な反逆児の見分け方）" と題した章のなかで，彼らのなかに湧き上がるであろう怒りを記した。そのなかで，「真に社会病質であるギフティド男児は現に存在する。しかし，ギフティド男児にみられる自己中心的，操作的，反逆的，攻撃的，自己破壊的な行動の多くは社会病質のように見えるだけで，それらの行動は実際は学習されたもので，取り除くことのできるものである」(p. 204)。また，「退屈，不公正な情報，嘲り，ギフティド男児の真の自己が受け入れられないことが原因となり，彼らを社会病質者のように振るまわせる可能性がある」(p. 224) と結論づけている。このような人は「擬似精神病質者」とよばれることもある。つまり，精神病質者の行動は現れるが，核となる精神病質的性質がない。常軌を逸した行動をこのように理解することで，ギフティド者が自己に働きかけ，自己救済できるのではないかという希望と，そのための手段が与えられるかもしれない。

　Grobman（2009）は「自己破壊的行動やアンダーアチーブメントの大きな原因となるのは，通常，親や学校，仕事，仲間についての葛藤や不安よりも，ギフティドネスの内的経験にまつわる葛藤や不安である」と述べている。多くのギフティド児は，内面の傷とその結果表に出る怒りが原因で医療関係者の診療を受けることになる。専門家がその傷を理解し適切に対処することで怒りがおさまることもある。ただし，表面的な行動だけを介入の対象とすると，その行動が改善する可能性はほぼ見込めない。むしろ，怒りを抱えたギフティド児は話を聞いてもらえているとは感じず，反発をよぶような不健全な方法で感情を表現し続けるだろう。

2節　怒りの診断

　本章では，DSM-5 の診断のうち怒りが鍵の要素となるものをまとめた。反抗挑発症，重篤気分調節症，間欠爆発症，素行障害，自己愛性パーソナリティ障害を取り上げる。

いずれの診断も，我々からすれば，ギフティッド児や成人ギフティッドに誤った適用がなされている状況が多くある。ICD-10 の診断カテゴリでは，反社会性パーソナリティ障害，自己愛性パーソナリティ障害，行為障害となり，行為障害はさらに家庭限局性行為障害，非社会化行為障害，社会化行為障害，反抗挑発症，その他の行為障害に分類される。DSM-5 に基づき，各々の障害に関連する行動特性と症状について簡単に論じた後，誤診断を引き起こすであろうギフティッド児や成人ギフティッドの行動との類似点や相違点を取り上げる。

> 12 歳のジェイソンは，注意欠如・多動症の疑いで心理士のもとに連れてこられた。両親は余談のなかで，ジェイソンは賢く，特に数学がよくできると思うと述べた。そして，ジェイソンが最終学期に宿題をしなくなったことに悩んでいた。教師は，ジェイソンが授業中不注意で，このところずっと怒っているように見えると言った。
> 　ジェイソンの両親は，典型的な数学の宿題が大きな数字の 5 に色を塗る類のもので，ジェイソンよりも 4 学年も下の子向けのレベルの低い宿題だと訴えた。検査の結果，ジェイソンの IQ は少なくとも 145 であることがわかり，心理士は学校での早修を提案した。学校側は納得せず，ジェイソンにギフティッドプログラムの資格を与えるためには，スタンフォード・ビネー知能検査のすべての数量的領域の検査を実施するようにと，心理士に依頼した。ジェイソンは数量的下位検査で 3 つの問題しか間違えなかった。彼の数的能力の IQ は低く見積もっても 167 で，それ以上かもしれないと評価された。ジェイソンが数字の 5 の色塗りに退屈しても当然ではないだろうか？
> 　ジェイソンに学校の課題をしないことについて尋ねると，「悪い子にはなりたくないけれど，与えられたレベルの低い課題は本当にやる気になれなかった」と泣きながら説明した。そして，自分が学校で毎日どんどん怒りを募らせていたことも，ようやく自覚できた。

3 節　反抗挑発症

ギフティッド児の受ける反抗挑発症（Oppositional Defiant Disorder: ODD）の誤診は，ADHD の誤診と同じくらい多い。ほぼ毎日複数の状況において怒りや深刻な衝突がみられることで，この診断名がつく。ICD-10 に記されているように，反抗挑発症は「きわめて挑戦的で不従順で挑発的な行動が存在することと，法や他人の権利を侵害する，より重大な反社会的あるいは攻撃的な行動が存在しないこと」と定義されている（ICD-10, p.270*）このような人には，求められたことと反対のことがした

---

* 融・中根・小見山・岡崎・大久保（監訳）(2005). ICD-10 精神および行動の障害—臨床記述と診断ガイドライン　医学書院　p.279

くなる衝動があることが多い。この種の行動は認知症の特徴としても解釈可能で，2歳児では正常である。そして，意志の固いギフティッド児ではそれほど珍しいことではない。

　今日の社会では，子どもたちの多くが怒りを抱え，青年期は特にそうである。確かに反抗的，挑発的な子どもであればだれもがギフティッド児であるわけではない。同様に，反抗的，挑発的な子どもたちのすべてがこの診断基準を満たすわけでもない。一方，多くの経験豊かな親や教師は，激しいギフティッド児との衝突にはいともたやすく巻き込まれ，その衝突に適切に対処しなければ，本当に反抗挑発症に発展する可能性があることを心得ている。当然ながら，教育機関や親が障害となる行動を引き出していたり，少なくともその一因となっていることがあるにもかかわらず，反抗的，挑発的であるとレッテルを貼られるのは，たいてい教育機関や親ではなく子どもである。

　DSM-5によると，反抗挑発症は通常8歳未満でみられ，青年期以降に発症することはまれである。反抗挑発性の症状は家庭で最初に現れることが多く，通常発症は数か月から数年にわたり段階的である。

ギフティッド児にみられる反抗

　聡明な子どもたちが様々な分野で一部の大人よりも知識があることは珍しいことではない。そして，ギフティッド児は大人によく議論で対抗し，とめどなく，そして猛烈に自分の意見を主張することがある。前述のとおり，ギフティッド児は対人関係上の判断力が知的能力よりも遅れていることが多いという点に留意すべきである。それに対して，実際の反抗挑発症者は相手に議論で対抗するというのではなく，期待または要求されたことと反対のことをしたいという衝動が強い。

　ギフティッド児は理想に深く傾倒しやすい。理想に及ばない相手，そして自分自身に激怒する。不公正さや敬意の欠如に対して反抗的な態度を向けることが多い。そして，道徳や倫理，疑問の余地のある慣習をめぐる社会的問題について議論する傾向がある。白か黒の思考をとり，その態度は無礼で尊大かもしれないが，頑固さの原動力は，自分が敬意を払い信念としていることに忠実であろうとする姿勢のことが多い。

　反抗的な子どもや青年は漠然と学校へ反抗する傾向がある。何に反抗しているのか尋ねると，「えーっと，何のためだっけ？」と考えているように見える。彼らは通常，難しいこと，不都合なこと，説明が必要なことを求められると尻込みする。ギフティッド者は挑発的で議論好きであるが，社会的に望ましい方法のほうが効果的だと感じるとすぐに自身の行動を修正することがある。この点に気づくことで，彼らと折

り合う接点が得られる。親，教師，カウンセラーは，可能な限り反抗的な態度を避け，巻き込まれないようにすべきである。相手にしてしまうと本来の問題は見失われ，彼らは取り乱し，衝突や次の反抗に進展するだろう。

　ギフティッド児は，共感を求めるとそれに応じることも多い。たとえば，知力を用いて人をけなしたりからかうことは，腕力で相手を身体的に傷つけることよりも受け入れがたいという意見に反応する。大半のギフティッド児の反抗や怒りの根底には，「だれも自分を理解してくれない」という感情がある。これが彼らの怒りの根源である。

　ギフティッド児は，社会や世界の不公正さに関心を向ける特性が強い。ただし，衝突相手には反抗しすぐにはこの心の内を見せないことがある。あいにく子どもであるため，直面した状況に効果的に対処するための洞察力や経験がないことも多い。我々大人が忍耐強く応じ，怒りや論争に振り回されなければ，余計な傷をつくることは避けられるだろう。ギフティッド者に，その状況をやり過ごしたり心配事と洞察力を統合できる「余裕」ができ，同時に彼らの体裁を保つことにもなるためである。

相反・矛盾する特徴

　以下にあげる点が，知的能力の高い子どもや成人にみられ，反抗挑発症の診断とは相反・矛盾する行動である。あるいは少なくとも，反抗挑発症の診断が的確かどうかに対する重大な問題提起となる。

- 挑発的な態度は1つの状況に限定されている（たとえば，学校，特定の1人の先生）。
- 大半の，またはすべての大人には反抗しない。
- 怒りの大半は，不公正さや理想主義の問題をめぐるものである。
- 大人と対等に議論し，機会が得られればそのテーマの専門家のように議論する。
- 人をイライラさせたり無視したりするが，それは本人の意図した行動ではない。そして／あるいは，それに気づいていない。
- 他者の感情を気遣う。
- 環境からの刺激（騒音，光など）に悩まされ，それが原因でネガティブな反応が引き起こされることが多い。
- 頻繁にいじめやからかいの標的になる。
- 繊細すぎ，理想主義が強すぎると批判されることが多い。

　ラヴィは10歳の男の子である。欲求不満や仲間からのからかい，またあるときには，夢中になってやっていることを邪魔されるなどがきっかけで，ことばが感情的に溢れ出して止まらなくなったことがある。その都度，彼は学校から家に帰され，外出禁止となり，爆発へ

の対処として「反省時間」が課せられてきた。自宅では，気の済むまで「木を棒で叩く」ように言われている。

　両親によると，しつけは比較的一貫している。しかし，いらだって叩いたり彼と向き合わないようにして対立を避けていることを，しぶしぶ認めてもいる。そして，普段のラヴィは礼儀正しく，学校以外では大人ととてもうまくやっていると訴えている。また，質問に答えるなかで，ラヴィが1年生のときに消しゴムや髪留めなどを盗んだエピソードを思い出している。

　ラヴィは，野球バットを片手にクラスメートを追い回したため，ついに学校を退学させられ，小児科医に紹介された。事件に関する彼の説明はとても詳細で，しかも整然と整理されていた。その話にはいくつかの出来事が含まれていたが，最後は「僕がお弁当を取りに行ったときに，彼女が僕を閉め出したから授業に遅れたんだ！」と怒りを爆発させた。彼には，動物に危害を加えたり殺害した経歴はない。現に彼は犬や猫が大好きで，日頃から野良犬を世話しようと家に連れ帰ってくる。放火をしたこともない。身体検査や脳波記録（EEG）には注目すべき所見はなく，薬物検査も陰性だった。

　ラヴィは地元の心理士に紹介された。この不機嫌な少年は，レゴ®のセットを与えられるとすぐに打ち解けた。それを組み立てながら，自分のしたことへの後悔を口にした。しかし，自分をコントロールできないと言った。友だちがいない，いつもからかわれたり"いたずら"をされている，それを無視しようとするができない，と話した。ずっとばかにされ，ひどい扱いを受け，学校のある日はずっと警戒していなければいけないと感じていた。スタンフォード・ビネーではIQが160で視空間得点が非常に高かった。ラヴィの行動の背景が検討されなければ，単純に反抗挑発症あるいは行為障害と誤診されただろう。心理士はラヴィの能力と洞察力とを理解し，より効果の期待できる治療的介入を行った。表面上の行動にだけ焦点を当てるのではなくラヴィのギフティッドネスに留意した介入を行うことで，ラヴィは理解されたと感じ，彼の面目も保ちながら行動改善，感情や衝動性のコントロールを支援できた。ラヴィのような子どもたちのなかには，実際，感情をコントロールするための治療が必要なケースがあるが同時に適切な治療的介入が不可欠で，それには，より適切な学校や仲間を見つけることも含まれる。

　中学校に上がり独立したギフティッドクラスに配属されると，ラヴィにも友だちができ，暴力行為は止んだ。

4節　重篤気分調節症

　重篤気分調節症（Disruptive Mood Dysregulation Disorder）は，DSM-5では抑うつ障害群の1つとしてあげられているが，我々は本章に位置づける。なぜなら，この診断に必須の核となる特徴は，頻回の癇癪発作に特徴づけられる慢性的で激しい持続的な易怒性だからである。状況やきっかけにはつり合わないほどに怒りが激しかっ

り長かったりする。ただ，これは，抑うつと怒りとの間の強い関係を考えれば当然だろう。火のないところに煙はたたぬという考えは正しいことが多い。それと同様に，抑うつのあるところには怒りがある。前述のように，ギフティッド児や成人ギフティッドが抑うつや怒りの感情を抱える原因となる問題は多くある。そして，彼らの繊細さと激しさにより，周囲からすると度を超しているように見える反応が引き起こされることがある。

重篤気分調節症の診断と相反・矛盾する行動は，基本的には反抗挑発症の場合と同じである。この気分障害で苦しむ人の治療の際には，表出された怒り行動の根底にある失望と抑うつに焦点を当てることが重要で，ギフティッド児に多くみられる判断力の発達の遅れにも留意すべきである。この非同期発達は長年実行機能スキルの低さに現れることがある。

5節　素行障害〔行為障害〕

DSM-5では素行障害（Conduct Disorder）を2つのタイプに分けている。10歳未満で発症する小児期発症型（Childhood Onset Type）は通常男児で多く，同世代集団の対人関係の障害があり，他者への身体的攻撃を示す。すでに反抗挑発症やADHDの診断を受けていることもある。

青年期発症型（Adolescent Onset Type）は，攻撃的行動はあまり示さず，同世代集団での対人関係の問題は少ない傾向があり，予後がよいことが多い。他の青年と一緒のときに素行障害の行動を示しやすい。

素行障害は，もともと反抗挑発症である人の怒りが強くなること，また，怒りのコントロールが弱くなることで現れることが多い。反抗挑発症は，正常な行動の延長としてよりも，素行障害の軽症として理解したほうがわかりやすい（Christophersen & Mortweet, 2001）。素行障害を引き起こす怒りは，長年にわたる耐えがたい欲求不満と理解不足によって強固につくり出された感情である。素行障害者は通常，自分の行為の結果相手がどのような気持ちになるかということへの配慮や共感がほとんどない。罰せられることを避けようとするとき以外に罪責感や後悔を感じることがない可能性がある。

幼少の子どもでは，素行障害は反抗挑発症にみられる問題を含むが，加えて，他の子どもや動物に対する残虐行為がみられる。弱い対象は彼らの虐待の格好のターゲットとなる。この段階がさらに進むと，素行障害児は他者の権利を犯すようになる（窃

盗，他者をだます，人への攻撃，器物損壊，成人期前期ではデート相手への性行為の強要など）。このような子どもたちは，窃盗や強盗といった「大人」の犯罪――一般には青年の3～9％しか報告されていない（INSERM, 2005）――をいとわないことが多い。

たとえば，ずる休みのような行為はある種とてもありふれており，彼らにとっては大した意味をもたない。大半の子どもたちが一度は授業をさぼったことがある。通常の不良行為と反抗挑発症や素行障害とを区別するのは行動のパターンである。反抗行動は素行障害の一側面の場合もある。ただし，破壊行動がない限り素行障害の診断基準は満たさない。

素行障害の子どもたちの多くは，厳しく一貫性のない罰や，対人不信や反社会的行動の可能性を高めるようなしつけスタイルのもとに育った生育歴がある。DSM-5にある素行障害の2つのタイプ（小児期発症型と青年期発症型）は，さらに，軽度（嘘をつくこと，怠学，許可なく夜遅くまで外にいる），中等度（窃盗，器物破損），重度（身体的に残酷な行為，不法侵入，強制的な性行為）に分類される。学校や会社のコンピュータへのハッキングやウェブ上へのウィルスの拡散は，ギフティッドの若者の怒りと特に関連する素行障害の2つの例である。

反抗挑発症や素行障害のいずれにおいても，カンニングが問題とされないことには留意すべきだろう。おそらくそれは通常のギフティッド児や青年ギフティッドの間ですら行われ，一般に広くまん延しているためである。学校でうまくやっている生徒ですら，その80～90％が高校を卒業するまでに少なくとも1回はカンニングをしたことがあると認めているという報告がある（Maupin, 2014）。

相反・矛盾する特徴

知的能力の高い子どもにみられる特性で，素行障害の診断基準とは相反・矛盾する行動，少なくとも素行障害の診断が的確かという点において重大な問題提起となるであろう行動を以下に記す。

- 仲間や大人をことばで圧倒するが脅迫はしない。
- 故意に壊す物は，人の所有物ではなく自分の所有物（特に自分の作品）である。その理由もまた，他者ではなく自身に対する欲求不満による。
- 他の人にとってほとんど価値のないものを盗む。
- 積極的あるいは消極的に学校を避ける際には理由がある。
- 不快な状況を避けようとしてうまく立ち回る。
- 学校の「グループ」プロジェクトの時間には，グループがよりよい結果を得られるよ

うに人を動かす。
- 同年齢の仲間に人気がない。
- 動物好きである。
- 喧嘩をするのは挑発されたときだけである。
- いじめやからかいの的になることが多い。
- 人への共感を示し，自分が人の痛みの原因となったときには深い後悔を表す。

「擬似精神病質者」に関連しても述べたように，ギフティッド児は「擬似素行障害」を示すこともある。つまり，障害を特徴づける行動を示すかもしれないが，実際の素行障害者にみられるような人格気質があるわけではない。素行障害者と擬似素行障害を示す人とを識別するうえでの一番の違いは，擬似素行障害者が不適切な行動をとるのは自己防衛のためだという点にある。条件さえそろえば，擬似素行障害者は，はるかに気持ちが通じ合う。

上記のような行動がみられる場合は，それが擬似素行障害からくるものであろうと実際の素行障害によるものであろうと，ギフティッド児にみられる単純な反応であろうと，より肯定的な人との関係を促すための何らかの対処が求められる。上記のような行動を示すギフティッド児は，臨床上さらに深刻な事態に進むのを防ぐ目的での治療が望まれる。ギフティッドネスとして理解できる行動もあるが，だからといって，周囲にネガティブな影響を与える行為が許されるわけではない。

6節　間欠爆発症

DSM-5によると，間欠爆発症（Intermittent Explosive Disorder）は一般に青年期後期から40歳までの間に発症する。にもかかわらず，ギフティッド児がこの診断を受ける事態が生じている。ICD-10ではこの診断カテゴリは使用されていない。

相反・矛盾する特徴

以下にあげる点が，知的能力の高い子どもにみられ，間欠爆発症の診断とは相反・矛盾する行動である。あるいは少なくとも，間欠爆発症の診断が的確かどうかに対する重大な問題提起となる。

- 14歳未満である。
- 肯定的感情を含むあらゆる種類の激しい感情の経験がある。

- エピソードが起きたのと同じ状況では，疎外感の持続や明らかな挑発，欲求不満がみられる。
- 状況によらず，強い理想主義的正義感がある。これは怒りのエピソードを誘発していない状況にもあてはまる。
- 感情の爆発は意味ある結果を引き起こそうとしての操作的な試みである。
- 怒りは他者や理想を守るために生じる。
- 暴力的な爆発が起こるべくして起きたと考えられるような一連の出来事がある。
- 睡眠遮断や睡眠時無呼吸が続いている。
- 激怒したエピソードを詳細に覚えている。適切な機会が与えられると，論理的に怒りの原因を説明できる（たとえば，エピソードの最中やエピソード直後ではない時と場所で）。

14歳未満の子どもがやや衝動的だったり，愚かな選択をしたり，怒りを調整するのに多少困難がみられるのは普通である。それゆえ，たとえば軍隊への入隊のように，意思決定の過ちから取り返しがつかなくなることのないよう，我々大人が彼らを守ったりもする。同様に，将来の選択に影響を与えうる診断に慎重にもなるべきだ。

実際に怒りの障害のある子どもはいるが，単独で生じることは滅多にない。通常，実際の怒りの障害は明らかな発達的遅れ，出生前の薬物や有害物質への曝露，外傷性脳損傷，その他の神経性異常と関連している。いかなる衝動制御障害の診断も非常に慎重にすべきであり，アセスメントと，可能な限り小児神経科医による診察も含めるべきである。

7節　自己愛性パーソナリティ障害

自己愛は2つの形をとる。つまり良性（benign）自己愛と悪性（malignant）自己愛である（Kernberg, 1993）[2]。良性自己愛は正常な発達特性ととらえることが重要である。乳児期の自己愛は，人が成長・成熟するにつれて，共感や，ひいては無私性に変わる。ただし，青年期の数年は自己愛性の特徴を示す時期となることが多い。それゆえ，この診断はどの幼児にも適用すべきでない。この発達課題の成長速度や成長幅は個々様々である。ギフティッド児の非同期発達ゆえに自己愛の時期が加速的に過ぎ去るような子どももいれば，共感と無私性の発達がゆっくりな子どももいる。一方，我々は，ギフティッド児の思考が壮大で広大であり，環境がいかに自身を必要としているのかに注目しているという意味で「プライドが高い」傾向があるととらえてきた。さらに，ギフティッド児の判断力は知的能力より未発達なため，周囲に影響を与えう

る自身の行動の否定的な結果を想定しない傾向がある。

　自己愛性パーソナリティ障害を前述の怒りの診断と同カテゴリに分類することに違和感を覚えるかもしれない。ただ，自己愛性パーソナリティ障害者には，自身についての軽蔑的で傲慢な態度があり，それが慢性的な怒りに現れているように思われる。そして，異議を呈されると激昂する[3]。自己愛性パーソナリティ障害の診断を下されるギフティッド児はきわめてまれだが，成人ギフティッドには比較的多く出会ってきた。

　我々が傲慢なギフティッド児や成人ギフティッドに会ったことがないというのではない。実際出会っている。しかし，自己愛性は重篤な精神疾患であり，自己陶酔や傲慢よりも桁違いな社会的支障をもたらす。我々が強調したい点は，ギフティッド者に対するその診断が正しくない可能性があるということである。なぜなら，彼らの自己愛的で自己中心的な特徴により引き起こされる支障は非常に限定的で，実際，ギフティッド者がその並外れて高度な能力やスキルを伸ばすうえで，また，遭遇した耐えがたい状況に対処するうえで，それはむしろ必要不可欠かもしれないからだ。先駆的なコンピュータ界の変革者であるスティーブ・ジョブズやビル・ゲイツのような人々にみられる自信過剰ともいえる姿を思い浮かべてほしい。心臓を止めて患者の命をリスクにさらす心臓外科医を想像してほしい。彼らの目標を達成するためには，極度の自信，さらには傲慢さですら必要なことがある。その過程では多くの人々やものごとを無視しなくてはならない。おそらく長期的な成功を目指すなかでは，その時々に彼らがとる行動が周囲に与える影響について，いちいち考えていられないだろう。このようなギフティッド者の根底にある，自分は優れているという信念には知的な領域でという基準がある。この考え方は「健全な自己愛（healthy narcissism）」とよばれることもある。すなわち，とりわけ難しい課題を達成できるという信念をもちつつも，容赦なく他者を利用したり人の面目をつぶしたりすることがない[4]。

　DSM-5では，「多くの非常に成功した人々が，自己愛性とみなされるかもしれないようなパーソナリティを示すことがある。それらの特性が柔軟性を欠き，不適応的で，持続的であり，そして，著しい支障または主観的苦痛を引き起こしている場合に限って，自己愛性パーソナリティ障害であるといえる」（p. 672[*]）と記されている。

　自己愛性パーソナリティ障害者は，DSM-5（p. 466[**]）に記載されているような特徴を示すが，彼らの傲慢な自己評価を共有できる人は滅多にいない。彼らは，将来の成功と，それに伴う賞賛や利益をあれこれ考えるのに多くの時間を費やす傾向がある。

---
[*] 日本精神神経学会（監修）(2014). DSM-5 精神疾患の診断・統計マニュアル　医学書院　p. 664
[**] 日本精神神経学会（監修）(2014). DSM-5 精神疾患の診断・統計マニュアル　医学書院　p. 661

そして，自分のなかで，自身を著名人や成功者と同等に位置づけている。このような人々は，自分が優秀で特別でユニークだと心から信じており，自分のように特別なあるいは地位の高い人々や，自分の尊大さを評価してくれる人たちだけが自分を理解しうる（または自分と関係をもつべきだ）と心から信じている。彼らの誇大自己の支えとならない人に対する共感性や配慮はほぼない。

　ただし，このような人々が過剰な賞賛を求めることの根底にある自尊心は，大概，非常に脆弱だ。そして，批判や失敗に傷つきやすく，屈辱感，劣等感，虚しさ，空虚さが残ることが多い。ギフティッド者も，大した努力もせずに得られる結果に対して賞賛を受け続けると，自尊心が脆くなりやすい。やりがいに欠け望ましい努力の習慣を身につけることのできない状況では，虚勢が育まれる。成功のために努力が必要となったときに，この錯覚はすぐに壊れ，挫折感に取って代わられる。挫折感（自己愛の傷つき）の多くは激昂となって表出し，本来は非常に低い自尊心や自我を守ろうとする。家族，仲間，組織を責めるというように，外部に責任が投影されることが多い。

　この悪性の自己愛は，もろい性格として特徴づけられ，ほんのわずかな刺激で度を越した感情の爆発および／または暴力となりかねない。自己愛性パーソナリティ障害は通常児童期のかなり初期に始まり，時間をかけて進行し，どのような専門家が介入してもその特性はあまり変わらない。

ギフティッドネスの自己愛

　前述のように，自己愛は多くの健全なギフティッド者の基本的な特性要素でもある。自分の考え，発明，リーダーシップなどが世界に影響を与えるものとなるとき，人は自分自身を信じなくてはならない。これが健全な自己愛である。世界に変化をもたらすほどの才能を伸ばすには相当の時間と努力を要し，才能を伸ばすことに専念しなければならない。ときには一心にそうする必要がある。広いビジョンをもって大きなプロジェクトを成し遂げるには，多くの場合，自分自身を強く信じること，そして，他の責務や人々には目もくれないほどの集中力が求められる。Lubinski & Benbow（2000）は，ある分野に大きな影響を与えたり，「ある分野の限界を広げる」ための特別な才能を伸ばすには，1週間に70時間の努力を10年間続けることが必要条件だと述べている（p.144）。Malcolm Gladwell（2008）は，Anders Ericssonら（Ericsson, Krampe, & Tesch-Römer, 1993）の研究をふまえ，高い認知機能が要求される分野でエキスパートになるためには10,000時間必要だとしている。膨大な努力なしにはその分野での成功はほぼありえず，その間，絶えず努力と自信が要求される。周囲には目もくれず，非常に自己中心的にも見えるほどにひたむきで並外れた専心が要求され

る。

　本の執筆，補助金申請，建物や景観のデザイン，芸術作品の創作，外科手術の経験があればだれしもが，その目標実現のためにどれほどの時間と自己を信じる力が必要かを理解できるだろう。注意を集中させること，少なくともある一定期間は選択的に周囲のものごとや人に関心を向けない力を必要とする。Lubinski & Benbow（2001）が述べているように，「真の卓越には代償が伴う……［そして］仲間や家族との親密さが損なわれるはずで――とても難しい選択である」(p.77)。しばらくの間は我慢していた周囲も，ギフティッド者のことを過度に自己陶酔的で自己愛的だとすら思い始めることが多い。たとえば，自己愛的だと思われている外科医は多い。しかし，人間を手術し，その間起こりうるいかなる危険にもうまく対応できると信じるためには，どれほどの自信が求められるかを考えてほしい。外科医のずば抜けた自信は傲慢と曲解されることが多い。たいてい，我々はこの曲解に基づき，彼らが本当に傲慢であるかのように扱う。そして，彼らには，このようなまったくの誤解を変える術がない。

> 　ある外科医は，自身の子ども時代のことを次のように話した。父親の精肉店で色々な動物の部位を解剖したものだった。そして，生物学や身体の機能に心を奪われた。感情を爆発させることが多く人に無関心に見えたため，非常に誤解されることが多かった。家族は，彼の並々ならぬ自己中心性や生物に対する一心不乱の関心を心配した。それでも学校では優秀な生徒で，数人いた親友はみな成績優秀だった。
> 　それから数年後，医大に通っている頃，この優秀な生徒は帰省中に飼い猫の去勢手術をしようと決めた。手術は成功すると宣言した。ところが，ほどなく猫は死んだ。彼はみじめな気持ちで医大に戻り，一層の努力をして手術を学んだ。現在，彼は名高い外科医であり，感謝の念をもってこのときのみじめさを振り返っている。そのことがあってこそ大切なことを学ぶことができたからだ。
> 　最近，彼は多少の夫婦間不和の問題を抱えている。妻は，最初は彼の才能や功績に惹かれていたが，今では自分がなおざりにされていると感じている。彼女は，そして子どもたちも，もっと自分たちに目を向けてほしいと思っている。一方，夫が新しい手術法を開発することで，無数の人の命が救われていることも理解している。そして，休暇中はとても思いやりと理解のある夫だとも感じている。夫を自己愛的だと思うこともあるが，自分の技術に誇りと自信をもった思いやりのある人だと感じることもある。

　自己愛性との関連は明確ではないが，大きなプロジェクトを始めることと自己専念との関係を記している書がいくつかある。"Cradles of Eminence: The Childhoods of More than 700 Eminent Men and Women"（Goertzel, Goetzel, Goetzel, & Hansen, 2004）には，卓越した人々がいかに1つのことにひたむきであるか，全身全霊を尽くして集中しているか，その一方で人との関係にいかに大きな犠牲が払われることが多

いかが描かれている。"Smart Boys: Talent, Manhood, and the Search for Meaning"（Kerr & Cohn, 2001）や，"Smart Girls in the 21th Century: Understanding Talented Girls and Women"（Kerr & Mckay, 2014）では，いずれも聡明で激しく理想主義な男性や女性が葛藤しながら自身の才能を伸ばすなかで，己の内側を注視する様子が描かれている。Plucker & Levy（2001）はこの問題について以下のように明確にまとめている。「こうした犠牲は生易しいものではない。関係の維持，家庭をもつこと，望ましいクオリティ・オブ・ライフの維持にかかわる問題の場合は特に難しい。我々はみな，人が猛烈に働いたり才能を伸ばしていく際に岐路に立たされることは滅多にないと考えがちであるが，その実はまったく異なる」（p.76）。

確かに，ギフティッドであってもそうでなくても，病的な自己愛性者のなかには，恥や妬みの感覚，基本的な権利意識に支配されているように見え，それらが根底にある不全感を覆っている人がいる。病的な自己愛は通常，尊大さが内的な空虚感の代償となり，覆っている（McWilliams, 1994）。このような自己愛性者にとって，現実的かつ価値のある目標は周囲から名声を得ることに取って代わられる。自分に適しているかどうかは関係なく，学校で一番偉くいたい，「一番の」車を運転したいなどのように考える。自己愛性者は，それ以外を二元的に低く評価する傾向がある。「一番」かそれ以外（「一番でない」）かである。「一番でない」結果は耐えがたいものとなる点で完璧主義者と似ている。そのため，強い情熱に突き動かされたギフティッドの完璧主義者は自己愛的に見える可能性があり，ギフティッドネスと自己愛性の2つの特性がさらに一体化する。ただし，自己愛性者にとっては，ものごとが実際どうであるかよりもどのように見えるかが重要となるが，ギフティッド者の関心は現実にあり，周囲や将来に与える影響にも向けられる。

（病的でない）ギフティッドネスの自己愛性者は，たいてい能力や才能を伸ばそうと努力する。その能力や才能は自身が認識しているものであり，他者の評価は関係ない。内的そしておそらく生得的で，しばしば理想主義的（ときには非現実的）な活力に突き動かされ，全身全霊をかけて自己実現に向け努力する（Daniels & Piechowski, 2008; Lovecky, 1986）。ギフティッド者は，他者から高評価を得たり自身の地位を高める可能性が最も高い解決方法を探すのではなく，自身のニーズや状況のニーズに合った予想外の解決策を探し求めることが多い。自己愛性者は，機能性や成果そのものよりも自分の地位を高めるものを選ぶだろう。一途なギフティッド者は自身がもっているものを表現するために闘い，対する自己愛性パーソナリティ障害者は劣等感や自身の考える欠点を隠すために闘う。

家庭が不適切な自己愛を育てることがある。そのような家庭では，子どもの才能や

興味関心がほぼ考慮されないまま，名声の高い職業に就くことが子どもに期待されている。ある若者の話を例にあげよう。その少年が7歳のとき，医者，なかでも神経外科医か心臓専門医になるように言われた。実際，彼の兄が他界して以来，「ダブルドクター」になるために2つの研修医期間をやり遂げるという家族からの期待を背負わされた。それは家族の喪失感を埋めるための期待だった。あいにくその期待とは裏腹に，家庭内に非常に優秀な心理士をもつという不名誉な現実を，その家族が甘んじて受け入れることはなかった。親として我々がすべきことは，自分の子どもがどのような人間なのかを理解し，子ども自身がみずからの進むべき道を見つけるのを支えることである。

ギフティッドの子どもの「特別さ」を強調する家族があるが，これはプレッシャーと自己愛性の両方を生み出す可能性がある。たとえば，自分の子どもがものすごい偉業を成し遂げるために地球に舞い降りてきた「インディゴチルドレン」だと称賛するような親は，幼い子どもの理解をはるかに超えた期待を抱いていることがある。その子が宇宙の中の自分の特別な場所を「理解」したり「受け入れ」たりすると，自分を「人より優れている」とか，自分は習慣や規則に従う必要がないと思うようになることがある。そして，人の注意を引くような初期行動を見せはじめ，自己愛性の芽を育てることにつながるだろう。

自己愛性パーソナリティ障害者は，他人の分まで台本を準備しているように見えることがよくある。そして，人々がその台本に沿って振る舞わなかったとき，不当に反応する。彼らにとって，他者のニーズや願いはまったくどうでもよいことである。ギフティッド児や成人ギフティッドのパターンはこれとは異なる。彼らは通常自身の考えにみずからが従わなければならないと感じている。周囲を「ワンマンショー」のサポートスタッフにさせようとはしない。

ギフティッド児に怖気づいている親は，行動に十分な制限を与えていないことがある。このような場合，子どもは自己愛性パーソナリティ障害の行動や態度を示すことがあり，家族とともに発達させてきたパーソナリティに陥る。そして，努力で成功するのは非常に難しいと感じるようになることがある。この思考と行動のパターンから抜け出すのはとても難しいだろう。

当然だが，軽蔑的な批判を受けたり功績に敬意が払われなかったとき，大半の人は，専門家の間で「自己愛的傷つき」とよばれる自己愛性の行動を示す。自分に高い期待をもつ者，とりわけ完璧主義者のような高い基準をもつ者は傷つきやすい。「自己愛性でない人であっても，アイデンティティや自信が損なわれている状況では，傲慢で人を見下しているように見えたり，あるいは口先だけの理想主義者のように見えるだ

ろう。医大や心理療法の訓練プログラムは，それ以外の面ではうまくやれている自律した大人である学生を取り込み，彼らを無能な子どものように感じさせることで有名である。自慢，独断的な主張，超批判的な論評，指導者の理想化といった補償行動は，このような状況下で起こりうる」(McWilliams, 1994, p. 185)。困難な状況がもとで生じるこのような行動は，現在の状況および生育歴を注意深く見ていくことで，自己愛性パーソナリティ障害と区別できる。このような問題行動が他の場面では繰り返しみられない場合や，環境の変化と関連して比較的新たに生じたもののとき，自己愛性パーソナリティ障害の診断は適切ではない。

相反・矛盾する特徴

以下にあげる点が，知的能力の高い子どもや成人にみられ，自己愛性パーソナリティ障害の診断とは相反・矛盾する行動である。あるいは少なくとも，自己愛性パーソナリティ障害の診断が的確かどうかに対する重大な問題提起となる。

- 1つあるいは複数の領域で，実際にずば抜けて有能である。
- 過度の専心や他者に無関心であることは，優れた領域の課題に没頭しているときにだけ（または多くがそのときに）生じる。
- たまたま不注意でできなかったことには寛容で，子どもでは他者の誠実な努力に寛大である。
- 他者への共感や同情を示し，自身の功績に謙虚になれる。
- 名声を求めるのでなく，独自の好みを主張しているようだ。
- ある特定の場面では自己愛性の行動を示すが，他では示さない。
- 自己愛性の行動は比較的最近生じたものである。
- 肯定的かつ現実的な自尊心があり，自分の能力に心から自信をもっている。
- 自己愛性パーソナリティ障害の一因となる，早期のアタッチメントのトラウマを示す証拠がない。

8節　まとめ

家庭で理解されないときや教育的配慮がなされないとき，ギフティッド児の激しさや繊細さからフラストレーションが生じることがある。ギフティッド児，特にハイリー・ギフティッド児の場合，彼らはたいてい少数派グループ（30人のクラス中1人）であり，その行動特性は理解されず，批判されることすらある。大人であっても，家庭や職場での努力が理解されないときや，本来の能力が否定，過小評価，邪魔され

るとき，同様の怒りを示すことがある。精神的に安定した子どもを育てたり，良好な夫婦関係や仲間関係，職場での人間関係を構築するためには，その関係性が最も重要だということを忘れないでほしい。あらゆる生得的な突飛さも含めてギフティッド者を受容することで，相互理解やポジティブな関係性が促されるだろう。親や医療関係者は，ギフティッド児からの挑発に乗らないよう注意し，緊張関係にしかならない怒りの衝突には巻き込まれないようにすべきである。闘うのではなく流れに合わせるというモットーをもつことで，骨の折れるやりとりを避けられるだろう。

ここに記した怒りの診断は，メンタルヘルスの領域では非常に重大な問題とされており，軽く扱うべきではない。ギフティッドネスに詳しい専門家から能力の評価を受けることで，誤診の烙印が押されるのを避けられるだろう。熟達した評価と適切な治療により，ギフティッドネスと関連しているであろう怒りや反抗に対処し，それらを大幅に軽減できる。ギフティッド者のニーズに応じた教育機会を提供すると共に，受容と理解に基づく肯定的な人間関係を育むことで，激しいギフティッド児のフラストレーションや怒りは最小限に抑えられるだろう。

第5章

観念性疾患・不安症群

　不安や心配，観念的思考——人の精神のなかにある理知的な部分——を軸とする障害は，ギフティッド児や成人ギフティッドで実際に発症するケースも多いが，彼らが誤診されることも多い障害群である。自分自身についての不安を反芻するような人において，全般性不安症（Generalized Anxiety Disorder），強迫症（Obsessive-Compulsive Disorder），強迫性パーソナリティ障害（Obsessive-Compulsive Personality Disorder）とギフティッドを併せもつことは珍しくない。また，対人関係の不安と関連する社会不安症（Social Anxiety Disorder），シゾイドパーソナリティ障害〔統合失調質パーソナリティ障害〕（Schizoid Personality Disorder），統合失調〔症〕型パーソナリティ障害（Schizotypal Personality Disorder）と診断されるケースもある。さらに，アスペルガー症候群（Asperger's Disorder）（ICD-10では，アスペルガー症候群（Asperger's Syndrome）とよばれ，DSM-5では自閉スペクトラム症（Autism Spectrum Disorder）のカテゴリに入る）と診断される人にみられるように，特定の社会環境や予測不可能な状況での強い不快感や不安までもがかかわることもある。しかし，これらは概して理性的な思考や熟考が多分に関連している。

　障害のカテゴリ化には様々な立場があるが，本書では上に記した障害をすべて，観念性の問題または不安の問題，あるいはその両方に注目したものとして，本章で取り扱う。このようにカテゴリ化することで，これらの障害のいずれか，あるいは複数を併せもつギフティッド児や成人ギフティッドと，いずれにも該当しないギフティッド者とを見極めるうえで最も有用なガイドラインを示すことができる。さらに，知的能力の高さが発症要因や維持要因となる障害に注目できる。

　これまでの章でも述べてきたように，正確な診断のためには，障害の有無という単純な「二者択一」的な判断をしてはならない。ギフティッドネスが障害と関係してい

ることがあり，そのような障害には，知的要素，観念の要素が強くかかわる。この重なりこそが，本章で取り扱う障害の特徴である。ギフティッド児や成人ギフティッドが本章にあげられる障害のいずれかに悩まされることも起こりうる。なかには成人ギフティッドが実際に発症しやすい障害もある。

現実理解能力の高さと経験や情緒の未熟さという非同期発達により，猛烈な不調和が生じる。大半のギフティッド者が併せもつ激しさや繊細さ，感受性の強さ，鋭い洞察力がゆえに，この不調和に対して感情的な反応や過剰反応が引き起こされる。ギフティッド児は知能の高さゆえに理想と現実のギャップを敏感に察知する。一方，子どもであるがゆえの経験の未熟さから，ルールの相対的な重要性や，不道徳な行為と違法行為の違いなどを理解する視野をもつことができない。そして不安や心配を頻繁に経験することになる。

　アスペルガー症候群の若者が滞在中の家に駆けこんできた。その様子は見るからに不安そうで，家の主人に警察を呼んでくれと頼んできた。若者の両親が話をよく聞いたところ，どうも，子どもたちが猫をじらして遊んでいるところを目撃したらしいということがわかった。周りにいた大人は，猫をじらすことはよくないことだけれど警察を呼ぶほどではないと，その若者に説明したのだった。
　不安は，その人が言われたことについて自分ではどうすることもできなくなったり自信を失ったりした際の正常な反応である。また，偽善や，決められた規則や理想の多くが現実とはかけ離れていることがはっきりとわかったときの正常な反応でもある。都合のよいときだけルールが守られるようなことがあると，子どもは状況から何を予測すればよいのかがわからなくなる。この若者は環境にみられた一貫性のなさに反応していたのである。

　私の息子は10代のプロファウンドリー・ギフティッドです。この子は18か月の頃，分離不安と抑うつが深刻でした。当時，私は家庭医療の研修医でしたが，それを辞めなくてはならないほどでした。息子の不安は，とても幼い頃（飼っていた金魚が死んだことがきっかけ）に生まれた死についての認識からきていると思います。それ以来，私の死が差し迫っていて，何とかしてそれを回避する方法を見つけようと頭がいっぱいの様子でした。金魚の死から，私の死が差し迫っているということを，息子自身の頭のなかで連想し考えたのです。
　息子の極端な不安と強迫観念は小学1年生になるまでの数年間続きました。もう，どうしたらよいのかわからず，セラピストに相談しました。そのセラピストによると，息子の不安の深刻さは知能の高さからきている可能性があるとのことでした。しかし，息子はこの問題を徐々にではありますが自分自身で解決していったように思います。まず，想像上の友だちをつくりました。その友だちは飛行機と特別な銃を持っていて，それで死んだ人を生き返らせることができるのです。そして，私が死ぬ直前に私をある場所に飛ばし，魔法の銃で撃つのです。
　息子は，起きている間ずっと何かを考え心配しているようでした。やがて，想像上の友だ

> ちは実際には私を死から守ることができないと気づいたようでした。すると息子は，私が死んだ際にだれが自分の母親になるのかを決めたのです（しかも，それは私の希望した人ではありませんでした）。これを最後に，息子は死の問題を一切口に出さなくなりました。
> 　私は多くの人たちから非難されました。当時の小児科医，幼稚園の先生，親戚中から，私が彼の深刻な不安の原因をつくったのだと非難されました。しかし，私には到底そのようには思えないのです。

　これらの例が示すように，離別，死別，貧困，戦争などの複雑で現実的な問題は，知識と経験を積み成熟した大人でも，折り合いをつけたり対処したりすることが難しい問題である。幼いギフティッド児が広い視野で見通せるようになるまでは，このような現実問題から守ってあげる必要があるだろう。ギフティッド児は多くの質問を投げかけるが，たとえば，死んだペットがどこへ行ったかということについて，親が罪のない嘘を言っても納得できないことが多い。テレビで残虐行為を見ればそれを重く受け止めてしまうが，それを理屈では簡単に説明できない。飢餓に対して単純明快な解決方法があると考えることもある。「飢餓に苦しんでいる人を呼んで一緒に暮せばよい」のである。自然災害のことはなかなか理解できない。死への関心は，虫のはかなさや食肉の問題への関心を引き起こしうる。そして，菜食主義者になったり，外では虫を踏まないように用心深く歩いたりという行動が生まれる。
　これらの観念的思考は，どこまでがギフティッドに普通にみられるもので，どこからが臨床診断上重大な問題となるのだろうか？　その線引きは簡単ではない。本章では，ギフティッド児にみられる観念的思考と，障害と診断されるような観念的思考との類似点と相違点，そして，ギフティッドネスと病的な観念的思考とが交わる点に焦点を当てる。

1 節　強迫症

　我々の見解では，強迫症（Obsessive-Compulsive Disorder: OCD）はギフティッド児が誤診されることの多い障害である。強迫症と高知能は重なりがあると我々は認識している。強迫症は知的障害者にはあまりみられない。この障害の本質そのものが思考に起因しており，この思考は知能の高さの鍵となる部分である。しかし，この障害をギフティッド児に適用する上では注意を要する。DSM-5によると，強迫症は，青年期あるいは成人期初期以前に発症することはほぼないということを忘れてはならな

い。子どもの思考はいわば融通が利かないもので，白か黒かの思考，強迫観念的思考，呪術的思考である。そして，このような標準的な子どもの特性を極端にしたものがギフティッド児の思考特性であることが多い。DSM-5 ではギフティッドネスとの重なりにほとんど触れられていないために，臨床家はこの強迫症の行動特性に基づいて，幼い子どもにすら誤診を下してしまうように思われる。

　日常生活や就寝時などに，ちょっとしたルーチンを用いて気持ちを落ち着かせている子どもは多い。ただ，通常これらの儀式は1日のごく一部に限られたものだったり，半ば遊び心があったりする。「ママの背骨を折らない」ように道の亀裂を避けて通ったり，ときには道の裂け目をうっかり踏んでしまい，ママの背骨が折れていないか心配したりする。これは子どもの「呪術的思考」の一部である。また，サンタクロースやクローゼットの中のモンスターを信じていたり，いつもの毛布がないと眠れなかったり，動物のぬいぐるみを悲しませてしまったのではないかと心配したりすることも多い。このような信条は，大人の場合は漠然と病的に見えるが，子どもの場合は正常な発達とみなされる。

　幼児は，ものごとをある決まったやり方でしなくてはならないと考えることもよくある。その方法は，それまでに見たり教えてもらったりした方法である。「前にやってたのと違う！」とか，「ママのやり方と違う！」と子どもが言うのを聞いたことのある人も多いだろう。これらは，あるものごとには決まった1つのやり方しかないのだという信条を表している。子どもは特定のルーチンを固く守ることがあるが，それは正常な発達過程の一部である。成長とともに呪術的思考や融通の利かない行動パターンの段階を抜け出し，より現実的な考え方ができるようになる。

　強迫症の子どもが定型児と異なる点は，この信条により日常生活にどの程度の支障をきたしているかという点である。強迫観念は不安を引き起こし，強迫行為はその不安を打ち消したり和らげる機能を果たす。強迫症の儀式や強迫行為は常時みられるようになり，日常生活の妨げとなる。診断の過程では，標準的な行動を識別することが重要となる。7歳の子があるものごとのやり方は1つしかないのだと信じている状態は，何度も自分の手を洗わなくては気が済まず，きょうだいが触った物には決して触ろうとしない状態とはまったく異なる。

　イーサンは8歳の男の子である。最初に心理士の診療室に入ってきたとき，イーサンの手は皮がむけて真っ赤だった。両親の心配は，イーサンの手を洗いすぎる癖と，家族が触ったものを絶対に触ろうとしないことだった。病原菌や病気を怖がり，病原菌について説明したり安心させるようなことばにも，イーサンの苦痛は和らがなかった。強迫症ではないギフ

> ティッド児は、説明を受けたり安心できることばをかけられると心配が和らぐものである。そのうち、イーサンは好きなはずの水泳や子ども向けの博物館に行くことなどを嫌がり始めた。母親は、ギフティッド児のなかには完璧主義の強い子どもがいることを本で読んで知っており、イーサンの問題はそれに関係があるのではないかと考えていた。イーサンの両親がギフティッドで、イーサン自身も学校の検査でギフティッドと判定されていたためである。イーサンは恐ろしいことを反芻し、手を洗わないとその恐ろしいことが起きてしまうと考えていた。また、ある決まった儀式をすることで、怖い出来事を防ぐことができると考えていた。最終的に、評価の結果強迫症と的確に診断され、弱い暴露反応妨害法などの認知行動療法が施された。ただし、この療法は通常このような幼い子どもには用いられることのない療法である。イーサンの知的能力の高さ、また、発達の凹凸（このケースでは早熟した部分）があったために、著しい効果がみられた。自分を怖がらせ、強迫的な手洗い行為を引き起こすような思考を、どのようにコントロールしていったらよいのかを学び取ることができたのである。

　強迫症の子どもは、パーキングメーターを数え間違えたと言っては学校と家の間を何度も往復しなければならなくなったりする。学校では、宿題などの提出物をある決まった順序で並べずにはいられないこともある。身体を動かす際に、「左右対称」ではないということで何度も何度もやり直すこともある。宿題を完璧にできているか心配で何度もやり直したり、教科書に書かれていることをすべて完全に理解しているか心配になり、何度も読み直したりすることもある。そのため、宿題やテストに相当のに時間がかかる。そして、これはその子が完璧主義だからと考えられがちで、それが誤診につながることがある。ある少年は、母親が自分の肩に手を置いたときにとても動揺してしまうのだった。というのは、それで彼のバランスが崩れたと感じ、その感覚は母親が両方の肩に手を置くまでおさまらなかったからである。彼自身、この感覚を「ばかげている」と思っていたため、だれにも言わないでいた。そして、母親が自分を「アンバランスな状態」のままにしておかないでくれるかどうかわからず不安だったため、母親からハグされるのを拒み続けた。
　ギフティッド児や成人ギフティッドも確かに突飛な行動をすることがある。過興奮性により、順番、肌触り、音などの刺激に強く反応する。過興奮性のあるギフティッド者はストレス状況下では強迫行動を示すことがあるが、実際の強迫症者の行動はギフティッド者の行動とは質的に異なる。ギフティッド者の見せる突飛で強迫的な、また奇妙な行動は、ほんのつかの間の行動に限られている。また、ギフティッド児の猛烈な没頭は、「今この瞬間の情熱」を伴うものである。そして、固執行動に見える行動の大半は目標に向かった行動である。強迫症の強迫行為は通常不安を緩和させたり落ち着かせたり、ある出来事への不合理な心配を緩和したり否定しようとする以外には

意味がない。強迫症者にみられる規則に縛られたような強迫行為は,「非創造的」行動とでもいえるもので,可能性を「打ち消す」ようになされ,可能性を探究したり発展させたりするようには機能しない。強迫症者は,状況の不確実性への耐性は皆無ではないが弱く,強迫行為は恐怖や心配により動機づけられている。それは,ギフティッド児の情熱のような,その活動への非常に強い興味関心や,それを楽しむ気持ちに動機づけられてはいない。このように,「強迫的なギフティッド」の行動は,その激しさという点では強迫症の強迫行為と同程度だとしても,その質が異なる[1]。

2節　強迫性パーソナリティ障害

　DSM-5には,主要なパーソナリティ障害として強迫性パーソナリティ障害（Obsessive-Compulsive Personality Disorder: OCPD）が含まれている。これは,秩序,精密さ,完璧主義,精神および人間関係のコントロールにとらわれ,柔軟性,開放性,効率性が犠牲にされる障害である。秩序や完璧さ,統制などが大切な状況もある。しかし,強迫性パーソナリティ障害者にみられるそれらの傾向は,不健全なほどに極端である。強迫性パーソナリティ障害者は過度に堅く,規律を遵守し,秩序にとらわれ,非常に注意深く,頑固で細かいことにこだわりすぎ,批判的で全か無かの思考をとり,小さなことにこだわる者とされている。また,過度に誠実,倹約家で,融通が利かない。そして,他者のした違反行為や些細な道徳的過ちにとらわれる。これらの特性は生得的な気質によるもの,あるいは,基本的なパーソナリティによるものが大きいと考えられる。ギフティッドネスとの重なりは,完璧主義のギフティッド児にみられる行動特性と著しく類似した特性で,それらが環境をコントロールできないことからくる不安により生じるという点である。ただし,両者の間には重要な違いがある。その違いについては後述する。

ギフティッドネスとの関連

　強迫性パーソナリティ障害が少なくとも平均以上の知能の人々に偏っているということは,臨床医の間で数十年にわたり言われてきたことである。ただし,この関連性を実証する研究はなく,ギフティッドネスとの関連を検討する研究もほとんどない。一方,ギフティッドネスと完璧主義との関連を示した研究（e.g., Neumeister, 2015; Rogers & Silverman, 1997）を見ると,高知能と強迫性パーソナリティ障害との関連の可能性も,そう的外れではないだろう。強迫症や強迫性パーソナリティ障害の者も

また，自身の不完全さや完璧ではないことに悩む点で完璧主義の傾向があり，その結果，罪悪感や不安が生じる。DSM-5（p.679*）にあるように，「自分自身の間違いについてもまた容赦なく自己批判的である」。ギフティッド者も強迫症や強迫性パーソナリティ障害の者も，理性や合理的な考え方により緊張を和らげたり自分で環境に対処できるようにしたりすることで，自身の完璧主義，不安，罪悪感に対処しようとする。

　DSM-5の診断基準（4）「道徳，倫理，または価値観についての事柄に，過度に誠実で良心的かつ融通がきかない（文化的または宗教的立場では説明されない）」**は，成人ギフティッドの就業が長続きしない主要原因となる特性でもある。ギフティッド児や成人ギフティッドは，非常に長時間熟考する傾向にあり，善悪，公正さ，高い基準，世の中の改善といった問題について理想主義的な考えを抱く傾向にある（Rogers & Silverman, 1997; Silverman, 2002）。自分はどうすべきか，世の中はどうあるべきかを考え，その姿を思い描くことができる。しかし同時に，自分も世の中も思い描いたような理想には到底及ばないということもはっきりと認識する。

　ギフティッド児は，非常に幼い時期——全能感にあふれ，限界を経験していない時期——に，このような理想主義を発達させる。それに伴い，個人的な義務感を感じ始めることが多い。ホームレスを見れば憤慨し，飢えに苦しむ子どものことを想像しては思い悩む。テロを心配し，今，自分がこうしている間も世界中には負傷したり死んでいく人々がいることを考え，夜なかなか寝つくことができないギフティッド児もいる。多くの強迫症や強迫性パーソナリティ障害者と同様，ギフティッド児もまた，絶えず，そして過剰に心配し，罪悪感を抱いたり自分を責めたりする。通常，彼らは他者を責めるに遅く，自己を責めるに早い。子どもはたいてい自己中心的で，自分が何かの原因になっているとか自分のせいだと考える傾向にあるが，聡明な子どもは自分自身を責める傾向がより一層強い。単に「大丈夫よ」と言われたのでは安心できず，心をかき乱すような頑固な思考を和らげることはできない。そして，この思考は苦痛を伴うことが多い。これらはギフティッド児やその親を苦しめはするが，必ずしも，このこと自体が精神疾患を示しているとは限らない。むしろ，このような行動パターンはギフティッド児や成人ギフティッドの特性を反映しており，成長とともに非常に慈悲深い愛他的な成人となることもある。日々の行動から潜在的な障害を見分けると同時に，支障の程度を見極めることも重要である。もし，軽度の苦痛が内面のポジティブな発達（例：思いやりや愛他性の発達）につながるのであれば，日常生活の支

---
* 日本精神神経学会（監修）（2014）．DSM-5 精神疾患の診断・統計マニュアル　医学書院　p.671
** 日本精神神経学会（監修）（2014）．DSM-5 精神疾患の診断・統計マニュアル　医学書院　p.670

障の程度は「臨床的問題」や「障害」を示すような閾値よりは十分に低いだろうと考えられる。

　もし，その子が新奇な状況に直面しているのであれば，それがたとえ他者から見れば行き過ぎたもののように感じられても，その子の不安は妥当なものと判断されるべきだろう。人は，自分自身の物差しを用いて他者の不安が度を越したものと判断しがちである。あなたにとっては慣れた状況であっても，その人にとってみれば新奇な恐ろしい状況ということがある。たとえば，次のような例を考えてみよう。11歳の女の子が留守番の練習をし始め，非常に不安がっている。自身も子どもの頃鍵っ子だった心理士は，当初，この子の不安の強さに戸惑った。というのも，この女の子は学校に入る前からの知り合いが近所にいるような田舎の安全な地域に住んでいたためである。しかも，この女の子の両親と親戚のおばさん全員が携帯電話をもち，職場は家の近くだった。そうではあっても，この女の子にしてみれば留守番は新しい経験であり，だからこそ怖がっていたのである。我々の多くは自身の子ども時代の経験というレンズを通して子どもを見がちである。そして，自身の子ども時代を基準に標準を決めてしまう——それがどんなに主観的なものであろうとも。

　また，心配や不安は人にうつりやすいのだという認識も重要となる。子どもは親から不安のサインを「キャッチ」する。たとえば躓いて転んだとき，子どもはそれがどの程度大変なことなのか，周りを見回して確認する。親がとても心配そうな顔をしていると，その子の口も「への字」になっていき，ついに大泣きし始める。それに対して，「大丈夫。大丈夫」と親が平気でいると，ちょっと転んだくらいは平気に乗り越える。成長するということは，親の手がかりを求めなくなっていくことでもある。子どもたちは，様々なフラストレーションや不安にさらされる量を少しずつ増やしていくことで，曖昧さへの耐性や緊張への対処を学び取っていく必要がある。少しずつ段階を踏んで，自律性を高めていけるように励ましてもらうことが必要となる。その過程で，子どもが自分で対処できるくらいの小さなフラストレーションが必要となる。これは，たとえば靴紐を結ぶ際に「必要に応じて助けを借りながら」結べるようになっていくことから始まるかもしれない。そして，成長とともに色々な選択をしていくこととなり，困難にも出会い，恐ろしい状況にも対処できるようになっていく。子ども時代に困難や不安になるような経験をまったくしなかったら，自立した成人になる準備は整わないままだろう。

　強迫症者は，自分の心配や不安，また，それらを軽減させるための儀式について，度が過ぎているとか不合理であることには気づいているケースが多く，馬鹿げていると感じていることすらある。抜毛癖（強迫的な抜毛）はそのような行動の1つである。

頭皮や腕の毛，眉毛，まつ毛などを擦ったり引き抜いてしまうが，それは，ときに禿げた部分があらわになるまでにも及ぶ。このような症状のある子ども自身，そのような強迫的な癖が何の役にも立たないことを認識してはいるが，やめられないのである。

対するギフティッド者は，特定の儀式を度を越したものだとか不合理だとは考えていないことが多い。そして，自分の考えや行動がいかに妥当か，また合理的で，その状況では適切なものであるかをこと細かに説明できるだろう。そして，その説明を聞いた人も，一理あると納得できたりする。たとえば，パイロットが乗客を機内に乗せる前に，飛行前の点検を一つ一つ厳格に行うことがある。そして，この一連の工程はいつも厳密に決まっており，気を散らされるようなことは拒否する。このような儀式に安心感をもつ人が大半だろう。ギフティッド者の示す周囲をやきもきさせるような行動の多くは，ネガティブで非生産的な行動や自己批判，緊張緩和のための行動ではない。むしろ，何らかのポジティブな成果を目指しているものが多い。

このように，強迫症や強迫性パーソナリティ障害の者とギフティッド者とでは支障の度合いが異なる。思考や行動自体は似ていたとしても，強迫症や強迫性パーソナリティ障害では機能不全や支障が生じているのに対し，ギフティッドでは不安の原因となる自身の特性や社会の問題を解決しようというエネルギーに溢れている。ただし，ギフティッド者もまた強迫症や強迫性パーソナリティ障害になりえ，実際にそのような人もいること，そして，そのための治療も必要であることを忘れないでほしい。最も効果的な方法として，認知行動療法がある。その1つ，暴露反応妨害法では，不安への脱感作を行い思考や不安感情に対処できるようにすることで，不安に対抗するのではなく不安とともに折り合いをつけながら生きていけるようにする[2]。

DSM-5には，強迫症には遺伝的要素が関連する可能性も記されている。当然，知力もまた遺伝的要素を含む。しかし，強迫症と知力とがどの程度関連しているのかは明らかにされていない。

3節　摂食障害

DSM-5には，強迫症や強迫性パーソナリティ障害と，完璧主義や摂食障害（Eating Disorder）との関連が明記されている。また，摂食障害とギフティッドネスとの関連を示した研究もある（Neihart, 1999）。Daily & Gomez（1979）によると，摂食障害の患者の90％がIQ130以上だった。また，Rowland（1970）によると，30％以上がIQ120以上だった。Blanz, Detzner, Lay, Rose, & Schmidt（1997）も同様に，神経性

無食欲症（anorexia nervosa）と過食症（bulimia）の青年のIQが有意に高いことを示している。一方，Touyz, Beumont, & Johnstone (1986) では，IQの高さと摂食障害との関連はみられなかった。

一般に，摂食障害は青年期に発症する。6歳では，拒食症の診断基準を完全に満たす割合は1％に満たないが，女児ではこの年齢でも自分の体重や体型に不満で「ダイエット」を始める子どもがいる。最近の研究では，拒食症と未診断の自閉スペクトラム症との関連を示したものもある（Baron-Cohen, Jaffa, Davies, Auyeung, Allison, & Wheelwright, 2013; Dudova, Kocourkova, & Koutek, 2015）。

若い女性のおよそ1％が，神経性過食症の診断基準に当てはまるとされている。その症状は個人的なものだが，この障害には社会的要因も関係する。痩せ体型のイメージと，普通あるいは肥満体型とのギャップが，ネガティブなボディイメージを生む（Groesz, Levine, & Murnen, 2002）。多くのメンタルヘルスの問題と同様，摂食障害もまた，遺伝的要素，社会的影響，身近な環境の影響を受けて発症する。ダイエットが拒食症につながることもあるが，どのような人が発症するかは予測できない。ただ，一度発症するとその治療は難しく，予後はよくない（Steinhausen, 2002; Zipfel Löwe, Reas, Deter, & Herzog, 2000）。

摂食障害は素人からすると，単なる性格の一部とか，ナルシスティックな執着に見えるようなこともある。しかし，この障害はあらゆる精神疾患のなかでも最も死亡率の高い障害の1つである。利尿剤，下剤，また，過度のダイエットは，心臓が正常に機能するために必要な電解質バランスを崩す。また，過食症や拒食症と関連する自身の体型への嫌悪感は，自殺率を高める大きな原因の1つとされている（Arcelus, Mitchell, Wales, & Nielsen, 2011; Kostro, Lerman, & Attia, 2014）。

拒食症者は完璧主義や強迫的な傾向があり，これらが拒食症に先行したり，症状が緩解した後も残ったりする。このような人々は，健康について正しい認識をもつことができず，実際にやせ細ってしまった体とボディイメージとが一致しないままでいることが多い。抑うつ，不安症，薬物乱用，強迫症，パーソナリティ障害を併発することが多い[3]。

ハイリー・ギフティッドやプロファウンドリー・ギフティッドの女性で拒食症がある場合，病因は通常とは異なると理解することが，臨床医にとって本質的な重要事項となる。同様に，未診断の障害と拒食症との関連にも注意を払うべきである。合併障害の可能性の認識と病因が通常とは異なることへの理解がなされないと，たいてい，これらのギフティッド者は摂食障害群の治療のなかで無数の不適切な対応を受けることになる。たとえば，クライアントが特定の食べ物を食べると具合が悪くなるという

症状を訴えたとしよう。ハイリー・ギフティッドやプロファウンドリー・ギフティッド者のなかには，実際に栄養補助食品を受けつけなかったり特定の食品に対して過敏であることは珍しくないが，このような訴えは反抗的と受け取られることが多い。同様に，本当は痩せたくなどないのだと言い張る患者は否認傾向があるとされやすい。そして，患者の理性的な不安材料がケアされることはなかなかない。このようなケースでは，ギフティッドネスや自閉スペクトラム症にかかわる特性を患者自身が理解できるようにすることが，非常に有用である。それにより，自分は人とはどこか違うという感覚，孤独感，実存的不安などの感情を患者自身が理解できるようになり，単なる変わった癖とみなすことのできる行動と修正すべき行動とを識別できるようになる。

摂食障害は再発を特徴とし，生涯つき合う必要のある疾患となることが多い。若いうちの早期の積極的な治療（入院治療を含む）が最も効果が高いことが示されている（Robinson, 2009）。

4節　自閉スペクトラム症とアスペルガー症候群

アスペルガー障害（Asperger's Disorder）は，アスペルガー症候群（Asperger's Syndrome）とよばれることが多い。DSM-5 からは削除されたが ICD-10 には含まれ*，一般的にも広く使われている用語である。DSM-5 では自閉スペクトラム症（Autism Spectrum Disorder）に含まれ，重篤な機能障害（「非常に十分な支援を要する」DSM-5, p. 52**）から，より高機能の障害（「支援を要する」p. 52**）のレベルがある。診断に際しては，知能障害や言語障害の有無を特定し，支障の程度を明確にしなくてはならない。

自閉スペクトラム症は近年ますます注目されるようになり，診断数も増加している。2015 年には，米国の子どもの 50 人に 1 人が自閉スペクトラム症と診断されている[4]。

そもそもアスペルガー症候群は，70 年以上前に，オーストリアの小児科医 Hans Asperger（1944）により発見されたが[5]，当時はほとんど注目されなかった。そして，Lorna Wing（1981）が，英語圏で同様の知見を発表したところ多くの注目を集め，この診断に関する研究がなされるようになった。現在，アスペルガー症候群は自閉スペクトラム症の一部に組み込まれているが，アスペルガー症候群が独自の障害であるのか，それとも自閉症の異型ととらえられるのかについては議論が続いている。歴史的

---

* 2018 年 6 月 ICD-11 が公表された。
** 日本精神神経学会（監修）(2014). DSM-5 精神疾患の診断・統計マニュアル　医学書院　p. 51

に見ても，この障害を定義づける特性に関する見解は専門家により実に様々である（Lovecky, 2004）。長年，科学者や臨床医の間で，「高機能自閉症」とアスペルガー症候群の間に違いがあるのかが議論されてきた。DSM-5 がこれらの障害を同一カテゴリに組み込めるとしていても，この障害にかかわる人々の多くが同意できずにおり，議論が続いている。

このような不一致があるにもかかわらず，アスペルガー症候群はここ 15 年間で非常に頻繁に診断されるようになり，今日では，以前は「高機能自閉症」と診断されていた障害を指すことが多くなった。たとえば，ICD-10 では，アスペルガー症候群を「……関心と活動の範囲が限局的で常同的反復的であるとともに，自閉症と同様のタイプの相互的な社会的関係の質的障害によって特徴づけられる。この障害は言語あるいは認知的発達において遅延や遅滞がみられないという点で自閉症とは異なる。多くのものは全体的知能は正常であるが，著しく不器用であることがふつうである」（p. 258*）としている。

通常，自閉症者の大半は知能，コミュニケーション，思考や学習に大きな障害があるのに対し，アスペルガー症候群にはそれがみられないことが多い。アスペルガー症候群者は能力に大きな凹凸を見せることが多いが，知能検査や学力検査では非常に高い得点を示すこともある。ときには，IQ が 140 を超えたり，言語課題や記憶力に大きく依存するようなテストが非常によくできることもある。記憶力に重点の置かれる構造化された授業，特に彼らの弱点をカバーするように配慮された教育環境では，彼らの長所や能力が発揮される。論理的に自分の意見を言ったり情報を説明できることも多いが，それは詳細すぎ，専門的すぎるだろう。このような子どもがギフティッドと判定されたときは，力を発揮できるように個別化された指導を増やすなどの特別な教育的配慮がなされることがある。

残念なことに，臨床家の多くは，よかれと思ってのことではあるが無知であるがゆえに，社会的に不器用な人，場の空気を読むのが苦手な人，社会的状況から外れているような人に，アスペルガー症候群の診断を多く下しすぎる。実際，アスペルガー症候群者には，障害ゆえに相当の支障が生じ，それは単に社会的に不器用だとか，普通と違う，厄介者というだけでこの障害を当てはめることは適切ではない。にもかかわらず，社会性の面で困難を示す人に対して，すぐにアスペルガー症候群の診断に飛びつく風潮すらある。確かにアスペルガー症候群者は，場の空気を読むこと，それらに的確に応じることが苦手ではあるが，それよりもむしろ，種々の社会的状況に般化す

---

* 融・中根・小見山・岡崎・大久保（監訳）(2005). ICD-10 精神および行動の障害―臨床記述と診断ガイドライン　医学書院　p. 267

る能力や，他者の視点に立つ能力に際立った制限がみられる。その支障の程度は，くせのあるギフティッド者が時折見せる社会的な不器用さの範疇をはるかに超えている。アスペルガー症候群の診断に関する我々の強い懸念の1つは，この重い診断があまりにも自由に不用意に使われているということである。この診断の適用に際して，<u>深刻な</u>（severe），<u>広範で持続的</u>（sustained），<u>重大な</u>（significant）というキーワードに常に留意すべきである。

　自閉スペクトラム症者は対人関係に非常な困難を示す。つまり共感性や，場の空気やニュアンスを読み取り解釈する力が欠如している[6]。人間の行動が，その人の考えや意図，そして感情の相互作用の結果生じるもので，それは客観的な事実とは異なることがあると認識する能力に欠陥がみられる（Goldstein, Naglieri, & Ozonoff, 2009）。心の理論（Theory of Mind: ToM）とよばれるこの能力は，アスペルガー症候群を含む自閉スペクトラム症の中核的欠陥とされる能力である。心の理論の欠陥により，社会的状況の読み違えが生じる。高機能の自閉スペクトラム症者は基本的なテストには問題がなく，心の理論をもっているように見えるが，日常的なやりとりのなかではやはり苦労している。心の理論に欠陥があることで対人関係に難しさを抱え，共感性の発達が制限されるのである。

　アスペルガー症候群者は，ルーチンや構造化された状況を強く好む。通常，儀式的な決まったやり方に魅了され，それがときには，強迫的・衝動的なレベルにまで達することもある[7]。そして，これもまた対人関係に影響を及ぼす。彼らの興味関心は理解しがたく，魅力的でないことが多い。たとえば，あるアスペルガー症候群児は，揚げ物用のフライヤーの魅力にとりつかれていた。そして，ファーストフードの厨房に入り，どのモデルのフライヤーを使っているのか確認すると言ってきかなかった。あらゆるフライヤーメーカーの経歴を知りつくし，各工場がどこにあるのかも知っていた。また別のアスペルガー症候群児は，洗濯機の魅力に同様にとりつかれていた。この情熱は，聡明な子どもがダンジョンズ・アンド・ドラゴンズ®（ロールプレイングゲーム）に「はまった」り，SF小説やマジック：ザ・ギャザリング®に命を懸けるほどになるのとは質の異なる情熱である。後者の子どもたちは，興味を同じくする友だち同士，仲間を見つける。しかし，フライヤーの魅力にとりつかれた例のような子どもは，自分の情熱を分かち合える相手を見つけることは滅多にない。しかし，時折，その情熱を人とのかかわりにつなげることもある。たとえば，ラドン*について何でも知っている人が，住宅購買や住宅検査プロセスで他者にラドンのことを教えたり，住宅の

---

* 放射性元素。

ラドン検査を行うなどのビジネスを始めることもある。そして，顧客が必要とするよりもはるかに多くの情報を提供したりする。

アスペルガー症候群者は抽象的なものよりも具体的なものを結びつけて考える。そのため，ある状況を他の状況に般化することに困難を示す。学習は主に事柄の暗記により進められる。そして，具体的な指示や支援なしには，それらを意味づけたり創造的に応用することがなかなかできない。ことばを文字どおり理解するために，話の概要を把握したりメタファーを理解することが難しい。「あの世で…」や「骨が折れる」などのフレーズは，彼らにとってみれば本当に訳のわからないものとなる。「お花に水をあげてちょうだい」と言われれば，生花だけでなく造花にも水を与えなくてはいけないと考えることもある。彼らは，その具体的思考のために，変わっていると思われる。そして，このことがまた，共感性がないと思われる原因となることがある。

> 12歳のコリンは，シカゴのダウンタウンにある診療室で検査を受けることになっていた。アスペルガー症候群の疑いがあったからだ。彼のしゃべり方には抑揚がなく一本調子で，スペリングの力が非常に優れていた。そして，シカゴ・L*の時刻表を覚えるのが大好きだった。しかし，実際にシカゴ・Lに乗るとなると，彼の感覚系はその音の大きさや振動の激しさに圧倒され，耐えられなかった。学校では人とうまくやっていくことができず，仲間の間では「変な奴」と言われていた。彼は，自分は頭がよいと思っているが，なぜ，友だちがその頭のよさを褒めるのではなく冷やかすのかわからなかった。「友だちは僕の頭がよすぎて僕に近づきません。これでは何の意味もありません」と訴えた。友だちが彼を冷やかしていることすらわからないこともあった。
>
> 父親の話によれば，コリンはギターをすぐに弾けるようになり，しかもとても上手だった。ただし，コリンの演奏は「ぎこちない」という。つまり，歌のソウルをくみ取った表現，感情をこめた演奏ではないのだ。コリンは，自分がブルース調のギターソロを弾いても，友だちはそれをすごいとは言ってくれないだろうと思っている。「僕の記憶力のほうが，ずっと重要で面白いものなのです」と言っている。
>
> 診療所に歩いて向かう道中，両親は，「顔をあげてごらん。とても大きなビルがたくさんあるよ。すごいよ」とコリンを励ました。しかし，コリンは下を向いて歩道を見つめ続けていた。上を見上げることは，コリンにとっては刺激が強すぎたのだろう。アセスメントの結果，人とのつながりの欠如，共感性の欠如，般化能力の欠如がみられ，二重にエクセプショナルであるとされた。つまり，アスペルガー症候群とギフティッドを併せもつ子どもである。

変化に応じることへの困難が，アスペルガー症候群者の具体的思考を典型的に示している。アスペルガー症候群患者の予約は毎週同じ時刻にしなくてはならないことを示したオーストラリアの研究もある。中庭の光と影のパターンが違うと混乱し，診療

---
* シカゴ市のダウンタウンの高架と地下を走る鉄道。

室にたどり着けなくなってしまうのだ。アスペルガー症候群者にとって，些細な違いは存在しない。違いがあればそれが何であれ，彼らにとってみればまったく新しい状況となる (Snyder, 2004)。

アスペルガー症候群の診断で鍵となるのは，共感能力や他者を思いやる能力の有無であり，ソーシャルスキルの未熟さではない。アスペルガー症候群児は社会的意識の希薄さにより，学校では仲間関係をうまく築くことができない。そして，友だちから変な奴とか変わり者と思われることが多いが，当の本人は自分のどこが友だちと違うのかがわからない。彼らの思考は非常に具体的で字義どおりで固い。それがゆえに，同年齢の友だちにからかわれたり，嘲られたり，意地悪く笑いものにされたり，悪ふざけをされたりする。アスペルガー症候群児は，いじめにはもってこいの対象となることが多い (Klin et al., 2000)。言語能力は高いが運動能力が同年齢の友だちよりずっと遅れているケースが多く，クラスメイトからどんくさいとか「ダサい」などと言われることもある。アスペルガー症候群児の50～90％に運動のぎこちなさがみられる (Neihart, 2000)。

> ジュアンは12歳のギフティッド児で，アスペルガー症候群と診断されていた。6年生（中学1年生）に在籍していた頃，中学校への進学に伴う新しいルーチンに馴染めずに苦戦していた。毎時間クラスが変わったり，ベルが鳴ったり，廊下が騒々しいことに非常に悩まされていた。全校集会，臨時集会といった日常的なルーチンの変更のいずれもがストレスを高め，彼の対処能力が低下していった。そして，物音や他の生徒などから逃げて「ガス抜きする」時間が頻繁に必要になっていった。
> 微細運動能力の問題により記述式課題への回答に時間がかかったが，IQ は130を超えていた。社会的判断に関する課題の得点は低く，行動面では，友だちとの情緒的なつながりをもてず，母親の大切さにも気づいていなかった。そして，自分の行動が他者にどのような影響を与えるのかを理解できなかった。また，母親をはじめ多くの人のことを，人というよりもむしろ物のように考えていた。多くの点で，ジュアンの自己中心性は小学生の子どもと同じレベルだった。知的には実年齢よりもかなり高いが，情緒面と社会面では通常の12歳児よりも大きく遅れていた。このような極端な非同期発達はアスペルガー症候群のギフティッド児には珍しくない。

アスペルガー症候群の特異な思考スタイルや対人関係上の困難は学業上の問題とも関連する。1つの状況から他の状況への般化ができないということは，抽象的な課題への困難をもたらす。また，他者の視点に立てなければ，自分の意見をレポートに書くことは実質上不可能である。たとえば，「そもそも皆さんはこのように考えないのですか？」と質問したりするだろう。あるいは，「だれそれが何を考えているかなど

気にする人がいるのですか？　少なくとも私は気にしません」と言うかもしれない。このようなケースでは，他者の感情やものの見方，また，自分の行動が他者に与える影響を理解できるようになるには，相当の支援が必要となる。効果的な支援のためには，頭で理解できる手法を採る必要がある。彼らは社会的なやりとりに対する洞察力に欠けているとも考えられる。

　ギフティッド児のなかには，初めのうちは同じような困難を抱えているように見える子どももいる。しかし，その改善プロセスは異なる。たとえば，ある10年生（高校2年生）のギフティッドの男子生徒は英語*の上級クラスに在籍し，そこでは文学作品の読解課題が中心に扱われていた。彼はその文学に興味がもてず，文章や文脈の微妙なニュアンス，登場人物の心情などの読解に苦戦した。そして，一学期の成績は散々だった。しかし，文章や心情の理解について個別指導を受けると，そこで身につけた力や社会的洞察力を用いて，その後の課題はとてもよくできるようになった。これは，アスペルガー症候群の生徒とは異なる点である。ギフティッドであってもアスペルガー症候群を併せもつ生徒の場合，1回の個別指導だけでは成果が上がらない。社会的なルールや知識を小説に当てはめたり1つの小説で得た知識を別の小説に当てはめることが，アスペルガー症候群ではない生徒のようには，なかなかできないためである。

　さらに，「無視されたBlack Autism」にも留意すべきである。アフリカ系アメリカ人の子どもとその親族は自閉症研究のなかで不当に評価されてきた[8]。無知や偏見のために，アスペルガー症候群や自閉スペクトラム症のアフリカ系アメリカ人は，ADHDや精神遅滞などの誤診を受けることが多い。そして，不適切な薬物療法を受けることもある。

　DSM-5からはアスペルガー症候群独自の診断が除外され自閉スペクトラム症に組み込まれたが，ICD-10ではアスペルガー症候群が独立して存在する。また，医療や教育に携わる多くの専門家の間でも，子どもの話をする際にこの診断名が用いられている。

ギフティッドとアスペルガー症候群の行動特性の類似点

　アスペルガー症候群者の知的能力レベルは平均か平均よりも高いことから，アスペルガー症候群とギフティッドネスとは実際に関連があるように見えるかもしれない。両者の間には行動上の類似点があることは確かである（Amend, 2003; Little, 2002;

---

* 米国での国語。

Neihart, 2000)。また，歴史的著名人の多く（トマス・ジェファーソン，オーソン・ウェルズ，カール・セーガン，グレン・グールド，ヴォルフガング・アマデウス・モーツァルト，アルベルト・アインシュタイン）がアスペルガー症候群だったと論じる研究もある（e.g., Grandin, 1996; Ledgin, 2000; Ledgin & Grandin, 2002）。アスペルガー症候群の機能障害の本質に十分留意したうえでこれらの人物のずば抜けた創造性や偉業を考えると，彼らがアスペルガー症候群である可能性は非常に低いこと，たとえそうであったとしても，それは軽度であったことがわかる。

さらに，明らかにギフティッドと思われる人が，自分はアスペルガー症候群と診断されたと書いた本が多く出版されている。ジョン・エルダー・ロビソンの"*Look Me in the Eye: My Life with Asperger's*"や，デビッド・フィンチの"*The Journal of Best Practices: A Memoir of Marriage, Asperger Syndrome, and One Man's Quest to Be a Better Husband*"などである。彼らが書いている機能障害の程度は軽視できないものであるが，書かれている困難のなかには，ギフティッド児が受容と理解の問題に苦しんでいる話とも読み取れるものがある。我々は逸話に基づいて彼らの受けた診断に異論を唱えるつもりはない。そんなことをしたら，我々自身がいい加減な診断手法を極力なくそうとしておきながら，みずからそのような手法を推奨していることになる。とはいえ，彼らがアスペルガー症候群による深刻な困難を克服したり，少なくともそれらに対処できたのは，彼らの優れた才能を生かすことができたためだろう。最もよく知られている例としては，Dr. Temple Grandinの業績があげられるだろう[9]。彼女自身がアスペルガー症候群であり，また，その代弁者でもある。このような人々は，二重にエクセプショナル――つまり，ギフティッドでありアスペルガー症候群の困難もある人――とするのが最も納得できるとらえ方だろう。

アスペルガー症候群のあるギフティッド者もそうではないギフティッド者も，以下に記す共通特性がある。両者とも記憶力と言語能力が非常に高く，絶えず質問や話をしていることがある。並外れて早い時期から過度に理屈っぽい話し方をする。ある特定のこと，あるいはいくつかのことに熱中し，そのことに関する膨大な事実に基づく知識を求める。ただし，アスペルガー症候群のあるギフティッド者は，そこで得た知識に事実以上の意味づけができない。両者とも，公平さや公正さに敏感なことが多い。ただし，アスペルガー症候群のあるギフティッド者には感情的な部分が少なく，より一層論理的な反応を示す。

アスペルガー症候群の子どもとアスペルガー症候群ではないギフティッド児とでは，双方とも注意の問題を示すことが多い。彼らは，自分が関心を向けた対象だけに集中する傾向がある。たいてい見通しをもたずに行動するため，変化に適応するのが難し

く，注意を移そうとすると抵抗することも多い。両者とも並外れたあるいは奇抜なユーモアのセンスがあり，音，光，匂い，手触り，風味といった刺激に対する過敏性（hypersensitivity），あるいは過興奮性（overexcitability）がある。アスペルガー症候群児は，<u>ほとんどいつも</u>大人や友だちから変わり者だと思われる。アスペルガー症候群ではないギフティッド児は，教師や友だちから変わり者だと思われる<u>こともある</u>。それは，非同期発達，合わない教育環境，著しい内向性，社会的な違和感などが原因となっている。

　アスペルガー症候群のあるギフティッド児は，極端な非同期発達を見せることがあり，それが不可解で奇妙な行動につながる。ギフティッド者やアスペルガー症候群者にも非同期発達はみられるが，アスペルガー症候群のあるギフティッド者の非同期発達はずっと極端なものとなる。アスペルガー症候群のソーシャルスキルは実年齢よりも3〜5歳程度遅れ，認知スキルや言語スキルは実年齢相応ということがある。一方，二重にエクセプショナルな者では，ソーシャルスキルの遅れは3〜5歳程度で，認知スキルは実年齢よりも5〜7歳進んでいることがある。とすると，絶対値で12歳程度の非同期発達を示すことになる。よりわかりやすくするために，たとえば，標準的な5歳児程度のことしかできない17歳の人をイメージしてほしい。このように領域によって12歳ものスキルレベルの差があると，それが目立つだけでなく，日常生活に深刻な支障をきたす。外見は10歳のように見えるが考え方は17歳のようで，ある場面では5歳児のように振る舞うということが起こりうる。プロファウンドリー・ギフティッド者はもともと大きな非同期発達を抱えている。これに自閉スペクトラム症が伴うときには，さらに非同期性が大きくなる。このようなケースの診断は非常に複雑で難しい。

　パーソナリティ特性はスペクトラム上に存在するということを再度確認したい。そのうえで，その特性が正常な機能を著しく妨げる場合にのみ，病理診断が下されるべきである。そして，どこまでが正常な機能であるのかは，まさにその個人の特性と環境との組み合わせにより変動する。

行動特性の相違点

　ギフティッド児のなかには，アスペルガー症候群との識別が難しい子どももいるだろう[10]。実際，アスペルガー症候群は明確に線引きできるカテゴリというよりはグラデーションのある特性である。つまり，ある行動特性の程度が徐々に強まり，最終的には支障をきたすアスペルガー症候群と診断される。さらに，アスペルガー症候群児はADHDや強迫症を併せもつこともあり，診断があいまいになる（Klin et al., 2000;

Lovecky, 2004)。

　正確な診断が重要だ。実際にアスペルガー症候群の子どもが，変わり者なだけだとか，エキセントリックなギフティッド児だとみなされるにとどまるならば，必要な診断と有効な支援を受けられないままになる（Neihart, 2000）。ギフティッド児はたいてい教育環境が合わないことで問題が生じるが，それをアスペルガー症候群と誤診されると，不必要な，あるいは役に立たない介入を受けることとなり，最も助けとなる教育を受ける機会を失う。

　両者の識別評定のために，Amend ら（2009）は，Giftedness-Asperger's Disorder Checklist（GADC）© を開発した[11]。このチェックリストは医療機関受診前に用いることができ，2009 年の秋に発行された "*Gifted Child Today*" に詳細が記されている。ギフティッド児にかかわる人々がアスペルガー症候群の主要特性を理解し，不必要に医療機関を受診することがないように工夫されている。このチェックリストに照らし合わせたときに，その子の特性がギフティッド児の欄により当てはまるようであれば，医療機関の受診よりもギフティッドネスに対処できるような教育的介入や配慮のほうが有用だろう。アスペルガー症候群の特性に当てはまるのであれば綿密な検査が必要となるだろう。このチェックリストは，ギフティッド者とかかわる人々がギフティッドの特性とアスペルガー症候群の特性を識別する手がかりとして役立てられるように作られている。

　ギフティッドネスとアスペルガー症候群，そして，その両方がある二重にエクセプショナルな人とを識別するのに有効なポイントが3つある。第1に，情熱を向ける知的興味関心を同じくする人と一緒にいる時のその子の行動を見てほしい。アスペルガー症候群の子どもは場の空気がわからないように見えたり，共感性がないように見える。また，どのような相手であろうと社会的に不適切な行動を見せる。相手が興味を示さなくても淡々と議論を続けたり，小さな教授のように振る舞ったりする。アスペルガー症候群ではないのにアスペルガー症候群と誤診された子どもでは，特定の仲間とであれば，社会的に適切な行動を見せたりやりとりを楽しむことができる。年齢が上がると，アスペルガー症候群ではない子どもは相手が興味をもっていないことに気づけばたいてい，適切に自分の思いを控えめにしようとする。ただし，彼らの情熱が強すぎるようなときは，相手に関心があるかなど一時的にお構いなしになることもある。

　第2のポイントは，他者が自分のことや自分の行動をどのように見ているのかについて，その子自身がどのように認識，洞察しているかという点である。ギフティッド児は社会的状況について知的に優れた洞察力を示すことが多い。そして，周囲が自分

をどのように見ているのかをよく理解している。アスペルガー症候群の子どもにはこのような認識が欠けている（Neihart, 2000）。たとえば，ギフティッド児は成果を上げることと社会的な所属感を得ることとの葛藤を示すことが多い。そして，どちらを選択するとどのような結果になるのかについて鋭い洞察力を見せる[12]。一般に，アスペルガー症候群ではないギフティッド児は自分が周囲と馴染んでいないことに悩み苦しむことが多く，悩まずとも気づいてはいる。当然，なかには革新的な家庭のギフティッド児もおり，周囲が自分をどう見ているのかなど気にしない子どももいるため，アスペルガー症候群のギフティッド児との識別が非常に難しくなることもある。内向型のギフティッド児で友だちがひとりいるだけで十分社会的には満足している場合でも，頭のどこかで，自分は同年齢の仲間とは何か違うのだと，悩みはしないまでも気づいてはいるだろう。このような，他者の視点や感情を認識する力，あるいは（前述の）心の理論は，アスペルガー症候群の子どもには欠けていることが多い。

　第3のポイントは，非同期発達の程度であり，これはアスペルガー症候群のギフティッド者とアスペルガー症候群だけの人とを識別するポイントである。本書を通して述べているように，ギフティッド者には非同期発達が頻繁にみられる。それは，実年齢よりも少し遅れている能力から実年齢よりもはるかに上回る能力までの幅をもつ。アスペルガー症候群のギフティッド者では，この非同期発達が極端になる。つまり，それは実年齢よりも<u>はるかに下回る</u>能力から実年齢よりも<u>はるかに上回る</u>能力までの幅になる。ギフティッド児では，12歳で10代後半〜20代前半のような思考力をもち大学レベルのクラスに所属するという開きがみられることがある。一方，社会性の面での遅れのある二重にエクセプショナルな12歳児では，入浴を嫌がったり，幼児が友だち同士でハグをするように大学のクラスメイトともハグをしたがるという極端さを見せる。非同期発達の程度を考慮することが，その行動がどの程度支障をきたすのかを把握したり，診断が適切かどうかを判断するのに役立つ。

　以上の3つのポイントに加え，ギフティッド児と，アスペルガー症候群児や両方を併せもつ子どもとの識別にかかわる特性がある。アスペルガー症候群児が自分の関心事を話す際には，学者っぽい様子で，一本調子の声で話をする。彼らは，<u>なぜ</u>，それほどまでにフライヤーや洗濯機の魅力に惹きつけられるのかを説明できない。そして，相手を自分の興味関心に惹きつけることもできない。彼らは，相手の反応におかまいなしで話し続ける。それに対して，ギフティッド児の興味関心の対象も，多くの（あるいは大半の）大人にとって退屈かもしれない。しかし，たとえば，Star Wars™記念品のコレクターのような，特定のサブカルチャーに興味関心を共有できる者がいることが多い。このようなケースはアスペルガー症候群の可能性は小さい。さらに，そ

の子が自分の趣味を通じた喜びを人に伝えることができたり，自分からその喜びを分かち合える人を探すことができれば，アスペルガー症候群の診断が適切である可能性は一層低くなる。

　たとえば，聴覚継次型の思考スタイルをもつハイリー・ギフティッドの小学4年生が，飛行機に非常に関心をもっているとする。この子は地方空港からの発着便の時刻，どれがどの航空会社を表しているのか，どの航空会社がどのタイプの飛行機を飛ばしているのか，クルーが何人乗っているのか，最大積載量がいくらなのか，どの滑走路が改修予定なのかをすべて言えたりする。一方，なぜあるいはどうやって飛行機が空を飛べるのかについてはまったく関心がない。他の小学4年生にとってみれば，このような話は非常に退屈である。自分とのかかわりもなければ実用性もないためである。もしこの子が，他の子が自分の話に退屈しているという，ことばによらない空気を読むことができなければ，そして，他の子とギブ・アンド・テイク方式で興味を分かち合える話題を見つけることができなければ，この子にはアスペルガー症候群の可能性が考えられるだろう。

　一方，上述のような特性のすべてではないが，そのいくつかを併せもつギフティッド児もなかにはいる。たとえば，内向型で数学やコンピュータなどに熱烈な興味を注ぐようなギフティッド児や成人ギフティッドのことを，ギフティッドについてよく知らない臨床家はアスペルガー症候群と誤診する可能性がある。アスペルガー症候群も内向型も内へ内へと向かう点では共通するが，内向型の者は，求められればそれを自覚して関心を移すことができ，そうしようと努力する。スーザン・ケイン（2013）の著書『内向型人間の時代―社会を変える静かな人の力（"*Quiet: The Power of Introverts in a World That Can't Stop Talking*"）』にこのことがよく説明されている。内向型の者は状況に応じて問題への洞察を深められ，興味関心を同じくする人に出会えばソーシャルスキルも十分発揮できる。

　たとえば，3年生のギフティッド児が数理パズルやアナグラムに真剣に情熱を燃やしているとしよう。その子はパズルの精密なパターンに惹きつけられている。暇さえあれば，その楽しさや魅力についてネット情報を読んだりネット上で情報を交換したりしている。同年齢の仲間には，彼女がどうしてそれほどまでに夢中になれるのかがわからない。一方，彼女には同年齢の仲間がとても幼く見え，どうしたらよいのかわからなくなる。この子には共感性が欠けているのだろうか？　そうではなく，むしろ耐性の未熟さが関連している。聡明な子どもは，自分の頭の回転の速さについてくることのできない人への耐性がないことがある。これは昔，「『愚か者を快く受け入れる』ことの難しさ」といわれた類のものである[13]。この例にある子が高校の数学クラ

ブに入ることができたら，そこでの仲間とは普通にやりとりができるはずである。つまり，共感性を示し，気持ちの通ったやりとりができる。生じている問題が共感性の欠如によるものではなく耐性の問題によるところが大きいときにも，アスペルガー症候群の可能性はきわめて低くなる。通常，ほぼどのような状況のもとでも，ギフティッド児は非常に高い共感性を見せ，他者の気持ちを理解でき，特に，不幸な状況にある人や傷ついた人に対して強い共感を示す[14]。アスペルガー症候群の子どもは他者の不安や不快を頭ではわかり，傷ついた人に対する思いやりも見せることがあるが，困っている人をどのように慰めたり安心させたらよいのかがわからないことが多い。

> 9歳のバクスターは，発達小児科でアスペルガー症候群の検査のために待合室にいました。このときも，いつものように読んだことのない雑誌を見つけるとそれを夢中で読んでいました。お医者様が呼びかけて挨拶をしたとき，息子はやっとのことでちらりと目をあげ，そして，何と言っているのかほとんどわからないボソボソ声で応じました。その後，お医者様と私たち（両親）が面談をした際に，まず，息子があのように挨拶をすることは普通でよくあることなのかと聞かれました。ですので，そうです……何かに読みふけっているときは……と説明しました。そして，アスペルガー症候群と診断されました。今では，それは誤診だったと思います。

状況特異性

アスペルガー症候群とギフティッドを識別するうえで鍵となるのは，問題行動がいくつかの状況でのみみられるのか，それとも，もっと広くほぼどのような場合にでもみられるのかという点である。これは，ADHDとギフティッドとを識別する際のポイントと同じである。たとえば，その子の共感性の欠如が，ある状況下ではみられるが別の状況下ではみられないとき，アスペルガー症候群の可能性は大幅に下がる。異なる状況下での支障の程度を見ることもまた診断に役立つ。アスペルガー症候群の子どもは空気を読むことがほぼできない。それができるようになるためには具体的なトレーニングを要する。指示されたりやり方を教えられたりしなければ共感性を示すことはほぼできない。また，そのやり方は頭での理解に頼ることが多い。そして，社会的な状況，特に予期しない状況に非常に強い不安を示すだろう。

アスペルガー症候群ではないギフティッド児も，アスペルガー症候群の子どもと似た特性を示すことが珍しくない。つまり，具体的，線形的で，真面目な考え方，また，聴覚継次型思考スタイルをもち，特定の社会的な状況下では不快を示すこともある。ただし，ある特定の状況では不安を示しても，あらゆる状況で示すことはない。興味

関心を共有できる人とのやりとりにおいては不安を示すことは少なく，会話も双方向的で適切な形をとり，共感性や抽象的思考力の高さを見せる。

　アスペルガー症候群の子どもとかかわる際には，彼らの認知機能が高いことが多いにもかかわらず，あらゆる社会的な行動を細かく分けて教えていかなくてはならない。彼らの不安を増す可能性に常に留意しつつも，たとえば，会話をする際の相手との適切な距離の取り方を実際に身体を使ってやって見せたり，また，相手の顔を見て話すことの大切さを詳しく説明したりする必要がある。細かく具体的にソーシャルスキルを教える必要があり，色々な状況を想定して同じことを繰り返さなくてはならないことが多い。これは，アスペルガー症候群の子どもにとって，1つの状況から他の状況へと知識やスキルを般化させることが難しいためである。このような子どもは，社会的なやりとりの「ルール」を機械的に暗記して用いることが多い。ソーシャルスキルを教えても，子ども自身がソーシャルスキル改善の必要性を感じていない（洞察力の欠如），教えられた行動（相手の目を見るなど）を非常に不快に感じるなどの理由で，その効果がみられないこともある。不安が高まると，訓練で身につけたわずかなスキルも使うのが難しくなることがある。アスペルガー症候群は自閉スペクトラム症と同様，通常，連続体あるいはスペクトラムであるため，ある種の洞察力はもちあわせていることがある。たとえば，ハイリー・ギフティッド児のなかには，自身の社会的な不器用さに気づき，独自に社会的なやりとりの仕方を勉強し，様々な方法を練習する子どももいる。独学で身につけたソーシャルスキルでうまくやっていくことができれば，カウンセリングはなお必要となるかもしれないが，洞察力がより乏しい人が必要とするような極端に構造化されたトレーニングは必要ないだろう。

内向型か，不安症か，アスペルガー症候群か

　内向型のギフティッド児はアスペルガー症候群だと思われる可能性が特に高い。ただし，内向型のギフティッド児は相手と打ち解ければアスペルガー症候群様の行動はほぼなくなるという点で，アスペルガー症候群とは異なる。非常に内気あるいは内向型のギフティッド児をもつ親は，友人から我が子のことを「耳の聴こえない」子だと言われるほどだというエピソードを語ることがある。それは，その子が大人と話をしようとするととても不安になるということに，周囲が気づいていないためである。このようなギフティッド児は，人と話をすることを考えただけで不安で麻痺したようになり，まさにアスペルガー症候群のように見えることがあるだろう。家では「お調子者」なのに，家の外では固まってしまう子どもを見ると，周囲はその子のソーシャルスキルや社会性を心配する。診断にあたり，状況特異性を調べるだけでも誤診を避け

うる障害もあり，本来対処が必要な問題の根本となる原因——不安や内向性など——を見出す助けともなる。

　ソーシャルスキルに困難を抱える内向型の子どもには，意思決定をする際に親が自分の考えをそのまま声に出してあげるとよい。たとえば，だれかにプレゼントを選んでいるようなとき，その子の前で，プレゼントを選びながら考えていることを声に出すのである。選ぶのを辞めたプレゼントは何か？　なぜそれにしなかったのか？　何を候補にするのがよいか？　予算は決まっているのか？　どうせ包装紙は破いて捨てるのに，どうしてラッピングするのか？　カードは添えるか？　その理由は？　このような情報を，内向型のギフティッド児はアスペルガー症候群の子どもよりもずっと早く吸収し自分のものとする。アスペルガー症候群ではなくただソーシャルスキルが未熟なだけの子どもは概して，仲間からより受け入れられるようになるための提案や方略には熱心に応じる。

相反・矛盾する特徴

　以下に，知的能力の高い子どもの特性で，自閉スペクトラム症やアスペルガー症候群の診断とは相反・矛盾する行動特性，また，少なくとも，診断が的確かどうかへの重大な問題提起となる特性を記す。

- 興味関心を共有できる相手とであれば，比較的普通のやりとりができる。
- 強烈な興味関心のあることについて膨大な知識があること以外には，アスペルガー症候群の行動特性を示さない。
- 抽象的な考え，構造化されていない状況，革新的な活動を好む。
- 興味関心を共有する相手とのやりとりでは，ことばによらない空気に応じられる。
- 風変わりな動きや身ぶり手ぶりは，たいてい意識的にコントロールできる。ストレスあるいは過剰なエネルギーが関係すると，その癖が増幅される。
- 年齢相応か，それよりも高い運動機能の発達と協調がみられる。あるいは，身体能力が熟達している。
- 他者の感情や対人的な状況を洞察できる。
- 心の理論の発達がみられる。
- たいていは話題や内容に適した感情を示す。
- 多くの状況で共感や同情を示すことができ，どうすればその人を安心させてあげられるのかがわかる。
- 話し方やユーモアのセンスが大人びている。
- 人とのやりとりを含むユーモアを理解したり言ったりできる。それは，ただ一方的なユーモアやことば遊び，洒落の機械的な丸暗記ではない。
- 自己理解力が高く，自分の行動が人に与える影響を理解できる。

- 周囲が自分をどのように見ているのかを認識できる。
- ルーチンが突然変更されても，それを受け入れたり我慢できる。
- 「重箱の隅をつつく」などの喩えや慣用句をすぐに理解できる。
- 注意散漫になる原因がもっぱら自分の思考にあるのではなく，周囲で生じる出来事にある。

5節　社会的（語用論的）コミュニケーション障害

　アスペルガー症候群が DSM-5 から除外された一方，社会的（語用論的）コミュニケーション障害が新たに加えられた。この障害特性は，アスペルガー症候群と非常によく似ている点が多い。この診断名は，自閉スペクトラム症のカテゴリとは別にコミュニケーション障害の一部として位置づけられているが，アスペルガー症候群と同様の誤診や重複診断の問題があるように思われる。

　社会的（語用論的）コミュニケーション障害（Social Communication Disorder: SCD）は，単語や文法の能力が比較的高いにもかかわらず，社会的文脈のなかで，ことばを理解したり使うこと，また，ことばの社会的ルールに従うことの困難が生じる障害である。（例：この診断を受けるには，言語スキルが十分発達した年齢，少なくとも4～5歳に到達していなければならない）。この障害があると，社会的な目的のためにことばを用いたり，社会的文脈に適したコミュニケーションやコミュニケーションのルールに従うこと（例：会話の往復），文字どおりではないことばの解釈（例：ジョーク，慣用句，隠喩），ことばを非言語的コミュニケーション行動と統合することに困難が生じる（Swineford, Thurm, Baird, Wetherby, & Swedo, 2014）。

　この障害のある者は実際的な人とのコミュニケーションに特有の困難を示すが，認知的な問題はみられない。言語的，非言語的手がかりを読み取ったり，状況に応じたコミュニケーションができないがゆえに，社会的なやりとりに困難を抱える。たとえば，大人に対しても友だちに対しても同じ話し方をしたり，教室のなかでも校庭でも同じように話をしたりする。概して，社会的な状況に合わせて話し方を変えることができない[15]。

　社会的（語用論的）コミュニケーション障害の診断基準は自閉スペクトラム症とは質的に異なるということ，そして，「軽度 ASD」との類似点はあるが同じではないという理解が重要となる。社会的（語用論的）コミュニケーション障害と自閉スペクトラム症では，社会的コミュニケーションスキルに問題があるという点では共通する。

一方，社会的（語用論的）コミュニケーション障害者には，限定的な興味関心や反復的な行動，同一であることへの固執，感覚異常は通常みられない（Swineford, Thurm, Baird, Wetherby, & Swedo, 2014）。

このように，この2つの診断の違いが強調されてはいるものの，実際は，この新しい診断カテゴリが，もともとアスペルガー症候群とよばれていたカテゴリと重なり合うのかという点では，混乱があったり，少なからず不明確なように思われる。DSM-5には，社会的（語用論的）コミュニケーション障害の診断は，アスペルガー症候群の診断基準を満たすような，社会的コミュニケーションに困難を示す人に下されることがあるが，DSM-5で新たに設けられた自閉スペクトラム症の厳密な診断基準は満たしていない人でなければならないと明記されている[16]。

相反・矛盾する特徴

ギフティッド児がこの障害と誤診される可能性は高い。この診断は，DSM-5で新たに加えられたもので馴染みが薄く，あまり十分な情報が記されていないために，ギフティッド者の風変わりなコミュニケーションスタイルが原因でこの診断が下される可能性が高い。知的能力の高い者の行動特性で，社会的（語用論的）コミュニケーション障害とは相反・矛盾する点は，基本的に，自閉スペクトラム症やアスペルガー症候群との矛盾点として述べたものと同様である。

6節　シゾイドパーソナリティ障害〔統合失調質パーソナリティ障害〕

シゾイドパーソナリティ障害〔統合失調質パーソナリティ障害〕（Schizoid Personality Disorder）の特徴は，「社会的関係からの離脱，対人関係場面での情動表現の範囲の限定などの広範な様式」（p. 653*）である。人と親密な関係をもちたいという欲求に欠け，だれかと一緒に過ごすよりもひとりで過ごすことを好む。趣味や活動の際にも孤立し，よく「一匹狼」と思われる。コンピュータや数理ゲームのように，機械的な課題や抽象的な課題を好む。また，たいてい人からの賞賛や批判に無関心である。通常親しい友だちはほとんどおらず，ひとりだけ親友がいたとしても，その人に個人的なことは滅多に話さない。

---

* 日本精神神経学会（監修）（2014）．DSM-5 精神疾患の診断・統計マニュアル　医学書院　p. 643

シゾイドパーソナリティ障害者に先天的な気質特性を見出した研究もある（Brazelton, 1982）。乳児期には，優しく抱きしめられると後ずさりしたりこわばったりする傾向がある。他の子と比較して「擦りむけている」ような，とても敏感な印象を与え，感覚刺激や社会的な要求に過度に興奮する。そして，成長とともに最初のコーピングスキルとして，自分だけのファンタジーのなかに逃げ込んだり自ら孤立するようになる。成人後は，仕事では夜間のシフトを好んだり単独でできる仕事を選んだりする。そのようにして，自分の考えのなかにひとり浸ることのできる状況を求める。この行動傾向は，繊細で内向型のギフティッド者，養子として引き取られた子どもや反応性アタッチメント障害の子どもにもみられるコーピングのあり方で，これらのケースは診断から除外しなくてはならない。
　シゾイドパーソナリティ障害者の多くは「生気のない」「無表情」「欲のない」ように見えることが多い（McWilliams, 1994）。食事を摂らなかったりファッションには無関心だったり，人が失恋して悲しんでいるのがなぜかわからなかったりということがある。ティーンエイジャーがよく集まるようなショッピングモールや映画館などには関心を示さず，仮に示したとしても，それは学校の実験室などで標本を見るような客観的な関心となる。これを「ガラスの壁の後ろにいるゾンビ」と言った人もいる（Sass, 1992, p.24）。このパーソナリティ特性は統合失調症のリスクの高さと関連しており，統合失調症の家族歴のある人に多い。

ギフティッド児・成人ギフティッドとの類似点

　内向性が強く，特に対人関係での不安が伴うときは，シゾイドパーソナリティ障害の誤診を受けやすい。ギフティッド児や成人ギフティッドは，通常人と一緒にいることを楽しめるが，疲労困憊することも多い。このような人たちは，ときに意識的にひとりの時間をもつことで活力を養っている。また，ギフティッド者は表面的な人間関係を陳腐な面白くないものと感じ，避ける傾向がある。
　知的な探究をひとりで楽しむ傾向は，成功したギフティッド者に広く共通する特性である。また，本当に打ち解けあう友だちが身の周りにいないためにみずから孤立することもよくみられる。しかし，これらの傾向がみられるからといってシゾイドパーソナリティ障害の診断を下すことはできない。実際のシゾイドパーソナリティ障害者は，孤立よりも仲間づきあいを選ぶということができない。それに対して，シゾイドパーソナリティ障害ではないギフティッド児や成人ギフティッドは，状況に応じて，ひとりになるのがよいのか，それとも人とやっていくのがよいのかを判断したり選んだりできる。友だちがほとんど，あるいはまったくいないだけで，すぐにシゾイド

パーソナリティ障害と判断すべきではない。ギフティッド児や成人ギフティッドのなかには，人とうまくやっていくことが苦手な人もおり，かかわりを避けることもある。これは確かに心配なことではあるが，必ずしもシゾイドパーソナリティ障害を示す指標とはならない。

　パーソナリティ障害は正常なパーソナリティとの連続体であり，固有の病理ではないという理解が重要である。柔軟性がなくなり，日々の生活に支障をきたすときに病理となる。どの特性があろうとも，そのために，仕事，学業，友人関係，家族関係，恋愛関係，基本的なセルフ・ケアにいつも支障をきたしているのでなければ，問題とされることはほぼない。それが極端になり，柔軟性に欠けて基本的な生活に支障をきたす際に，パーソナリティ障害の診断が下されるべきである。

　たとえば，本書の読者のなかには自身のパーソナリティとして統合失調症的な部分があると感じている人がいるかもしれない。あるいは，どのようなパーソナリティ障害にしろ，その障害に関連して生じる苦しさをよく理解，共感できることがあるかもしれない。これは当然のことである。強いストレスを受け打ちのめされたときに，我々は正常から病理へ，そして「バラバラに壊れる」状態へと連続性をもって移っていく。ストレス下では，孤立傾向にある人であれば身を隠すようになるかもしれない。人から安心を得ようとする傾向のある人はだれかにベッタリになるだろう。そして，悲観的な傾向のある人はうつになりやすい。我々自身のパーソナリティの「規則性」を理解できるようになると，自分にとって耐えがたい状況がどのようなものであるのかを予測できるようになり，自身の苦悩のパターンを鎮める方法を見出し，状況に応じた対応を考えられるようになる。

　シゾイドパーソナリティ障害の診断にあたり，DSM-5ではギフティッドネスを考慮する必要性については言及されていない。しかし，両者には非常に類似して見える特性がある。非常に高知能のギフティッド者は自分自身のことを，内向的で社会性があまりなく引っ込み思案だと考えていることが多い (Dauber & Benbow, 1990)。Altaras-Dimitrijević (2012), Silverman (1993b), Winner (1997b) もまた，ギフティッド児や成人ギフティッドで特にハイリー・ギフティッド以上の知能のギフティッド者は，外向型ではなくむしろ内向型の傾向にあり，その割合は一般人口での割合よりも多いことを示した。外向型の者は他者と一緒に過ごすことで活力が沸いたりリフレッシュできるのに対し，内向型の者はひとりで過ごして「充電する」傾向がある。内向型のギフティッド者でも非常な激しさはもち合わせている。そのため，特に彼らにとって平凡でおもしろくない話題などのときは，よそよそしく見えたりかかわりをもたないようにしているように見えたりする。そして，シゾイドパーソナリ

ティ障害を疑われる。

　かなりの時間をひとりで過ごしたがる傾向は，多くのギフティッド者にみられる特性というだけでなく，成人期後期に偉業を成し遂げる人々の基本的な特性でもある。Barbara Kerr（Kerr, 1997; Kerr & McKay, 2014）は卓越した女性を対象とした研究を行い，彼女たちの大半が，子どもの頃非常に多くの時間をひとりで主に読書をして過ごしていたことを見出した。そして，そのような過ごし方が成人後の偉業の重要な先行要因となると結論づけた。他の研究でも，性別によらず同様の結果が見出されている（e.g., Goertzel, Goertzel, Goertzel & Hanson, 2004; Piirto, 2004）[17]。Kerrの研究によれば，シゾイドパーソナリティ障害者が人からの批判や称賛に無関心なことが多いのに対し，ギフティッドの女児はほんのちょっとした空気にも非常に敏感に反応し，引きこもったり人に対して「怒りっぽくなる」ことも示されている。

相反・矛盾する特徴

　シゾイドパーソナリティ障害者と，シゾイドパーソナリティ障害ではないギフティッド者との識別に有用な特性を以下に記す。以下の特性がみられたときは，少なくともシゾイドパーソナリティ障害という診断に疑問を呈すべきである。ただし，前述のとおり，シゾイドパーソナリティ障害とギフティッドは，一方ならば他方ではないという排他的な関係にあるわけではないことに常に留意すべきである。ギフティッド者もシゾイドパーソナリティ障害でありうるし，本書に取り上げられているいかなる障害にもなりうるのである。

　シゾイドパーソナリティ障害の診断に疑問を呈すべき特性は以下のとおりである。

- 家族以外に親しい友人や知り合いがおり，その人との友情はとても深い。
- 親友や人との関係を欲するが，友情を育むスキルがない。（この場合は他の障害を考えるのが適切である。）
- 概して状況に合った情緒（感情）を適切な程度に表現できる。ただし，自分の見方を受け入れてもらえないと感じる状況では感情をあまり見せないようにすることもある。
- 喜びをはっきりと感じられる。そして，人の集まるイベントを楽しむこともある。
- 興味関心を同じくする仲間を積極的に探し，そのような仲間とは楽しく過ごす。
- 人からの批判や称賛に顕著な反応を見せる。また，行動が人の反応に左右される。
- 自分の知的興味関心が人に受け入れられなかった経験があり，それが原因で特定の社会的状況では「用心深く」なる。
- 場にそぐわない身なりや振る舞いがみられるとき，それは無関心や無頓着によるのではなく，独自性の主張，慣習や権力への抵抗によるものである。
- 以上の特性のいずれかが生活のかなりの部分においてみられる（すなわち，パーソナ

リティ障害の症状が常にまた広範囲でみられるわけではない。)

シゾイドパーソナリティ障害のサインや症状の多くが，内向型やうつ状態の者にもみられる可能性があるという認識が重要である。ギフティッドネスと不適切な環境とが重なった結果抑うつが生じることがある。長期にわたる慢性的な抑うつとシゾイドパーソナリティ障害との識別が重要なポイントとなる。

7節　統合失調〔症〕型パーソナリティ障害

DSM-5によれば，統合失調〔症〕型パーソナリティ障害（Schizotypal Personality Disorder）のある者は社会的なやりとりや対人関係が非常に苦手で，風変わりである。また認知や知覚のゆがみから，普通ではない考え方をする。やむをえない場合には人とかかわるが，ひとりを好む。それは，彼ら自身が自分は人と違い，人とは馴染めないと感じているためである。このような人は，自分には特別な才能や力が備わっていると考えていることが多い。それはたとえば，予知能力や心の透視能力があるという類のものである。また，批判に対して，それがあからさまなものであろうと暗黙のものであろうと，非常に敏感である。彼らの癖や服装が奇抜だったり，身なりや社会的な慣習に無頓着だったりするために，変な人と思われる。たとえば，いつも黄色い服を着たがり，できることならば全身黄色でいたがるギフティッドの息子のことを，何かおかしいのではないかと思った母親が診断を求めるようなことがある。

統合失調型パーソナリティ障害は，"Schizophrenia-lite" という通称からもわかるように*，統合失調症の前兆となる可能性もある。妄信や普通ではない不合理な思い込みが共通してみられる。ギフティッド児を含め，多くの子どもは迷信的慣習を楽しむ時期がある。しかし，それにより日常生活に支障をきたすことはない。統合失調型パーソナリティ障害の若年成人は，複雑で奇妙な，そして，魔術的なことが起こる不可思議な世界にひとり入り込んで生きている。たとえば，20ドル紙幣のなかにあるセキュリティ・ストリップで政府が行動を監視していると，相手を説得しようとしたりする。あらゆるATMやスーパーマーケットのスキャナでセキュリティ・ストリップが検知され，信号が送られると信じていたりもする。その話を書き出すように言うと，冗長で支離滅裂な文書を記すことが多い。

---

*「統合失調型パーソナリティ障害」の通称。"-lite" は「軽い」の意。"light" も使われる。

ギフティッド児との類似点

　統合失調型パーソナリティ障害とギフティッドとを識別するのは難しい。それは，DSM-5 に記されているように，統合失調型パーソナリティ障害は比較的よくみられる障害で（有病率は一般人口の3〜4％），小児期あるいは青年期に発症することがあり，社会的な孤立，仲間関係構築の困難，社会不安，学業不振，感覚過敏，独特の思考や言語表現，奇妙奇天烈なファンタジーなどが特性として現れるためである。これら一連の特性は，明らかにギフティッド児の特性と共通するところがあり，特に「オタク」といわれるようなギフティッド児とは共通点が多い。そのため，これらの特性がその子の生活にどの程度の支障をきたしているのか，その範囲と程度が重要な識別観点となる。

　ギフティッド児や成人ギフティッドの大半は普通よりも繊細で，ときには繊細すぎるほどのこともある。また，複雑で強烈なファンタジーの世界をもっていることも珍しくない。前述のとおり，就学前のギフティッド児の約半数に想像上の友だちがおり，その友だちとの複雑な空想の世界をつくっている。さらに，特に想像の過興奮性が高いギフティッド児や成人ギフティッドは，擬人化したり，人間の行動や感情を無生物に帰したりする傾向がある。そして，自分のことを人が何を考えているのか，何をしようとしているのかを感じ取ることができる「エンパス」だと考えていることも珍しくない。また，人からの評価や拒絶に対して非常に敏感である。この極端な例が「インディゴチルドレン」とよばれる人々である。このような子どもの親は，我が子のことを天使か何かの生まれ変わりで確かに特別なオーラがあり，実年齢よりもずっと賢く，宇宙の高調波を伴い生まれてきたと考えることもある（Day & Gale, 2004）。これを統合失調型の思考だと考える人もいれば，単なるサブカルチャー的な考えとみなす人もいる。DSM-5（p.657*）では，この障害の診断プロセスにおいて，「広く文化的に規定された特徴，特に宗教的信念や儀式は，それについて知らない外部の者からみると統合失調型であるかのように見える（例：ブードゥー教，異言**，来世，シャーマニズム，読心，第六感，邪視，健康や病気に関連した魔術的な信念）」ことへの留意が重要と記されている。

　前述のとおり，ギフティッド者の多くは自分に合った知的な仲間が得られないとき，多くは読書などひとりの活動をするようになる。ギフティッド者についての知識を豊富に有し，彼らの意欲，認知的枠組み，感情の激しさについて十分に時間をかけて理

---

* 日本精神神経学会（監修）(2014)．DSM-5 精神疾患の診断・統計マニュアル　医学書院　p.648
** DSM-5 日本語版は，「方言での会話」となっている。しかし，原文は，speaking in tongues であり，ここでは「異言」と訳した。

解しなければ，ギフティッド児や成人ギフティッドの繊細さに突飛な行動や内向型の特性が伴った際，それが統合失調型パーソナリティ障害のように見えてしまう。

創造的なギフティッド者は，特にこの障害の誤診を受ける危険性が高い。彼らが創造的な活動に猛烈に没頭して打ち込んでいるときには，人とかかわりをもたずにひとりでこもることが多いうえ，普通とは異なる思考プロセスをとるためである。たとえば Rothenberg（1990）によると，創造的なギフティッドの作家は普通とは異なるロジックや概念化の思考プロセスをもつことが示された。Neihart（1999）と Piirto（2004）は，躁うつ病者，精神障害者，創造性の高い人々の思考プロセスに共通性を見出した臨床研究があると指摘している。

前述のとおり，ギフティッド者が統合失調型パーソナリティ障害などの疾患にかからないということではない。実際，双極性障害，うつ，自殺が，創造的なギフティッド者により多くみられることを示した研究もある（Neihart, 1999; Nelson & Rawlings, 2010; Piirto, 2004）[18]。それでもなお，統合失調型パーソナリティ障害の診断と治療に際しては，ギフティッドネスやギフティッドネスと関連する特性を考慮する必要がある。

相反・矛盾する特徴

診断上留意すべき，統合失調型パーソナリティ障害とは相反・矛盾するギフティッドの特性を以下に記す。

- 大半の状況で適切な心情（感情）を適切な程度に表現できる。ただし，その感情が受け入れてもらえないと感じるときは，感情を見せようとしないこともある。
- 通常の状況では，懐疑的思考や被害妄想的思考をもたない。
- 興味関心を同じくする仲間を探し，そのような仲間とは楽しく過ごしているように見える。
- 学業不振かどうかは変動する。その教科や先生が好きであれば成績はよくなる。
- 教養のある大人から見ると，その考え方は決して奇妙なものではなく，むしろ，深い考え，創造的な考えだと判断できる。
- 創造性や知的好奇心が受け入れられなかったり評価されなかったりした経験がある。
- 場にそぐわない身なりや振る舞いがみられるとき，それは無関心や無頓着ではなく，独自性の主張，慣習や権力への抵抗を意味する意図的なものである。

8節　回避性パーソナリティ障害

　回避性パーソナリティ障害（Avoidant Personality Disorder）者は，批判や非難，拒絶を受けるような状況を避ける。恐怖心や劣等感から，内気でおとなしく引っ込み思案になる。また，批判なしで受け入れられているという確信がもてないかぎり，親密な対人関係を避ける。親密な対人関係を築きたいと切に願っていることもあるが，拒絶されることを恐れ，ネガティブな評価に過敏である。失敗を恐れて責任を回避する。拒絶に対して過敏なため基本的に孤立しがちである。人からの嘲笑を恐れたり感じたりすることで，自己疑念がますます強まる。DSM-5によれば，一般人口の有病率は2.4%である。

ギフティッド児・成人ギフティッドとの類似点
　前述のとおり，多くの標準的な子どもとは異なり，大半のハイリー・ギフティッド児や成人ハイリー・ギフティッドは，内向型の気質をもつことが多い（Burrus & Kaenzig, 1999; Dauber & Benbow, 1990; Gallagher, 1990; Hoehn & Birely, 1988; Silverman, 1993a）。さらに，ギフティッド者は多くの点で非常に敏感である（Daniels & Piechowski, 2008; Lind, 1999）。彼らは非常に自己批判的なことが多く，自身で設けた高い基準に自分が満たないのではないかと心配し思い悩む。そのため，学習性の回避行動をとることも珍しくない。そして，この行動が回避性パーソナリティ障害の行動特性とよく似ていることがある。
　ギフティッド児は人から常に評価されていると感じているだけではない。自分の特性を，仲間やときには教師からも繰り返しからかわれたり，なじられたり，笑いものにされていじめられていると感じていることすらある（Schuler, 2002）。Cross（2004）などでは，米国の公立学校は反知性主義的な環境で，学業よりもソーシャルスキルや社会秩序が重視されること，そのため，公立学校では，学業成績や知的能力，創造性の高い子どもは歓迎されないと指摘されている。
　そのような環境に8～10年以上もさらされて成長したギフティッド児は，回避性パーソナリティ障害になりやすい。成長過程でそのような環境にさらされたギフティッド者は強い自己感覚を育めず，自己疑念にさいなまれることがある。自己疑念が高まると，自身の能力に対する疑いが生まれる。インポスター症候群（Imposter Syndrome）は，自身の成功を受け入れることができず，それが自己疑念につながるという心理現象である[19]。ギフティッドネスとインポスター症候群との関連を示した

研究はないが，困難に直面した際に自身の力を信じられないギフティッド者や，周りから評価されているほど自分には力がないことが「暴かれる」のではないかと悩むギフティッド者は多い。

　ギフティッド児や成人ギフティッドの多くは，繊細さや自己批判的なセルフトークが増すにつれ，挑戦することを恐れるようになる。特に，ネガティブな評価を受けるかもしれないと彼らが考えるような状況ではその傾向が強くなる。完璧主義のギフティッド者も「完全に完璧」でないことを恐れて挑戦を避けることがある。完璧ではないものは失敗と考えるためである。ポジティブな可能性を見据えられるのと同じくらいはっきりと，ネガティブな可能性も見えてしまう。彼らが努力をしても，家族がその努力を軽くみたり批判的に応じることが多いと，批判に対して非常に敏感になる傾向がある。そして，挑戦しようとしなくなり，ネガティブな評価を受けそうな対人関係を避けるようになる。

　ギフティッドと完璧主義の関連を示した研究は相当数ある（Neihart, Reis, Robinson, & Moon, 2002）。完璧主義に押しつぶされたかのようなギフティッド児は，回避性パーソナリティ障害のように見えることがある。ここでの大きな違いは，回避性パーソナリティ障害者は外からの批判を恐れるのに対し，完璧主義の強いギフティッド者は自分自身がつくりあげた高い——あるいは非現実的な——目標に自分が及ばないのではないかという，自分の内的な苦悩を避けようとしているという点である。ギフティッドにかかわる訓練を受けていない人からすると，双方とも見た目は同じ症状のように見える。ところが，困難にいたるまでの経緯が大きく異なるのである。

　ギフティッド児は早い時期から色々なことを苦労せずにできてしまうことが多い。そして，失敗に対処する経験を積むことができないため，失敗を極度に恐れるようになるケースがある。自分と同じか，あるいは自分以上に力のある友だちや，（家族以外の）大人に出会うことがなければ，自分が一番頭のよい，あるいは物知りの人間だと思うようになるだろう。もし，このような考えをアイデンティティの唯一のよりどころとしてしまうのであれば，失敗やより優れた人の存在は，その人の核心部を脅かすものとなる。「自分がいつも正しく，そしていつも一番でなければ，いったい私にはどんな価値があるのか？」これはある意味，Dr. Carol Dweck（2007）が**固定型マインドセット**と名づけたものを発達させていることになる。自分は賢いと思い込み，それに固執するのであれば，ネガティブな評価や自分の賢さと矛盾する情報は，その人のアイデンティティを削ぎ落とすものとして働くことになる。

　当然，ギフティッド者もまた，成長とともに自分より経験豊富で技能も能力も優れた人々に出会う。その際，自分が一番だという考えにアイデンティティががんじがら

めになっていると，様々な困難に挑戦してみようとするのではなく，それらを避けるようになるだろう。Dweckの研究がこれを裏づけている。つまり，固定型マインドセットの者は，自分や他者が思うほど自分が賢くはないとみなされるような課題には取り組もうとしない。むしろ挑戦することを避け，自分が「賢い」というイメージを守ろうとする。自分と同程度，あるいは自分以上に力のある人に出会う時期が早ければ早いほど，この非現実的な自己理解に陥る可能性は小さくなり，また，それを克服できるようになる。そのような経験は最初は大きな痛手となる。しかし，次第に，非現実的な基準をもち続けなくてもよいのだという安心感を得られるようになる。自分自身の失敗を許せるようになると，失敗を恐れる者が避けて通るような，たくさんの新しい機会への道を切り開けるようになる[20]。

　DSM-5によると，回避性パーソナリティ障害の有病率は2.4%である。ただし，診断に際しては，「子どもや青年に対しては十分注意を払ってこの診断を下すべきであり，それは内気で回避的な行動が発達的には適切であるかもしれないからである」（p.674[*]）と記されている。社交恐怖（Social Phobia）のほうが適切な診断となるケースもある。

相反・矛盾する特徴

　DSM-5には，ギフティッド者における回避性パーソナリティ障害の発症率が一般よりも高いとは書かれていない。しかし，上述のような類似点を考えると，その可能性は十分にある。DSM-5によると，回避行動は幼児期または小児期に始まることが多く，内気，孤立，見知らぬ人や新しい状況に対する恐怖とともに現れる。一方，多くの人で加齢とともに寛解していく傾向があるとも書かれている。このことから，回避性パーソナリティ障害と学習性の回避行動のある繊細なギフティッドとを識別するうえで，以下の観点が役に立つだろう。

　両者の識別のためには，回避行動の経過をとらえる必要がある。もし，その子の内気，見知らぬ人に対する恐怖，孤立といった行動が小学校入学前に始まっているのであれば，その問題は，ギフティッドネスよりも回避性パーソナリティ障害が関係している可能性がある。パニック症の併発や全般性社交恐怖が伴うときは回避性パーソナリティ障害の可能性が高い。ただし，パニック症や全般性社交恐怖が伴わないことで，回避性パーソナリティ障害の可能性がなくなるわけではない。

　何らかの回避行動が早期からみられ，成長とともに孤立や回避が増大しているので

---

[*] 日本精神神経学会（監修）(2014). DSM-5精神疾患の診断・統計マニュアル　医学書院　p.666

あれば，回避性パーソナリティ障害の診断には慎重になるべきである。回避行動が増大するということは，同年齢の仲間や学校その他の環境が自分と合わないという感覚から生じていることがあり，誤診の可能性が高まるためである。また，学校や保育所などに入ってから孤立や回避が始まった場合は，それらの行動は内因性の問題によるのではなく，環境への反応として生じていると考えられる。ギフティッド児は非常に早期からメタ認知能力をもつため，自分の思考や感覚が同年齢の仲間とは異質だということに早くから気づいている。これは疎外感につながり，実際に，自分は違う星から来たと考える子どももいる。

一方，その人の知的な行動を批判された経験（例：「いつも質問ばかりね！」「繊細すぎるのよ」「激しすぎる」「何でもかんでも知りたがろうとしないの！」などと言われる）があると，それが回避行動につながることもあるため，回避性パーソナリティ障害と判断すべきではないだろう。回避行動が年々増大していることの背景要因として，環境の影響も吟味すべきである。発達の早期に何でも楽々とこなすばかりで，フラストレーションへの耐性が発達していなければ，批判されることへの恐怖心が高まり，それが回避行動へとつながるだろう。インポスター症候群や固定型マインドセットがある場合は，明らかにその人の努力により成し遂げられたようなときでも学習性の回避行動を見せることがある。たとえ回避行動が増大していても，その回避行動が実際の出来事や環境のトリガーとの明らかな関連があれば，ギフティッドネスの繊細さによるものという可能性も考えられる。同様に，興味関心を共有できる仲間とであれば回避行動が大幅に減るケースでは，問題の主たる原因はギフティッドネスからきている可能性があり，有効な治療のためにはこの点に留意する必要がある。学習性の回避行動が，ギフティッドネスによるものであろうと回避性パーソナリティ障害によるものであろうと，治療はその人が直面している困難に対処することから始めるのであるが，アプローチの仕方は，ギフティッドであるか回避性パーソナリティ障害であるかにより異なる。

9節　その他の不安症群

ギフティッドの特性として，激しさ，繊細さ，自己批判的な思考，合わない社会環境の多さがある。そのため，DSM-5 に記載されている他の不安症群についても，ギフティッド者がより抱えやすい可能性がある。そして，ギフティッドのクライアントの多くは，不安症が原因で心理士のもとを訪れる。少なくとも我々の臨床観察からす

ると，ギフティッド児や青年ギフティッドの不安症は急速に増加傾向にあるように思われる。ギフティッドの特性が不安症の発症原因となっている可能性が高いと思われる。一方，パニック障害（Panic Disorder）やパニック発作（Panic Attacks），社交不安症（Social Anxiety Disorder），全般性不安症（Generalized Anxiety Disorders）などの治療に際しては，ギフティッドの認知能力の高さが治療，特に認知行動療法を用いる際に役立つだろう。聡明なクライアントほど，不満げで過剰に理詰めなやり方で専門家の診断や治療に異議を唱えるが，治療技術の要領を素早くのみこむこともできるのである。

第6章

気分（感情）障害

　気分障害（Mood Disorders）は，DSM-5 では双極性障害および関連障害群（Bipolar and Related Disorders; 極度の気分の高揚である躁病がみられる）と，抑うつ障害群（Depressive Disorders; 様々な抑うつ状態が含まれる）の2つのカテゴリに分類される。ICD-10 にはこのような分類はなく，気分（感情）障害（Mood (Affective) Disorder）という1つのカテゴリにまとめられている。

　我々の経験からすると，ギフティッド児や成人ギフティッドにおける抑うつの診断は概して正確であるが，知的能力の高さが及ぼす影響の重要性を見落としている専門家が多い。双極性障害や抑うつ障害などの気分障害には，特に創造性の高いギフティッド者に多くみられるものがある（e.g., MacCabe, Lambe, Cnattingius, Sham, David, Reichenberg, & Hultman, 2010; Neihart, 1999; Piirto, 2004）。ただし，この見解に異を唱える研究もある[1]。ハイリー・ギフティッド者は，人生の意味にかかわる問題を中心とした実存的うつを抱えるリスクが高いともいわれている（Webb, 2013）。そして，このような人々には自殺も多いと思われる（Delisle, 1986）。一方，ギフティッド者における躁病や軽躁病の診断は抑うつほど正確ではない。また，診断が正確であればそれで十分なのではなく，ギフティッドネスにかかわる特性が治療のあり方に影響を及ぼす。

　個人のギフティッドネス，また，ギフティッドネスに関連する特性は，気分障害の診断と治療の両方で考慮すべきである。ギフティッド児や成人ギフティッドの特性として，繊細さ，激しさ，メタ認知能力の高さなどがあるが，これらは気分障害の診断の可能性を高める一因となると同時に，治療に際しても大きな意味をもつ特性である。ギフティッド者の特性とその人が身を置く環境との関係を理解することで，より正確な診断と有効な治療計画が可能となる。

多くはないが，幼い子どもで特に双極性障害の明らかな誤診をみかける。なかには，成人の診断基準が不適切にそのまま子どもに当てはめられてしまうために誤診が生じているケースがある[2]。たいてい，ギフティッド児や成人ギフティッドに特徴的にみられる感情や行動，反応の激しさが障害によるものと誤解され，誤診される。臨床医がギフティッドを理解していないこともその原因となるが，それだけでなく，診断基準に十分注意を払っていないこと，現行の DSM-5 や ICD-10 が正確でないとか不十分だと考えていることも誤診の原因となる。現時点では，若年発症の双極性障害（Juvenile Bipolar Disorder）という正式な診断名はまだないが[3]，「若年発症の急速交代型双極性障害（Juvenile Rapid-Cycling Bipolar Disorder）[4]」という新たなカテゴリを設けるべきだと主張する専門家もいる。そのような診断が的確なケースもごくまれにあるが，そのような障害のないギフティッド児がたびたび双極性障害と誤診されていると我々は考える[5]。

　6歳の女の子がどのようにして双極性障害と診断されるに至ったのかを，その子の母親が語ってくれた。3か月ほど前から，その子の感情の起伏が非常に激しくなり始めた。目がくらむほどに幸せそうなときもあれば，次の瞬間は絶望的になり，物を壊したり，ときには大好きなおもちゃまで壊したりした。3歳から本を読み始めるほどだったが，今や本に興味ももてなくなり，学校へ行くことも嫌がっていた。そして，あるときは親にベッタリと甘えるかと思えば，次の瞬間は怒って拒絶した。
　小児科医から小児精神科へ紹介され，そこで，愛着障害を伴う双極性障害と診断された。そして，すぐに入院と薬物療法が必要と言われ，保険の期限が切れるまでの 28 日間入院した。退院後は，その精神科医から別の開業医への通院を勧められたため，母親は心理士のもとを訪れた。
　その心理士は，こんなに幼い子が双極性障害と診断され，入院と薬物療法を受けたことにショックを受けた。家族歴を確認すると，その子の両親が別居をしてから1か月ほどたった頃にその子の様子が急激に変わったこと，母親とその子が強制的に家を出なくてはならなかったことがわかった。さらに，ペットの犬が車に轢かれ，父親の居場所がわからなくなったことが重なった。退院後はますます母親にベッタリになり，かたときも離れられなくなった。薬物療法をやめるとその子は明るくなった。そして，家庭の状況が安定すると気分の変動はみられなくなった。
　ウェクスラー式知能検査の結果，全検査 IQ は 143 だった。また，学力検査の結果，数年上の読解能力があることがわかった。この例では明らかに，繊細なギフティッド児の強烈な情緒的反応が双極性障害と間違われたと考えられる。

1節 双極性障害*

　我々は，双極性障害（Bipolar Disorders）と診断されたギフティッド児に出会ってきた。なかには3歳という幼い子どももいる。これにはいくつかの点で厄介な問題が含まれる。まず，双極性障害は通常成人にみられ，DSM-5では初発の平均年齢は18～25歳とされている。これは，18歳以下でもこの障害になる可能性もあることを意味するが，成人に多い障害の診断を，青年期以前の子どもに下すのは不適切だと我々は考える。

　精神科医による子どもの双極性障害に関する報告もある（e.g. Findling, Kowatch, & Post, 2002; Geller, 1995; Lederman & Fink, 2003; McClellan, Kowatch & Findling, 2007; Papalos & Papalos, 2007; Renk, White, Lauer, McSwiggan, Puff, & Lowell, 2014）。ただし，子どもにも双極性障害が頻繁にみられるという見解は，一般にはまだ受け入れられていないだろう。子どもの双極性障害の有無や有病率だけでなく，子どもの双極性障害の行動特性や，それが成人の双極性障害とどのように違うのかという点に関する研究がまだまだ必要とされる[6]。

　我々は，双極性障害と診断された非常に幼いギフティッド児の親からの依頼をいくつも受けてきた。8歳以下の子どもでの双極性障害は誤診の可能性が非常に高い。というのも，その年齢の子どもは，双極性障害にみられる行動特性（例：潜在的に有害な行動に過度に喜びを見出してのめり込む）を示すことができないためである。スターやプロスポーツ選手になろうとしている子どもが多いように，自尊心の肥大は子どもには普通にみられるものである。我々の経験からすると，青年ギフティッドが実際に双極性障害の症状を示すことがごくまれにある。とはいうものの，ギフティッド児の非常に感情的な行動は，たいてい，親の離婚や死別などのストレスの強いライフイベントに対する，ギフティッド児の激しさ，繊細さと理解したほうが筋が通る。このようなケースで観察される行動は，DSM-5にある双極性障害の基準を満たさない。

双極性障害の特徴

　双極性障害は，双極Ⅰ型障害[7]と双極Ⅱ型障害[8]の2つに分けられる（American Psychiatric Association, 2013**）。いずれも遺伝的要因が強く関係する。双極性障害者はたいてい親族内に同じ障害の者や，うつ病「だけ」ある者がいることを知ってい

---

* 以前の「躁うつ病」（Manic-Depressive）。
** 日本精神神経学会（監修）（2014）．DSM-5精神疾患の診断・統計マニュアル　医学書院

る。

　いずれのタイプの双極性障害にも，躁病（あるいは軽躁病）[9]から抑うつという，劇的で極端な感情の起伏がみられる。両タイプの相違点として，双極Ⅰ型障害は少なくとも1つの躁病エピソード（躁の症状が少なくとも連続して7日間みられる）があり，その後の抑うつエピソードは必ずしもあるとは限らない。対する双極Ⅱ型障害は，少なくとも2週間続く抑うつエピソードが1回はあり，少なくとも4日間続く軽躁病エピソードが1回はあることが基準となる。双極Ⅱ型障害は，以前は躁うつ病とよばれていたものである。「急速交代型」は，成人期後期の慢性的双極性障害にのみ当てはまるもので，日ごとにあるいは週単位で気分の変動が現れることを意味するものではない。

　双極Ⅰ型障害，双極Ⅱ型障害といっても様々な状態があるため，ここでは，躁病エピソードと抑うつエピソードについて DSM-5 に記載されていることの要約にとどめる。診断基準と詳細は DSM-5 を参照されたい。

　躁病エピソードでは，壮大で開放的な思考，亢進した活力，あるいは易怒的な状態に特徴づけられる異常なほどの気持ちの高揚が，少なくとも1週間続く。だれかれ構わず大声，早口で話し，その内容は「絶対に故障しないマシンを発明した。それで……」とか，「完璧な交響曲を作曲しているところなんだ。それで……」とか，「今，グレート・アメリカン小説を書いているところだ。……10か月もすれば，5億ドルも稼げるビジネスがあるんだ。一緒にやらないか！」という類のものとなる。あるいは，突然いくつものビジネス投資を同時に始め，気前よくお金を使ったり家族や友人にも投資を要求したりもすることがある。そして，いずれも自分の行動が人にいかなる影響を与えるのかについては考えていない。ギフティッド者のなかにも楽観主義的思考の者がいるが，彼らの楽観主義はある特定の領域に限定されている点，確固たる事実に基づいた目標をもっている点で，躁病エピソードとは大きく異なる。たとえば，オリンピック出場を約束されている子どもが「フリースケート大会で優勝するわ！」と言うようなことである。

　典型的な躁病エピソードでは，何日間もほとんどあるいはまったく眠らないことがある。話したり書き出したりするのが追いつかないほどのスピードで様々な考えがせめぎあうようである。過剰に社交的になり，自分の考えや計画を伝えようとするあまり，他者のパーソナルスペースを侵すほどになる。そして，性的な乱れ，クレジットカードの限度額を超えた使用，薬物使用，失業，友人関係の破綻，違法行為などの問題を引き起こし，たいていは入院が必要となる。この症状は極端で，明らかにその人の正常な機能を害している。成人の躁病エピソードがどれほど困難な状況であるかが

わかるだろう。

　抑うつエピソードは非常に落ち込んだ状態で，楽しみややりがいがまったくなくなったように見える。その落ち込みは，躁病エピソードの高揚の高さと同程度，あるいはもっと大きなものとなることが多い。人生の喜びを完全に喪失してしまう。何を食べても美味しく感じず，何をやってもよい気分になれない。すべてがとても困難で空しく見える。著しい疲労感や気力の減退がみられ，思考力や集中力，決断力に問題が生じ，寝つけなくなったり朝起きられなくなったりする。頭のなかは失敗したことや失望でいっぱいになり，絶望と無価値感にさいなまれる。直近の躁病エピソードでの行動を恥じる気持ちと生物学的な抑うつとが重なると壊滅的な状態になる。食欲の減退あるいは過食がみられることもあり，自殺念慮に苦しむこともある。アルブレヒト・デューラーの銅版画「メランコリアⅠ」にあるように，抑うつ状態の真っ只中にある双極性障害者は，ただ自分の惨めな人生を思いめぐらして頭を抱え，座り込むことしかできない。

> 　息子はティーンエイジャーです。双極Ⅱ型障害と診断されました。ギフティッドでもあります。診断を受けるまでに1年半かかりました。それほどまでに診断が難しかったのは，息子のどの行動を10代の青年なら普通と考えてよいのか，また，ギフティッドであれば普通にみられる行動ととらえてよいのか，はたまた障害による行動ととらえなくてはならないのかが，なかなかわからなかったためでもあります。気分障害と思われる息子の行動は，13歳のときに初めて現れました。躁病エピソードはわかりにくく，ギフティッドの創造性のスパート（噴出）として見過ごしてしまいがちでした。まったく眠らなかったり，やたらと読書，物書き，詩を書くことばかりに没頭している時期がありました。その時の息子の気持ちは，「これのどこが問題なの？」というものでした。
> 　ところが，ある日の科学の時間の討論中に管弦四重奏曲を書き上げたとき，息子のなかの何かが崩れ落ちたのを感じたようでした。その日から始まった抑うつは，最初の躁状態よりも深刻で長く続きました。状態が安定するまで3か月間の薬物療法が必要でした。薬はよく効いています。息子は，薬物療法のせいで自分の賢さや創造性，ユーモアが失われるのではないかということを最も恐れていました。しかし，そのようなことにはなりませんでした。早急に診断することなく，セラピストや正看護師がじっくりと時間をかけて息子を理解してくださったのがよかったと思っています。

青年と成人の双極性障害

　ギフティッドネスと双極性障害との間にはわずかな関連が示されている。少なくとも2つの研究（MacCabe et al., 2010; Smith et al., 2015）により，「小児期のIQ得点，特に言語性IQ値の高さが後の双極性障害のリスクを表す指標となるだろう」とされ

ている。

　双極性障害にみられる気分の変動は，典型的には数か月単位あるいは数年単位のサイクルで起こる。高揚は数日から数週間続き，落ち込みは数か月から数年続くことがある。一般に，抑うつの時期が躁の時期よりもかなり長く続く，ゆっくりとしたサイクルとなる。

　一方，DSM-5には「急速交代型」とよばれるものがあり，このタイプの双極性障害は，12か月で4つ以上の気分エピソードが出現する。しかし，これらのエピソードは，少なくとも2か月の部分または完全寛解，あるいは「対局性のエピソードへの転換」がみられる。つまり，1年間に数回の気分エピソードが現れるが，それらは2，3か月に1回より頻繁になることはない。

子どもの双極性障害

　近年の出版物のなかには子どもの双極性障害を取り上げたものがある（e.g., Findling, Kowatch, & Post, 2002; Geller, 1995; Lederman & Fink, 2003; Papalos & Papalos, 2007; Renk, White, Lauer, McSwiggan, Puff, & Lowell, 2014）。ただし，この問題において用いられる研究データはやや限定されたものだという理解が重要である（Carlson, Jensen, & Nottelmann, 1998; Geller & Luby, 1997; Van Meter, Moreira, & Youngtrom, 2011; Wagner, Redden, Kowatch, Wilens, Segal, Chang, Wozniak, Vigna, Abi-Saab, & Saltarelli, 2009）。ここで改めて我々の見解を述べざるをえないだろう。子どもに対する双極性障害の過剰診断がある。

　たとえ双極性障害だったとしても，その症状は大人と子どもとでは大きく異なるだろう。大人の診断基準をそのまま子どもに当てはめたりすると，誤診を招く可能性が高まる。前述のとおり，医療関係者の間で一致している見解は，この深刻な障害がみられるのは青年期や成人期であり，小児期ではないということである。我々は，子ども，特にハイリー・ギフティッド児に，この有害ともなりうる診断を下すことに対して，最大限慎重になるべきだと強く警告する。双極性障害と診断されるということは，精神病質のリスクを有すること，現実との接点を失うこと，その子の将来の可能性の芽に大きなダメージを与えることを意味する。これは，多くの職場が精神病質の人を雇いたがらないという点で，否定できない見解である。この診断が子どもに下された場合は，10代後半になるまでに精密に再検査し，真偽のほどを確かめるべきである。

子どもの急速交代型双極性障害

　子どもに双極性障害の診断を下す専門家は，「急速交代型」あるいは「超急速交代

型」とすることが大半である。DSM-5 の急速交代型は前述のとおりであるが，このような診断を下す専門家の多くは明らかに子どもの急速交代型の症状を，気分の変動が数日から数週間，ときには1日のなかでの変動という短いサイクルで起きるものだと思い込んでいる。この考えは DSM-5 の基準に当てはまらないばかりか，子どもの双極性障害についての研究論文とも矛盾している。

　我々がこのように強調するのは，双極性障害と診断されたギフティッド児の大半が「急速交代型」と診断されている現実を見ているためである。つまり，そのようなギフティッド児は，1日あるいは1週間のうちで何度も大きな気分の変動を見せる。ところが，急速交代型双極性障害であっても，1日のうちに何度も気分変動のサイクルがあるとは定義されていない。1日のなかで何度も気分の激しい変動がみられるのは，確かに対処を要する深刻な問題である。しかし，このような気分変動のパターンは，DSM-5 に記されている双極性障害とは一致しない。我々の経験からすると，1日のうちに何度も気分変動がみられるという急速交代型のように見える状態は，双極性障害とは別の直接原因があることが多い。たとえば，後の章で記されている反復性の一時的なグルコース不足のために，感情のメルトダウンと開放的な行動とが交互に現れるケースや，アレルギー反応が隠れているケース，市販薬（あるいは処方薬）に対する副作用としてのアレルギー反応，頭痛，腹痛が起きるケースなどがある。病歴を綿密に調べないと，これらの要因は見逃されがちで原因としては考慮されないままとなる。

ギフティッド児・成人ギフティッドとの類似点

　ギフティッド児や成人ギフティッドの激しさは十分立証されている特性である。そして，彼らの激しい感情はギフティッドネスという文脈を抜きにすると，異常なもの，度を越したものと解釈されやすい。双極性障害も，行動の激しさや過剰さがその診断の鍵となる症状とされている。前述のとおり，双極性障害と創造性，少なくとも作家としての創造性との間には関連が示されている（Murray & Johnson, 2010; Piirto, 2004）。ただし，多くのギフティッド者にみられる興奮（ハイ）と落ち込み（ロー）の激しさは，双極性障害ではない場合にも双極性障害と誤解されることがある。他の診断と同様，適切な診断の鍵となる確認事項が2つある。それは，「その患者の生活機能に支障をきたしているか？（すなわち，だれにとっての問題なのか？）」と，「その症状は，実際にあらゆる状況，あらゆる場面で生じているか？」である。

　誤診を減らすためには，双極性障害が幼い子どもに生じることはきわめてまれだという認識，さらに，ギフティッド児と双極性障害児との間には，実際，重大な違いが

あるという認識が必要である。ギフティッド児の極端な感情は特定の出来事や刺激に対する反応として生じ，広く全般的な気分として経験されるものではない。それは特定の考えや出来事に関連するため，強烈な感情が1日の間でくるくると変わる。さらに，環境のなかに繰り返されるものがあれば，それに対応して定期的に変動することもある。ギフティッド児の強烈な感情的反応は，たとえば，素晴らしい映画や演劇に感動することにとどまらず，その感動を友だち全員に話さずにはいられなかったり，もう一度それを観ようと計画したり，原作を読んだりという行動に現れる。完璧主義傾向の強いギフティッド児は，特に大切な発表会や試験の前後や最中に，尋常でない苦悩に悩まされることもある。「ここ一番の舞台」で自分のチームが負けたときのギフティッド児の激しい落ち込みようは，状況にふさわしくないほどの過剰な悲しみや怒りを引き起こすこともある。なぜなら，周囲からすれば「ただのゲーム！」なのだから。

このようなギフティッド児の過剰反応には突発的な出来事がかかわっている。その出来事が単発的なものであれば，臨床医は診断の際にそれをいちいち考慮したりはしない。ところが，ギフティッド児には1，2週間を通してこのような激しいパターンが生じることがある。ギフティッドのことをあまり知らない臨床医は，これらの症状が当てはまるカテゴリを探すなかで双極性障害が該当すると誤って判断してしまうことがある。その強烈な感情が生じている文脈をよく調べれば，双極性障害という診断は到底起こりえないだろう。ところが，その文脈が無視され，個々の出来事が表面的にしか扱われないときは誤診が生じることがある。

子どもは疲れすぎたときに，実にひどい行動――癲癇，抑うつ性の落ち込み，半狂乱，ヒステリックな行動――を見せる。我々は，聡明な子どもが自分の興味関心を非常に熱烈に追究するために疲労困憊するまで自身の疲れに気づかないということを忘れがちである。このような子どもたちは，寝食を忘れてものごとに非常に没頭する特性もある。

Leach（2001）は，幼い子どもの典型的な1日を，大人がウォータースキーを習う1日と同程度の負荷がかかっているとみなすべきだと述べている。ギフティッド児は情熱的で一途で完璧主義の傾向が強く，特に自分の許容量を超えて自分にプレッシャーをかけるため，結果として非常に脆弱な面をもつ。特に幼少の子どもでは，身体の協調が未熟であるうえ，年上のきょうだいをコントロールすることもできない。「ただ遊んでいるだけ」であっても，神経系の未発達な手足をコントロールしようと必死になり，腕や脚の長さやその割合は常に変化している。たとえば，小さな女の子を公園に連れて行ったとしよう。「自分の」ブランコがだれかに取られていたときには，

別の遊びを探さなくてはならない。砂場で躓いて口のなかに砂が少し入ってしまったりする。そして，「これは食べたらいけないのかしら？　お腹を壊してしまうのかしら？」と考える。目の前を数人の子どもが大声をあげながら走り去っていく。楽しそうな子もいれば，つまらなそうな子もいる。見たことのない大人が公園を歩き回っている。すべり台を降りるのを父親が見てくれているか，何度も確認する。小さな子どもにとって1日がどれほど疲れるものなのか，それゆえ子どもはすぐに，そして急激に不安定になることを，我々は忘れがちである。

　ハイリー・ギフティッド児に対する双極性障害や気分循環性障害の誤診の原因となりうる特性がもう1つある。約7～10%のハイリー・ギフティッド児が反応性低血糖症で，一時的なグルコース不足の症状を見せる。その結果，ただでさえ激しい行動がより一層「度を越えた」ものとなる（Webb & Kleine, 1993）。この詳細は第9章に記されている。

2節　気分循環性障害

　気分循環性障害（Cyclothymic Disorder）は「軽度の」双極性障害と位置づけられることが多い。通常では考えられないほど深刻な気分の波があるが，双極性障害ほど極端ではない。双極性障害の軽躁病エピソードでは，異常なほどに尊大，極端，開放的，壮大，興奮という状態が少なくとも4日間続く。気分循環性障害の軽躁症状は，この軽躁病エピソードの基準は満たさないが類似している。その後，悲しみ，落ち込み，惨めさなどが続き，再び興奮し活気に満ち溢れた時期がくる，といったサイクルが続く。気分の変動が少なくとも2か月に一度は生じるというサイクルが，成人で少なくとも2年間（小児と青年では1年間）は続く。しかし，双極性障害の抑うつエピソードや躁病エピソードほど深刻ではない（American Psychiatric Association, 2000）。

　このように比較的気分変動の症状が軽いことから，医療関係者がギフティッド児に気分循環性障害の診断を下す可能性は双極性障害よりも高いだろう。ギフティッドの行動特性と気分循環性障害との類似点及び識別のポイントは，双極性障害の節に記したものと同様である。

3節　抑うつ障害〔うつ病性障害〕

　抑うつ障害（Depressive Disorder）はもっとも多くみられるメンタルヘルスの問題であり，人生のいずれかの時期に何らかのタイプの抑うつ障害を経験する人が多い。ギフティッド児がそれ以外の子どもよりも経験しやすいタイプの抑うつ障害があることを示した研究が多少は存在する（Cross, Gust-Brey, & Ball, 2002を参照のこと）が，実証データは不十分である。有用な研究からいえることは，ギフティッド児も他の子どもと同様に抑うつ障害になる可能性があるということである（Neihart, Reis, Robinson, & Moon, 2002）。ギフティッド児の知的な強みは抑うつ障害を防ぐ機能をもたないばかりか，実際，抑うつ障害のリスクを高めることもある。

　ギフティッド児にとって環境の影響は大きい。たとえば，ギフティッド児における軽度から重度の抑うつ障害が教育環境との関連で生じることは珍しいことではない。教育環境がその子のニーズに応じられないなど，その子に合わない教育環境にさらされることで，中程度から重度の抑うつ障害となることがある。

　ギフティッド児の適応に最も強い影響を与える要因の1つに，教育環境がその子にどのくらい合っているかの問題がある（Neihart, 1999; Persson, 2010; Rogers, 2007b）。ギフティッド児のなかには，公教育の開始時点ですでに当該学年の学習内容の60〜75％を知っている子どももいる。これは，その子の適応と気分に非常に大きな影響を与える可能性がある[10]。来る日も来る日も授業は退屈でもどかしく，その気持ちは募るばかりである。結果，そのような状況に耐えるために様々な方法を考え出さざるをえなくなるが，これを受け入れることのできる大人は滅多にいない。この段階で，Seligman（1995）のいう「学習性無力感」のような軽度の抑うつ障害になる。その子の知能が高ければ高いほど，通常の学校生活はもどかしく耐えられないものとなる。IQが135を超える子どもは，通常学級の学習ペースの遅さに到底耐えられないだろう。幸いなことに，彼らには，飛び級，科目ごとの早修，オンライン・スクール，ホーム・スクールなどの選択肢がある*。

> 　13歳のサラは田舎の小さな学校区にある学校の7年生を終えたばかりだったが，抑うつ障害ではないかと両親が心配し，心理士のもとへ連れられてきた。7年生の1年間は，サラにとってフラストレーションがたまる一方で，悲しみや無気力感も高まっていた。彼女は怒りっぽくなり，それまで好きだったことも楽しめなくなっていた。成績はクラスでもトップ

＊日本には必ずしもこれらの選択肢が整っているわけではない。

> クラスだったが，サラ自身は，自分がつづりを間違えることがたびたびあるので特別頭がよいわけではないと思っていた。つづりは，サラの家族のなかにも苦手とする者がいた。そしてサラはギフティッドとは判定されておらず，そのため，通常学級の学習以外の教育的配慮を受けてはいなかった。
>
> 　両親はサラの頭がよいとは思っていたが，それよりも抑うつ障害かもしれないことを心配していた。検査の結果，サラは本当に抑うつ状態にあることがわかったが，それは特定の状況，つまり，学校だけに関連しての抑うつだった。さらに，サラがギフティッドであること，彼女の教育的ニーズがまったく満たされてこなかったこともわかった。そのため，学校環境を彼女のギフティッドネスに合わせて調整することで改善するのではないかと思われた。
>
> 　サラのニーズを話し合い，Iowa Acceleration Scale*を用いて，あらゆる関連要因を体系的に考えた。その結果，完全な飛び級が最もよいだろうということで一致した。サラの自信はすぐに回復し，気分も改善した。ギフティッド児向けのアカデミック・サマーキャンプで活躍し，より一層ポジティブな将来展望と教育目標をもって9年生をスタートできた。

　ギフティッド児の教育環境をめぐるこのような事態をあまり真剣に考えない大人もいる。ギフティッド児がどれほど「リスク」にさらされているかがわからないのである。このような大人の見解は，子どもは順番を待つことも学ばなければならないし，ありきたりで面白くもない宿題もやり抜くことを学ばなければならないし，言われたとおりにものごとを行うことも学ばなければならないというものである。挙句の果てには，聡明な子であれば退屈な時間を楽しく過ごす方法を自分で見出すはずだと考えることすらある。実際，白昼夢の習慣をもつ子どももいる。不幸にも，見当違いのことや見境のないことをしてその場を何とか我慢しようとする子どももいる。このような行動は，その子自身の情熱，学習への熱い興味関心，ついには精神的健康までをも蝕んでいく。人と協力することや人を尊重する教育と，生産的な活動に取り組む時間，場所，方法を子ども自身が選び取れるような教育とのバランスは，とてもデリケートな問題である。

　教師，親，そして，医療関係者であれば，スタッフミーティングや委員会，職場の活動などで，すでに知っていることばかりで根本的に不毛と思われるような退屈な場にいたときのことを思い出せばわかるだろう。大人でさえ，そのような場ではフラストレーション，倦怠感，無気力感を募らせるだろう。そうであれば，子どもが来る日も来る日もそのような状況にさらされ続けることがどのようなものであるのかがわかるはずだ。自分の学校生活を振り返り，それがフラストレーションに満ちた退屈なものだったと思い返す大人もいるだろう。そのような状況では，笑顔でいたり，社交的

＊ どの程度の飛び級がその生徒に適切なのかなどを学校が判断するために用いられるスケール。生徒の学業面・社会性の特性を把握できる。現在第三版が用いられているが，邦訳はなされていない。

にふるまったり，興味を示したり，課題に取り組むなどということは，到底できないだろう。

このような状況にさらされたギフティッド児の不快感は，他の生徒とは分かち合うことがなかなかできないものである。その結果，強い孤独感を抱くことがある。その子のニーズにより適切に応じられるような，個に応じた教育プログラムが提供されないと，程度は様々であるが次第に抑うつ障害となる可能性が生まれる（Rogers, 2002; Ruff, 2009; Strip & Hirsch, 2000）。

このようなギフティッド児の学習性無力感，その後の抑うつ障害を引き起こすのは学校だけではない。親もまた，ギフティッド児をギフティッド児たらしめる根本的な特性を批判するというパターンに陥ることがある。たとえば，繊細すぎる，激しすぎる，自分の考えにとらわれすぎる，深刻に考えすぎる，質問ばかりしすぎるといったたしなめ方をすることがある。すると，自分の価値を認めてもらえない，状況を変えることができないというさらなる無力感が募り，その子は抑うつ障害へとどんどん引きこもっていくことがある（Webb, Gore, Amend, & DeVries, 2007）。

> 13歳の息子がおります。息子は4年ほど前に，抑うつ障害，ADHD，反抗挑発症と診断されました。彼よりも下にきょうだいが3人おりますが，3人とも心理的な問題とは無縁です。私は正看護師ですが，現在は働いておりません。主人はエンジニアです。
> 息子のエンリケはとても利発で，発達の遅れは何もありませんでした。そして，入学したパロキアル・スクール*では，とても元気にやっているように見えました。しかし，2年生のときにそこで問題を起こし，それ以来，ADHDのような行動を見せるようになりました。とはいっても多動ではなく，単に不注意なだけなのですが。このことをかかりつけ医に相談しましたが，エンリケがまだ8歳ということで，検査ができないと言われました。エンリケの問題行動は続き，先生方とも面談しましたが，いつも何の解決策もないまま振出しに戻っていました。
> エンリケは今，公立学校の7年生ですが，ついに落第点を取ってきました。ただ，1か月前に科学の全国標準テストを受けたところ97パーセンタイルの成績だったので，私たちは本当に驚きました。彼は大学レベルの本を読んでいます。講師の先生は，来年はエンリケを上級クラスに入れたいと考えています。私たちもエンリケの才能を嬉しく思いますが，同時に，エンリケ自身が自分のことをどのように考えているのかが心配ですし，また，これまでまったく努力してきていないということも心配です。
> エンリケは孤独な一匹狼です。リモコン・カーに夢中で，それを解体しては，また組み立てることが大好きです。そのやり方を熟知し暗唱できるほどです。私には，彼の説明は何が何だかさっぱりわかりません。これが，エンリケが情熱を燃やすことのできる唯一のことなのです。リモコン・カーに関係するものであれば，手に入れられるものを何でも読みます。

---

* 教会が経営する学校。

リモコン・カーに出会うまでのエンリケは読書にまったく興味を示さず，何を読ませるにしてもとても苦労しました。ですので，以前よりは少しよい方向に進んだように思います。何人かの学校心理士にエンリケを検査していただきました。いつもエンリケの聡明さを驚かれましたが，それではなぜ学校の成績につながらないのか，だれにもわからない状態です。Sylvan Learning Centers*ではとても優秀なのですが，学校にはとても退屈してしまい，やっとのことでテストに合格するという状態です。
　エンリケが10歳のとき，計画や意図もなく，漠然とした自殺念慮のために1週間入院しました。このことを，私は看護師として非常に重く受け止めました。診断名はうつ病です。退院してからは，何人かの心理士と面談を続けましたが，そのだれとも気が通っているようには見えませんでした。色々と探した結果，ひとりの精神科医に出会いました。エンリケもその医師とであれば心を開いてくれるように感じたので，その年の秋までそこに通いました。そして，秋に，その医師から双極性障害ではないかと言われ，リスペドリン®，セロクエル®，ジプレキサ®，トラゾドン，コンサータ®，ゾロフト®の薬物療法が始まりました。それからエンリケの体調が悪くなり，ついに地下階段を転げ落ちてしまいました。そのとき以来，私は，子どもの双極性障害について入手できる本を片っ端から買い，読みあさりました。私は精神科医ではありません。しかし，数年間小児病棟で勤務していた経験があります。そして，本に書いてあるような症状，私が勤務していた頃に見たような症状が，エンリケには何もなかったのです。
　これに強いショックを受けた私は，地域の大学病院の子ども外来にセカンドオピニオンを求めました。そして，子どものADHDと抑うつ障害専門の精神科医の診察を受けました。エンリケ，主人，そして私との90分の面談の後，双極性障害の可能性は除外されました。ただし，エンリケのうつ症状は重いと判断され，さらに，反抗挑発症の症状がみられると言われました。私たちは，この医師のアプローチのほうがよいと思ったため，エンリケにこの医師の治療を受けさせることにしました。
　それからは，地元の心理士から1週間に2度の心理療法を受け，4～6週間に1度，医師の治療を受けています。今は，リタリンLA®，ゾロフト®，トラゾドン（頓服）を服用しています。
　アドバイスいただけないでしょうか？　医者はあまりにもすぐに薬を処方しすぎるように思えてなりません。そして，いずれも効きませんでした。エンリケには確かに孤独感と抑うつがあるように思います。しかし，彼の治療にあたっている人のなかには，ギフティッドという要因を考慮すべきだと考えている人はひとりもいません。

　子どもの抑うつ障害は増加しており，初発の年齢は低下している（Abela & Hankin, 2008; Kovacs & Gastonis, 1994）。同様の傾向が成人，特に成人女性にもみられる。1950年以降に生まれた女性の65%が，30歳より前に抑うつ障害を経験している（Klerman et al., 1984; Klerman & Weissman, 1989）。意外にも，米国のように裕福な国に生まれることが抑うつ障害のリスクを高めており，これは明らかに文化的な要因

---

* 米国の個別指導塾の1つ。

によるものと考えられる[11]。

匿名性の高さ,消費主義,流動性という米国の文化が,人々の基本的な自己価値感を奪っているようである(Egeland & Hostetter, 1983)。小さなコミュニティでは,近所の人があなたの性格や変な癖,経歴などを知っていたりする。一方,今日の米国のような社会では,隣人の名前すら知らないことも珍しくない。我々は流動的な現代社会のなかで,個人的に知り合う必要すら感じない見知らぬ世間を相手に,絶えず自分を「売り込んで」いる。これらの要因が今日の抑うつ障害の増加や若年化の原因となる可能性は十分考えられる。

抑うつ障害の子どもは不安症や問題行動を伴うことがある。不安症や問題行動が傍から目につきやすいため,それらの症状の背後には軽度ではあっても悲嘆があることを見えにくくしてしまう(Kovacs & Devlin, 1998)。パーソナリティ障害者は抑うつ障害の発症や再発のリスクが高い(Ilardi, Craighead, & Evans, 1997)。特に抑うつ障害の男児は,ふてくされる,攻撃的になる,粗暴になる,落ち着きが無くなる,学校での問題行動,薬物やアルコール乱用など,社会的逸脱行動をとりやすい傾向がある(Lewinsohn, Gotlib, & Seeley, 1995)。このような子どもは,スクールカウンセラーの目にとまる前に学校長の知るところとなるかもしれない。抑うつ障害の女児は,クラスでの活動には消極的で,おとなしく,人とかかわらなくなることが多い。あいにく今日の社会では,物静かで従順な女の子というととてもよいと思われがちで,なぜおとなしいのかという理由には目が向けられない。そのため,家庭内で遠慮なく主張するように言われない限り,このような子どもの抱えている問題は気づかれないまま進行することになる。

特に離婚や不安定な夫婦関係は,子どもの抑うつ障害のリスクを高める(Nolen-Hoeksema, Girgus, & Seligman, 1986, 1992)。夫婦間の争いは子どもに不安定感を抱かせる。夫婦間に争いがあると,たとえ育児に十分に専念しようとしても,自分のことで頭がいっぱいになり気持ちが落ち込むため,子どもに十分応じられなくなってしまう。

ティーンエイジャーの抑うつ障害に対して,反抗期だから不機嫌なのは正常でよくあることだと,軽くみたり見過ごしてしまう大人が多い。抑うつ障害は正常な状態ではない。40年前は,初発の抑うつエピソード年齢の平均は30歳だった(Beck, 1967)。全米調査によると,1998年までには,高成績の高校生の24%が自殺を考えたことがあるとし,4%が実際に自殺を試みており,46%には同年齢の知り合いで自殺を試みたり実際に自殺した人がいる("*Who's Who Among American High School Students*", 1998)。その後の研究からは,12～14歳までの子どもの約10%が深刻なうつ病である

ことが示された（Garrison, Addy, Jackson, McKeown, & Waller, 1992）。

　抑うつ障害は再発性，致死性の高さゆえに，深刻な障害として治療される必要がある。うつ病を患ったことのある者のうち，5年以上うつ症状を再発しない者は15%未満とされている。5年以上再発しない者は，心理療法と薬物療法の両方を受けている傾向がある一方，薬物療法のみを受けている者は服薬をやめると再発しやすい。さらに，5年以上再発しない者は，うつ病発症前は心理的に非常に安定していた傾向がある（Muller et al., 1999）。我々の経験からすると，非常に多くのギフティッド児が薬物療法——たいてい何種類もの薬を処方される——のみを受けており，心理療法やカウンセリングを受けていない。

　抑うつ障害を治療しないでいると，再発するごとにその重症度と頻度は高まる。特に，今日では若い人々が抑うつ障害にかかるリスクが高まっているために，この問題はとりわけ深刻である。就学期やキャリアの積み始めの時期に，抑うつ障害が原因でさらに深刻な問題を抱えるためである。若いうちに抑うつ障害を患うということは，ソーシャルスキル，友情，人間関係を維持する力を育む機会が阻害されるということでもある。フロイトは，メンタルヘルスとは「愛と仕事」の力であるとした。若い年代での抑うつ障害により，発達の早い段階でこれら2つの能力の発達が阻害されることとなり，年齢が進んでからの抑うつ障害よりもずっと広範囲での困難を生み出すことになる。

4節　持続性抑うつ障害〔気分変調症〕

　ICD-10で気分変調症（Dysthymia）とよばれているものは，DSM-5では持続性抑うつ障害（Persistent Depressive Disorder）とされ，これは，DSM-IVでの慢性の大うつ病性障害と気分変調性障害を統合したものである。そして，これを最も特徴づけるのは，抑うつや悲観が軽度ではあっても長期間続くことである。あらゆるものが色あせて見え，いつもコップの水が（半分も入っているのではなく）半分しか入っていないという悲観的な見方がなされる。成人の症状の基本的な特徴として，DSM-5には，「抑うつ気分がほとんど1日中存在し，それのない日よりもある日のほうが多く，……（中略）……少なくとも2年続いている」とある。ただし，子どもや青年ではこのような気分が易怒的な場合もあり，継続期間は1年間必要であるとされている（American Psychiatric Association, 2013, p.168*）。この障害はかなり一般的にみら

---

* 日本精神神経学会（監修）（2014）．DSM-5精神疾患の診断・統計マニュアル　医学書院　p.168

れ，有病率はどの発達段階においても約2%である。子どもでは，はっきりと抑うつ症状とわかるような気分の表出の仕方をしない，つまり，易怒的となることで抑うつを表出することもある。そして，その気分が1年間続いた際に，この障害の診断を下すこととなる。

ギフティッド児・成人ギフティッドとの類似点

　持続性抑うつ障害〔気分変調症〕者は悲観的で，たいていは自分の人生を幸せには感じていない。この人生に対する不快感は当初は一時的なものだったのが，次第にいつも不快になる傾向がある。コップには半分しか水がないばかりか，コップが割れて水がこぼれてしまうかのように感じている。このような人々にとっては，どのような解決方法にも問題があり，自分の惨めな状況を簡単には変えることのできない無数の理由が存在する。もっと挑戦しがいがあり，もっと適切な課題に取り組もうと学校で最善の努力をしてきたにもかかわらず，それが徒労に終わり，自分が学んでいるという感覚を何年ももてないまま過ごしてきたギフティッド児が，持続性抑うつ障害と同じように悲観的に考えるようになることは想像に難くない。このような慢性的な軽度のふさぎ込みは，不適切な環境に対する実に正常な反応である。このようなケースには，持続性抑うつ障害〔気分変調症〕ではなく適応障害の診断が適切なことが多い。

　ただし，我々，そしておそらく読者の多くは，ギフティッド児が，その子にとってとても公平とは思えないようなテストで低い成績をとったとき，あるいは，政府が大して検討もせずに新しい法律を制定するのを見たとき，もしくは一番の親友と別れることになったときなどに，自分の人生に悲観的になり，自嘲的になったり希望を失ってしまうのを見てきている。理想主義的なギフティッド児は常に偽善の問題に直面している。大概理想と現実とがかけ離れているためである。このような子どもたちは，自分の強い理想が決してかなえられることがないと感じると，急激に希望を失うことがある（強烈な反応）。このようなケースで持続性抑うつ障害の診断は適切だろうか？　ひょっとするとそうかもしれない。それでは，ギフティッドネスとこのような事態の経緯を考慮することは治療のうえで重要だろうか？　間違いなくそうである。

　ギフティッド児は，他の人々が気づかないようなときにも，1つのものごとの理想と現実の両面を見ることができてしまうことが多い。その結果，理論の欠点をついたり，他の人にとってみれば些細なことをめぐって議論したり，人の考えに食って掛かったり，いつも悲観的な態度をとるために，易怒的だと思われることもある。このような状態は持続性抑うつ障害〔気分変調症〕の症状だろうか，それとも，ギフティッド児がギフティッドであるがゆえの態度だろうか？　最初は両者を区別するの

が難しいケースもある。しかし，数週間から数か月以内にはいずれであるかがはっきりする。持続性抑うつ障害〔気分変調症〕であれば，長期間にわたり，あらゆる状況で悲観的な状態が続く。ギフティッドの悲観であれば，同じような理想をもつ人に出会うことで活気づき，行動を起こし始め，自信もみなぎってくる。ひとりの同僚が次のように言った。「皮肉屋をはがしてみれば，下から理想主義が出てくるよ」。

5節　実存的うつ

　ギフティッド児や成人ギフティッドが生まれつき他の人々よりも抑うつ障害になりやすいとは考えにくい。問題が生じるのはたいてい，ギフティッド者とその環境とが合わないことによる。先生，友だち，家族の理解や支援が得られないときに，抑うつ障害ばかりでなく，深刻な問題が次々と引き起こされる。

　例外もあり，それが実存的うつ（Existential Depression）といわれるものである。これは聡明な子どもや成人にみられることが多い。ただし，この場合も，それを引き起こしやすい環境とそうでない環境とがある。実存的うつは DSM-5 や ICD-10 の抑うつ障害群のカテゴリには含まれていないが，特にハイリー・ギフティッド者が悩まされやすいうつである。多くの心理士，精神科医，哲学者が実存的うつについて論じている（e.g., Camus, 1991; Frankl, 1963; May, 1994; Sartre, 1993; Yalom, 1980）。ただし，実存的うつとギフティッド児や成人ギフティッドとの関係を検討した研究はほとんどない（Fornia & Frame, 2001; Prober, 2008; Webb, 2013）。我々の経験からすると，概して専門家はギフティッドの要素を見落とし，実存的うつは原因を異にする抑うつ障害と見誤られている。

　実存的うつの概念はギフティッドの特性と強く関連する。つまり，実存的問題について熟考する能力と非同期発達という，生得的なギフティッドネスによって生じる（Webb, 2013）。ギフティッド児はメタ認知能力——自分自身の思考について思考する力——が早期から発達している（Schwanenflugel, 1997）。これはときに，その思考にうまく対処できるほどには情緒面で発達していないとか経験が足りないという事態を招く。彼らは諸問題をグローバルなスケールでとらえ，推測できる。彼らのメタ認知能力が，理想主義，激しさ，繊細さと結びついたとき，世の中からの疎外感が生じやすい。一般に実存的うつは成人期初期以降の成人に多くみられる。一方，ギフティッド児では，中学や高校の段階，つまり，彼らが将来を見つめ始める時期から実存的うつを経験し始める。以下にあげる例を読み，よく考えてほしい。

「ドブソン先生，私はまだ9年生だということはわかっています。でも，大学のことを，また，大学を卒業してから何ができるのかを考えてしまうのです」と言う生徒に，ドブソン先生はこう答えるだろう。「ヴァネッサ，あなたがやりたいことは，なんでもできるのよ」。

すると，ヴァネッサはこのように考える。「そういうことが聞きたいのではないのです。やりたいことがありすぎるのです。何をすべきかを，どうやって決めればいいのですか？ 私は，絶対に神経学者になりたいのです。脳は本当に不思議に溢れています。とはいうものの，スズキ・メソードのレッスンを受け始めてからは，ヴァイオリニストにもなりたいと思っているのです。でも，アウトドアも大好きで，植物学者とか博物学者にもあこがれます。まだまだ世界には課題がたくさんあると思うので，外交団になったほうがよいかなとも思います」。

そして，ヴァネッサは実存的なジレンマを抱えるようになる。なりたいものすべてになることなどできない。何かを選び取るということはそれ以外を捨てるということだ。1日24時間という間に87時間分頑張ったとしても，すべてを実現するのは無理だろう。

彼女は次のように考え続けるだろう。「友だちに相談してみても，私がどうしてこんなことに悩んでいるのかすらわかってくれない。同じ年の友だちはアイドルとか最近の映画のことばかり考えているし，関心事といったら，どんなジーンズが流行っているかみたいなことだし。こんな話，友だちにしてもわかってもらえないだろうな。私，独りぼっちだ」。

「大人に話してみたらどうだろうって考えたけれど，それも無理だってわかったの。だって，『そんなこと心配しないで，今，子ども時代を十分楽しみなさい。大きくなればわかるようになるよ』と言うだけだもの。そういう大人が何をしているのか見てみたわ。私はもう，その姿に耐えられないの。よく考えもしないで生きているわ。もっと言えば，まるで偽善者だわ。女性は社会改革を望んでいるとか言いながら，どんな服がおしゃれかとか，どんな男性とつき合っているかということばかり考えているの。男性のほとんどは下品で浅はかだわ。繊細で思いやりのある人になりたいとか言いつつ，結局はフットボールの話ばかりしている。人間は心にもないことを平気で口にするのね。『調子どう？』と聞いてくるからって，実際それを話したところで，別に聞きたいとも思っていないじゃない」。

「飢餓，テロ，公害，ホームレスなどの問題も，大半の大人は無関心だって思うと，居ても立ってもいられなくなるの。環境問題を考えているなんて言いながら使い捨ての物を平気で買うし，自分が空気や海を汚しているなんてちっとも思っていない。人間すら消耗品のように扱う人だっているわ。世界のことを考えていると言いつつ，本当は全然考えていないわ」。

「ウディ・アレンは正しいかもしれないわ。人生の90％はショーだって。この不条理なカフカの世界を変えることのできる人はいるのかしら？ これがすべてかしら？ 私が変えていくことはできるかしら？ これが人生というものなのかしら？ 何かをしているふりをして，そして死んでいく。それで終わり？ 不条理，偽善，無意味な世界のなかで孤独に？」

ヴァネッサの実存的ジレンマを理解するには，彼女の理想，そして偽善に対する怒りと絶望の激しさを理解する必要がある。このようなハイリー・ギフティッド者は，自殺のリスク，少なくとも社会の主流からはドロップアウトするリスクを抱える可能性がある。

実存的うつは，思考力の高さ，ものごとがどうあるべきかという理想像を思い描く

能力，そして，本質的に孤独であるということへの気づきとによって引き起こされる。我々は，7歳という若さで，人生は険しすぎてもう生きていたくないと訴える子どもの話も聞いている。

　実存的うつに苦しむ人々は，彼らにとって大切な人から拒絶されたとき，特に自殺のリスクが高まる。「オタク」とか「ダサいやつ」といわれることが多く，仲間，家族，そして，社会のなかで孤独を感じるかもしれない。彼らは，世界がどうあるべきかを見抜くことができるとともに，それを実現することは到底無理だということも悟ってしまう。そして，このような悩みを分かち合える人も見つけられず，精神的に支え導いてくれる人も見つけられないことが多い。すると，次のような疑問が浮かぶ。「わざわざ生きている必要なんてないよね？」

　実存的うつは，単なる早熟な子どもの発達過程ではない[12]。鳴ってしまったベルを鳴らなかったことにはできない。自分は異質だという感覚，そして孤独感は膨らみ続ける。ハイリー・ギフティッド児は，自分は母船が連れ戻しに来るのを待っている見捨てられた宇宙人だという感覚やファンタジーをもっていることが多い。しかし，このことを人に話せば誤診が待ち受けており，そして実存的うつは覆い隠されてしまう。

　実存的うつの治療には3つの鍵となるポイントがある。（1）自分の思いを理解してくれる人がいるという感覚を得られるようにする，（2）自分の理想を分かち合えること，独りぼっちではないことがわかるようにする，（3）人と力を合わせられること，そして，世の中に何らかの影響を与えられることに気づかせる。このようにして，多くは，社会的，行政的，宗教的な課題に熱心に取り組むようになり，それが孤独感を和らげ，そして，活力がわいてくるようになる[13]。

　子どもや若者には，世界を守りよい方向へ導いていく責任は逃れられないこと，しかし，そのためにあらゆることを人の手を借りずにする責任があるのではないということを伝える必要がある。負傷した人，飢餓に苦しむ人，汚染された環境，人間同士が苦しめあうことで傷ついた共同体の回復のための責務は，我々みなが担うものである。劇的な出来事や魅力などとは無縁の，ほんの些細な行動はとるに足らないもののように見えるが，それもまた大切なものである。歩道の空き缶を拾うことは，小さいけれど世界を回復したことになる。病のなかにある人を見舞うこと，ペットを大切にすることも重要なことだ。ギフティッド者はとても繊細で，ハグのようなボディタッチから多くを感じ取ることができる。自分が人とつながっているということ，そして，自分を心配してくれる人がいるということを。

第7章

学習障害

　脳のどの領域にも機能障害が生じ，学習障害が起こりうることは，医療や教育の専門家の間では古くからよく知られている。なかでも特に広く認識されているのが言語と算数の学習障害である。これは，学校教育でこれらのスキルが重視されており，多くの州の法律で，これらの障害のみが特定の学業領域とかかわるとされているためである。読み，書き，算数に非常な困難を示す子どもは通常，それら以外の領域では特に問題がない場合でも，早期に特定しやすい。しかし，このような困難をもち合わせているギフティッド児は，なかなか特定できない。実際，学習障害のあるギフティッド児は，これまで考えられていたよりもずっと多く存在することがわかってきた。最も憂慮すべきこととして，教育や医療関係者が，ギフティッドと学習障害の両方が同時に生じるはずはないと思い込んでいたり，ギフティッド児の能力の凹凸は単に極端な発達の非同期性によるものだと考えていたり，ギフティッドの判定も学習障害の診断も受けていない生徒を対象とした教育を受けさせるように親や教師に言ったりすることがたびたびある（Lovett, 2010）。教育介入への反応（Response to Intervention: RTI）モデルのような手法が今日の教育界の主流であることも，学習障害のあるギフティッド児が見出されにくいことの原因となるだろう。研究者にとっても臨床家にとっても，学習障害のあるギフティッド児を特定しケアしていくことは，非常に難しい（Assouline, Foley-Nicpon, & Whiteman, 2010; Foley-Nicpon, Allmon, Sieck & Stinson, 2011）。この二重にエクセプショナル（twice-exceptional）な生徒の特定と有効な介入のためには，総合的なアセスメントが必要となる（Assouline, Foley-Nicpon, & Whiteman, 2010; Foley-Nicpon, Allmon, Sieck & Stinson, 2011; Gillman et al., 2013）。

　学習障害の影響を受けるのはギフティッド児だけではない。成人ギフティッドもま

た学習障害の影響に悩まされ，人生の大半を自身の才能を過小評価して過ごし，うまくできそうにないものを避け，自分は人よりも何かが劣っていると感じながら生きている者もいる。このように，学習障害は人生の長期にわたりその人の根幹に影響を与えるため，その障害の特定と治療が特に重要となる。

　Brody & Mills（1997）は，学習障害とギフティッドネスのいずれか，あるいは両方が特定されずにいる学習障害のあるギフティッド児を3タイプに分類した。第1のタイプは，ギフティッドと判定されてはいるが，障害が覆われ学習障害とは診断されていないタイプである。学習内容が難しくなるにつれ苦労するようになるが，彼らの学習障害は見逃されやすい。学業上の問題が生じると，それは意欲の低さ，自己概念のもろさなどが原因だろうと考えられてしまう。たとえば，数的能力や認知スキルは明らかにギフティッドレベルであっても書字表出障害がある場合，その子の提出した課題が標準以下だったりすると，書く意欲がないとか，自信が足りないとみなされることがある。

　第2のタイプは，学習障害が深刻で診断されてはいるが，ギフティッドが見落とされるタイプである。このような生徒について，学校はたいてい学習障害児向けの教育支援の必要性は認める。しかし，彼らの秀でた面に適した学習内容や支援を提供することはない。才能の過小評価，柔軟性のない判定方式，ギフティッドプログラムで凝り固まった教育期待などが相まって，このような子どもが必要なギフティッド教育を受けられることは滅多にない。たとえば，極端に視覚空間型思考に秀でた子どもの場合，**スタンフォード・ビネー知能検査**では奥行き知覚の項目が欠けているため，平均点程度の得点しか得られないだろう。その子の障害が才能を覆ってしまう。同様に，微細運動の問題があれば，その子の視覚空間能力は過小評価されてしまう。視覚空間課題の多くは，素早さや器用さが認められれば加点されるためである。

　第3のタイプは，おそらくこのタイプが最も多いと思われるが，秀でた才能と学習障害の双方が，お互いに覆いあう（隠しあう）タイプである。ギフティッドの能力が障害を隠し，障害が知的ギフティッドネスを覆う。このような子どもは，当該学年の標準的な能力として求められているだけの力は発揮していることが多いため，彼らの特別なニーズは見過ごされる。つまり，ごく平均的な生徒とみなされる。当該学年相応の十分な学業成績を収めていたとしても，その子の潜在的な才能からすると，それはずっと低い成績ということになる。

　学習障害の定義をめぐり様々な議論がなされているが，1つのアプローチとして，所定の教科において一定レベル——通常は2学年，あるいは1～2標準偏差——を下回る際に学習障害と診断される[1]。このようなガイドラインでほぼ常に基準とされる

のが，当該年齢の平均値である。そして，その子がほとんどの領域で同年齢の子どもよりもずっと秀でた能力を示していながら，ある教科だけは平均的なスキルしか示さないようなときにも，教師や心理士はその基準を調整しない。つまり，ほとんどの教科で同年齢の集団でトップ5％に位置しながら，ある1つの教科だけ下位25％に位置しているような子どもは，いずれも標準かそれ以上の範囲にあるということで，問題なしとみなされる。

　二重にエクセプショナルな子ども（すなわち，学習障害と秀でた知的能力の両方を併せもつ子ども）という概念は次第に受け入れられてきているにもかかわらず，そのような子どもの特定率が低下していることの背景には，教育政策の影響がある。教育介入反応（RTI）は，多くの学校システムにおける学習障害の診断と介入の主たるアプローチとなった。これは，本質的には遡及的診断というべきものである[2]。RTIの特徴は，生徒に適切な教育介入を施し，その子の改善をモニターするという点にある。そして，期待されたような反応を示さない生徒に対して次の教育介入が施され，再度その子の進歩状況をモニターする。最終的に，どの教育介入に対しても期待された反応を示さなかった生徒が，特別な教育支援の対象となる（Fuchs, Mock, Morgan, & Young, 2003, p.159）。RTIモデルの有効性を主張する立場では，特別な教育支援を受けるべきかどうかを的確に判断するためには，構造化されデータに基づいた問題解決，フレキシブルな教育支援，様々な測定方法を用いた生徒の進歩状況の定期的なモニタリング，教室の自然な文脈での様子に注目することが重要であるとしている。基本的なRTIモデルは三層予防モデルである。最初の教育介入として，一般（「通常」）教育プログラムがあり，第2の介入として，一定期間目標を定め，エビデンスに基づいた小グループの教育介入がなされる。そして，第3の介入として，個別の集中的な介入がなされる。これは，従来の特別な教育支援と同様の場合と，そうでない場合がある。

　中枢神経刺激薬への反応をみてADHDの診断を確かめることと非常によく似た議論であるが，教育介入に対して学業上の改善という反応がみられることが，学習障害ではない（なかった）ことを証明すると考えられている。教育診断士（educational diagnostician）*や学校心理士による診断は後回しになり，その介入を受けた際に定型児に期待されるような改善がみられなかった場合にのみ，専門家の診断を受けることとなる。資金上の問題により，学校は介入を受けるべき子どもに優先順位をつけなくてはならない立場に置かれている。また，ニーズは様々であるにもかかわらず，プールされる資金，教師，プログラムは固定的である。学校は，資金や専門技術にどのよ

---

* 教育実践の場において子どものアセスメントを行う職。日本で教育機関を診断する意味で用いられている教育診断士とは異なる。

うな事情があろうとも，あらゆる子どもに様々な教育支援を施すよう求められている。このようなトリアージ方式*のモデルの下では，当該学年に期待されるレベルに達している，あるいはなんとかついていけるようなギフティッド児は，特別なギフティッド教育支援の対象になることは滅多にない。

　ギフティッド児は障害の有無にかかわらず，RTIモデルによって特に不適切な環境にさらされる。彼らは非定型児**であるため，定型児向けの介入が合うことは滅多にない。さらに，有用な介入に関するデータベースはあるが，個々の子どもに合う介入を探し出すマッチングシステムが存在しない。"What Works Clearinghouse"のような介入に関するサイトには，経験的に有効性が確認されたプログラムが集められている。そして，教師や教育診断士は，介入方法や子どもの困難の原因について，自分に馴染みのあるものをそこからピックアップし取り入れる。おそらく，さらにもっと重要な問題と思われるが，RTIは「特定し，治す」という考え方に合わせられており，これは，秀でた才能を見出し育むこととはほぼ関係ない。これは明らかに，強みを伸ばすためにつくられたシステム対して弱点を「治す」，あるいは少なくともそれに対処するためのシステムとなる。

　確かに，信頼性のある研究を集めたり，そこから実用的な方法を見出して全国的に広めることには大きな価値がある。しかし，特定の介入の効果が研究により支持されていることと，その手法が特定の人に合っているかどうかは別問題である。わかりやすい例でいうならば，神経外科的な治療の効果を裏づける研究は存在するが，それがどのような頭痛にも適したものであるわけではない。問題を特定することと，その問題を子ども個人と介入の双方にマッチさせることが，最も有効なアプローチである。そして，そのためにはアセスメントが必要となる。

　RTIによる学習障害のとらえ方は，閾値モデルに基づいている。もし，その子に当該学年の標準レベル程度の力があれば，つまり，可もなく不可もない状態であれば，それで十分とみなされる。さらに，たとえ1学年低いレベルだったとしても，通常，特別な教育支援は提供されない。そして，その子の優れた点を伸ばすような教育的配慮もなされない。テストに追加時間を設けることは，学習障害ではない子どもには意味がないことが大半だが，学習障害のある子どもには非常に有効である。とはいうものの，学習障害のあるギフティッド児に対しては，課題やテストで追加時間を与えるという簡単な配慮すらなされない（Gilman, 2008）。それは，彼らがそのような配慮を

---

* 限られた資源のなかで，深刻さの程度に基づいて優先順位を決めること（医療分野で患者の重症度に基づいて治療の優先順位を決めることから）。
** 日本で非定型児は障害児と同義語として用いられるが，本書は一貫して，ギフティッド児は非定型児であること，しかし，障害がなくても障害と誤って受け取られやすいという立場に立っている。

受けるに値するほどには当該学年や年齢の基準よりも低い閾値に達していないためである。実際，そのような生徒は学習障害の可能性を判断するための検査すら受けられないでいることもある（Gilman et al., 2013）。学習障害のあるギフティッド児を特定する際に RTI を用いると，このような生徒の多くが見逃される可能性がある[3]。

　学習障害のあるギフティッド児は，3，4 年生頃まで気づかれないことが多い（Kay, 2000）。我々の経験からすると，中学か高校まで見過ごされることもある。このような生徒は非常に賢いため，自分の学習障害を知的能力で補いながら基本的な教科内容を学習し，少なくとも当該学年水準程度――「期待されている」レベル――の成績を収めることができる。年齢相応の力を身につけているとなれば，その子がギフティッドと判定されていたとしても，学習障害を疑う人は滅多にいない。学年が進み，より多くの情報を読み処理することが求められる段階になって初めて，学習障害が明るみに出る。たとえば，学習障害のあるギフティッド児で，早期にギフティッドと判定されていたとする。ところが，3～5 年生頃になると突然，その子の読み書きの力が不十分なことが，教師の目に明らかになる。このようなケースでは，あいにく，その子が「ギフティッド」であるかどうかが見直されてしまい，ギフティッドに加えて学習障害の教育支援を受けるという方向にはなかなか進まない。

　学習障害のあるギフティッド児のなかには，就学期間を通して学習障害を特定されないでいるケースもある。年齢相応の学力を維持し，自分の弱点を長所で補う力を駆使できてしまうために，学習障害が隠れたまま，特定されないままとなる。このような子どもは，学力全般には問題がないとされながらも潜在的な能力よりもずっと低い力しか発揮できず，この非同期性ゆえに，自信や学校への意欲を失う（Robinson & Olszewski-Kubilius, 1996）。彼らは，ある分野では非常によくできるにもかかわらず別の分野ではうまくいかないことに，フラストレーションを感じる。そして，自分は賢くなどないのだと思い込んでしまう。

　その子の言語能力が優れていれば，このフラストレーションを人に伝えることができるだろう。ところが言語能力に優れているわけではない場合，このフラストレーションは，内在化したりネガティブな行動となって表現されることがある。多くの場合，非同期発達からくる苦悩やフラストレーションは内在化し，自身の価値に疑念を抱くようになる。特に，他からのメッセージが，「ここにあなたの居場所はないですよ」というものであるとき，自尊心はネガティブな影響を受ける。実際，学習障害のあるギフティッド児はポジティブな自己感覚の維持が難しいことを裏づける研究がある。自己疑念のために，逆境に対するレジリエンスが損なわれてしまうのである。これは，ギフティッドでありながら同時に，ある学習課題では大きな困難を抱えるとい

う，なんとも皮肉な二項対立的な状態に起因する（Gardynik & McDonald, 2005）。

> ジャスミンは高校生になったが，これまでの学校生活は楽しくないことばかりだった。これまでずっとよい成績で，とても頭がよく見えた。小・中学校時代にギフティッドプログラムの資格を得られなかったことに，両親が少々驚いたほどである。しかし，時とともに両親も，この娘は勤勉で平均より少し出来はよいが，ギフティッドなどではないのだと思うようになっていった。小・中学校時代を通して，ジャスミンは読解が苦手だったが，何とかここまで切り抜けてきた。いつも読むことに人よりも数段多くの時間を要した。そして，普通ならミスをしないような読み間違えもよくした。成績はよかったが，ジャスミン自身，自分はあまり頭がよくないのだと思うようになっていった。
>
> 両親は，ジャスミンの読みの問題が次第に心配になってきたが，それよりもむしろ，ジャスミンの自尊心が急激に落ち込んでいる様子のほうがはるかに心配だった。そして，心理士に相談したところ，知能検査をすることで何かわかるだろうということになった。
>
> 心理士から，ジャスミンの知能は十分にギフティッドレベルで，学校のギフティッドプログラムを受けることで改善するのではないかと言われたとき，両親は驚いた。そして，ジャスミンは読解が苦手なこと，学習障害があるのではないかと心配していることを訴えた。するとその心理士は，ジャスミンに学習障害の可能性はない——なぜならば，ギフティッドと学習障害は互いに排他的な関係にあるため，同時に双方を併せもつことはないから——と答えた。それを聞いて両親は安心した。その心理士は，追加で学力検査を行う必要はないと考え，これで十分うまくいくはずだと両親に断言した。そして実際，ジャスミンはよい成績を取り続けていた。
>
> しかし，ジャスミンはフラストレーションを抱えたまま，特に読解に関してはストレスが高いままだった。今度はギフティッド児に関する訓練と経験を積んだ別の心理士に相談したところ，知能検査とは別に学力検査も行われた。ジャスミンの読解力は平均レベルで，これは，彼女の知的能力から想定できるよりもはるかに低いレベルだった。これが，読みと言語の学習障害を意味した。ジャスミンのスキルは当該年齢水準を満たしていたため，これまで彼女の問題にだれも気づかなかったのである。その結果，彼女の学習障害は長年診断されないままでいた。この新しい情報をもとに，ジャスミンの両親は適切な教育的配慮をリクエストできるようになり，ジャスミンは自分の長所と弱点をより現実的にとらえられるようになった。

1節　学習障害の診断

　学習障害の診断で最も多く用いられているアプローチは，その人の能力や潜在的な才能の測定結果と，その人の学力を反映している結果とを比較する方法である。そして，学力が潜在的な能力から想定できるレベルよりもかなり低いときに学習障害が疑

われる。このとき，ズレの原因となる他の要因（例：情緒的障害や教育機会の欠如）がないことが前提となる。あいにく，たとえ学力に相当するものがその人の潜在的能力から想定されるよりもかなり低かったとしても，その人の学業成績が平均に達していれば学習障害ではないと考える教育者や学校心理士もいる（Lovett, 2010）。一方，我々は，たとえばハイリー・ギフティッド児が数学で平均レベルの成績しか取っていないような場合，それがその子の潜在的能力の測定結果から想定できるものよりも著しく低いとき——そして，このズレが本人にフラストレーションを与えているとき——は，学習障害とみなすべきだと考える。Assouline ら（2010），Foley-Nicpon ら（2011）はこの見解を支持している。また，学習障害は認知的欠陥に基づいて特定されるべきだとする研究もある（Callinan, Theiler, & Cunningham, 2015）。

　DSM-5 では，学業スキルが「その人の暦年齢で想定されるよりも，著明にかつ定量的に低く」あるとき，限局性学習障害（Specific Learning Disorder: SLD）があるとしている。旧版の DSM-IV-TR では，暦年齢だけではなく「測定された知能，年齢相応の教育の程度」もまた SLD 診断のための基準とされていた。この基準は，当時教育実践の場で頻繁に用いられていた乖離モデルと一貫したものだった。DSM-5 には，「限局性学習障害は，知的に"才能がある"とされた人にも起こりうる」と記されているが，その人の潜在的能力から期待されるものよりも低いという点には触れられていない。つまり，当該年齢の平均よりも学力が著しく低い生徒だけ特定するという立場をとり，この点が，我々が異を唱えている点である。Gilman ら（2013）は，この閾値以下という基準で学習障害のあるギフティッド児を特定する際の様々な問題点と，その結果特定される生徒が本来よりも少なくなるという問題とを指摘している。

　今では古臭く聞こえるものだが，障害の定義として「平均より 2 標準偏差低い」というフレーズを聞いたことがある親は多いだろう。これは「乖離モデル」と関連するとらえ方である。連邦法では，学習障害の診断過程の一部として乖離モデルを使用できるが，これは正式な学習障害の診断のための必要条件でもなければ十分条件でもないとしている。乖離は正規曲線上のどこででも起こりうるが，たいてい平均よりかなり低い学業能力に注目している。これは，ギフティッド児においては理にかなっているとは言いがたい。学習障害を特定するうえで学力が閾値以下という基準を用いると，二重にエクセプショナルな生徒は見落とされるだろう。たとえば，非常に極端なスキルの乖離を示すギフティッド児を考えてみよう。この生徒の得点を見ると，「低い」ものですら平均に達している。閾値以下という基準を用いることで，この生徒の障害は特定されないままとなる。一方，乖離の程度に注目すると結果は異なり，機能障害が見出される。このような方法は，Gilman ら（2013）にあるように，学習障害のある

ギフティッド児を特定する過程の一部として用いられることがある。

「平均より2標準偏差低い」という基準の本来の意味は，能力は平均（50パーセンタイル）と仮定され，その子の結果が暦年齢の下位3～5％に相当するときに機能障害とするということである。これは，たとえば平均IQの100とIQ70とのギャップを指し，これが知的障害の基準と一致する。このモデルをギフティッド児に当てはめようとしてもうまくいかない。ギフティッド児の成績が彼ら自身の基準値よりも「2標準偏差」下でも，それは米国での標準的な人々の平均近辺に位置する。そのため，この基準を用いると，教育的配慮や教育介入を要する問題と認識されることはほぼなくなるだろう。

学校心理士や神経心理学者たちは診断の情報を得るために，（なかでも）知能検査，能力検査，学力検査を実施し，プロフィールを作成し分析することがある。知能検査では，流動性推理指標，視覚空間認識指標，言語理解指標を，相互にまた他の検査結果と見比べ，下位検査間の差を吟味する。そして，推定された（これらの検査で測定された）能力と実際の学力とを比較し，「乖離モデル」に基づいて検討することがある。何らかの大きなばらつきは機能障害を示すとみなされる。しかし，学校心理士や臨床心理士の受けている教育は実に様々で，ばらつきの意味するところは専門家によりまったく異なるものとなり，ギフティッド児にかかわる問題は見過ごされることがある。

たとえば大学院教育で，ある人はまず指標間の全体的な得点差に注目するように指導される。20ポイントよりも大きな差があれば，いずれかの領域で全般的な脳機能障害の可能性を考えるよう指導される。さらに，そのような乖離がみられる場合は学習障害の可能性もあるという教育を受ける。そして，各指標の下位検査における得点のばらつきや散らばりを確認し，下位検査間の得点差が大きい（例：尺度得点差が5ポイント以上の）とき，限局性学習障害が予想されると教えられる。

とはいうものの，学習障害児に対するそのようなアプローチが研究で実証されているとは言いがたい（Sattler, 2002a）。学習障害児といってもそのタイプは実に様々なため，明確な検査パターンを見出すことができないのである。行動，情緒，認知機能に影響を与える脳機能のあらゆる要素を正確に測定するためには，その訓練を積んだ人が検査を実施する必要がある。

パターン分析は被検査者の学習上の強みと弱点の双方を，また，前述の思考スタイルをも反映したものとなる。とはいうものの，この方法もまた，ギフティッド児における学習障害を必ずしも特定できるとは限らない。実際，ギフティッド児の典型的な特徴として，発達や機能に大きな非同期性を示すことを裏づける心理測定学的エビデ

ンスがある（e.g., Robinson & Olszewski-Kubilius, 1996; Silverman, 1997）。つまり，ギフティッド児は標準的な子どもと比較して，個人内での能力差が非常に大きい。WPPSI（Kaplan, 1992）や WISC-R（Patchett & Stanfield, 1992）において，下位検査間に顕著な開きがみられる。

　ギフティッド児の言語能力得点は非言語能力得点よりも高い傾向があり，その差が劇的なケースもあることを示した研究が複数ある（Assouline et al., 2010; Brown & Yakimowski, 1987; Malone, Brounstein, von Brock, & Shaywitz, 1991; Sattler, 2001b; Wilkinson, 1993）。たとえば，Webb & Dyer（1993）によれば，ウェクスラー式知能検査の結果，ギフティッド児の言語性 IQ と動作性 IQ の差が非常に大きい――45 ポイントもの差があるケースもあった――にもかかわらず，神経学的あるいは大きな心理学的問題とは関係がないことが示された。この研究において，言語性 IQ が動作性 IQ よりも高いギフティッド児の 27％が 20 ポイント以上の差を，8％が 30 ポイント以上の差を示した。そして，動作性 IQ が言語性 IQ よりも高いギフティッド児のうち，11％が 20 ポイント（以上）の差を示した。Silver & Clampit（1990）も同様に，ギフティッド児の 20％が動作性 IQ よりも言語性 IQ が 21 ポイント以上高いことを示した。Assouline ら（2010）の研究では，調査対象児の WISC-IV の言語理解指標（$M=130$）が知覚推理指標（$M=116$）よりもおよそ 1 標準偏差高い値が示された。WISC-V を用いた研究や特殊な集団を対象とした研究においても，ギフティッド児の言語性得点の高さは一貫して示されている。ギフティッド者の言語理解指標得点は平均して，視覚空間認識指標得点よりも 6 ポイント，流動性推理指標得点よりも 7 ポイント高いことも示されている（Wechsler, 2014）。

　これらの研究からいえることは，多くの下位検査に天井効果がなければ，言語性得点と非言語性得点の差はもっと劇的に大きくなるだろうということである。つまり，下位検査で最高得点を出した子どもは，その下位検査では測ることのできない程の高得点を取る可能性がある。Webb & Dyer（1993）は大規模調査のなかで，全検査 IQ が 130～144 の幼少（10 歳以下）のギフティッド児の 50％が，少なくとも 1 つの下位検査得点で上限に達していることを示した。全検査 IQ が 145 以上の 10 歳以下のギフティッド児では，77％が 10 の下位検査中 4 つで上限得点を示し，10 歳より上のギフティッド児では 80％が 3 つ以上の下位検査で上限得点を示した。Kaplan（1992）もまた，幼少の高 IQ 児の WPPSI-R を用いて同様の天井効果を示した。このような天井効果への対策として，WISC-IV の出版社である Pearson PsychCorp は各下位検査粗点の範囲を拡大し，標準データよりも十分に高い得点を評価できるようにした。たとえば，これまでは IQ 145+ でしか表すことができなかったものも，WISC-IV では

IQ 210 まで測定できるようになった。WISC-V はウェクスラー式知能検査の最新版であるが，標準得点の幅を広げる努力は引き続きなされている。

　もちろん，いずれの知能検査も，それだけではギフティッド児の特定に十分綿密な情報を得られるわけではない。特にハイリー・ギフティッドの評価には十分とはいえない。たとえば，学業成績や教育的背景などもまた，その子の才能と障害を確認するためには必要となる（Assouline et al., 2010; Foley-Nicpon et al., 2011）。知能検査だけでギフティッド児の判定を行おうとすることは，ちょうど GED 高校卒業認定試験を大学院生相手に実施し，彼らの様々な才能を得点から読み取ろうとするのと同様である。もし，彼らのほとんどが 100％正解だった場合，彼らにどのような才能があるのかを，このテストを用いてどのように識別するのだろうか？ Fox（1976）が指摘するように，「非常に頭のよい生徒にテストを実施する際には，そのテストの上限が生徒たちの能力の識別に十分な高さがあるかどうかが決定的に重要となる」(p.39)。臨床現場では常にこのように実践されているとは限らない。ギフティッド児は IQ 得点で識別できる以上に賢いが，天井効果の影響を受けて実際よりも全検査 IQ が人為的に下げられてしまうことがある。この問題は，ギフティッド児，タレンティッド児の心理測定に携わる多くの専門家を悩ませている（e.g., Silverman & Kearney, 1992）。ギフティッドには適さない検査を用いた場合，学習障害の有無の正確な測定はさらに難しくなる。

　下位検査のばらつきと天井効果は，臨床的な解釈と密接に関係する。たとえば，ギフティッド児のプロフィールは，能力検査や学力検査でのばらつきの程度の大きさから異常とみなされやすい。実際には，ギフティッド児の間ではそのような非同期性は一般的――もっといえば標準的――である。このことを知らない臨床家は診断上の誤りや問題を起こしたり，不必要な介入をしてしまう危険性がある。それでも知能検査や学力検査の構成要素や下位検査のばらつきを検討する必要性を感じるならば，それに携わる専門家は，ハイリー・ギフティッド児には天井効果ゆえに前述のような検査の限界があることに常に留意しなくてはならない（McCoach, Kehle, Bray, & Siegle, 2001）。

　以上は，ギフティッド児には知能検査などの検査結果を用いてはならないということを意味するのではない。むしろ，長所と弱点間の複雑な相互関係を特定し最適な介入を行うためには，包括的な検査が必要である（Gilman et al., 2013）。Foley-Nicpon ら（2011, p.7）は，二重にエクセプショナルな生徒に関する研究のメタ分析を行い，「才能や学力に対して，個人間アプローチではなく個人内アプローチをとった包括的な個別評価が決定的に重要である」とした。検査とその結果は，学習障害の有無を判

断するうえで十分ではないが，必要なものである。検査結果は，検査間の大きなばらつきの有無や学習障害を示しているか否かにかかわらず，適切な教育介入計画のために用いられるべきである。たとえば，小学2年生のハイリー・ギフティッド児に，9年生レベルの読み能力，6年生レベルの数的能力，2年生レベルの微細運動能力がみられるかもしれない。このような子どもの個人内非同期性は劇的に大きく，その子に合った適切な学校の所属先や教育的配慮を判断するのは非常に難しい。このような非同期性の大きな子どものニーズに応えるには，柔軟性が重要な鍵となる。学校が柔軟性に欠けていることが多いという点を考えてみれば，ギフティッド児の親の多くが我が子への教育選択にフラストレーションを抱えていること（Davidson, Davidson, & Vanderkam, 2004），我が子の能力に合った教育のためにホームスクーリング*を選ぶこと（Rivero, 2002; Wessling, 2012）は，当然の現象といえるだろう。

極端な非同期発達のあるギフティッド児のなかには，州が定める学習障害の条件を満たさないケースもある。しかし，包括的な検査をすることで，その子の秀でた全般的才能に対して遅れている知的な領域を識別できる。そして，この情報に基づき，学力や知的能力全般が劣っているのではないかと心配する親子を安心させることができるだろう。極端な能力のばらつきを示すギフティッド児は，学習障害の有無にかかわらず，自尊心の問題が生じるリスクが高い。このような子どもの自尊心は，自分ができることではなく自分のできないことに強く影響されるためである。そして，自己概念の問題，フラストレーション，さらには，怒りや憤慨を抱える傾向にある（Fox, Brody, & Tobin, 1983; Hishinuma, 1993; Mendaglio, 1993; Olenchak, 1994, 2009a; Olenchak & Reis, 2002; Schiff, Kaufman, & Kaufman, 1981）。彼らの考え方は，たとえば，「なぜ，みんなが僕のことを賢いと言うのかがわからない。僕は9歳で微分方程式を暗算でできる。でも，字が書けないんだ。だから，僕は本当はバカだ」という具合である。「字が書けない」と言う生徒のなかには，正確にスペルを書けたり，平均以上の書く力があったりするが，他の分野のように飛び抜けてできるわけではないために，そのような自己評価を下す者もいる。

ギフティッド児の非同期発達が原因で，異なる教科間で大きな能力の開きがみられることは珍しくないが，特定の教科内での能力はおよそ均一であることが多い。そうでない場合は，その子が力を十分に発揮する機会が与えられているかどうか，また，別の機能障害が原因で検査得点のゆがみが生じている可能性はないかを確認すべきである。たとえば，微細運動能力の低さが原因で，言語能力や空間的能力の得点が不当

---

* 学校に通わず，家庭を拠点にして勉学に携わること。米国ではすべての州で就学義務の免除として認められている。

に低く出ることもある。あるいは，数量的推論が非常に優れていても，基本的な数学的概念を学習していなければ，高い成績は得られない。教育機会や子どもの能力の測定方法いずれにも何ら問題がなく，それでもなお特定の領域内で大きな能力差がみられるのであれば，そのときは学習障害の可能性を考えるべきである。このようなケースでは，なぜそのような低い結果が出るのかに注目し，理解の姿勢をもち，その原因の可能性として考えられる様々な要因を視野に入れようとする心理士にアセスメントを依頼すべきである。我々が出会ったギフティッド児の1つのパターンとして，簡単な問題に対して「考えすぎ」てしまったり関心をもてなかったりするが，後半になるにつれ問題が難しくなってくると，非常によくできるようになるという傾向がある。また別のパターンとして，完璧主義であるために自分の答えが正しいかどうかを再三確認せずにはいられず時間がかかりすぎる傾向がある。検査得点は「平均的」だったとしても，個々の検査項目を分析すると，その検査得点が真の能力を反映していないことが明らかになることもある。さらに別のパターンとして，最初の質問をばかばかしいと感じると「チューンアウト」状態になり，耳を貸さなくなる子どももいた。また，彼らが確実に到達しているであろう学力レベルや知能レベルからではなく暦年齢レベルから検査を始めると，同年齢の標準的な子どもの2倍もの質問を解き答えなくてはならなくなるなどして，検査そのものに長々と時間がかかり，疲れてしまうこともある。これは，検査へ重大な警告を発している。

　DSM-5では，学習障害について，これまでよりも微妙な差異が含まれ，より的確な理解ができるようになっている。つまり，学習障害とされる子どもの多くが，読み・書き・算数において1つあるいは複数の問題を抱えていることを反映している。ディスレクシアの子どものなかには，音読は流暢にできるが文章理解ができないケースがある。一方，とてもゆっくりと，ぎこちない読み方しかできないが，読解は優れており，単語を正確に発音できるケースもある。両者は異なる介入を必要とする異なる問題である。

　総じて，標準的な知能検査だけでは，ギフティッドネスの程度や学習障害の有無の識別にはほぼ役立たない。非同期発達のため，乖離モデルに基づいた方法では学習障害を特定できるとは限らない。RTIモデルもまた同様に，教育介入を受けるためには得点が閾値を下回る必要があること，プラシーボ効果（いずれの非特異的介入も学力を向上させる），あるいは別の要因が入り込むために，ギフティッド児の学習障害を診断するには適した方法とは言いがたい。訓練を積んだ専門家が特定のスキルに特化した検査を含めた包括的検査を実施することが，学習障害のあるギフティッド児の学習障害検査には最良の方法である。

16歳のラウルは医者の紹介状なしで神経心理学的検査を求めて受診に来た。彼は，自分の読み能力の問題のためにpre-SAT*で高得点が取れないことがわかり，途方に暮れていた。当時の彼のpre-SATの得点では，トップの大学に入ることは無理だった。このままでは，最終目標の医大入学という夢がかなわなくなってしまうと悩んでいた。検査の結果，知能検査得点は140点台の範囲にあったが，読みとつづりの得点は平均の上の方の得点にとどまっていた。神経心理学者は学習障害を疑い，通常の検査の範囲を超えて検査を行った。無意味語の読み課題，全単語を読む課題，つづり課題の下位検査について，「カットオフポイント」**に達した後も検査を続けた。

ラウルの知能は高く，また，勉強もしており，かなり高いレベルの成績を収めていたが，音声学的に複雑な単語や初めて見る単語の読み書きになると，音韻性ディスレクシアの症状が明確に現れた。彼のつづりミスは非常に深刻で，暗記・練習していない単語の彼のつづりは解読できなかった。ラウルは単語のつづりや基礎単語（sight word）の読みを丹念に暗記することで，なんとか，それらを書いたり読んだりできていたのである。このような基礎単語の読みの習得の仕方が原因で，内容を読み取るのではなく，ページの単語を解読することに労力をとられていた。そのため，pre-SATの文章を何度も読み直してからでないと回答に必要な情報を集められなかった。回答はすべて正解だったが，時間がかかり回答できる問題が少なかったのである。

ラウルは科学的に実証された読みの治療的介入プログラムを受け，粘り強さのかいもあり，みるみる成績は向上した。（年齢の低いうちに障害に特化した治療的介入を受けたほうがずっと改善しやすい）。ラウルの読み能力は決して完璧ではないが，最近，彼から，国内のトップの神経外科研修医制度に合格したという知らせを受けた！　学習障害は知能とはまったく関係ない。

2節　限局性学習障害

DSM-5では，3つの主要な限局性学習障害（Specific Learning Disorders）に触れており，有病率は，異なる言語や文化にまたがる学齢期の子どもの5～15%，成人の約4%としている（DSM-5, p.70***）。

DSM-5で該当すれば特定すべき診断として以下のものがあげられている。

- 読字の障害を伴う（読字の正確さ，読字の速度または流暢性，読解力）。
- 書字表出の障害を伴う（綴字の正確さ，文法と句読点の正確さ，書字表出の明確さま

---

* SATは大学入学のための全米統一テスト。SATの前に模試として実施されるのがpre-SATで，PSATともいわれる。
** 検査をした際，正常とみなされる範囲を区切る値。
*** 日本精神神経学会（監修）(2014). DSM-5精神疾患の診断・統計マニュアル　医学書院　p.69

たは構成力）。
- ●算数の障害を伴う（数の感覚，数学的事実の記憶，計算の正確さまたは流暢性，数学的推理の正確さ）。

ICD-10 では，「学力の特異的発達障害（Specific Developmental Disorders of Scholastic Skills）」（p. 241*）に分類されるもので，以下の3つのサブタイプと，「学力の混合性障害（Mixed Disorder of Scholastic Skills）」がある。3つのサブタイプとは，(1) 特異的読字障害（Specific Reading Disorder），(2) 特異的綴字（書字）障害（Specific Spelling Disorder），(3) 特異的算数能力障害（算数能力の特異的障害）(Specific Disorder of Arithmetic Skills) である。教育界で法的に定められているものの多くがこの限局性学習障害で，基本的な読み，読解，計算，数学的推論，書字表出といった特異的な領域の障害である。表現の仕方は様々だが，いずれも，この障害が原因で個人の能力が教育環境で十分に機能できずにいる点で一致している。一方，何をもって「十分」とするのかという点では様々な考えがある。前述のように，平均以下ではないことをもって「十分」とみなす立場もあれば，その人自身の能力に見合っているかという視点に立つ立場もある。

　言語機能といっても，書字，読字，言語理解，話すことでの自己表現など，それぞれにかかわる脳の領域は異なり，各領域が互いに連携し機能しているという理解が重要である。1つのあるいは複数の言語機能に困難を示す一方，他の言語機能では非常に高い能力を示す可能性もある。これはギフティッド児にも生じ得るし，成人期でもその影響は続く。このようなギフティッド児や成人ギフティッドはギフティッドと学習障害の重複診断を受け，通常二重にエクセプショナルとされるべきだが，ギフティッドが見落とされる傾向が非常に高い。あいにく局所性脳損傷のある知的能力の高い人を日常的に検査している神経心理学者のなかにも，IQ の高さが脳全体の完全性の指標となりうると考える者もいる（Koziol, Budding, & Chidekel, 2011）。

　特に，読字障害のあるギフティッド児は，その障害のために才能が覆い隠され誤診される危険性が高い。教育システムの大半が言語に強く依拠している。教師の情報伝達手段は，実演や視覚教材を交えたとしても，主に講義により行われる。子どもたちは教科書を読むように指示され，読書感想文やレポートを書かなくてはならず，試験では問題文を読んだり回答を書いたりしなくてはならない。たとえ障害が1つの言語機能だけにみられる場合でも，それが学業成績に影響を及ぼし，親や教師，また，子

---

* 融・中根・小見山・岡崎・大久保（監訳）(2005). ICD-10 精神および行動の障害―臨床記述と診断ガイドライン新訂版　医学書院　p. 252

ども自身が思い悩む事態が生じる。たとえば,何か質問された際には自分の考えを雄弁に語れるのに,同じことを書くように要求されると,それはぎこちなく無秩序で,発達的な遅れが見られるということが生じる。

　ディスレクシアのギフティッド児の場合,ことばを用いた論理的思考力が高いにもかかわらず,口述や文書による言語的なアウトプットに困難を抱えることがある[4]。このような子どもの多くは「隠れディスレクシア（stealth dyslexia）」とよばれている（Eide & Eide, 2011）。彼らは思考力,問題解決力に優れ,読解テスト得点が高いが,音読,初出の長い単語の読字,つづりや書字に困難を示す。学校で問題が顕著になるのは,課題の量が増え複雑になる高学年になってからである。ときには,高校や大学になって初めて問題が発覚するケースもある[5]。発話に原因不明の遅れがみられていたのが,ある日,自然に完全なセンテンスで話し始めるようになるハイリー・ギフティッド児もいる（Gross, 200b）。アルベルト・アインシュタイン（Albert Einstein）の有名な話があるが,彼は3歳まで話すことがなく,10歳頃まで話し方がぎこちなかったと言われている（Mrazik & Dombrowski, 2010）。

読字・書字・言語産出,記憶と想起の機能障害
(1) 読　字

　ディスレクシアの一般的な概念は,文字を逆に書いたり小学校の読みの学習で遅れを見せる子どもを指しており,読字障害と同義に用いられたり,ときには書字障害と言われたりする。これらは多くのディスレクシア者の特性をよく表しているが,このように狭くとらえると,読字障害の原因は人により様々であることや,他の言語ベースの機能障害を正しく理解できない。読字障害は,文字逆転や発音ミスの問題よりもずっと広い意味をもつ。

　読むという行為のなかには複数の課題が混在しているため,そこで生じる問題が単語認識によるのか,パターン認識の問題やスキャンニングの問題によるのかといった,考慮すべき根本的な問題の特定が難しい。単語それ自体は意味のない視覚的なパターンである。子どもたちはその形を学習し,意識的な努力なしに文字,単語,音節を理解できるようになるよう求められる。ときに,言語的問題のように見えても,実はそれが,単語デザインの認識や学習を妨げるような視覚的問題だったということがある。パターン認識に困難を示す子どものなかには,単語を全体として1つのものと認識できず,文字を順に追う方法でしか読むことができないケースがある（Goldstein & McNeil, 2004）。また,スキャンニングの障害があり,1行ずつ順に進んでいくことができないケースもある。

ディスレクシアなどの学習障害のあるギフティッド児の場合，機械的にあるいは自動的に読むことができないということが，次なる困難を生み出す。それは，何かを学習するために読むという作業がなされる段階である。仲間と同じくらい，あるいはそれ以上に複雑な考えを概念化できるのに，この手順の段階で立ち往生してしまうのは非常に不利である。そして，親や学校にとっては，デリケートなバランスを要する問題となる。読みの基本的スキルを自動化するためには，「退屈な」基本習得に集中しなくてはならないことが多い。これは，ひらめきや複雑な考え相互の関連づけ，あるいは，例外や想定外のことを探し出すことに学びの喜びを見出すギフティッド児にとって難しいことである。接頭辞や接尾辞の習得に専念したり，普段目にすることばの70%を占める基礎単語を300個暗記すれば，読みの困難は緩和されるだろう。しかし，そこに学習の喜びを感じることは滅多になく，基本習得に重点を置きすぎると，子どもは自分が人間として存在しているのではなく，人体実験をされているような存在と感じてしまうことがある。

「言語ベース」の問題に起因するディスレクシアには3タイプあるが，各々異なる方法で測定される別の言語スキルが関係している。第1のタイプは，正確，迅速に単語を読むこと（読字の流暢さ）に問題はないが，印字された文字とその意味とをつなげる解読（decoding）に問題があり，その意味を認識できない。教師の大半は，たとえその子がギフティッドであろうと，読字の流暢さに問題を抱える場合には比較的すぐに気づく。「小テスト」や単元テストがあり，生徒が制限時間以内にどのくらいの単語を音読できるのか量的に把握できるためである。一方，聡明な頭のよい子の読解力の問題やその原因はなかなか特定できない。読解力の問題の原因として，その言語の構造を理解できないということもある。このような子どもは，非常に優れた記憶力で学習課題をこなしていくことが多い。基礎単語を知っていても，その背後にある単語の構造（たとえば，「"broom"から"r"の音を取ったらどんな単語になりますか？」──"Boom"）を理解できない。また，"plish"，"knoist"といった「フェイク」ワードを見せられた時に，それらがどのように発音できるかを考え出すことができない。

第2のタイプは，「表層性ディスレクシア（surface dyslexia）」とよばれるもので，規則語は読めるが，"yacht"や"buoy"のようなイレギュラーな単語は読めない。このような単語が音韻学的な規則に則っていないため，混乱してしまう。

第3のタイプは，「深層性ディスレクシア（deep dyslexia）」とよばれるもので，単語のミスファイルに関連している。単語を読み，正しく一般的な概念をもつが，間違った単語を産出する。"automobile"と書いてあるときに"car"と読んだり，"sneaker"と書いてあるときに"shoe"と言うなどが起こる。

> リジアは小学2年生のときにディスレクシアと診断された。検査者からは，リジアには「典型的な」ディスレクシアの症状があり，介入が必要だと言われた。ところが，学校ではとても成績がよく，特段支障は見受けられなかった。両親は，毎週1回家庭教師を頼み，スキルの向上をサポートしてもらうようにした。学校では，言語能力の高さ，言語ベースでの学力テスト得点に基づき，ギフティッドと判定されていた。小・中学校は順調に進んだ。高校になると英語に少し苦労するようになったが，何時間もかけて障害部分をカバーしていた。学校側は，依然としてリジアの能力の高さと成績のよさを認め，リーディングや英語の課題に標準的な生徒の2〜3倍，おそらくギフティッド児の4〜5倍も時間がかかっていたにもかかわらず，検査や教育支援を施すことはなかった。ACT*を受けた際にようやく，リジアの障害が認められることとなった。十分高い得点ではあったが，どのセクションも終えることができず，また，ギフティッドとしての力を発揮できなかった。ディスレクシアのための教育支援を受けることで，もっとリジアの力が発揮できるだろうと考えられた。両親は心理士に相談した。検査の結果，リジアのギフティッドとしての能力と読字障害とが確認された。民間の心理士により包括的な検査がなされ，リジアの障害が証明されたが，ACTの受験時間延長は認められなかった。受験時間延長が認められれば，障害の影響を受けることなくリジアの能力が十分発揮できるはずだった。

(2) 書　字

　書字障害の原因も様々あり，その多くは読字障害と似ている。また，綴字の不正確さはギフティッド者に広くみられ，スペル・チェック・プログラムで補えることにも留意すべきである。

　単語のつづりを声に出して言うときは正確にできるが，書くことができないという子どもがいる。書き取りに苦労し，音の文字変換に際しその子の能力には見合わないほどのミスが生じる。このような困難は，発話など他の言語障害を伴うことが多いが，単独でも生じうる。これは外傷性脳損傷，胎児期や周産期の脳卒中，発作，その他の神経損傷がある子どもに特に当てはまる。実際のところ，本章であげる障害のすべてが外傷性脳損傷に伴い生じるものである。

　専門家は，文字の汚さを学習障害の1つの指標ととらえることが多い[6]。しかし，我々の経験からすると，ギフティッド児の大半は字が汚いか，あまり上手ではない。その理由は通常単純で，小さな手で書くスピードよりも思考がずっと速いためである。つまり彼らの微細運動スキルが知能よりも遅れており，自分の思考スピードに書く作業が追いつかない。このような子どもの微細協調運動の発達が遅れている可能性もある[7]。加えて，ギフティッド児の多くが，書くことをあまり重要なスキルとは考えていないということがある。たとえば，書くことの目的はコミュニケーションであり，あ

---

* 米大学入学学力テスト。

なたが他の人の書いたものを読むことができ，また，他の人々があなたの書いたものを読めれば，美しく書く必要はないのではないかと考える。このような問題への対応策の1つとして最も簡単で現実的な方法は，キーボードやタッチタイピングの習得である。コンピュータ時代に手書きの重要性は低くなっている。大学では手書きの課題提出の機会はほぼないだろう。多くの中学，高校でも，iPadのような機器が取り入れられ，手書きの課題は少なくなっている。ディクテーション・アプリやライブスクライブ・ペン*は，書いたりタイプする前の思考の整理をサポートしたり，あるいは，書く作業を完全に肩代わりしたりする。ディクテーションは書くよりもスピードが速い。そして，書くことに苦手意識のある子どもが委縮することも少なくなる。ディクテーション・アプリは，作成途中の物を評価したりはせず，親や教師は，編集し終えたものを見ることができる。口頭発表の機会もまた，書字に困難のある生徒にとっては障害の影響をあまり受けずに自分の知識を表現できる場である。

　隠れディスレクシアの生徒の多くが書字の問題を抱えている。しかし，彼らの読字の困難は見落とされ，ディスグラフィア（dysgraphia）――一貫性をもって書くことの障害――と診断される。ADHDと診断されるケースもあり，それは「うっかりミス」ばかりするためである。しかし，Hoeft（2014）によれば，このような子どもはたいてい集中力が高い[8]。

(3) 言語産出

　言語理解に問題はないが，自分の知識を正確に表現できない子どもがいる。このような子どもは，ときおり，単語の配列順が変わると文章の意味も変わることが理解できないことがある（例："The dog bit the girl's dad" と "The girl's dad bit the dog"）。このような単語の配列理解の困難は，他の言語や読解の問題を伴うこともあれば，単独で生じることもある。言語産出の問題は発声機能の欠陥に由来することもある。発声発語器官の運動調節に障害があり，正しい音列や単語配列を生み出すことができない（ディスプラキシア［dyspraxia］やディサースリア［dysarthria］）。標準的な人よりもギフティッド者にこれらの障害が多少なりとも生じやすいというエビデンスはない。

(4) 記憶と想起の問題

　記憶の問題は読字に影響するが，この関係はわかりにくいことがある。たとえば，

---

* 日本ではスマートペンともいわれる。このペンで書いた情報をタブレット等で編集できる。録音された音声も同期できる。

子どもに読みを要求する際には，同時に単語や知識の記憶と想起をも要求していることになる。記憶の問題があれば資料の記憶や想起に影響するだろうし，それが読みのプロセスに影響を与える。ところが，ギフティッド児はたいてい標準より記憶力に優れており，親は，その子が単に文章を暗記する作業しかしていない場合にも読んでいると考え，それが混乱のもとになる。

　記憶や想起の問題は，実行機能障害がかかわることで複雑になる。実行機能障害があると，子どもは読む際のコード化に困難を示す。単語の解読に多大な労力を費やさなくてはならないため，内容の理解に注意を払えなくなる。つまり，個々の単語に非常に多くの注意を払うため，単語同士の意味をつなぎ合わせ一節全体の意味とすることに困難が生じる。読むことはできるが，読んだものをよく考えることができないのである。読むということが単語をただ拾う作業となり，単語の意味や他の単語との関係を把握することではなくなる。結果的に，何度もその一節を読み直さなくてはならなくなる。読んだものを実際コード化できない子どもを見ていると，その子が今読んだものを忘れてしまっているように見えることがある。このような子どもにはテスト時間の延長が必要である。この問題は強迫症と混同される可能性もあるが，それは，実行機能障害のある子どもが情報をコード化できないために，一節を何度も何度も読み直している姿が強迫的に見えるためである。

算数障害

　子どもの算数障害（ディスカリキュリア：dyscalculia）は，等式を解くうえで用いられる基本的な計算プロセスを有効に使うスキルの著しい遅れを示す子どもに生じる（Haskell, 2000）。算数障害は，読字障害と比較するとまだ研究歴の浅い領域である。算数障害は小学2年生以前に気づかれることは滅多にない。その原因として，小学2年生以前の学校のカリキュラムがそのようなスキルを重視していないということがあるが，算数障害の様々なスクリーニングテストに関する研究が比較的最近始まったばかりということも原因の1つである（Mazzacco, 2005）。知的能力全般の高い子どもでは，別のスキルで補ってしまうため，この障害の特定はさらに難しくなる。特に生来数学的鋭さがありつつも，算数の基本を習得できない子どもにおける障害の特定は難しい。ギフティッド児では，さらにその特定が難しくなる。どのようにして答えを導き出したのかの自覚なく回答できることもあるためである。ある4歳のギフティッド児のアセスメントのなかで，複雑な算数の問題が出された。この子はどのようにしてその答えにたどり着いたのか自覚せずに正答を出した。このような子どもでも基本を習得していなければ，後々数学が複雑になるにつれ学習困難が生じるようになる。

算数には記号認識と操作の作業が含まれ，これはちょうど，読字に文字記号が含まれるのと同様の状況である。ただし，この作業にかかわる脳の領域は，音韻体系的な読字（単語の音—音素を含む）とは異なり，正字法的な読字（単語の構造を視覚的にとらえる力が中心となる）に近い。そこには様々な特異的な機能——注意力，ワーキングメモリ（例：数字を正確に写す，一連の段階を踏む，正しい関数記号を特定する），知覚スキル（例：数字をクラスタリングして分類化する，数字記号や演算符号を認識する），手続き的記憶の統合（例：九九表をマスターする）——が用いられる。ディスカリキュリアは，算数（計算や幾何学）の特定あるいは多くの領域，もしくは，個々の領域における個別あるいは一連の分野（定理 vs. 図式）で用いられる情報の表象や処理における能力の障害によって生じる可能性がある（Feifer & DFina, 2005）。

　専用の個別アセスメントなしには，ディスカリキュリアなどの算数の機能障害はなかなか特定できない。その理由は，(1) 標準学力検査（特に集団検査）の特性，(2) ギフティッド児の非同期発達とディスカリキュリアに伴う障害が非常に局所的であることの多さ[9]，の2点にある。学力検査は様々な算数課題を取り入れているが，それらが，算数の実行に必要な言語スキル，実行機能，視覚空間能力を組み合わせたものだという理解がなされていない。ディスカリキュリアの子どもは，これらのなかで重い障害を示す領域もあれば標準以上の能力の領域もあることが多い。つまり，数的能力は神経学的プロセスと切り離して考えることはできない。これらの能力の平均で成績が判断されるということは，ある領域ではその子の能力が過大評価され，また，他の領域では過小評価されることになる。

　算数障害には以下の3つのサブタイプがある。それは，手続き型障害，意味記憶型障害，視覚空間型障害である。

(1) 手続き型障害

　手続き型障害は，数学的な計算方法を統合する基本的な機能の停止状態で，道具的学習システムの核となる部分の機能障害ととらえられる（Mariën & Manto, 2016）。手続き的エラーは，問題を解くうえでの一連の段階をモニターしたり統合させることの困難から生じる。これは本質的にワーキングメモリ／実行機能の障害である。たとえば，足し算や引き算の筆算の理解には，系統だった方法を統合させる能力が求められる。その能力がないと，計算のたびにまったく新しいプロセスを踏んでいるかのようになる。算数の問題を解く際の数える手続きや計算を用いることに発達上の障害があるということが，ディスカリキュアの子どもが他の子どもより頻繁に間違えることの主たる原因となる。このような子どもは非効率的な問題解決手法を用いることが多

い。たとえば，幼少期の子どもが多く用いるような「全部数える」方法などである。そして，数え間違い，たいていは1つ数え足りなかったり数えすぎたりすることによるエラーが生じる[10]。

　手続き型ディスカリキュリアの子どもは，ことばで数えるのではなく，指で数える手法を用いることが多い。そして，標準的な学力の子どもよりも長期間この手法を用いる傾向がある。繰り上がりや繰り下がりのある算数の問題では，隣の桁から数を借りたりもってくるうえでのエラーが頻繁にみられる。これらの問題は，学習したスキルの自動化に混乱が生じているために生じる。

（2）意味記憶型障害

　意味記憶型障害のある子どもは，数字の表す大きさの認識・理解の能力が低い。その結果，175－15が140とは等しくないという，論理的なエラーを理解できない。基本的な四則演算やその暗算の障害は，意味記憶型というサブタイプを決定づける特徴である（Feifer & DeFina, 2005）。それまでに身につけた基本的四則演算やその暗算（オーバーラーニング・スキル）に困難があると，読字（単語認識）や綴字（音声学的ではない）にも困難が生じる可能性が高まる。手法の背後にある概念を理解できないこともまた，ディスカリキュリアの原因となる。概念的知識があって初めて手続きの用い方がわかり，用いた方法が正確かどうかを評価する枠組みを得られるためである。たとえば，「数え足す」方法を用い始める時期が遅れたり，数えるうえでエラーが頻発することは，数えるということの概念理解の未熟さと少なからず関連するようである。「全部数え上げる」手法から「数え足す」手法への移行には，必ずしも1から始めて標準的な順番で数え進める必要はないということを理解する必要がある（Feifer & Defina, 2005）。数えるということの概念理解の未熟さは数え間違いの原因となったり，エラーに気づき自分で修正するのを妨げたりもする。

（3）視覚空間型障害

　視覚空間型の障害は，数学のなかでも幾何学や三角法といった特定の領域の能力に影響するが，四則演算やその暗算のような領域には影響しない。手続き型や意味記憶型のディスカリキュリアの子どもは，基本的な視覚空間能力には問題がないようである。ただし，視覚空間型の算数障害の子どもは，数の位置関係，すなわち「数量の前置詞」とよばれるもの（例：above, below, around, between など）を理解できない。

3節 まとめ

　算数障害，読字障害，書字表出障害はいずれも，それ以外の点ではギフティッドである子どもや成人にとって深刻な障害となるだろう。早期の治療的介入がきわめて重要である。学習障害が未診断のまま成長すると，多くがいわゆる学習性無力感を抱くこととなり，過剰に人に頼ったり，宿題を先延ばしにしたり，自信喪失，クラスでの問題行動，就労拒否，深刻なフラストレーションの問題につながる。学習障害が診断されないままでいると，学習性無力感が非常に反抗的な態度や分別のない態度として表面化し，さらなる誤診につながることもある。

　学習障害の未診断により，自尊心や自分の能力に対する自信も低下する。子どもや青年たちは，学習障害が知的能力とは無関係であることを知らない。そのため，自分自身について，自尊心を損なうような誤った見方をするようになる。「自分はバカだ」「自分よりダメな人間はいない」というのが，我々がよく耳にする誤った見方である。以前は勉強が簡単だったという経験があると，どのような分野でも，失敗を「自分がバカでふさわしくない」ことの証拠になるとして敬遠したり，失敗することで「自分はそれほど頭がよいわけではない」という見方を内化させたりする。そして，このような思い込みは，他の人が高いレベルのことをやり遂げるのを見ると強化される。

　読字障害はなかでも特に深刻である。読むことは，情報にアクセスしたり知識を広げ深めるための主たる手段であり，こうして得た知識を通してこそ自分の才能を十分に発揮できるためである。たとえばShaywitz（2003）によると，小学1年生時に言語音の関係理解において下位20％に位置する子どもは，小学5年生時にも下位20％にいることが示された。適切な介入がないと遅れは慢性化する。1日の読書時間が20分の人は年間平均180万語読む。1日の読書時間が4.6分だと，年間に読む単語の数は平均28万2千語となる。そして，1日の読書時間が1分以下では，年間平均8,000語しか読まない（Shaywitz, 2003）。読書をしない人は，読みのスキルを磨く機会を逃すのみならず，読書習慣のある人が常に得続けている，あらゆる情報に触れる機会をも逃すことになる。

　ギフティッド児は，自身の知能の高さをめぐり，謙虚さや責任ある態度を学ぶ必要がある。同様に，算数障害や読字障害をはじめとする様々な学習障害のある場合も，自身の障害について学ばなくてはならない。まず，自身の発達の非同期性を自覚できるようにし洞察力を育むことで，学習上の困難の原因に関する不正確な思い込みを正すよう支援できる。洞察力が培われれば，自身の治療的介入プログラムに参加する際

に，より望ましい心構えができ，自分自身を責めたり自分はバカだと思うだけの状態ではなくなる。

4節　非言語性学習障害

　これまで研究がなされてきた学習障害の大半が言語や読みの困難にかかわるもので，それは脳の左半球と関連している。1980年代には，神経心理学者のByron Rourkeにより右半球の異常と関連する問題のパターンが解明され，視覚空間処理，微細運動スキル，ソーシャルスキルに影響を与える一連の機能障害が見出された。そして，予想どおり，右半球の異常と左半身の運動スキルの障害には比例関係がみられることが多かった。この障害のある子どもには，特にプロソディ——コミュニケーションにおける非言語的な側面（声の調子，姿勢，ジェスチャー，表情）にかかわる困難がみられる[11]。たいてい単語を正しく使用できるが，言語の「音楽」が抜け落ちているように見える。皮肉，ごまかし，ユーモア，嘲り，矛盾したメッセージを理解できない（ちょうどアスペルガー症候群にみられるように）。

　非言語性学習障害（Nonverbal Learning Disabilites: NVLD）は特に視覚空間型学習障害との関連で，ギフティッドにかかわる人々の間で注目が集まっている（e.g., Lovecky, 2004; Maxwell, 1998; Rourke, 1989; Silverman, 2002, 2009）。この障害のある子どもは，空間定位や，人からの社会的手がかり（social cues）の読み取りに困難を示し，普通の人が素早く気づくこの人間関係上の手がかりの多くを見落とす傾向がある。この診断基準はDSM-IV-TRやDSM-5には正式に記されていないが，右脳損傷，プロソディ障害，視覚空間処理障害に関する研究は着実に増えている（Forrest, 2004; Krajewski & Schneider, 2009; Rourke, 1989; Winner, Brownell, Happé, Blum, & Pincus, 1998）。Rourkeによる初期の研究は，Semrud-Clikeman & Hynd（1990）により一層明確に実証された。この障害のある子どもをfMRIにより識別し，従来から非言語性学習障害に関連すると考えられていた問題についての生理学的仮説を支持する結果が示されたのである。

　非言語性学習障害は右前頭葉の回路と機能上もっとも関連する（Dobbins, 2007）[12]。大脳右半球は大脳左半球よりも発達が遅いため，大脳左半球よりも機能的柔軟性と脆弱性の双方をもち合わせている。右前頭葉は，非言語的な社会的手がかりやプロソディの読み取り・使用の際に活性化されるが，新しい課題に取り組んだり情報を統合する際にも活性化される。課題に慣れてくると，活性化部位は大脳左半球へと移る

(Goldberg, 1994)。

　日常生活における技術的な側面，たとえば，協奏曲の演奏，自分の考えの文章化，二点透視法の理解などは，練習を重ねると自動化され，前頭葉がこうしたスキルの獲得からその統合や使用へと特化するようになる。ディスレクシアのような学習障害のあるギフティッド児が読みの技巧に躓くのは，この自動化が起こらないことを意味する。非言語性学習障害のあるギフティッド児が，ある面では複雑な概念化の能力を示すにもかかわらず，人とのやりとりの技巧の獲得や理解に躓くのであれば，ものごとの基本よりも深い部分にワクワクする彼らにとっては，それはとても大きなフラストレーションとなるだろう。人とのやりとりの基本的な部分を自動化できないと，その基本的な側面に人一倍多くの注意を払わなくてはならなくなり，より複雑な領域になかなかたどり着けなくなる。

　非言語性学習障害に関する研究は主にエピソード研究や限定的な研究などによるものであり，DSM-5 や ICD-10 には非言語性学習障害独自のカテゴリが設けられていない。すなわち，上述のような症状は，「特定不能の」疾患や「混合性障害」と診断される。プロソディ障害など，個々の障害は認められるようになってきているが，非言語性学習障害はまだ研究途上の障害で，専門家間での合意がなされていない点が多い。そして，正式な医学的診断には位置づけられておらず，「症候群」に分類されている。これは，前述のように一連の問題が伴って現れているように見え，それらが大脳右半球の機能と最も強く関連することを意味する。

　アスペルガー症候群や自閉スペクトラム症，非言語性学習障害，ADHD のどの診断が適切であるのかに混乱が生じやすいことは，想像に難くないだろう。非言語性学習障害の診断に関する一致した見解はまだないが，この診断上の混乱に関する最近のレビュー研究のなかで，非言語性学習障害を，計算も含めた視覚空間型算数障害，あるいは／かつ，アスペルガー症候群に匹敵する症状がみられるが，アスペルガー症候群にあるような固定的で強烈な興味の対象から離れることへの困難がないものとみなせるか，が検討された（Fine, Semrud-Clikeman, Bledsoe, & Musielak, 2013）。これらの診断には同じ神経学的な「部位」がかかわったり同じ機能障害がみられるため，症状が重なるのは当然だろう。さらに，介入のターゲットの多くは症状であり診断結果ではない。実際問題として重要なのは，問題の明確な特定と適切な介入の提供である。幸いにも，この識別のうえで指針となるものがある（Fine, Semrud-Clikeman, Bledsoe, & Hasson, 2010; Semrud-Clikeman, Walkowiak, Wilkinson, & Minne, 2010）。

娘のスジンは 6 歳 4 か月のときに WISC 知能検査を受け，ギフティッド判定されました

(全検査 IQ 136)。また，障害があるが ADHD ではないとも言われました。私たちはさらに詳しい検査を依頼しました。スジンはとても頭がよく創造性豊かな考え方をしますが，非常に読み書きが遅かったからです。また，非常に自立心が強く「我が道を行く」タイプで，ものごとのまとめ方が独特で，だれも思いつかないような独自の方法で問題を解決していました。スジンの兄もハイリー・ギフティッドですが，それでもスジンよりはるかに標準的でした。スジンが 7 歳のとき，彼女の読み書きにおける困難の原因として視覚と聴覚の問題がないかを検査し，その可能性は除外されました。先生からは，スジンの読み書き困難は一時的なもので，よい家庭教師などをつければ改善するだろうと言われました。

9 歳 7 か月になる頃には，スジンの書字と綴字の問題は深刻なものとなりました。読みスキルの発達も遅れていましたが，それでも学年相応でした。情緒不安定で，いつも，友だちにいじめられていると感じていました。大人たちはスジンと一緒にいることが好きでしたが，子どもたちはそうではありませんでした。

心理士は，スジンを「少し ADHD 気味でアスペルガー症候群の気もあり，それ以外の何らかの問題も抱えている」かもしれないと考えましたが，スジンにピッタリの診断がありませんでした。私たちの求めに応じて，学校区の心理士，ソーシャルワーカー，作業療法士，リーディング・スペシャリスト，ラーニング・スペシャリスト，看護師，医療言語聴覚士がチームを組み，幅広く検査しました。作業療法士のアセスメントにより感覚統合の機能障害（低感覚）が判明しました。視覚追跡や輻輳の問題，微細運動の遅れ，低筋緊張，運動企画の障害がみられました。また，WISC の得点から非言語性学習障害とも診断されました。言語性 IQ と動作性 IQ の差が 30 ポイント以上ありました。スジンの WISC の下位検査得点から，ワーキングメモリと動作性の問題が判明しました。

私にはまだ，完全なあるいは正確な診断にたどり着けたとは思えません。視覚療法のおかげでスジンの生活は大きく改善しました。作業療法にも同様に助けられています。これらの問題を最初の段階で特定できなかったことがとても残念です。もし最初から特定できていれば，経験しなくても済んだ問題や不安もあっただろうと思います。スジンがマイルドリー・ギフティッド以上の知能であるのは確かです。そして，これまで自分のたくさんの障害をカバーしてきました（単語がページのあちこちを飛び回り，句読点や小さな字が見えないなかで，学年相応の読みの力を発揮するのは，並大抵の力ではありません！）。今の段階では，この子の支援のためにどの道を進むべきなのか，まだわかりません。

5節　感覚統合障害

様々な感覚刺激に対する極端な過敏性はギフティッド児によくみられる（Lind, 2001; Tucker & Hafenstein, 1997）。そのため，学習障害の評価に盛り込まれている感覚統合の評価と治療をギフティッド児にも勧める専門家もいる。実際，最近の小児科の研究仮説では，ギフティッド児は通常生物学的な脳の発達速度が速いために感覚

統合の問題を抱えるリスクがあるとされている（Vaivre-Douret, 2001）。

　感覚統合障害を簡単にいうと，感覚器官（眼，耳など）は正常に機能しているが個人の感じ方や感覚が異常であることをいう[13]。感覚器官と個人の感覚経験との間のどこかに，情報が質的あるいは量的に適切に統合されない箇所がある[14]。たとえば，視力，眼球運動とも正常にもかかわらず，奥行きを認識できないということが起こる。あらゆる物を倒してしまったりいつも転んでいるような子どもは，自分の身体を見ずにそれがどの位置にあるのかという感覚（すなわち，固有受容感覚）が，多少なりとも阻害されている可能性がある。量的な例でいうと，通常の味覚より25％敏感な味覚をもつ「味覚過敏」の人にとっては，普通の歯磨き粉のミントの味が，ひどく激しい辛さに感じられることがある。刺激になかなか慣れることのできない人は，背後の物音や騒音にことのほか耐えられずにいることがある。当然ながら，自分の知覚を人の知覚と直接比較することはできないため，知覚にかかわる困難を調べ特定するのは難しい。多くは注意深く質問をしていくことで知覚の違いを明らかにできる。この根本的な原因の理解がなされないでいると，実生活でかなりの支障をきたしフラストレーションを抱えるだろう。知覚問題の多くは，特定さえできれば対処できる。たとえば，服装を変える，照明を変える，イヤプラグを用いるなどの対処法がある。

　ギフティッド児に，不可解なあるいは明らかな不注意ミスや技能障害がみられる場合は，感覚統合障害，学習障害，または他の神経学的問題がないか注意深く調べるべきである。同時に，その子の環境への反応も調べる必要がある。たとえば，感覚が過負荷状態なために課題をやり遂げられない子どももいる。知覚問題が実証，診断できれば，Section 504*プランなどに基づき，問題に対処するための教育支援を求めやすくなる。

　感覚統合障害（Sensory-Motor Integration Disorder）の研究はまだ不十分なため，現状では暫定的な診断となる。他の多くの新しい研究領域と同様，ラベルをつけずともその子に有効な手法や介入を取り入れることが有用だろう。現在，感覚統合の問題にかかわる診断には，DSM-5の発達性協調運動障害（Developmental Coordination Disorder, pp. 74-77**）や，ICD-10の運動機能の特異的発達障害（Specific Developmental Disorder of Motor Function, pp. 250-252***）が最も多く適用される[15]。

---

* 障害のある子どもが適切な無料公教育やカウンセリングなどのサービスを受ける権利を保証する制度。IDEAの対象外となる障害のある子どもの権利を守る役割を果たす。
** 日本精神神経学会（監修）(2014). DSM-5精神疾患の診断・統計マニュアル　医学書院　pp. 73-76
*** 融・中根・小見山・岡崎・大久保（監訳）(2005). ICD-10精神および行動の障害―臨床記述と診断ガイドライン新訂版　医学書院　pp. 260-261

ギフティッド児の感覚統合障害を研究すべき時期にきている。感覚統合障害が疑われるようであれば，地元の専門家よりも研究者にコンタクトを取ることが必要となるかもしれない。我々の経験からすると，この専門領域の作業療法士に相談すると，実生活上の問題の対処に非常に役立つことがある。

6節　聴覚情報処理障害

　何らかのイベントに参加した際，騒々しい雑音のなかで相手と会話をするのに苦労した経験のある人は多いだろう。しばらくすると頭がボーっとしてきて，相槌だけは丁寧にしつつも会話の大半を処理できなくなっていることに気づくだろう。相手の話を聞きとろうとすることで神経がすり減り，もはやその努力の価値を見出せなくなる。静かな環境のなかでは喜んでできたであろう話が面倒なものとなる。
　これとちょうど似た状態を，聴覚情報処理障害（Auditory Processing Disorders）者は経験している。パーティーの参加者は聴覚や脳に障害があるわけでもないのに，会話についていくのに苦労する。聴覚情報処理障害児は，ちょうどパーティーと同じくらいの「雑音」のなかで代数の勉強を頑張っているようなものだ。入ってくる情報に注意を向け処理することが非常に面倒な作業であるため，すべてに意味を見出せなくなる。
　聴覚情報処理は聴くことと同じではない。学校で受けた聴力検査を思い出してほしい。バスや静かな部屋に入りヘッドホンを与えられ，音が聞こえたら手をあげるように指示される。このタイプの聴力検査は，聴くという複雑な行為のごく一部しか調べていない。この検査で問題なしとされた子どものなかにも聴覚情報処理障害児がいる可能性がある。たとえば，周囲の雑音を無視すること，ひずみ語音の理解，馴染みのない話し方に慣れることなどに苦労するかもしれない。彼らは，発達上のあるいは軽度の神経学的障害のために，取り入れようとする聴覚情報の処理に困難を示す。一所懸命聞き取ろうとすることに疲れてしまうと，次第に注意力がなくなっているようにみえることがある。この障害のある子どもは，その日の1時間目はとてもよくできたり，静かな教室で一番前に座るとよくできることが多い。読唇術を身につけて話の理解度を高めたり，聴き損なった部分を状況文脈的に推測していることもある。
　聴覚情報処理の問題は，聴力障害，不注意／ADHD，言語発達遅滞，学習障害，あるいは読字障害のようにみえることがある。このような子どもの知的潜在的能力は見落とされやすい。聴覚の問題は個人の意図的なものと誤解されることがある（ジェレ

ミーはちっとも人の話を聞かないわ！　私を無視しているの！）。誠意をもって先生から言われたことをしようと努力したのに，あいにく先生はそんなことは言っていなかったということも起こる。軽度の難聴や聴覚情報処理の問題のある子どもは，高い声や高い歯擦音（例：/F/, /S/, /Th/の音）になると，識別が難しくなることが多い。母音の識別はできるが，子音の識別に困難を示すこともある。

　不注意の問題のスクリーニングには，聴覚情報処理検査が特に有用である。聴覚情報処理は発達課題であり，幼少の子どもが外からの会話の要素を自分が今行っている会話へ「移す」のは正常なことである。彼らは無自覚にそうしている。このようなことは，年齢の高い子どもでも聴覚情報処理に遅れがみられる場合や，脳半球間の情報の行き来が効率的に行われていない子どもには典型的にみられる。たとえば，右耳から入った情報は左半球の言語野に伝達されるが，この間の神経回路に損傷があると音の処理が妨げられる。

　聴覚情報処理障害の診断に関して，「会話および言語の発達障害，特定不能のもの（Developmental Disorder of Speech and Language, Unspecified）」（ICD-10, p. 241*）や「言語障害（Language Disorder）」（DSM-5, pp. 42-44**）が適用されることが多い。子どもの聴覚情報処理の問題への簡単で非常に有効な対処方法もある。たとえば，その子が話す人の近くに座り，話す人の顔がよく見えるようにするだけで，問題はかなり改善される。また，一方の耳のほうがより正確に聞き取れることが多いため，よりよく聞き取ることのできるほうの耳が音源の近く，あるいは壁で音が増幅するほうに向けて座ることも有効な場合がある。たとえば右耳のほうが正確に聞き取れる場合，教室の右端の一番前に座るとよいだろう。そうすると，右耳のほうで紙がパラパラめくる音などが聞こえることもなく，また，右側の壁から音が跳ね返り右耳に入りやすい。会食の場では一番左端の席に座ることで，その場に集う人たち全員のほうへ右耳を向けることができ，過ごしやすくなる。

　感覚障害のなかでも，特に聴くこと，言語理解，話すことに影響するような感覚障害は，抑うつや不安症のリスクを高める（Kvam, Loeb, & Tambs, 2007）。ギフティッド者はただでさえ内気で社会的な困難を経験する傾向があるが，加えて難聴や受容性言語の問題があるとすると，さらに深刻な問題の懸念が生じる。

　難聴や聴覚情報処理の問題のある子どもや成人にとって，多くの会話がなされていたり雑音のあるところで話を聴くのは，非常に骨の折れることである。そして，「聴

＊融・中根・小見山・岡崎・大久保（監訳）（2005）．ICD-10 精神および行動の障害—臨床記述と診断ガイドライン新訂版　医学書院　p. 252
＊＊日本精神神経学会（監修）（2014）．DSM-5 精神疾患の診断・統計マニュアル　医学書院　pp. 40-42

き疲れ」は，不注意や認知能力の低さと似た症状を示す。ギフティッド者の間で通常みられるような，次々と続く会話のやりとりをしようとしても，その会話の内容を処理するのに必要なペースにわずかに遅れることで，それができなくなる（Hicks, & Tharpe, 2002）。話をしようとするとすでに会話は別の話題に移っており，歩調が少し合わない人，鋭い洞察を分かち合えない人とみなされてしまう。

> 私たちは息子をごく標準的で平均的な子どもだと思っていました。しかし，地元公立のキンダーガーテン*に入ってから，問題が始まりました。プリスクール*の数年間は，とても素晴らしいプログラムに恵まれました。息子は賢く，好奇心旺盛で，おしゃべりで，活発で，じっと座って活動するサークルタイム**は苦手な子でした。つまり，私たちにとって息子はいたって普通の男の子でした。先生方は息子のことを，非常に頭がよく考え方のスキルが並み外れていると感じているようでしたが，そのような先生方のことばを，私たち親は本気にしませんでした。ただ，先生は本当に息子を愛してくれているのだと考えていました。プリスクールを卒業する日が近づくと，先生方は，息子がキンダーガーテンに入る前に予備テストを受けるようにと強く勧めました。キンダーガーテンで，ADHDという誤ったラベルをつけられる可能性があると感じていたようです。検査（IQと学力）の得点は高く，ADHDを示す特性は何も出ませんでした。その結果に喜んだ私たちは，キンダーガーテンと小学1年生のときに，あのような悪夢が待ち受けているとは思ってもいませんでした。
> 　キンダーガーテンが始まると，まず全員に学力検査が行われました。息子は，キンダーガーテンと1年生用の両方のテストで100％の成績を収めましたが，それで彼への教育方法や教育内容が変わることはありませんでした。1週間もしないうちに行動上の問題が現れ，それは次第に悪化し，遂にその年度が終わる数週間前にキンダーガーテンを休ませるまでになりました。その年の途中，私たちは再度，追加の検査と教育カウンセリングを依頼し，息子がプロファウンドリー・ギフティッドであることがわかりました。学校は検査結果をほとんど考慮せず，いつも，アスペルガー症候群，ADHD，反抗挑発症といった様々な診断名を非公式に提示してきました。1年生になるときに小さな私立学校に入りましたが，そこではさらに事態が悪化しました。
> 　小学2年生のときはホームスクールにしました。心理士の支援を受け，息子には（1）著しい中枢聴覚情報処理障害，（2）微細運動スキルの極端な遅れを伴う感覚統合機能不全，（3）ディスレクシアにみられる症状の多くがあることがわかりました。いずれの学校でも，これらの問題は1つも指摘されることはありませんでした。治療は非常によく効いていますし，ホームスクールも息子にはよく合っているようです。多くの分野で息子の成績は学年相応レベルよりも高く，興味のある哲学や世界史，ラテン語の勉強も自由にできるからです。

＊ キンダーガーテンは年長（形式は小学校），プリスクールは年中と年少に該当する。
＊＊ お集まりや小学校の朝の会，帰りの会のような時間，全員が1か所に集まり，話し合い，歌，勉強などを行う。

7節　認知リハビリテーション

　注意力のリハビリテーションの効果を実証する研究が増えている。特に小児期において，神経学的なダメージを負った後に認知機能が「再構成」されることが多いが，これは，脳の神経学的可塑性によるものである。たとえば，脳腫瘍の頭蓋照射を受けた子どもは不注意の問題をもち，全般的な認知機能の低下が5年間ほど続く。全米で有名な小児がんセンターのなかには，神経心理学者と共同してリハビリテーション・プログラムやリハビリテーション方法を開発しているところもある。専門性の高い神経心理学者が実施する同様のプログラムでも，不注意の問題や特異的な認知的欠陥への薬物療法や心理療法の補助的な効果が得られるだろう。

　学習障害に伴う発達の非同期性がみられるからといって，その人の弱点には対処のしようがないとか，親や教師はその子の長所を十分伸ばせないということではない。注意のリハビリテーション・プログラムは，通常，単純な注意と抑制を混ぜたタスクから成り，その難易度が徐々に上がっていくものである。また，訓練セッションがあり，注意の分割，注意やプランニングのセルフコーチングスキル，感情面の自己制御スキル，困難な状況の認識と備えに必要なスキルを教えることも含まれている。大半のリハビリテーション・プログラムは20のセッションから構成され，部分的に医療保険が適用される*。さらに，親や教師のためのセッションも含まれており，子どもの特異的な弱点パターンに対応できるような訓練がなされ，改善度を測るために，「セッション前」と「セッション後」のテストが実施される。

8節　まとめ

　全般的知的能力のレベルが高ければ高いほど，個人内の能力間の開きが大きくなる傾向がある。多くのギフティッド児がグローバル・ギフティッドである――すなわち，すべての領域でほぼ同程度の高い能力をもつ――が，言語や数学といった特定の領域でのみ並外れた能力を示すギフティッド児も多い（Winner, 1997b）。なかには，学習障害の公的基準を満たし，特別支援プログラムを受ける資格を得るギフティッド児もいる。一方，そのような基準は満たさないが，本人が特定の学業領域で苦しんでいる

---

* 米国の事情。

場合もある。いかなる状況であれ，その子の能力に合った教育環境の創成が求められる。特にハイリー・ギフティッド児は暦年齢集団であるクラスでうまくやっていくのが難しく，たいてい，特別な教育的配慮が必要とされる。飛び級，1教科だけの早修，クラス内での能力別グループ分け，特定分野の治療的個別指導などの工夫が必要とされることもある。学校が実際このような教育的配慮を施すのは非常に難しい。親や医療関係者が，その必要性を積極的に訴えていく必要があるだろう。

　学習障害のあるギフティッド児が誤診を受けた場合，防げたであろう知的欠乏状態に徐々に陥っていくことがある。彼らの学習障害が見落とされ続けたり適切なケアがなされずにいると，薬物依存や精神疾患のリスクが高まる。学習障害には言語性のものと非言語性のものがあり，感覚統合障害や，視覚，聴覚の情報処理障害も含まれるだろう。

　小学2年生，7年生*，10年生**がターニングポイントとなる傾向がみられる。子どもが次の学校種への移行を経験する時期には，たとえその子が学習面で躓いている証拠を示しても，たいてい親や教師は子どもを寛大に見る傾向がある。そして，この「適応」のための初年度が過ぎ，次第に高まる要求に苦労し続けていると，周囲はその子を注意深く観察するようになる。学校から検査の要請があり，実際に検査を受け，個別教育計画（IEP）を作成するまでのプロセスにさらに1年ほどかかる。なかには悩ましい傾向として，その生徒が情緒的に幼かったり標準化テストに合格できなかったりすると留年させる***コミュニティがある。現在のところ，留年の影響を調べた研究が63あり，そのうち60の研究により，まったく効果がないことを示している。3つの研究で何らかの意義があるとされているが，それは，小学1年生の段階に限定されている。

　二重にエクセプショナルなギフティッド児を早期に検査・判定することで対処できる問題があるが，それなくしては問題そのものが見過ごされてしまう。早期発見早期介入により，子どもは何年もフラストレーションを抱えずに済み，自尊心の急落を防ぐことができるだろう。

---

* 米国では middle school 入学年度が6年生となり，middle school 入学後2年次目。
** 米国では high school 入学年度が9年生となり，high school 入学後2年次目。
*** 米国では，小学生も留年することがある。

第8章

睡眠障害

これまでのいくつかの研究（e.g. Sadeh, Raviv, & Gruber, 2000）において，20％もの学齢期の子どもに様々な種類の睡眠問題があること，そして，ギフティッド児や成人ギフティッドは，他と比較すると通常とは異なる睡眠パターンや睡眠行動をとることが報告されている。ただし，ギフティッド児や成人ギフティッドを対象とした睡眠パターンに関する調査は実質上行われていないことから，ギフティッドの睡眠については依然として不明点が多い。そのため本章では，親や成人ギフティッドからの臨床報告に基づき，ギフティッド児の通常とは異なる睡眠パターンについて考える。

ギフティッド者は睡眠を生活の侵入者とみなすことがある。特に，面白くてしょうがない活動の真っ最中はその傾向がある。我が子が就寝にあたり自分の「頭のスイッチを切る」ことに苦労していると話す親は，ひとりとはいわずいる。情熱的な恋愛の早期には，睡眠欲求の低下を含む生理的変化が生じたり，恋愛の対象について考え続けたりする。これと同様に，ギフティッド児にとっての新しいアイディアへの熱情は，それ自体で喜びに満ち溢れた猛突進を引き起こす。このような感情状態は，オキシトシンや神経成長因子，ストレス反応システムに関連するホルモンを大量に放出させるといった，内分泌系の変化を引き起こし（Loving, Crockett, & Paxon, 2009），抗炎症・抗酸化化合物の放出や血糖値の上昇を引き起こす（Stanton, Campbell, & Loving, 2014）。このことは，一般に「ギフティッド者は激しく，まるで知的な事柄と恋愛状態にあるような情熱をもち，まるで一時的な軽躁状態にある」と考えられているということと合致している。

これと関連して，「睡眠欲求」や，睡眠不足による認知機能の変化には個人差があると考えられる。睡眠欲求が低く，外的な事柄に強烈に興味をもつ人は，多少の睡眠不足に対して通常より耐性がある（Grant & Van Dongen, 2013）。さらに，コン

ピュータの画面から放出されるようなブルーライトへの曝露は，睡眠開始時刻を1時間もしくはそれ以上遅らせる可能性がある。読書灯程度の薄暗い明りでさえ睡眠欲求を低下させる。網膜に光が届かなくなると，神経伝達物質のセロトニンからメラトニンへの変換が一層活性化されるというメカニズムが影響を受けるためである。

睡眠が十分かどうかに関するわかりやすい指標の1つとして，長く眠ることが可能な場合に睡眠の「埋め合わせ」が生じるかどうかがあげられる。たとえば，青年の大半が学校のある日に相当量の睡眠負債を抱えており，週末に長く寝ることでその負債の埋め合わせをしようとしている。習慣的な「埋め合わせ」睡眠が1時間以上あると，睡眠不足の可能性がある。

1節　短時間睡眠者と長時間睡眠者

様々な年代ごとの必要睡眠時間に関するガイドラインがいくつかある[1]が，必要な睡眠時間には個人差が大きく，発達段階が上がるにつれ概して短くなる。平均的には，1歳児の睡眠時間は1日あたり12〜13時間であり，REM睡眠*の割合は30%程度とされている。12歳までに平均的な睡眠時間は1日あたり8〜10時間まで短縮，REM睡眠の割合は20%程度となる。成人では1日あたり7時間程度，高齢者では6時間程度となる（Colten & Altevogt, 2006）。

ただし，なかには平均から大きく乖離している人もいる。睡眠研究者は，特に一晩あたりの総睡眠時間が5〜7時間の人を「自然な短時間睡眠者（natural short sleepers）」，9時間以上の者を「長時間睡眠者（long sleeper）」とよび，その存在を認めている（Blaivas, 2004; Kelley, Kelley, & Clanton, 2001）。データでは，それぞれのカテゴリに12〜15%が該当するとされている。

> 現在6歳になる娘が私のお腹のなかにいるとき，午後10時になるまでお腹の娘は落ち着きなく動いていました。私はベッドで横になり，お腹の娘の動きが止まるまで待ち続け，ようやくのことで眠りにつけたのを今でも憶えています。娘は現在2年生ですが，この睡眠パターンが変わることはありません。娘が眠そうにしていることは滅多になく，その熱狂的な脳は彼女の意に反していつも活発に動いています。娘にとって，夜の10時，11時よりも前に寝るのはとても難しいことです。娘は一度だってごねたりせず，いつも頑張って眠ろうとしています。しかし，早めに就床しようとすると，それは暗い部屋で永遠と続く退屈な時間となってしまいます。

* Rapid Eye Movement Sleep. 急速眼球運動を伴う睡眠。

> 娘がまだ赤ちゃんのときには、おっぱいを飲んだとき以外、まったく眠りませんでした。友人の子どもがどこででも眠ってしまうのを見て（一度なんて食事の席で眠ってしまいました）、私は内心、うらやましさのあまり気も狂わんばかりの気持ちでした。私は、しかるべき「ルーチン」をすれば何もかも解決するはずだと周囲から思われているような気がして、母親としての資質を評価されているように感じていました。
> しかし、娘は睡眠不足のために機嫌が悪いということは滅多にないので、その点についてはよかったと思います。娘は、毎朝6時45分に起きなくてはなりませんが、学校でも問題なく過ごせています。もし、就寝時刻を娘に任せたら、嬉しそうに布団にくるまって3時まで本を読んでいると思います。夜10時に寝かしつけることができたら、きっと私たちは大喜びしてしまうでしょう。

　過去数十年間にわたる多くのギフティッド児の親の報告から、ギフティッド児は他の子どもたちと比較して、極端な睡眠パターンをとることが推測される。一方、フリーマンの縦断研究で、IQ140以上の人の自己申告による睡眠時間を追跡したところ、差異はみられなかったこと（Freeman, 2008）、睡眠時間とパーソナリティとの間には関連性がみられないこと（Soehner, Kennedy & Monk, 2007）にも留意すべきである。
　ただし、我々の経験では、ギフティッド児の約20％——ハイリー・ギフティッドの場合はさらに多く——が、ギフティッドでない子どもよりもかなり睡眠時間が短く、反対に、別の20％はより長い睡眠時間を必要とするように思われる。ギフティッド児に関する研究を行っているWinner（1997b）やSilverman（2002）、Webb, Gore, Amend, & DeVries（2007）といった多くの研究者が同様の見解を述べており、プロファウンドリー・ギフティッド児では、短時間睡眠者は50％にも上る可能性がある（Rogers & Silverman, 1997）。また、7～11歳の子ども60名を対象とした研究（Geiger, Achermann, & Jenni, 2010）では、**ウェクスラー児童用知能検査第4版**での知能指数が高い子どもほど睡眠効率が高いことが示された。つまり、このような子どもたちの神経回路の効率性が高いために、日中の認知機能に必要な睡眠時間が少ないのだろうと考察された。
　かなり多くの割合のギフティッド児、特にハイリー・ギフティッド以上のギフティッド児は、非常に極端な短時間睡眠パターンを示す。たとえば、我が子が4～5時間しか眠らないにもかかわらず、起きた時には完全にリフレッシュしていると言う親は多い。対照的に、親自身は日中体をもたせるのには8～10時間の睡眠が必要だと感じていることが多い。幼児期のギフティッド児の親のなかには、真夜中に目が覚めると、子どもが傍らに立ち、自分たちが眠っているのを見ていると言う親もいる。ある親などは、夜中に目が覚めると、子どもが父親の鼻の前にティッシュをかかげ、そ

れが呼吸に合わせて行ったり来たりしているのを見ていたという。また別の親は，まだ歩き始めたばかりの子どもが深夜にいつもきまって「探検」し，それは自分のおもちゃで静かに遊ぶだけのこともあれば，食器棚や食品庫を探索したり，電化製品をいじるといった「危ないこと」のときもあると報告している。子どもの年齢が上がると，深夜に携帯電話でのメール，ゲーム，読書，宿題などをしていると報告する親もいる。

このような短時間睡眠パターンをもつ子どもの親が，それを心配したり，フラストレーションを抱えたり，疲れ果ててしまうことが多いのはもっともである。そして，家族や友人，医療関係者からの助言に従い，子どもに8時間もしくはそれ以上の睡眠を確保させようとすることがある。ところが短時間睡眠者では，こうした努力は失敗に終わる運命にあり，ついには衝突に発展してしまう。その子にとっての標準が何であるのか，その子の機能を維持するのに必要なものは何かを吟味することが重要である。短時間睡眠児に親ができる最善のことは，眠れるようになるまでベッドでの読書を促し，家族が起床するまで自分の部屋かリビングにいるように話して聞かせることである。朝に行ってもよい活動のリストを用意することもまた有用だろう。

短時間睡眠や長時間睡眠の影響

多くの研究者（e.g., Fichten, Libman, Creti, Bailes, & Sabourin, 2004; Rivera, Sanchez, Vera-Villarroel, & Buela-Casal, 2001; Soehner, Kennedy & Monk, 2007）が，睡眠パターンと心理学的変数や健康関連変数との関連を検討している。小児や初期成人を対象とした研究では，概して睡眠時間とパーソナリティや不安とには関連がないと報告されており，こうした結果は親を安心させるだろう。ただし，ギフティッド児や成人ギフティッドを対象とした研究がないことには注意すべきである。

小児期の睡眠パターンは成人以降も持続し，むしろそれが極端になることもある。我々著者は，生まれながらにかなり睡眠時間が短いという米国心理学会（American Psychological Association）の歴代会長2人，全米小児ギフティッド協会（National Association for Gifted Children）の会長1人と，個人的に面識がある。その1人の睡眠時間は就学前で4～5時間，成人となった現在では平均2時間ほどで十分だという。4時間以上眠るとかえって回復感がなく，1時間ほどしか眠らないこともある。他の2人も，平均睡眠時間は4～5時間であるものの，同様のパターンのようである。いずれも我々が見る限り，心身ともに健康で社会的にも適応している。彼らにとって短時間睡眠パターンは問題にはならない。それどころか，読書をしたり，書き物をしたり，他の活動に余分に時間を使えるために，同僚から羨ましがられることのほうが多い。

専門家・親へのアドバイス

　ギフティッドネスと，支障のない短時間睡眠であることとの関連性は明らかではない。ただし，子どもが短時間睡眠者かつギフティッドである場合には，確実に家族機能に影響を及ぼす。親は，子どものために保護された環境をつくりつつ，徹底できない約束ごとをつくらないように工夫する必要があるだろう。

　ギフティッドネスと長時間睡眠との関連は，より一層不明確である。ただし，ギフティッド児の親は，少なくとも青年期以前に長時間睡眠を心配することはあまりないようである。確かにいえることは，個々の子どもに最適な睡眠パターンがあること，親は，その睡眠パターンをその子自身が見つけられるように支援することが重要だということである。

正常な範囲内の短時間・長時間睡眠パターンと睡眠障害との識別

　短時間ないしは長時間の睡眠パターンは，まったく正常の範囲内とはいえない場合もある。むしろこうした睡眠パターンは，ギフティッドネスに関連した睡眠問題を反映していることがある。たとえば，非常に聡明な子どもが「頭のスイッチを切れない」ために寝つけないと報告する親もいる。緊張や心配事が必ずしもあるわけではなく，あったとしてもトラウマになるほどの経験をしたわけではない。たいていその日や翌日の出来事について興奮しているために寝つけないでいる。別の言い方をすれば彼らの知的・情緒的過興奮性が，布団に入ってからしばらくの間，彼らの頭を掻き乱すのである。同様のパターンは理知的な成人にも認められ，特に内向的な子どもや成人でそのような訴えが出る可能性がある。

　このような問題は診断に値するものだろうか？　前章までの診断に関する議論にもあるように，診断に値するかどうかは支障の程度による。確かに睡眠不足やその結果生じる眠気は ADHD 様の行動を引き起こす可能性があり（Chervin, Dillon, Bassetti, Ganoczy, & Pituch, 1997; Dahl, 1996; Corkum, Tannock, & Moldofsky, 1998），学習や注意のスキルは，睡眠不足により著しく損なわれる可能性がある（Dahl, 1996; Sadeh, Raviv, & Gruber, 2000）。同様に，長時間睡眠パターンも，抑うつなどの問題と関連する可能性がある（Patros & Shamoo, 1989）。これらの類似点から，問題の生じる文脈を考慮することや，診断の要素に子どものギフティッドネスを組み込むことが重要である。

2節　不眠症

　不眠症（Insomnia）は，標準的な子どもと比べ，激しく，感情的で精力的なギフティッド児にみられることのある問題である。幼少のギフティッド児の親は，たいてい寝かしつけの問題を訴える。そして，年齢が上がったギフティッド児では，頭の中が活発になりすぎ，思考を止めて寝つくことがなかなかできないことがよくある。青年ギフティッドは標準と比較して，未知のものに対する恐怖心が強く不眠を訴えると報告している研究がある。このような青年ギフティッドは Dąbrowski の過興奮性のうち3領域においてより高い値を示し，青年ギフティッドにおける過興奮性の高さと不安の高さや不眠との関連が報告されている（Harrison & Van Haneghan, 2011）。

　睡眠の充足は個人のウェルビーイング（wellbeing）に必要不可欠であり，睡眠不足は，肥満や認知症，認知的柔軟性の乏しさ，創造性の欠如，記憶固定の低下，全般的な神経学的健康の低下のリスクが高まることと関連する。睡眠はしばしば，身体の「ハウスキーピング機能（housekeeping functions）」の時間とみなされる。これには脳のケアやメンテナンスも含まれる。近年の研究では，睡眠中に，脳の細胞周囲の液体によって，認知症のリスクを増加させるような老廃物の掃除が行われていることが示されている[2]。睡眠不足はまた，情動的ストレッサーに効果的に対処する能力を低下させ，困難な出来事に対する情動の感受性や，さらに癲癇に似たような症状をも増加させる。

　このような睡眠の困難を抱えるギフティッド児の診断において，最も高頻度で認められる睡眠障害が不眠症*である。DSM-5 では，不眠症の好発期は成人初期から中期で，小児期や青年期に認められることは少ないとされている。我々の経験では，ギフティッド者は思考や感情が非常に激しく活発であるため，不眠のパターンがみられる際には，それが小児期から形成され始めることが多い。短時間睡眠者は自身の生物学的な睡眠欲求の低さを自覚できていないとき，睡眠時間を長くしようとすることでかえって不眠のパターンを形成してしまう可能性がある（American Psychiatric Association, 2013）ことに留意すべきである。このことから，ギフティッド児の親は，短時間睡眠パターンとその意味するところに気づくことが大切だろう。

　DSM-5 による不眠障害（原発性不眠症）の診断基準（pp. 362-368**）の要点は以

＊ DSM-5 では「不眠障害」とあるが，原著者が意図して disorder の用語を避けているため，邦訳でも不眠症とした。
＊＊ 日本精神神経学会（監修）（2014）．DSM-5 精神疾患の診断・統計マニュアル　医学書院　pp. 356-362

下のようにまとめられる。

- 入眠困難，睡眠維持困難，回復感のない睡眠が少なくとも 1 週間に 3 夜起こり，かつ少なくとも 3 か月間持続する。
- その不眠は，臨床的に重大な苦悩や生活上の支障をもたらす。
- 併存する他の問題では不眠の訴えを説明できない。

相反・矛盾する特徴

多くのギフティッド児や成人ギフティッドは，20〜30 分のうちに眠りにつく対処スキルを身につけていたり，一旦眠りにつくと十分な量の睡眠がとれる自然な短時間睡眠者（natural short sleeper）だったりする。十分な睡眠時間を確保している者は，眠りにつくまでに 30 分程度の時間を要することが一般的である。つまり，あまりにも入眠までの時間が短いと，たとえば 5 分以内に寝つく場合，成人では睡眠障害の可能性が疑われる。ただし，睡眠不足は我々の文化では標準的と考えられるようになってきたことから，寝つくまでに時間がかかるという健康的な現象が病的なものと見なされることが多い。以下に示す特徴は，就寝時の精神活動が問題になるのか，それとも正常な短時間睡眠パターンの可能性が高いのかを考えるための参照枠になる。

- 日中の眠気がほとんどもしくはまったくない。
- 何らかの問題の訴えがまったくない。
- 夜間の断続的な覚醒がほとんどもしくはまったくない。
- 不眠に関連したイライラ感や集中力の問題がない。
- いかなる問題の訴えがあっても一時的である。
- いかなる訴えも，本人の睡眠の必要性が周囲の想定とズレていることを反映している。
- いかなる訴えも，リラックスできないこと，落ち着いていられないこと，休まった感じがしないことに関連している。
- 本人の睡眠のあり方は，環境の変化や慣習に応じて変化する。

3 節　過眠症[*]

ギフティッド児や成人ギフティッドのなかには大幅に睡眠欲求が低い者がいるのと同様，非常に多くの睡眠を必要とする者，つまり，正常な長時間睡眠パターンの者もいる。ただし，成人で 9 時間以上の睡眠を必要とする場合，睡眠障害の症状だったり，

---

[*] DSM-5 では，「過眠障害」とあるが，原著者が意図して disorder の用語を避けているため，邦訳でも過眠症とした。

生活上の大きなストレッサー，何らかの精神疾患が存在している可能性がある。過眠症（Hypersomnia）者は，睡眠時間にかかわらず過剰な眠気症状を経験している者である。そして，前述のとおり，それが深刻な問題かどうかを決めるうえでは，どの程度支障をきたしているのかどうかという点が重要となる。DSM-5における過眠障害（過眠症）の診断基準（pp. 368-372*）は以下のとおりである。

- 主な睡眠時間帯が少なくとも7時間持続するにもかかわらず，過剰な眠気の訴えが少なくとも1週間に3回，3か月以上認められる。そして睡眠時間の延長もしくは同じ日のうちに睡眠を繰り返す，もしくは，急な覚醒後に十分な覚醒を維持するのが困難という症状が存在する
- その過眠は，臨床的に重大な苦痛や支障を生む
- その過眠は，不眠や他の精神疾患，医学的疾患，物質（例：薬物，医薬品）では，十分に説明できない

相反・矛盾する特徴

標準よりも長い睡眠時間を実際必要とする長時間睡眠者は，過眠症者と以下の点において区別される。

- 日中の眠気に関する訴えがほとんどもしくはまったくない。
- 問題の訴えがまったくない。
- いかなる苦痛や支障も一時的なものである。眠気を訴えるのは，環境からの要請（例：仕事や学業）により，通常の睡眠時間よりも短かったことが原因である。
- 睡眠不足であっても，昼寝もしくは一晩長く眠ることで「補う」ことができる。

4節　その他の睡眠障害

ギフティッド児の必要睡眠時間の長短にかかわらず，親は，その子が他の子どもよりも眠りが深いと報告する。そして，その子が一旦眠りにつくとなかなか起こすことができず，見る夢は鮮明で強烈だという。こうした親の報告とはかなり対照的に，生後3年の間に標準的な子どもの20～30％（学齢期では5％）が，夜間覚醒を中心とした睡眠の問題に悩まされている（Sadeh et al., 2000）。

アレックスは，エネルギッシュでとても頭のよい学生です。子どもの頃は，とてもぐっす

---

* 日本精神神経学会（監修）（2014）．DSM-5精神疾患の診断・統計マニュアル　医学書院　pp. 362-363

り眠ることで有名でした。彼の親は「トラックで彼のベッドのそばを走ったって，アレックスは絶対に起きたりしない」とたびたび話していました。アレックスは大学に入学すると学生寮のアシスタントになりました。それは，寮の監視や，深夜に火災報知器が鳴ったときにすべての学生を外に避難させるという責任のある仕事です。

同じ寮の学生たちは，アレックスがぐっすり眠ってしまうことにすぐに気づき，夜のパーティの音は次第に大きくなっていきました。あるパーティの夜のこと，アレックスの部屋のすぐそばの火災報知器が突然作動し，30分間けたたましく鳴り続けました。サイレンを鳴り響かせながら消防車が到着し，小さなキャンパス全体が起きました。そして消防士は，寮の外に避難した者に，サイレンが誤報であることを伝えました。

翌朝，前の晩に起こったことを知らされたアレックスは，信じられないという様子でした。彼が眠っていることに気づいた学生がドアをドンドンたたいても，アレックスは眠り続けていたのです。

成人でも，普通の人なら気になって眠れないというようなことにも悩まされることなく，とても熟睡できる人がいる（Vandekerckhove & Cluydts, 2010）。たとえば生物物理学者の同僚は，寝室の壁に車が激突しても眠っていられると言った。

たいていの場合，眠りが深いことでギフティッド児やその親が困ることはない。ただし，特にギフティッドの男児では，非常に頻回な夢中遊行（夢遊病）や，おねしょ（遺尿症）といった睡眠時随伴症群（parasomnias）が親から報告されることがある。これは非同期発達の現れのこともある。夢中遊行[3]は，たいてい入眠後3時間の間に生じ，情緒的な問題の兆候ではなく，典型的には青年期（通常では15歳）までに消失する。夜驚は睡眠パターンの未成熟さの現れであり，子どもを起こさないようにしながら安心させるのが最もよい[4]。その際の悪夢について特筆すべき特徴はなく，自然に寛解する。おねしょは，臨床的に問題ではない発達の遅れの症状の1つである。子どもがおねしょを嫌がっているようであれば，寝具の濡れを検出するアラームを使って子どもを起こす方法もある。臨床的に問題にならない程度の夢中遊行と睡眠時遊行症（Sleepwalking Disorder）の境界ははっきりしないが，活動性や支障の度合いによってその区別は判断される（American Psychiatric Association, 2013）。

私は，個人的にも専門的観点からも，重複診断というテーマにとても関心があります。特に睡眠障害，なかでも，むずむず脚症候群（Restless Legs Syndrome: RLS）がハイリー・ギフティッド児に与える強烈な影響に関心があります。私の家系には，RLSの強い家族歴があり，9歳の息子にもその典型的な症状が出ているのがわかりました。

睡眠研究では，RLSについてかなり結論が出ていますが，治療を受けるかどうかの判断にはジレンマがあります。RLSに関する情報や成人例の治療の選択肢は，近年，プライマリケアの間でもかなり，理解が進んできています。子どものRLSに関しては，一部の研究者

によって理解が進んできたものの，情報は依然少ないのが現状です。あなたがRLSのあるハイリー・ギフティッド児の親で，治療を受けようかどうか相談するとしましょう。9歳で5年生の子どもが，今学期の6年生の算数で「たった1つ」B+の成績をとったことを心配して，治療をしたほうがよいと考えた場合，周囲の理解を得られないかもしれません。私たちがRLSの教育，研究，臨床実践経験の豊富な睡眠の専門家に出会うことができたのは幸運でした。

この医師は，息子に関する私たちの心配を受け入れてくださるとともに，ハイリー・ギフティッド児に治療を受けさせるかどうかの判断に特有のジレンマも深く理解してくださいました。息子が「単位を落とす」まで待つことが得策とは思いません。これまで，息子の不注意，欲求不満，雑然としている様子，課題を中途半端にしている様子を注意深く見守ってきました（そして，これは，息子に限っていえば，まったく息子本来の姿ではないのです）。

私は，まさにこの医師による研究で，ADHDとRLSの診断がクロスオーバーする可能性を指摘しているものに感銘を受けました。小規模ではありますが，ADHDのある子どもの集団に対してRLSの薬物療法による治療を行い，その多くでADHD症状が改善したという研究を目にしたことがあります。ADHDと診断される子どもたちのなかには（すべてではないものの），実際に睡眠障害を抱えている子もいるのではないかと考えさせられます。

遺尿症

間欠的に生じるおねしょ（夜尿症）は，睡眠時以外は膀胱をコントロールでき，おもらしをしないが，睡眠中には不随意的な排尿が生じることと定義され，すべての子どもに広く認められる。5歳児の約5〜10％，16歳の子どもの3〜5％でおねしょが認められ，その後は年々症状保有率が低下する。夜尿症の90％は男児である。

遺尿症（Enuresis）には非常に多くの原因があるが，多くの事例は成熟の遅れが原因で，時間経過とともに自然寛解する[5]。15歳の子どもの約1％にのみ，夜尿の問題が続くが，そのほぼすべての症例が原発性夜尿症（Primary Nocturnal Enuresis）である。原発性夜尿症では，必ず夜間に不随意的な排尿が生じる。二次性夜尿症（Secondary Nocturnal Enuresis）は，医学的評価を施すべき別の状況である。二次性夜尿症は，夜尿をしない期間があったが再発するもので，明らかに成熟の問題ではない。

事例研究のなかには，ギフティッド児で夜尿の発症率が高い可能性を示唆するものもあるが，遺尿が聡明な子どもに多いというわけではないようである。ただし，聡明な子どもの場合，遺尿を恥ずかしがったり落ち込んだりすることが多く，しかも，年齢の低いうちからその傾向がある[6]。原発性夜尿症の問題のある5歳より上の子どもの親の多くは，遺尿の問題が子どもの自尊感情を低下させる大きな問題であると感じ

ており，介入も可能である。よい対策を探すこと自体に問題があるわけではないが，子どもを安心させることが一般的に最善の方法である。「30歳になっておねしょをする人は滅多にいない」というちょっとしたユーモアを心にとどめておくといいだろう。

悪夢障害

　子どもの見る夢がとても強烈で，悪夢になりがちだと訴え，我が子が悪夢障害〔悪夢〕（Nightmare Disorder）なのではないかと心配する親もいる。悪夢障害は，反復した覚醒と，ありありとした物語風で，生存や安全を脅かすような内容を含んだ恐ろしい夢の想起に特徴づけられる（American Psychiatric Association, 2013, p. 404[*]）。「悪夢は，3～6歳の間に始まることが多いが，青年期後期あるいは，成人期初期に有病率と重症度が頂点に達する」（DSM-5, p. 405[**]）。

　もちろん，大半の子どもが嫌な夢や悪夢を見る。3～8歳では悪夢はとても広く認められ，その多くは，生活の変化や明らかな環境ストレス（例：引っ越しやペットロス）に関連している。ただし，ギフティッド児は激しさや繊細さから，外的なきっかけが明確でない場合でも鮮明な悪夢を見る傾向があるようである。夕方のニュースで見た何かが夢に出てくる可能性もある。偶然会話を耳にしたとか，それからずっと考えてきたことが夢に出てくることもあるかもしれない。

　悪夢の大半は覚醒すると終わるが，恐怖や心配，不安の感覚は残ることがある。抱きしめたり安心させることが，通常は有効である。多くの子どもは，「ドリーム・キャッチャー[***]」や「マジック・スプレー[****]」などの魔法もよく効く。ただし，ギフティッド児は知的能力が高いために，こうした魔法を「ばかばかしい」と感じ，効果がないかもしれない。ギフティッド児の場合，夢のなかでどんなことが怖かったか，何が心配かなどをじっくり話すなど，より合理的な方法で安心させることが必要だろう。たとえそうであっても，「自分の夢なのだから，自分で終わりにしたいようにすることができる」と気づけるとすぐに，ギフティッド児は夢に振り回されなくなる。こうした方法を通じて自己効力感を高めることで，ギフティッド児を随分安心させられるだろう。

---

[*] 日本精神神経学会（監修）（2014）．DSM-5 精神疾患の診断・統計マニュアル　医学書院　p. 397
[**] 日本精神神経学会（監修）（2014）．DSM-5 精神疾患の診断・統計マニュアル　医学書院　p. 398
[***]「悪い夢を捕まえる」というネイティブ・アメリカンのお守り。
[****] 自作のアロマスプレーなど，就寝前にモンスターの出そうなところなどに吹きかけ，安心できるようにするもの。

睡眠時驚愕症

　睡眠時驚愕症（Sleep Terror Disorder）の本質病態は悪夢障害と異なり，多くの場合，入眠後1～3時間の間に生じる，パニック状態の叫び声もしくは泣き叫びで始まる，突然の見かけ上の覚醒状態である。夜驚の際には，実際は覚醒していないかもしれないが，激しい恐怖を感じている様子を見せ，手足をバタバタさせたり叫び声を上げるといった症状が生じる。その状態で覚醒すると，夢や恐怖の記憶はほとんどもしくはまったくなく，数分間，見当識が失われていたり混乱している様子が認められる。多くは完全に覚醒することはなく，記憶もほとんどもしくは完全にない状態で再入眠する。覚醒した場合にも，普通に眠っていたかのように本人は感じている。子どもでは，夜驚のエピソードは，通常月齢18か月の頃から生じ，女児よりも男児に多く，30秒から5分続く。

　米国小児科学会（American Academy of Pediatrics）は，小児の15％が夜驚を経験していると推計しているが，DSM-5では，月齢18か月で36％，月齢30か月で20％，成人で2％が睡眠時驚愕症であるとされている。ギフティッド児の夜驚の発症率は米国小児科学会とほぼ同程度であると，我々は経験的に推察している。夜驚は家族にとって非常に苦痛なものであるが，夜驚の子どもは，そうでない子どもたちと比較して精神疾患の発症リスクが高いわけではない。DSM-5（p.403*）によると，パーソナリティ検査における，抑うつと不安の得点の高さが指摘されている。一方，成人の睡眠時驚愕症は精神疾患との関連性がより強く，小児期の夜驚経験の有無とは関連していないようである。

その他の睡眠障害

　睡眠障害は睡眠不足をもたらし，その結果ADHD様の行動が生じる可能性があることへの留意が肝要である。真の不眠や睡眠時無呼吸（たとえば扁桃肥大による）は，睡眠不足の原因になりうるもののうちのほんの2つにすぎない。また，間欠爆発症様の行動も睡眠不足が原因の可能性もあり，今後の睡眠研究による検証が期待される。

5節　まとめ

　ギフティッドにおいて，どのような睡眠パターンがどの程度の頻度でみられるかに

---

* 日本精神神経学会（監修）(2014)．DSM-5精神疾患の診断・統計マニュアル　医学書院　p.396

関する実証的なデータはほとんどない。ギフティッドであることと特定の睡眠パターンとの関連性を明確に決定づけるためには，さらなる研究の蓄積が必要だろう。ただし，ギフティッド児の睡眠関連問題に関する臨床報告は多くある。睡眠の問題が，ギフティッドにおいてより多く認められるものなのか，それとも，過敏性（hypersensitivity）ゆえにより顕著に現れ，長引いているだけなのかについては明らかでない。さらに，これらの問題を心配して親が支援を求めることは滅多になく，むしろ，他の心配事に対応するなかで現れてくるものである。不眠などの睡眠の問題や，正常な短時間ないしは長時間睡眠パターンが何を意味するか，また，それがギフティッド児の家族にどのような影響を与えるのかを知っている医師であれば，これらの問題に光を当てられるだろう。ギフティッド者はこれらの問題に関して自意識が高い可能性があるため，直接質問されなければ，その話題をみずから持ち出そうとはしないだろう。医師は，当該の睡眠パターンが病的というよりも，本人にとってはまったく正常であることへの気づきを促す働きができるだろう。

第9章
アレルギー，喘息，反応性低血糖症[1]

　ギフティッド児や成人ギフティッドについて考える際には，教育上の問題や心理的問題に焦点が当てられることが多い。とはいうものの，ギフティッド者独特の心と身体の関係を理解することの重要性も徐々に明らかにされている。特に，ある種のアレルギーや自己免疫疾患がギフティッド児や成人ギフティッドに多くみられ，ギフティッド者は一般の人々よりも強い身体反応を報告する。消化器系が脳と重要な恒常性バランスの関係にあることも実証されてきている。ギフティッド者への対応に際し，食事，栄養，代謝についても考えなくてはならない。

1節　脳と胃腸

　消化管は，中枢神経系や末梢神経系と同様，複雑で広大な範囲に及ぶものという理解が進んでいる。これはギフティッド者のある種の反応や行動を理解するのに役立つだろう。近年の研究[2]では，脳の健康状態と胃腸との強い関連性，また，消化管から脳への様々な影響が報告されている。1例をあげると，不安を伴うストレスが高い精神状態では，それが直接胃酸を変化させ，胃の不調という，身体症状や代謝の変調が多く引き起こされる（Christian et al., 2015）。ストレスから身体の不調をきたした経験のある人であれば思いあたる現象だろう。
　近年の研究（e.g., Cryan & Dinan, 2012）により，腸内菌叢（胃腸の微生物の群生）と中枢神経系との間の複雑な共生関係が示されている。つまり，腸内菌叢は思いもよらない方法で身体全体と相互に作用し合い，特に我々の認知，免疫系の機能，身体全体の健康に著しく影響を及ぼす。

現在のところ，知能と胃腸機能との関係は明らかではない。とはいえ我々の臨床経験からすると，ギフティッド者の胃腸障害やアレルギーの割合は高い。そのため，胃腸障害や腸内菌叢の問題は，ギフティッド者のクオリティ・オブ・ライフを改善するような研究や介入のための1つの突破口となるのではないかと期待している。たとえば，ギフティッド者の多くは標準的な知能の人々よりもずっと，自身の内外の刺激に敏感である。

　アレルギーや自己免疫疾患の割合の高さは，ギフティッド児や成人ギフティッドの行動上の問題や心理的問題，また，激しさに，影響を与えるのだろうか？　こうした身体症状は，胃腸の免疫力や腸内菌叢の問題に起因するのだろうか？　同様の症状，つまり，免疫系の問題や胃腸障害などが自閉スペクトラム症児にも多くみられる（Chandler et al., 2013; Coury et al., 2012; Gesundheit et al., 2013; Gorrindo et al., 2012; Hsiao, 2014; Lyall, Ashwood, Van de Water, & Hertz-Picciotto, 2014; Tetreault et al., 2012）ことにも留意すべきだろう。

　胃腸障害と，それが自己免疫疾患や免疫疾患，行動，情緒に与える影響についての研究が広くなされるようになってきている（Patterson 2011; Campbell, 2014）。さらに，環境，胃腸免疫，遺伝的特質同士が作用し合い，環境や食物のアレルギーに敏感な人などに影響を及ぼしやすい。そして，これはギフティッド者のなかでもハイパーセンシティブな人々にみられる（Campbell, 2014; Tetreault, Haase, Duncan, & Montgomery, 2016）。化学物質に非常に敏感な人もおり，彼らは「炭鉱のカナリヤ」になる。ハイパーセンシティブな人々は自分の症状を敏感に察知し，それにとらわれ，気に病み，苦しむということも十分に考えられる。そして，我々が出会ってきたギフティッド児や成人ギフティッドにも，このことが当てはまる。

　近年の医療業界で注目されている機能性医学*は，人間の身体は過去10,000年の間大きく進化していないという大前提のもとに成り立っている。しかし，今日の環境は人類が当初適応していたものとは大きく異なる。88,000を超える人工化学物質が大気や水，土壌を汚染し，新生児の臍帯血にすら人工化学薬品が検知されるほどである（Houlihan, Kropp, Wiles, Gray, & Campbell, 2005）。我々の消化器系や免疫系は，自然植物系毒素（植物性殺虫剤）を解毒するように進化している。また，人間の身体は微生物叢（microbiota）との共生関係のなかで，食物の代謝の過程で有害物質になりうるフリーラジカルを当然作りだし，その解毒には，ビタミン，ミネラル，酵素，アミノ酸を要する。我々が食べる野菜の多くは，植物由来の殺虫毒素の含有率が低い。

---

* 慢性疾患に対して，対処療法ではなく発症原因に着目しながら，その予防と根本治療を目指す医学。

野菜の栽培には人工的な殺虫剤が使用されているために，それは神経毒であることが多い（Hertz-Picciotto, Cassady, Lee, Bennett, Ritz, & Vogt, 2010）。このような食物に含まれる農薬により身体の毒素負荷が高まる。そして，通常の解毒作用では負荷が高すぎて十分に処理できなくなり，身体内の毒素レベルが高まる。これが，消化器系や自己免疫系の変化を引き起こす原因ともなる。併せて，単純炭水化物の食物ばかりを摂取することによる栄養不足が起こり，身体のフリーラジカルや毒素を取り除くことが難しくなる。

　以上のような進化論的発想から推察できるものに，グルテン感受性とセリアック病（グルテンアレルギー）がある。これは，免疫系が主に小腸を攻撃する自己免疫疾患である。人類が，ようやく穀物を耕作・貯蓄し，食物にし始めたのは最近（紀元前1000年代）である。小麦は，栽培のしやすさ，焼き調理のしやすさから，食物として好まれるようになった。供給経済の圧力，世界中からの需要の増加により，次第に病気や害虫に強く，多収性の種が求められるようになった。その副次的影響として，容易に入手できる小麦の品種が減り，世界中で同じ種の小麦が食物とされるようになった。この均一種の小麦が身体に合わない人もおり，そのような人々は別のあまり普及していない穀物を探さなくてはならなくなった。同様に，ラクトースの消化に何の問題もない人もいれば，深刻な問題を抱える人もいる（Fasano, Sappone, Zevallos, & Schuppan, 2015; Perlmutter & Loberg, 2013; Pietzak, 2012）。人類は，小麦をはじめ，大麦，ライ麦，スペルト小麦などの穀物を十分消化できるほどには進化していない。それらの消化は，胃腸や微生物叢から出る酵素に過度に依存している。グルテン（また，その免疫原となるグリアジン）を含む小麦たんぱくや，穀類に含まれる短鎖炭水化物などに非常に敏感な人もいる。そのような場合，腸内微生物叢が変化し消化系の疾患などが生じる（Round & Mazmanian, 2009）。小麦に過敏反応を示す人は，米，アマランス，そば，モロコシ，キビ，テフ，キノアなどの代用食品を摂ることになる。これらの穀類の需要が増すにつれ，入手しやすくなってきている。

　農薬，化学物質，小麦など食物の問題に加え，我々が食す動物に感染症予防の目的で抗生物質を頻繁に使用することによっても，微生物叢（microbiome: 消化器系に生息する細菌の群）に変化が生じる。病原性のバクテリアやイーストが胃腸に生息基盤を得，善玉菌が減る。現代の人類は以前の人類と比較して，胃腸の微生物叢の種が変化しており，おそらく，その種は減少していると思われる（Tito et al., 2012）。都市部の環境は抗生物質の大量摂取や進んだ公衆衛生に伴い，人類と微生物との基本的な関係に変化をもたらしている。この変化によるメリットもあるが，アレルギーなど炎症性疾患のリスクも高めているという研究報告もある（Guarner et al., 2006; Okada,

Kuhn, Feillet, & Bach, 2010; Schaub, Lauener, & von Mutius, 2006)。親が潔癖で、将来的には有益な抗体を生成する細菌のいそうな環境に幼児期の子どもをさらさないように気をつけすぎているということも可能性として考えられるだろう。ギフティッド児は、外で泥んこになって遊ぶよりも部屋で読書をしたりコンピュータを使って過ごすことが多い傾向にある。これは子どもの免疫系を育てたり刺激する機会を奪うこととなり、「衛生仮説」[3] (Guarner et al. 2006; Okada, Kuhn, Feillet, & Bach, 2010; Schaub, Lauener, & Mutius, 2006) と関連するような現象が起こる。

　微生物叢が変化すると胃腸に炎症が起きやすくなる。そして、消化器系が炎症を起こし赤く腫れると、細胞間の空間（「タイト結合」）や腸壁が透過性を帯び、「リーキーガット」症候群とよばれるような状態になる (Bischoff et al., 2014)。タイト結合は、消化器系の単細胞層における細胞間の特別な結合であり、異種たんぱく質を血流の外に出す働きをしている。毒素など炎症を引き起こす異種たんぱく質は、血中や体内の異種たんぱく質に対する全身の免疫反応を刺激し、様々な器官や全身に炎症として現れる。その現れ方は、個人の遺伝的脆弱性により様々である。このような問題を抱える人は、膨満感、筋肉痛、倦怠感、炎症、不安などの症状を起こさない食物を得るのが難しくなる。さらなる研究が必要とされる領域である。

2節　アレルギーと喘息

　アレルギーのあるギフティッド児や成人ギフティッドにとって、誤診が最重要課題であるとは限らない。むしろ、ギフティッド者、特にハイリー・ギフティッド者や創造的ギフティッド者は、他と比較してアレルギーや喘息といった免疫障害を抱える傾向が高いという点で、重複診断が問題となる (Benbow, 1985; 1986)。ただし、アレルギーが原因で集中力が妨げられたり、イライラしたり、多動傾向がみられたり、癲癇を起こしたり、衝動的になったりすることもあり、そのような場合は誤診の問題も生じうる (Silverman, 2002)。このような行動は、ADHDや反抗挑発症などの障害と間違えられやすい。

　何年にもわたり、ギフティッド者にはアレルギー、喘息、自己免疫疾患が想定よりも多く生じることが報告されている。Geshwin & Galaburda (1987) は、視覚空間型のあるいは音楽的才能のあるギフティッド者に、アレルギー、喘息、大腸炎、重症性筋無力症が非常に高い確率で生じることを示した[4]。Hildreth (1966) により、ギフティッドスクールに通う高知能児にアレルギーや喘息の割合が想定よりも高いことが

示された。Benbow（1986）は，言語領域や数学領域での青年ハイリー・ギフティッドにおけるアレルギーの割合が高いことを示した。すなわち，60％以上が免疫系の問題を抱え，これは一般の2倍以上となる。Silvermanによるデータを分析したRogersの報告によれば，通常の子どものアレルギーの割合は20％であるのに対し，IQが160よりも高い子どものアレルギーの割合は44％であった。また，IQが160よりも高い子どもの約10％に喘息がみられた（Rogers & Silverman, 1997; Silverman, 2002）。前述のSENGの調査によると，57％の親が自分の子どもにアレルギーがあると回答している。ギフティッド児や成人ギフティッドが自己免疫疾患の症状を抱えたときには，その後のことも考え，適切な医師の診断を受けることが大切である。

　我々の臨床経験からすると，少なくとも30〜40％のハイリー・ギフティッド児が何らかの食物や化学物質アレルギーを抱えている。Silverman（2002）の20年にわたる臨床データによると，ギフティッド児に最も多くみられるアレルギーは，ミルクや乳製品（特にカゼインやホエー），小麦（特にグルテン），砂糖，モロコシ，チョコレート，カフェイン，卵，食紅である。

> 　アリアンナの母親は先生から，アリアンナにADHDが疑われ，薬物療法を受けて学校での多動傾向と不注意傾向を改善させる必要があると言われた。検査の結果，非常に優れた認知能力，特定の教科での秀でた学力，そして，学校での諸問題にかかわるであろう読解力の低さが判明した。ADHDの傾向はみられなかった。
> 　治療的介入により改善も少しみられたが，不注意傾向は続いていた。そのため，担任の先生は再度薬物療法を勧めた。アリアンナの家系ではアレルギー体質が多かったため，心理士はアレルギーの検査を勧めた。その結果，彼女もいくつかのものに対して非常に重いアレルギーがあることがわかった。アレルギーの治療をすると，アリアンナの学校での注意持続時間，集中力，行動は劇的に改善した。

　我々は，ギフティッド児や成人ギフティッドが，処方薬や市販薬に非常に強い過敏性を示すことが多いと感じている。たとえば，抗ヒスタミン剤にはたいていあまり影響を受けないが，なかには非常に過敏に反応する者もいる。その反応は特異体質のようにみえるが，当人にとっては非常に深刻な問題になりうる。特異反応の可能性だけでなく，一般的な副作用を強く感じているだけなのか，本当に深刻な反応であるのかの区別が難しいという問題がある。そのため，薬への反応を非常に注意深く観察することが重要となる。

　アレルギーや他の自己免疫反応がギフティッド児や成人ギフティッドにどのような影響を与えるかについては，ほとんど明らかにされていない。ギフティッドの我が子

に，小児自己免疫性溶連菌感染関連性精神神経障害（Pediatric Autoimmune Neuropsychiaric Disorders Associated with Streptococcal infection: PANDAS）や小児急性精神神経症候群（Pediatric Acute-onset Neuropsychiatric Syndrome: PANS），セリアック病などの自己免疫疾患があり，自身もセリアック病と報告する親もいる[5]。現在のところ，ギフティッドネスと自己免疫疾患との直接的関連を示した実証研究はない。ただし，自己免疫疾患が認知能力の高さと何らかの関連をもつ可能性については，少しずつ研究がなされ始めている（e.g., Darling & Wise, 2015）。ギフティッド者が実際にアレルギーや自己免疫疾患にかかりやすいのか，それとも，その症状に過敏に反応しているだけなのかは，はっきりしない。心理的な苦痛が消化器系や自己免疫系に深刻な影響を与える点は確かで，これが，ギフティッドネスと消化器系の疾患とを結びつけている可能性はある。ギフティッド児や成人ギフティッドには人一倍激しさの特性があり，これが，様々な交感神経系や中枢神経系に影響を与えている可能性がある。その結果，高次思考にかかわる脳の広範囲の活動が影響を受け，fMRIの検査において，ギフティッド児の脳が「燃える脳」といわれる現象が起こる（Eide & Eide, 2009）。また，ギフティッド児の脳は，新たな課題や新しい情報に直面した際に，様々な領域の多くの回路が活性化し，非常に多くのエネルギーを消費することも示唆されている（e.g., Haier, 2009）。一方，なじみのある課題や簡単な課題に取り組む際には，ギフティッド児や成人ギフティッドの脳は普通以上に効率よく活性化し，消費エネルギーが少ない[6]。

医療専門家への示唆

免疫系に非常な過敏さを抱えるギフティッド児や成人ギフティッドは，薬を処方する際に特別な配慮を要するうえに，特定の食物摂取の制限や経過観察をも要することが多い。彼らはまた，その特異的な反応についての詳しい説明を必要としており，ギフティッドネスとアレルギーとの関係を伝えることが有効なケースが多い。彼らの多くはすでに，自分が人と多くの点で異なること——過敏さ，激しさ，強い理想主義など——を自覚しており，自分のなかに何か根本的におかしなところがあると感じていることもある。そのため，自身の特性とアレルギーなどとの関連について説明を受けると安心できるようになる。また，ギフティッド者の多くは自分自身の健康管理に自身がかかわりたいと望んでいるため，治療や対処に責任を与えられると治療に前向きに取り組めるようになる[7]。

3節　反応性低血糖症／一時的なグルコース不足

　その子の行動が劇的に変化する不可解な状況がある場合，それは，いわゆる一時的なグルコース不足や，反応性低血糖症とよばれるものが原因のことがある。この特性が気づかれずに ADHD や気分循環症（Cyclothymia）と誤診されることが非常に多い。ときには，単に「幼い」とみなされるようなこともある。残念ながら急速交代型双極性障害と誤診されたケースにも出会ってきた。
　我々の経験からすると，約8〜10%のハイリー・ギフティッド児——おそらく成人ギフティッドも——IQ が160より高い人の大半が，機能的な反応性低血糖であろう状態に気づかずに苦しんでいると思われる（Webb, 2011）。このような子どもは特に激しさが顕著で，身体つきはほっそりとし，特有の症状パターンを示す。
　反応性低血糖症のギフティッド児は，朝一番は学校でもとてもよくできる。課題に集中し，好奇心と学ぶ意欲にあふれ，熱心に取り組む。相変わらず質問が多く，ある種の過興奮性も人一倍強く見せたりはするが，概して非常によくできる生徒である。ところが，午前中も後半，10時半から11時頃になると，ほんの15分から30分の間に態度が激変する。課題には手がつかなくなり，非常に気が散りやすく，とても感情的で，フラストレーションに過剰に反応し，癇癪を起したり泣き出したりする。つまり，衝動的で，人とのやりとりができなくなる。
　このような注意散漫で情緒不安定な状態は，昼食後30分から45分経つと治まる。その後，態度が改善するが，午後3時半から4時頃になると，再び問題行動が急激に現れる。このような極端なアップダウンが，午前の遅い時間と午後おやつの時間あたりを境に，1回ずつ周期的に生じる。甘いソーダなどの飲み物，特にカフェイン入りの甘い飲み物を飲むと，午前と午後に複数回のアップダウンの周期がくる。

> 　ジェイコブは学習障害の可能性があるとして紹介され受診にきた。午前の後半に認知能力を測ると，ジェイコブの反応は遅く，鈍く，ぼーっとしていて，概しておとなしかった。回答はそこそこ的確だが，平均の少し下の能力という結果だった。平均より能力が高いとか，ましてやギフティッドネスなどという結果は得られなかった。
> 　昼休憩の後に検査が再開されたが，このときのジェイコブはまるで別人だった。生き生きとしてエネルギッシュで，課題に集中して取り組んでいた。昼食後の検査結果は，平均の上から上位の範囲にあった。
> 　この検査官はたまたまその時間に検査を実施したのだが，もしそうでなかったら，ジェイコブのこのパターンに気づけず，まったく不適切な介入をしていただろう。今回，たまたま

> 気づくことができたために，ほんの小さな工夫——主に午前中におやつを食べること——により，劇的な改善が得られた。ジェイコブが専門機関に連れてこられた当初のような問題はなくなり，平均よりも優れた力を安定して発揮できるようになったのである。

　この例のような行動パターンを示す子どもには，食事の工夫や食事日記が有効なことが多い。お勧めの食事を以下にあげる。(1) 高たんぱくの食物，(2) 砂糖や単純炭水化物が，ほとんどあるいはまったく入っていない食物，(3) 全粒粉などの適度な量の複合炭水化物，(4) 午前中半ばのおやつと午後半ばのおやつ，である。なかでも (1) と (4) が特に重要である。子どもに反応性低血糖症があれば，このような工夫により，数分以内に，多くは非常に劇的な改善がみられるだろう。後述のように，ナッツや防腐剤などへのアレルギーの可能性にも注意を要するが，ジャーキーや濃縮たんぱく質の食物を午前10時に，ピーナッツバタークラッカーやチーズを午後2時に食べると，信じられないほどの効果が得られるだろう。ただし，このような食事の工夫を実際に実行に移すのは難しい。というのは，多くのギフティッド児は好き嫌いが激しく，エネルギーを保持するための適度な複合炭水化物，脂質，タンパク質の含まれた食物をバランスよく摂取しているわけではないためである。また，活動に猛烈に熱中してしまうために食事を摂り忘れることも珍しくなく，これもまたエネルギー枯渇の原因となる。午前と午後のおやつが必要な人，また熱中するあまり食事をとりそびれがちな人には，機器を利用して食事の時間を知らせるとよいだろう。
　脳の成長は脳内グルコースの量で常に予測できると聞いて衝撃を受ける親は多いかもしれない。活動に没頭するあまり寝食を忘れたり，休憩を取って伸びをするのを忘れたりするような子どもの場合，セルフ・ケアのスキルを身につけられるように大人が支援する必要がある。理想的な食事は，1日3度の食事と2度のおやつである。食事量の問題は，この規則的な食事と栄養素の問題が解決した後の問題である。
　2型糖尿病の背後には，細胞の「インスリン耐性」が関係している。血糖指数の高い食物を摂取し，消化を緩やかにする食物繊維やタンパク質を摂取しないことにより血糖値が上昇すると，細胞がブドウ糖を摂取する機能がうまく働かなくなる。そして高血糖が持続すると，それを低下させるためにインスリンの分泌量が増える。ひとたび細胞がインスリンに反応すると，血中インスリン濃度が高まり，多量のブドウ糖が細胞に吸収される。その結果，低血糖の状態となる。諸器官は脂質やタンパク質を栄養源として機能するが，脳はそれができない。望ましい食事としてあげた4つのポイントの背景には，糖質や炭水化物は消化吸収が短時間で行われるのに対し，たんぱく質は消化吸収に時間がかかるということがある。脂質や繊維質もまた消化に時間がか

かる[8]。

　生来非常に激しいギフティッド児がなぜエネルギーを多く必要とするのかについては，生理学的な根拠がある。概して，ギフティッド児の脳はより効率的に機能していると思われがちだが，難題に猛烈に挑戦しているときの彼らの脳は，莫大なエネルギーを消費している (Haier, 1992, 2009; Haier et al., 1992)。ハイリー・ギフティッド児には神経認知的な激しさが伴い，一見するとただ燃費が悪いだけに見えるようなときも，実は，脳において多くのエネルギーを消費としている。食事の間隔が大きく空いてしまうことも，神経伝達物質であるセロトニンの分泌を減らす。セロトニン量の低さは，痛みへの敏感さ，イライラ，抑うつ，攻撃性と関連する (Coccaro, Fanning, Phan, & Lee, 2015)。

　一般的にも問題とされるような反応性低血糖症や夜驚は，ギフティッド児に特に多くみられるわけではないかもしれない。しかし，様々な症状に対するギフティッド児の反応は人一倍強烈であるため，治療の必要性を感じさせやすい[9]。ギフティッドネスと身体症状との複雑な関係についての理解がますます深まれば，このような子どもの苦しみを精神病理と誤解することはなくなるだろう。

低血糖症とアレルギー

　我々の印象では，明らかな反応性低血糖症を示すギフティッド児は8〜10％で，そのうち半数に何らかの食物アレルギーもみられる。このようなケースでは，たとえば，ジャーキーやチーズ，ヨーグルトといったおやつは「天然食品」である必要がある。あるいは，ピーナッツバターの代わりにソイバター，チーズスティックの代わりに豆腐というように，代用品を考えなくてはならない。

　このようなタイプの子どもは，興味深いことに，1日4〜5時間の睡眠時間で足りてしまうとか，服の襟繰りにあるタグなどの刺激を特に嫌がる傾向もある。つまり，様々な行動特性が同時発生的にみられる。もし，医療関係者がこのパターンに気づかなければ，たとえば，8歳のハイリー・ギフティッド児が午前と午後に軽食をとる必要があり，食物アレルギーをもっていて，毎日4時間しか眠らず，臭いや蛍光灯の光，周りの雑音などを非常に嫌がるといった親の訴えを，なかなか受け入れられないだろう。このパターンに医療関係者が気づかなかったときに，誤診や不適切な治療が生じやすい。

反応性低血糖症と誤診

　反応性低血糖症のギフティッド児は特に誤診を受けるリスクが高い。このような子

どもの行動は，ADHD や急速交代型双極性障害などの症状とみなされたり，あるいは単に情緒的に幼いだけだとみなされたりする。ギフティッドネスやその共通する行動特性に対する医療関係者の感度を高めれば，ほぼ誤診は免れられる。しかし，あいにく医療関係者への教育は，ギフティッド児の親が関連する論文や資料を彼らに見せることなしには始まらない。

4節　その他の自己免疫疾患

自己免疫疾患は 80 以上もあり，一般人口の 5～8％に何らかの自己免疫疾患がある[10]。ギフティッド児の代謝や免疫系が普通ではないために，様々な障害と誤診されたり，誤った治療がなされていると指摘する専門家もいる (e.g., Darling & Wise, 2015)。これには，グルテン不耐性，セリアック病，カビ過敏症，片頭痛，薬に対する通常ではみられない反応なども含まれる。

ギフティッドネスと免疫疾患との関係を示すには，まだこの分野の研究は不足している。しかし，多くのギフティッド児にみられ，Dąbrowski の理論にもあるハイパーセンシティビティが代謝の問題と並行して生じることがあることからも，この仮説は妥当な点もあるように思われる。非常に単純にいえば，我々の免疫系は，「我々 対 彼ら」の法則で機能し，異物とみなした物に対しては，突然，ときには激しく攻撃する。ハイパーセンシティブな人々は，食物中や環境中の馴染みのない物質を検知したり反応する閾値が低い可能性がある。閾値が低いということは，それだけ免疫系（あるいは自己免疫系）の反応が強いということで，これが様々な障害の診断を引き出してしまうことがある。この分野でのさらなる研究が求められる。

いわゆる衛生仮説では，幼少期に主要な抗原（例：花粉，チリダニなど）にさらされることのなかった子どもの場合，抗原に対する耐性が育たず，後にこれらの物質を侵入者とみなした反応をするようになるといわれている (Guatner et al. 2006; Okada, Kuhn, Feillet, & Bach, 2010; Schaub, Lauener, & von Mutius, 2006)。アレルギー症状は，免疫系が体内から侵入者を取り除こうとしている状態である。この仮説に基づけば，幼児期にエプスタイン・バー・ウィルス*などのよくみられる感染症に感染しても，症状はほぼ現れずに免疫がつくられるが，成人が感染すると重症化すると考えられている。

---

* ヒトヘルペスウィルスの 1 つで，上咽頭癌と関連のある主要ウィルスとされている。

自己免疫系疾患に関するその他の仮説では，それまでに感染した細菌やウィルス（最も有力な原因と考えられている），あるいは，薬や諸々の環境要因さえもが，発生学的，後成的，あるいはホルモンの影響で敏感な人々の自己免疫系を混乱させているだろうと考えられている[11]。ハイパーセンシティブな人は，これらの要因へ人一倍強く反応するだろう。

　我々の臨床的知見からすると，ギフティッド児や成人ギフティッドの代謝や消化機能は普通とは異なるという点に留意することが重要だと考えられる。食習慣の工夫で防いだりコントロールできる反応や行動があるが，それは言い換えると，食習慣の工夫でしか対処できない反応や行動があるということである。その人の生化学的特徴の何が悪いのか，また，どのように治したらよいのかは，医学的検査ではわからないことが多い。多くは試行錯誤を重ねて考える必要がある。個人の特殊事情に合わせた薬物療法には，個々の患者が試行段階の状態にあるが，ギフティッド児や成人ギフティッド，特にハイリー・ギフティッドや非常にエクセプショナルな人々に特殊事情があるのは当然だろう。

第 10 章

嗜癖性障害群

　医療関係者として，なぜこれほどまでに多くの聡明な人たちが，アルコホーリクス・アノニマス（Alcoholic Anonymous: AA）のミーティングをはじめとする 12 のステップグループにいるのだろうかと不思議に思うことがよくある*。多くの聡明な若者や成人ギフティッドが，アルコールや物質の乱用や依存症に陥るのを頻繁に目の当たりにしてきた。我々のうち，AA やラショナル・リカバリー（Rational Recovery），節制管理協会（Moderation Management）に詳しい者がもう 1 点感じているのは，そこへの参加者のコメントに激しさにまつわるものが多いということである。ミーティングは，「一日，一日」「慌てず，慎重に」「アルコール依存症は過剰パーソナリティである」という陳述とともに，禁酒や節制の必要性，「今ここで**」に焦点を当てている。ミーティングでは，極端に過剰な行動という点では嗜癖行動と同じだが，より適応的な行動へと姿を変えていくのも，多く目の当たりにしてきた。たとえば，コーヒーを大量に飲んだり，最近はほとんどのミーティングが禁煙であるためにその前後にタバコを大量に吸うといった行動である。

　ギフティッドといわれる人たちは依存症があろうとなかろうと，高いものはより一層高く，低いものはより一層低くなるように，1 つの激しさが別の激しさへと転移することはよく知られている（Daniels & Piechowski, 2008; Piechowski, 2006）。心理学者の Frank Farley（1991）は，「Type-T（Thrill-seeking，スリルを求める）パーソナリティ」という語を造った。Type-T の人は概して知能が高く，固執傾向が強い。そして，知的水準の高さは刺激希求性と関連がある（Raine, Reynolds, Venables, &

---

* AA は，飲酒をやめたいと願う人々の自主的な集まりで，世界的な団体。日本にも，AA 日本がある。12 のステップは，アルコール依存からの回復の道を 12 の具体的なステップで記したもの。

** 専門的知識に根差した長期的な展望よりもむしろ「体験的知識」（Borkman, T. 1976）に根差した，実際的方向づけ。

Mednick, 2002)。

　依存の対象は，アルコールや薬物，ギャンブル，タバコ，テレビゲーム，食べ物，仕事，セックス，エクササイズ，または激しさそれ自体への依存と様々であるが，いずれの嗜癖行動も激しさを含むととらえるとよい。加えて，特に物質乱用者は，児童期や青年期にトラウマを経験している傾向がある（Khoury, Tang, Bradley, Cubells, & Ressler, 2010）。トラウマへの反応が長期化することが，依存症の発症や持続の誘因となることが多い（Pirani, 2016）[1]。激しさや，トラウマなどの経験に対する過度に強い反応は，ギフティッドネス分野の専門家によって示されている認知能力の高い者の特性ときわめて似ている（Kerr & Cohn, 2001; Neihart, 1999; Robinson & Noble, 1991; Webb & Kleine, 1993）。その特性には，性別への違和感，危険行為，非常に繊細さ，孤独感や自分は人と異なっているという感覚，不安，欲求不満耐性の低さが含まれる[2]。

　認知的能力や創造性の高さだけが依存症の原因だということではない。また，ギフティド者の依存症に関して，ギフティッドネスを言い逃れや言い訳にできるということでもない。アルコールや薬物などの物質使用，乱用，依存に影響を与える要因は多くある。遺伝や小児期の不利な体験だけでなく，親の依存症，ジェンダー，精神疾患や精神状態，ピア・プレッシャー，家族の態度，孤独感，物質の性質，ストレス，代謝など様々な要因が影響を与える（Anda, Whitfield, Felitti, Chapman, Edwards, Dube, & Williamson, 2002）。たとえば，大学生が中枢神経刺激薬を使用あるいは乱用する理由は，興味があったから，成績が上がると思ったから，ダイエットのため，遊びでなど，様々である（Garnier-Dykstra, Caldeira, Vincent, O'Grady, & Arria, 2012）。

　ただし，知的能力の高さも1つの要因ではある。そのため，併発する症状や状態と同様，ギフティドの要素もまた，治療にあたる専門家によるその人の理解，リスクアセスメント，予後の予想，治療の過程で考慮されるべきものである。知的能力は，診断と治療計画の両方において，実際常に重要な役割を担うため，ギフティド者のアルコール依存症や物質乱用は，本質的には2e（twice-exceptional）の状態と位置づけられよう。たとえば，アルコール使用に関しては，飲酒行動やアルコールそのものにとらわれ，他のことが手につかなくなったり強迫的になる場合や，断酒や飲酒量の減量を何度も試みてはいるが，飲酒が原因で支障が出たり望ましくないことが起きようともアルコールをやめられない場合に，アルコール依存症とみなされる。大量のアルコール使用はその人の生活機能に支障をきたす可能性があるが，ギフティド者における支障は質が異なることがある。同様に，以下のエピソードにあるように，非常に聡明な人は，ギフティッドネスに対処しようとして物質を使用することがある。

キャシーは，ギフティッドで大卒の50歳女性である。歌手，ダンサー，ビジュアルアーティストとして活躍している。慈善事業に積極的にかかわり，科学と数学を愛し，人生のすべてに情熱を燃やしている。彼女は薬物依存症だった。今はそこから抜け出し，薬物を断って30年になる。これは，彼女がどのようにして今日にいたったのかについての話である。

　キャシーは郊外の裕福でアメリカンドリームを生きる家庭に育った。少なくとも周囲からはそのように見えた。しかし，その実情は大きく異なっていた。父親は著名な実業家だったがナルシスティックでアルコール依存症，出張が多く不在がちだった。家にいるときは，娘には笑顔で可愛らしくいてもらいたい，波風を立てないようにしてほしいと思っていた。

　キャシーの母は専業主婦だった。双極性障害で，昔から精神疾患と自殺の家族歴があった。キャシーが10代のときに母親は大学に戻り卒業したが，情緒不安定で仕事は長続きしなかった。

　キャシーは大きな家に住んでいたが，名実ともに，家は「空」だった。キャシーには2つの仕事があった。父親を困らせないこと，母親の面倒を見ることである。彼女にはそうするだけの頭と力があった。しかし，彼女の激しさ，繊細さ，状況理解力の高さゆえに，心の痛みは非常なものだった。家族のだれからも，彼女の感情や人生の夢に目が向けられることはなかった。彼女にはなかなか友だちができなかったが，両親は自分のことばかりで，彼女を助けるどころではなかった。彼女の苦しみには，家族のだれも気づかなかった。家族はバラバラで，子どもの面倒どころではなかった。中学生になる頃にはキャシーも限界で，スポーツからドロップアウトし，単位を落とした。

　キャシーは音楽がとても好きだったので，10代半ばでライブに行くようになり，そこで出会った10代の仲間とたむろするようになった。自分以外にも魂を失った仲間を見つけ，ドラッグを使うようになった。ドラッグは所属感を与えてくれた。孤独や見捨てられたという辛さをも和らげてくれた。ドラッグは，忘れさせてくれた。

　キャシーはすぐに薬物依存症になった。ほどなくして家を出，路上生活を始めた。貨物列車に飛び乗り，あてもない「冒険」をし，依存への道まっしぐらだった。キャシーにしてみれば，自分は自分より大きな何かの一部だった。居場所を見つけた。ただ，家族にはたまに会っていた。

　両親は離婚し，父親は別の女性と一緒になった。この女性はアルコール依存症から回復しつつあった人で，キャシーを気にかけていた。父親は，その女性の強い要請でAAに通い始めた。どこかでまだ家族との絆を求めていたキャシーは，ナルコティクス・アノニマス（Narcotics Anonymous）＊に試しに参加してみることにした。何はともあれ，このことは彼女と父親や新しい女性との共通点となった。

　この新しい女性は，キャシーにはセラピーがよいのではないかと思っていた。そして，キャシーはセラピーを受けた。セラピストがキャシーの知性をリスペクトしてくれたおかげで，キャシーは自身の絶望と怒りを理解するだけでなく，自分にある多くの才能に気づき始めた。そして，ギフティッドネスのすべてを自身の癒しに注いだ。

　30年たった今も，キャシーは薬物から離れている。再発もしていない。彼女の父親はアル

＊ 薬物依存からの回復を目指す薬物依存者の国際的かつ地域に根ざした集まり。1940年代終盤にアルコホーリクス・アノニマスのプログラムに参加していた人たちの中から生まれた。

コール依存症を再発し，大酒を飲んでいる。彼女の弟はいわゆる「神童」だったが，成人後は家族からできる限り離れようと，別の大陸に渡った。彼は経済面では大成功したが，アルコール依存症で，現在，離婚調停中である。母親の気分は安定していないが，キャシーは，母を救わなければならないという強迫からは解放され，医療チームに母親の世話を委ねている。

母親の精神疾患をサポートし，より理解を深めるために，彼女は，米国精神障害者家族連合会（National Alliance on Mental Illness: NAMI）に参加した。まだ 12 ステップミーティングに通っているが，以前ほど頻繁ではない。新たな学位を取るため，大学に再入学することにした。そして，ドラムを習い始めた。それは，幼稚園の頃から彼女がやりたかったことである。

1節　アルコール摂取，薬物使用とギフティッドネスに関する研究

ギフティッドネスとアルコールや薬物使用との関係は，一見，直観に反したもののように見える。学校からギフティッドと認定された青年と同年齢の仲間との間で，アルコールの消費量に差はないが，青年ギフティッドのアルコールや薬物使用は，社会的な受容やグループでの地位を得ることを目的とすることを示した研究がある（Peairs et al., 2011）。ギフティッド者は，他の仲間と打ち解けたり「違い」を少しでも減らそうとして，少量の薬物を試すことがある。そして，続けているうちに乱用になることもある。物質乱用のリスクがとりわけ高いのは LGBT である 10 代から成人のギフティッド者で，これは，彼ら自身の疎外感や様々な形で社会から排除されている状態を何とかしようとしてのことのようである（Stewart, 2006）。研究からは，アルコールを早期に経験した青年ギフティッドは，将来的に，不適応や依存症にいたる可能性があるだろうと推測されている。

より大規模な研究によると，認知能力の高さと将来的なアルコール依存の関連が示されている。ただし，知能とアルコール依存との関係の様相は，研究により様々で，強い正の関連がある（Batty et al., 2008; Hatch et al., 2007），負の関連がある（Batty et al., 2006; Clarke & Haughton, 1975; Sander, 1999），関連がない（Kubicka et al., 2001; Mortensen et al., 2005; Wennberg et al., 2002）とする研究がそれぞれ存在する。

いくつかの大規模縦断研究によると，青年期から成人期初期のギフティッド者は，ギフティッドではない統制群と比べ，アルコールを有意に多く摂取し，過剰な摂取量

（暴飲を含む）となることが多い（Batty, Deary, Schoon, Emslie, Hunt, & Gale, 2008; Kanazawa & Hellberg, 2010; Maggs, Patrick, & Feinstein, 2008）。ただし，この関係が当てはまるのは30歳頃までに限定されるとする研究もある。30歳を過ぎると，聡明な人のアルコール摂取量は減り，知的能力がより低い人よりもむしろ少なくなる（Wilmoth, 2012）。知能と飲酒行動との関連を検討した先行研究における負の関連や，関連がないとする結果は，年齢という要因で説明できるかもしれない。聡明な人が30歳を過ぎると判断力が高まり，ピア・プレッシャーに同調しなくなるのかもしれない（Wilmoth, 2012）。

　イギリスの大規模縦断研究（Kanazawa & Hellberg, 2010）であるNational Child Developmental Study（NCDS）によると，知能（IQの範囲は，75以下から125以上）とアルコール摂取量や暴飲との間に，ほぼ線形の関係が示された。そして，小児期の知能得点が15ポイント増えると，飲酒の問題が女性で1.38倍，男性で1.17倍増えることが示された。

　Maggs, Patrick, & Feinstein（2008）は，女性7,883名，男性8,126名を対象としたアルコール使用のデータを分析した。7歳，11歳，16歳の時点でのデータを集め，社会的背景（社会経済的地位），親の学歴，学力，授業態度，最近のアルコール摂取などの潜在要因も調査した。従属変数としてのアルコール使用は，16歳，23歳，33歳，42歳時に調査した。その結果，学力の標準偏差が1高くなるごとに，42歳までの危険飲酒が，女性で22〜32%，男性で9〜10%高まった。親の学歴，収入，社会的地位などの変数を統制（つまり，変数の影響を除外）した重回帰分析の結果でも同様の関連が示された。知能得点が高いほど，16歳の男女，23歳と33歳の女性でアルコール摂取量が多く，42歳の女性で危険飲酒が多かった。

　ミネソタ双子家族研究（Minnesota Twin Family Study）による同様の研究（Johnson, Hicks, McGue, & Iacono, 2009）では，IQの高さ（17歳時）が，男女とも，24歳時のアルコール使用傾向の高さと関連した。遺伝と環境の影響を統制した後も同様の結果が得られた。同様に，ギフティッド者は薬物使用経験の傾向が高いことも示されている（Lewinsohn, Gotlib, & Seeley, 1995; White & Batty, 2012, Wilmoth, 2012）。薬物使用経験への解放性と関連し，経験への開放性には知能（Gignac, Stough, & Loukomitis, 2004）や刺激希求性（Raine, Reynolds, Venables, & Mednick, 2002）が関連する。

　スウェーデン男性49,000名を対象とした30年間の縦断研究（Sjolund, Hemmingson, & Allebeck, 2015）では，アルコール摂取とIQの関連について異なる結果が得られた。つまり，アルコール摂取とアルコール関連死は逆相関を示した。また，IQが高いほう

がアルコールによる死亡率が低かった。小児期の社会経済的地位はほぼ影響がなかった。この結果が他の研究対象から得られた結果と異なる背景には，文化的・社会的要因があるだろうと論じられている。さらなる研究が必要とされる。

2節　ギフティッド者は，なぜリスクが高いのか？

　ギフティッド者の特性や彼らに共通する経験を考慮すると，ギフティッドネスとアルコールや薬物などの物質使用，乱用との関係は，ある程度想定できる。概して，ギフティッド者は特に新たな経験には開放的で，社会のルールや慣習を鵜呑みにしたがらない。そして，その多くが高い刺激希求性を示す（Ersche, Turton, Pradham, Bullmore, & Robbins, 2010）。完璧主義で，人生だけでなく世界もコントロールしようとし，それができないとフラストレーションを抱え，ひどく失望する人もいる。トラウマ・サバイバーが，人生をなんとかしようとする姿勢の一部として完璧主義を示す場合，この混乱は特に深刻なものになる（Erickson, 2011a）。物質乱用は，自身の激しさ，あるいは堪えがたい状況に耐えたり適応できるように，自力で性分を変えようとする試みにより引き起こされる可能性もある。さらに，不安はギフティッド者に広くみられるが，この不安は物質使用や乱用の先行要因でもある（Zvolensky, Buckner, Norton, & Smits, 2011）。また，衝動性にも同様のことがいえる（Ersche et al., 2010）。Ersche によれば，常習的使用により刺激希求性が増大する可能性も示唆されている。

　アルコール依存症は，途方に暮れることや孤立感と関連する。知的能力の高い者は，自分はどこか人と違う，居場所がないという感覚を抱くことが多い（Webb, 2014）。また，完璧主義的な向上心と努力によるもの，あるいは高い能力ゆえに押しつけられた期待に応えるためのもの，いずれにせよ，非現実的な期待をみずからに課すギフティッド者もいる。社会面や学業面での失敗を経験した場合，たとえば，社会性や学業を妨げる学習障害がある場合，過剰な自責，不安，抑うつ，絶望感を抱く傾向が特に高まる。学習障害が診断されないままでいるだけでも自尊心が低下する。他方，自己実現や人生の意味を探し求めるなかで，自分と同じように世の中を経験したりメタ認知を働かせる人がほとんどいないと感じ，居場所がなく強い不安を抱く者もいる。彼らの強烈な感情を洞察できる人は滅多にいないため，このような経験は辛いものだと感じ，その感覚を麻痺させようとすることがある。孤立は，まさに統計上にも見て取ることができる。つまり，ある人の IQ が 10,000 に 1 人にしかみられないものだっ

たら，たったひとりの知的な仲間を見つけることすら難しくなるということである。
　青年・成人ギフティッドがアルコールや薬物などに溺れるのには理由がある。おそらく，彼らのなかに生じた失望や絶望を何とかしようとするのだろう。聡明さゆえに，世の中の大半とは理想主義を分かち合えないことがわかると同時に，自分にも何ら状況を大きく変えるような力はないのだと痛感し，失望し，絶望に陥る。この実存的孤独に彼らの激しさが加わると，それに何とか対処しようとして物質乱用となる可能性がある。フロイトは，『文化への不満』のなかでこのことを非常にうまく表現している。「わたしたちに負わされているこの人生はつらく，あまりに多くの苦しみと，失望と，解きがたい課題をもたらすのである。人生を担うためには，鎮痛剤が必要なのだ（……略……）何か補助となるものなしでは人生は歩めない（……略……）。こうした鎮痛剤としては次の３種類のものが考えられる。自分たちの惨めさを耐えられるものにする強力な気晴らし，惨めさを軽減してくれる代償的な満足，惨めさを感じなくさせてくれる麻薬である」*。"鎮痛剤"も最初は効果がある。安らぎを感じ，自分は異質だという感覚は消え，重荷を忘れられる。しかし，最終的には，解決策のように思われたものそれ自体が問題となる。依存症の根底に流れている恥，違和感，異質といった感情が頭をもたげ，苦悩はさらに深まる。
　自分の感情を麻痺させる方法は飲酒以外にも多くある。薬物などの嗜癖物質は，まさに物理的に人が考えたくないことを考えさせないようにできる。AAメンバーのかなりが激しさをもち合わせており，大量飲酒するのは，人生に失望し打ちのめされた感情に向き合わないようにするためである。英国のコメディアン，俳優，作家でもあるラッセル・ブランドはこう言った。「薬物やアルコールが問題なのではない。問題は現実であり，薬物やアルコールは，私がそれを何とかしようとするのを助けてくれる」[3]

3節　アルコール依存症のサブタイプ

　アルコールの問題を抱えている者はみな一様に生活機能が低く，あまり賢くない集団だと考える人が多いようである。しかし実際は，あらゆるアルコール依存症者が同じというわけではない。そして，少なくともその一部が，認知機能や創造性の高い人であっても不思議はない。アルコール依存症に対するステレオタイプは，ぼろぼろの

＊ フロイト，S.（著）／中山　元（訳）（2007）．幻想の未来／文化への不満　光文社　p.146

汚い服を着て橋の下で生活し，紙袋に入ったボトルで酒を飲んでいるホームレスというものである。しかし，これはアルコール依存症者のほんの一部しかとらえていない。大半のアルコール依存症者は，社会的にほどよく適応し，仕事や家庭をもっている（Benton, 2010）。このような人々は「高機能アルコール依存症」とよばれている。全米アルコール乱用・依存研究所（National Institute on Alcohol Abuse and Alcoholism）は，アルコール依存症の診断基準を満たす1,484名を対象とした研究を行い，アルコール依存症の5つのサブタイプを特定した（Moss, Chen, & Yi, 2007）。

米国のアルコール依存症の21％が**反社会的青年型**（young antisocial subtype）に分類された。このタイプは，概して15歳で飲酒が始まり，18歳までにアルコール依存症になっている。半数以上が反社会性パーソナリティ障害で，タバコやマリファナを吸う傾向も高かった。

早期発症／初期成人型（early onset/young adult subtype）は，24歳前後で，20歳までにアルコール依存症の診断が可能だった。このタイプは，米国のアルコール依存症の約32％を占めていた。また，他のタイプより飲酒の頻度は少ないが，暴飲の傾向が高かった。さらに，アルコール依存症の支援をほぼ求めなかった。反社会的青年型と初期成人型は重複しない。

機能型（functional subtype）には，アルコール依存症の19％が該当した。毎日または1日おきに酒を飲む傾向があり，飲酒する日には，5杯かそれ以上飲む。中年で仕事をしている人が中心で，他のタイプのアルコール依存症と比較し，多くが安定した人間関係を築き，学歴，収入が高かった。

家族媒介型（intermediate familial subtype）は19％だった。約半数にアルコール依存症の近親者がいる。このタイプは，17歳までに飲酒が始まることが多いが，30歳代前半まではアルコール依存症にはならない。

慢性重篤型（chronic severe subtype）はたった9％で，主に男性が該当する「どん底」である。離婚率が高く，違法薬物の使用者が含まれることが多い。

どのサブタイプにもギフティッド者がいる可能性がある。アルコールや薬物などに依存する無数の理由のなかで最も多いのは，おそらく，小児期のトラウマ，見捨てられた経験，いじめ，搾取である。このような経験は通常，人との関係や，自分で自分の人生や感情をコントロールできていると感じる力，仕事，生き方全般において絶望感をもたらす。社会から拒絶されたり，無力さを経験しているマイノリティ・グループの場合，身近に不公平さを見るため，自分が無力であることへの絶望感は実に深刻なものとなるだろう。フラストレーション，怒り，失望，不満を感じる力をアルコールや薬物などで鈍らせることで，自身の失望を解決できるように感じる。より聡明で，

激しく，理想主義であるほど，無力感と失意を感じやすい。ところが，この方法の効き目があるのは，他の多くの対処法と同様，化学物質が作用している間だけである。アルコールや薬物が切れると現実が戻る。そして，その現実は，酩酊状態やハイになった後のほうが実際にひどいことがある。結局，アルコールが感情を和らげることはなく，この段階でさらに多量のアルコールを飲み，アルコール依存に陥る。エアロスミスの歌に，「気分の悪さをちょうど半分にしたくて，ウィスキーを5分の2飲んだ」とあるように。そのとき，同じ悪魔を「再征服」するために嗜癖行動へ後戻りするか，それとも，より健康的で効果の持続する別の行動を選びとるかのいずれかしかなくなる。

物質乱用は成人期の問題のように考えられているが，依存症者の大半は，11歳か12歳頃に合法ドラッグを使用し始める。NIDA（National Institute for Drug Abuse）の調査（2014）によると，過去1か月にマリファナを使用した10代の割合は，8年生で6%，10年生で17%，12年生で21%だった。また，過去1年間で，11年生（高校3年生）の9%がオピオイド系鎮痛剤*を乱用し，8%がADHD治療薬を乱用していた。

これまで薬物依存症は，常用者が常にみずから間違った「選択」をし続けているものとみなされていた。その開始時には選択の問題があるかもしれないが，薬物使用を繰り返すうちに脳に長期にわたる変化をもたらし，自発的なコントロールができなくなることが最近の研究により示されている（Volkow & Li, 2004）。青年期は薬物やアルコール乱用のリスクが特に高い。なぜならば，本書でも触れているとおり，青年期の前頭前皮質の発達は脳の他の部位よりも遅れることが多いためである。これが，青年期の衝動性の高さや見通しのなさの原因の一部だと考えられている。ティーンエイジャーたちはそこそこ分別があるように見え，他者にとってのリスクを見積もる力は成人同様かなり的確だろう。しかし実際は，自身にかかわる危険の可能性を予測することは苦手なことが多い。たいてい自分にとってのリスクを過小評価し，「○○だからそんなことは自分には起こるはずがない」という考え方をする。ギフティッドのティーンエイジャーの場合，「私は頭がいいから大丈夫」という類のものが多い。しかし，知能が依存症の予防にはならないのは明らかである。12歳前後の子どもたちもまた，自身の依存症リスクについて，その長期的影響を予想したり先を見越して判断したりができない。

思いやりのある安定した家庭はリスクを緩和しうるが，依存症に対する遺伝的リス

---

* 米国では合法の処方薬で日本では違法の物が多い。

クは強い (Agrawal et al., 2012)。依存への脆弱性の 40～60％ が遺伝的要因に起因することを示した研究がある (Agrawal & Lynskey, 2008; Heath et al., 2001; Verweij et al., 2010)。なかには，最初の使用により根本的な脳内スイッチが入り，次第に高揚感よりも渇望感のために薬物を探し求めるようになる人たちがいる。薬物使用中，今「光輝いている」脳の領域は，テニスボールとたわむれるボーダーコリー犬のように狩猟状態になる。つまり，ハイはもはや高揚感ではなく，止むことのない不満や悲嘆の消失状態を意味する。お気に入りの曲を聴いたり，やり遂げたことを褒めてもらうなど，通常は喜びの源となるものがもはや以前のような喜びを生み出すことはなく，薬物だけが，生きている感覚と生き生きとしているという感覚の唯一確かな源となる (Volkow & Li, 2004)。依存症は日常の喜びを奪い去る。

一度依存症に陥ると，精神発達が遅くなったり止まったりする。これは特に，青年期から成人期中期まで使用していたギフティッド者には深刻な影響を与える。彼らは，すでに配偶者や家族がいたり仕事で自分よりキャリアアップしている同年代の仲間と比べて，自身の人生の歩みが遅いことに気づく。そしてまた孤立する。

依存が定着すると一般的には慢性状態となるため，依存を予防することが一層重要となる。これは，青年期には特に当てはまる。青年期での薬物使用による神経生物学的影響は成人期に薬物を使いはじめた人たちほどはっきりとわからない。おそらく，青年期の脳の発達が活発な時期にあるためだろう。

薬物依存症は通常，薬物使用への強迫要求を特徴とする，反復性の再発パターンを示す。再発はストレスが高い時期に起こることが最も多く，依存症の神経学的特徴の1つに，報酬とストレスを仲介する脳領域の調節異常がある (Koob, 2008; Koob & Volkow, 2010)。実際に再発の最も確実な2つの予測要因は，薬物の入手可能性とストレスの程度であり，動物研究でも人と同様の結果が得られている。薬物を入手する手段がないことや薬物の値段が上がることで依存症を防げることになるが，大半の薬物は入手可能で手ごろな価格のため，これは非現実的なことが多い。

遺伝的要因以外の要因も重要であることは間違いない。より効果的な予防のあり方は，家族（血縁，非血縁にかかわらず）から支えられているという強い感覚を得ることである。一方，家族や建設的な仲間とのつながりがないことで依存症が引き起こされているように見えるケースが増えている。この見解は，依存症に関する生理学研究や社会科学研究により支持されている。生理学研究 (Chastain, 2006) によると，活力や喜びにかかわるホルモンだけでなく，絆ホルモンの調節異常が示された。社会学研究によると，親子の絆の崩壊と将来的な依存症リスクの間の密接な関係が示された (Kuendig & Kuntsche, 2006; Kuntsche, van der Vorst, & Eagles, 2009; Schafer,

2011)。前述のように，ギフティッド者の家族や対人関係に深刻な懸念や潜在的な問題が存在し，それらがギフティッドネスと結びついて物質使用・乱用のリスク要因となる。

　薬物を断つために心理療法や薬物療法を行っている人や，依存症の専門家の支援を受けている人でも，リカバリー・コミュニティに積極的にかかわると改善がみられる。この理由の1つに人との絆があるかもしれない（Ferri, Amato, & Davoli, 2006）。逆もまた真のようである。仲間や支えとなる家族から疎外されていたり地理的に孤立しているギフティッド者は依存症リスクが高い。ソーシャルサポートはあってもなくてもよいものではなく，必須のものである。安全性を感じ所属感のある若者は，薬物やアルコール使用が少なく，依存症リスクが低く，ネガティブな結果が少ない（Kuntsche & Kuendig, 2006; Kuntsche, van der Vorst, & Engles, 2009; Labrie & Sessoms, 2012; Reis, Curtis, & Reid, 2011）。自分自身や世の中を否定的に見ている（たとえば，恐れ型や回避型アタッチメントスタイル（Schindler et al., 2007））青年や若者は，薬物依存や薬物使用が重症化するリスクが最も高い。コミュニティのなかで，人との絆や受容された経験がなく，真の友とのかかわりが十分にもてなかったギフティッド者は，自分自身や世の中に対する否定的な見方が強まるリスクが高い。家庭が一貫して安全であたたかな環境を提供できない場合は，特にそうである。

　社会的・情緒的サポートは，生物学的レベルで依存症リスクに影響し，予防機能を果たす。依存症傾向の高い人の依存症リスクは，オキシトシンとバソプレシンという2つの神経伝達物質の調節異常と関連する。依存症が重くなるにつれ，両方のシステムが累進的に乱れていく。オキシトシンは，世間では「愛のホルモン」とよばれることがある。分娩時や授乳時，愛情のこもったスキンシップ（性的なものでも，それ以外でも）の際に放出されるためである。このホルモンは，深い絆を感じたその瞬間に反応し，人に対する反応の仕方も変える。オキシトシンは，攻撃性や不安，社会的行動，認知を調節する（Carter, 2014）。これらのホルモンは，複雑な社会的行動やソーシャルスキルの形成だけでなく，学習にもかかわっている（Donaldson & Young, 2008）。オキシトシンは，表情の正確な認識や解釈の力にも影響を与える（Marsh et al., 2010）。依存症は人間関係の影響を受け，そして人間関係に影響を及ぼす。

　依存症の親をもつ子どもたちは，自身も依存症になるリスクがかなり高い。自分の卒業式を欠席したり，成長過程での夢や不安を理解してくれなかった親も，やはり社会的・情緒的に鈍感な依存症で優秀な親に育てられたのかもしれない。そのようなどうにもならない事情があるのだということがわかれば，少しは楽になるだろう。深刻な機能不全家庭に育った子どもたちにとって，パートナーができることは，傷ついた

部分の「やり直し」や修復の機会となりうる。ただし、同じように傷ついているパートナーと深い関係になるというリスクもある。支えとなり愛情ある安定したパートナーは安全基地となりうるし、小児期の安定したアタッチメントにより発達するはずの、世の中に対する好意的な見方や自分を思いやる見方を再構築（あるいは構築）する助けとなるだろう[4]。

　これらの知見は、人との関係の重要性を際立たせるとともに、人には常に成長と変化の可能性があることを思い起こさせてくれる。ただし、理解されていない、受け入れられていないと感じているギフティッド児や成人ギフティッドの依存症リスクが高いとするのは妥当だろう。ギフティッドネスや性的指向、社会階級や民族性などの理由で、優勢文化のなかでいじめられたり疎外されている場合はなおさらである。同様に、最近の学校の「ゼロ・トレランス」*モデルや、治療の代わりに用いられる懲罰的手段は、依存症から抜け出せなくさせる傾向があるように思われる。それらにより烙印が押され、さらに逸脱した仲間集団に追いやられ、世の中に対する根本的な敵意を動かぬものとするためである。

　医療目的でマリファナを合法化するという最近の動きは、マリファナは基本的に無害だという考えを生みだしている。今やマリファナは、アルコール以外で最も広く使用されている薬物である。2015年のNIDAの報告によると、11年生（高校3年生）の35％がマリファナを試したことがあり、アルコールは58％だった[5]。マリファナは、がんや睡眠、慢性的な痛みや免疫機能などの特定の医療場面では高く評価されている。一方、大麻草は、85のカンナビノイド**を含む500の化合物を含んでいる。カンナビノイドのうち正規に議論されているのは2つだけで、残りの83はよくわからないままである。ただし、協調運動や集中力の低下を含む影響は確認されている。合成カンナビノイドのなかには、もっとはるかに危険なものがある。このように、リスクは相対的である。マリファナ使用者の約9％が物質乱用の問題に進展する。つまりこれは、約91％はマリファナ依存症の問題に進展しないことを意味する。ただし、これらの数値は、マリファナが違法の文化圏のもので、自由に入手可能になれば、数値は大きく変わる可能性がある[6]。問題は、これらの数値を安全とみなすかどうかである。

　最大で喫緊の危険は、早期の使用、大量使用、女性の使用にかかわるものである（van Gatel et al., 2014）。仮説上ではあるが、ギフティッドは遺伝的脆弱性のために、リスクの高い集団に入る可能性がある。いくつかの大規模研究により、青年期での大麻使用は、後にリスクが増大し、大量使用による統合失調症の発症率の高さにつなが

---
* いかなる違反も許さないこと。
** 大麻草に含まれる化学物質の総称。

ることが示された（Arseneault et al., 2002., Casadio, Fernandes, Murray, & Di Forit, 2011; Henquet, Murray, Linszen, & van Oz, 2005; Large et al., 2011; Malone, Hill, & Rubino, 2010; Yücel et al., 2012）。知能や創造性の高い人と，家族に精神病者がいる人との間に多くの共通した遺伝子があると思われるため，仮説的ではあるが，ギフティッドは物質使用により精神健康上の問題を抱えるリスクが高い可能性がある。

4節　専門家への示唆

　ギフティッドネスそれ自体が，アルコール，薬物などの物質乱用を引き起こすわけではないが，両者は無関係でもないようである。多くのギフティッド児が非常に繊細で反応が激しいことはよく知られている。それゆえ，小児期における貧困，いじめ，虐待，ネグレクト，病気，離婚，家庭崩壊のような有害なストレスや不利な出来事に強く反応するのは当然だろう。小児期の経験が成人後の生活に持続的に影響を及ぼす可能性があることは，長年示されてきた（Shonkoff et al, 2012）。そこには，ネガティブな出来事が青年ギフティッドに与える影響も含まれる（Peterson, Duncan, & Canacy, 2009）。このことに留意し，ギフティッド者が自分自身や自身の反応，また，ギフティッドネスを理解できるよう支援することで，青年・成人ギフティッドの治療や，より深い自己理解の支援に有用な枠組みが得られるだろう。実際，知能は，アルコール摂取量を減らす試みの成功と正の関連をもつ（Wilmoth, 2012）。ギフティッドネスというレンズを通してその人を見ることは，アルコールや薬物などの乱用，依存症の治療に対する通常のアプローチの補助手段として有用だろう。

# 第 11 章
ギフティッド児や成人ギフティッドが抱える対人関係の問題

　ギフティッド児や成人ギフティッドは，概して，精神的にも情緒的にも問題なく対人関係を構築し，友だちもいる。にもかかわらず，彼らが，家族関係，仲間関係，大人社会での対人関係に問題を抱えやすいことがある。

　ある母親は「我が子がギフティッドだからといって私たち家族の生活が変わったとは思いません。ただ，生活が破壊されただけです！」と言った。別の母親は，我が子から絶えず浴びせられる質問やことばでの挑戦に辟易し，まるで，我が子があらゆる法の抜け穴と例外を熟知している法定代理人のように感じると言った。このような子どもの激しさ，鋭い観察眼，強い個性は，家庭や学校に強烈な影響を及ぼす。

　成人ギフティッドも同様に，家庭に多大な影響をもたらすことがある。ある少年は，とても博識で頭の切れる父親には到底太刀打ちできないと思い知らされた。その子は，象を連れてアルプスを越えた最初の人物がハンニバルだということを発見し，得意になって父親に話したところ，実はハンニバルの叔父がその数年前に同じルートで象を連れてアルプスを越えていたという事実を，父親に突きつけられた。この父親は，自分の博学さに，家族がどれほど唖然としているのかに気づいていなかった。この少年は，早々に自分の主張や意見を表に出さなくなった。父親は息子への愛情はあったが，息子の気持ちには無頓着で，質問や難問をよく突きつけていたためである。

　対人関係は，人間同士の複雑なやりとりであるが，そこに激しさ，理想主義，繊細さの伴うギフティッドネスが加わると，より一層複雑さが増す。ギフティッド者の対人関係は激しく，そこに生じる問題もまた激しいことが多い。彼らの対人関係をギフティッドネスから切り離して考えることはできない。仲間関係，大人の友情，夫婦／パートナーとの関係，ビジネスのパートナーシップ，きょうだい関係，大学／職場での関係など，あらゆる人間関係にギフティッドという特性が強烈な影響を与える。多

くのギフティッド児や成人ギフティッドが共通に感じているのは，自身のギフティッドネスに忠実であろうとするなら，村八分のような社会的制裁を多かれ少なかれ覚悟せねばならないということである。幸いにも，聡明さにより，彼らは対人関係も含む様々な問題を解決していく能力ももちあわせている。

ギフティッドに関する研究や書籍の大半がギフティッド児に焦点を当てたもので，成人ギフティッドについて書かれたものは数少ない。Termanらの長期的な研究以外では，Jacobsen (1999), Lind (1999), Lovecky (1986), Streznewski (1999), Tolan (1994), Webb (2013) くらいである。もちろん，ギフティッドということを明確に記しているわけではないが，多くの小説家や思想家が，成人ギフティッドの複雑な問題を記してもいる。これらの研究や書籍からわかることは，ギフティッドネスは，成長とともに乗り越えたり消したりできるものではなく，成人期以降の人生そのものにも入り込み続け，彼ら自身，また，彼らの対人関係に影響を及ぼすということである。

1節　対人関係の問題を診断する

本章では主に，親子関係，仲間関係，成人期の対人関係という3つの人間関係に注目し，それらとギフティッドネスとの関係について論じる。

DSM-5に取り上げられている関係性の問題は，主に「臨床的関与の対象となることのある他の状態」あるいは「Ｖコード」[1]のなかに触れられている（American Psychiatric Association, 2013, p.715[*]）。それによると，対人関係の問題は非常に重要であり，臨床的関与の対象となる。対人関係の問題は，家族メンバー間の対人関係パターンから生じることが多く，臨床的に重大な機能不全と関連する。対人関係の問題が，精神疾患や内科疾患の診断，治療，予後に影響を及ぼすとき，臨床家はその問題に注意深くかかわる必要がある。

DSM-5の対人関係の問題に関するＶコード欄には，ギフティッドに関する記述はない。ただし，我々の経験からすると，ギフティッド児や成人ギフティッドの特性は彼らの対人関係に強く影響し，それが深刻な問題につながる可能性もあると考えられる。

Ｖコード診断のうち，ギフティッド児や成人ギフティッドが問題を抱える可能性があるのは以下の4点である（American Psychiatric Association, 2013, p.737[**]）。

---

[*] 日本精神神経学会（監修）(2014). DSM-5精神疾患の診断・統計マニュアル　医学書院　p.709
[**] 日本精神神経学会（監修）(2014). DSM-5精神疾患の診断・統計マニュアル　医学書院　p.709, 710, 717

- V61.20　親子関係の問題—コミュニケーションの障害，過保護，親からの過剰なプレッシャー，責任転嫁などが含まれる。
- V61.10　配偶者または親密なパートナーとの関係による苦痛—非現実的な期待や批判といったコミュニケーションの問題が含まれる。
- V61.8　同胞関係*の問題—同胞に焦点が当てられているが，この関係における問題が家族の機能不全と関連している。
- V62.29　雇用に関連する他の問題—上記3つのカテゴリには当てはまらない対人関係の問題で，同僚や上司等との関係を含む。

2節　親子関係

　ギフティッド児の育児は苦労がないとか，ギフティッド児を授かることは親にとってこの上ない喜びであるなどということがまことしやかにいわれているが，実際，その育児は困難極まりなく，とても疲れると報告する親は多い。臨床的な診断を受けるにはいたらずとも，様々な問題が起こり，親子関係のストレスは非常に大きい。そして，親が助けを求め医療やカウンセリングの専門家のもとを訪れると，親子関係の問題がすぐに治療の焦点となる。

　知的能力や創造性の高い人の子ども時代は，決して順調とはいえないことが多い。そして，このような子どもはたいてい意志が強く，激しい。Kerr & McKay（2014）は，卓越した女性を対象とした研究を行い，このような女性の子ども時代は，たいてい「棘と殻」をもっているようなものだと述べている。つまり，非常に多くの時間をひとりで過ごし，だれかが傍に近寄ろうとしても棘が刺さりそうで近寄れない。ウィル・ロジャース**は，学校では手に負えない子どもだった。エディ・カンター***は，ストリート・ファイターだった。オーヴィル・ライト****は，インディアナ州リッチモンドの学校で，6年生のときにあまりにも悪さがすぎて停学になった。ウディ・アレン*****は，学校をさぼってばかりで，不適切なユーモアが度を越し悪い成績を取ることがたびたびあった（Goertzel, Goertzel, Goertzel, & Hansen, 2004）。我々の経験から共通していえることは，実に様々な状況で多くの難しい問題が待ち受けているということである。以下に，共通してみられる問題のいくつかを記す。

---
*　きょうだい関係。
**　米国のコメディアン，作家，社会評論家，俳優。
***　米国の俳優，コメディアン，ダンサー，歌手。
****　米国の発明家。ライト兄弟のウィルバーの弟。
*****　米国の映画監督，俳優，脚本家，クラリネット奏者。

衝　突

　ギフティッドというラベルは，結果的に，その子に不適切なほど過剰な期待を押しつける可能性がある（Colangelo & Fleuridas, 1986）。そして，それが衝突（power struggle）を引き起こす一因となる。我が子がギフティッド，あるいはタレンティッドであることを初めて知ったとき，大半の親は，我が子に何を期待したらよいのかがわからない。ギフティッド児の典型的な特性も知らず，ギフティッド児といえばみな我が子と同じなのかどうかもわからない。

　自分が若い頃にはまったくなかったような機会が，今の子どもには与えられていると感じる親は多い。たとえば，テクノロジーの進歩により，自分の頃には聞いたこともなかったようなキャリアの機会が生まれている。そして，我が子が親の期待とは異なる道を選び，かけがえのない経験のように見えるものを捨て，チャンスをフルに活かせるよう努力をしていないように見えるのは，親にとっては辛いことだろう。このような場合，親は子どもを生きがいにしている可能性があり，「子どもの成長の責任を引き受けつつも，子どもは自分の一部ではないことをいつも忘れてはいけない。子どもの成功や失敗は，子ども自身のものである」ことに気づく必要がある（Roeper, 1995, p. 148）。たいていの衝突は意志のぶつかり合いで，激しさをもつギフティッド児に親が自分の個人的な期待を押しつけようとしたときに生じる。

　もちろん，あらゆる衝突が反抗挑発症の診断につながるわけではない。多くの，いや大半のギフティッド児は，意志が強い。親や教師をはじめ周囲の人間は，彼らとの，そして成人ギフティッドとも，果てしない衝突に巻き込まれやすい。

　前述のとおり，衝突が生じるのは，特に親がギフティッド児の特性やその影響を理解していないときである。たとえば親が思考スタイルの違いを知らないでいると，きちんと秩序正しくすることを我が子に強要することも出てくるだろう。クリエイティブな子どもがそのような親の基準に合わせることは難しい場合もあり，互いに歩み寄ることで，もっとも望ましい結果につながることもある。

　ギフティッド児のなかには生来混沌としているように見える子どもがおり，この無秩序な状態が，本人にとっては理にかなっているようなことがある。親や教師は，このような，ときに型破りなあり方をやめさせようとすることがある。その子に「普通」でいてほしいと願うばかりで，人と違うことの価値を認めないのである。このようにして，親や教師は，子どもの成長と健全な自己の発達を妨げる。親や教師がユニークさや突飛さを否定するのであれば，それは子どものなかにある大切な財産よりも表面的な体裁を重視しているということになる。

14歳のモーリスは知的にも芸術面でもギフティッドで，友だちはほとんどいなかった。背が低く，そのことでからかわれていた。そのため，さんざん耳にしてきた「成長期」がいつ来るのか，早く来てくれないかと思っていた。もはや成長期は来ないのではないかと恐れてもいた。彼の奇抜な服装は彼の個性を表していた。しかし，これがさらなる仲間外れの原因となり，また親子関係にひずみをもたらしていた。服装をめぐってばかりでなく，宿題をめぐっても衝突が絶えなかった。そしてこの衝突がエスカレートし，ついにモーリスは，学校のギフティッドプログラムには金輪際参加しないと言った。
　モーリスは大半の課題を拒否し，試験はほぼすべて不合格だった。自分の芸術的才能を，漫画を描くことに使った。その漫画には，様々なアクションシーンが生き生きと描かれており，それらはカウンター・カルチャー，多くはゴシック的，ときには暴力的ですらあった。両親や学校の先生は，彼の創造的な才能をもっと「豊かな」方法で使ってほしいと願い，色々と考えた末，心理士に診てもらおうということになった。心理士は，モーリスの漫画には何の心配もないこと，むしろ重要な問題はモーリスと家族との関係にあると言った。いずれにしても，モーリスは決して自分の漫画を変えようとはしなかった。この漫画こそが，彼にとってのはけ口であり，彼が彼でいられる唯一の世界だったからである。母親がこのことを，そして，彼を理解し受け入れられるようになると，2人の関係が改善し，ついに，モーリス自身も成長し始めた。

　それでは，親はどのくらいまで押し，どのくらいのところで引くべきなのだろうか？　子どもは生まれたときから自制心を兼ね備えているわけではなく，才能を伸ばすためにはしつけも勿論必要である。いかなる創造的な活動でも，その芸術形式の手法や技法を習得する必要がある。新たなものを創造したり革新を起こすためには，先人の功績によく学び，それまでの形式を用いる力が必要となる。
　ギフティッド児は，小さいうちはほぼ努力なしに色々なことができてしまう。そのため，自分は努力しなくてもマスターできるという感覚をもつようになる。それほど努力しなくても楽器を演奏できる，勉強などしなくてもできると，最初に思い込んでしまう。努力しなくてもマスターできるという思い込みは，衝突の土壌をつくる。我が子をどのくらいまで押し，挑戦させるべきなのか，そして，どのくらい押すと衝突を引き起こすのか，そのさじ加減を見極めるのは難しい。子どもの人生を生きてしまいそうな気持ちを自制できる親は，この問題を比較的難なく乗り越えられる。
　我々が子どもに何かを教えるとき，多くは意図的なタイミングで子どもに挑戦させる方法をとる。親や教師は，新しい経験を子どもにさせてあげたい，子どもの知識やスキルを伸ばしてあげたいと願う。しかし，そのような挑戦は子どものフラストレーション——子どもにとっても親にとっても望ましくない事態——を引き起こすことが多い。それでも，技能面での熟達ばかりでなく，フラストレーションの克服も含めた

自制なくしては，子どもは夢想家のままになる。いずれは，成功にはリスクを伴うこと，いつもすぐに成果を得られるわけではないこと，多くは自制心が必要であることを学ぶ必要が生じる。

境界の曖昧な親子（纏綿）

　ギフティッド児の家庭において，纏綿（enmeshment）*や親の巻き込まれ状態（over-involvement）は，特に，単親家庭や，子どもの功績を重視しすぎている家庭によくみられる。親自身が子ども時代に欲しかったのにかなわなかった機会（ピアノや演劇のレッスンなど）を，我が子が「無駄にしている」ように感じるときにも起こる。Miller（1997）による"The Drama of the Gifted Child"**のなかにも，臨床現場でみられた纏綿のパターンが描かれている。

　12歳の子どもをひとりで育てている親の例をあげよう。この子の語彙力は大人並で，25歳くらいに成熟して見えるとする。このようなケースでは，親は，子どもにとって適切ではないような個人的な問題を相談してしまいやすく，家庭内での子どもの役割に混乱が生じる。ギフティッド児は，実に目を見張るようなことをやってのけることがあり，それが見ている者を喜ばせもする。しかし，親は，大人と子どもの間の境界を曖昧にしてはならない。

　実際には，親の纏綿も過剰診断されている可能性がある。膨大な時間とエネルギーを費やして子どもをサポートする親は，子どもに巻き込まれていると思われる。我が子の問題や幸せをとても真剣に考えているからこそ，その子に適した教育環境を得ようと必死になる。"Cradles of Eminence: The Childhoods of More than 700 Famous Men and Women"（Goertzel, Goertzel, Goetzel, & Hansen, 2004）や"Developing Talent in Young People"（Bloom, 1985）などの優れた研究のなかで，偉業を成し遂げた人々の人生が検証されている。これらの研究からいえることは，子どもの偉才を開花させるためには，主たる養育者の強いかかわりを要するということ，それは，オリンピックの体操選手になるためであろうと，生化学のトップレベルの大学院に入るためであろうと変わりはないということである。

> 　ナンシーには3人のギフティッド児がおり，頻繁に子どもたちの学校を訪れている。我が子のサポートばかりでなく，すべての知的能力の高い子どもたちのための努力を惜しまない。彼女は，書籍，インターネット，州や国レベルの学会などを通して，ギフティッド児に関す

---

*ミニューチン（Minuchin, S.）の家族療法（構造派家族療法）において用いられる用語。親子関係の境界が曖昧な状態。
**アリス・ミラー（著）／山下公子（訳）（1996）．新版　才能ある子のドラマ―真の自己を求めて　新曜社

る情報を徹底的に調べ、ギフティッドに詳しい専門家からの指導も受けている。我が子に最適な教育環境を学校にリクエストできるようにするためである。

彼女は当初、とても押しの強い親だがそのうちいなくなるだろうと思われていた。校長はナンシーを大目に見ていたが、たいていは無視していた。教師や理事は、ナンシーは教育課程の専門家に小学校高学年と中学生の子どもたちを任せるべきだと考えていた。つまり、ナンシーは子どもに必死すぎで、それをやめるべきだと考えていた。

学校職員のネガティブな受けとめ方をなくそうと、ナンシーは様々な方法で教師をサポートするプログラムをボランティアで行った。たとえば、ナンシーの得意な音楽や芸術の分野で助言役を申し出たり特別な機会を設けたりした。彼女は決してあきらめたりやめたりしないのだと職員が気づくまで、学校の手伝いを続け、そして、熱意を見せた。遂に学校側は耳を傾け、彼女が有効だと提案していた方法を試すことにした。そして、その効果を目の当たりにした。

今では彼女が学校へ来ると、次は何をやってくれるのだろうかと職員から期待されるようになった。もはや、数年前のようなネガティブな受けとめ方をする職員はいない。ナンシーは自分を、コミュニティや学校システムに不可欠な存在とすることができた。彼女はすべての子ども、特に早修を要する子どものために、積極的に改革を提言し続けている。当初からは想像もつかないほどの、多くのポジティブな変化を引き起こしたのである。

いわゆる「押しの強い親」は、我が子の支援をめぐって本来頼りにすべき専門家から、直接あるいは間接的に批判されることが多い。いったい、どの程度まで親がかかわることが子どもの高い可能性を伸ばすことになり、どこからが纏綿あるいは押しの強い親になるのだろうか？ 後に卓越した業績を残した人物の子ども時代は、親がその子に非常に——時には並々ならぬほどに——熱心に巻き込まれ、ある程度強くその子を後押ししていた（Bloom, 1985; Goertzel et al., 2004; Winner, 1997b）。

親にとって最も難しいのは、自制力を期待することと甘やかしの間の適切なスタンスに立つことである。親は子どもの能力を明確に把握し、困難に対処し、支援の優先順位を決めなくてはならない。たとえば、微細運動に遅れのみられる子どものために、ベルクロのマジックテープつきの靴を履かせたり、パソコンを使って宿題ができるようにしても問題はない。しかし、そのような困難があるからといって、靴を履かなかったり宿題をしなくてよいということではない。刺激への感受性が過度に強い子どもには、教室から出てしばらく休憩する時間を自分で設ける権利がある。しかし、授業の妨害をしてはいけない。マナーある行動をとったり、社会的な状況をある程度我慢することは、少しずつ身につけていくべきことである。親は、自分の子どもに世の中を合わせるような要求をすべきではない。

苦い薬を飲ませるときのように、避けられない痛みや不快に耐えたり、礼儀正しく人と接したり、フラストレーションに耐えたり、人の愚行に寛大になったり、その他

現実世界に生きるうえで味わうであろう日常的な不快へ対処したりする状況では，親が，とるべき適切な行動を少しずつ，そして，毅然と教えなくてはならない。そのためには，不適切な行動がみられる状況から静かに子どもを引き離すことが必要になるかもしれないし，相互的な社会的慣習について，知的概念をもって説明しなければならなくなるかもしれない。あるいは，子どもの行動が改善するまでそれにかかわる何かを禁止しなくてはならなくなるかもしれない。偽善や暴力のような「我慢ならぬ」状況に対しては，その問題を認めたうえで，スモールステップを踏みながら，そのような状況をよくしていこうとする姿を見せていくとよい。そうすることで，子どもは親が自分を理解してくれていると感じ，また，適切な行動のモデルとなっている親を見ることで，自分のフラストレーションをともに背負ってくれていると感じるはずである。ギフティッド児には，知的な説明，そして一貫性がもっとも有効である。

ギフティッド児の大人扱い

　本質的なしつけをせずに放任的な自由を与えすぎてしまうなど，大人がギフティッド児に過剰な権限を与えてしまうとき，別の形の纏綿が生じる。時折，聡明な我が子に操られていることに気づかずにいる親，あるいは，我が子の知的・創造的に優れた行動や不平に，過剰に巻き込まれている親がいる。このような状態を生み出すものには，子どもの才能に対する親の戸惑い，子どもの親ではなく，友だちあるいは「相棒」としてのスタンスを望む親の心理状態，意図されてはいるもののまったく効果のない育児方針がある。原因が何であれ，このような状態では，その子は自分が大人と対等の存在だと感じるようになり，大人と対等に主張することを要求し，家庭内で不適切なまでに強い特権があると思うようになるだろう。

　ギフティッド児は，我々大人と同じように考え，行動し，反応するミニチュアの大人ではない。子どもを大人扱いすることで，子どもならではの貴重な経験を奪い取ることになる。子ども時代には，親による適切な管理やとり決めが必要で，親はそれを怠るべきではない。子どもは，間違った選択をしたり，衝動的に過ちを犯してしまうものである。いったいどこに，親子の衝突の真っ只中にある6歳児で「そうだね。お母さんの言うとおりだね。色々泣き言を言うのはやめて，寝ることにするよ」と言う子どもがいるだろうか？　そのようなことは起こりえないのである。

　子どもが小さいうちは，その子がよりよい選択をできるように支援する責任を，親は負っている。人生の早い時期に，よい選択をする力を身につけることが重要である。年齢が高くなればなるほど，粗末な選択が招く結果は深刻さを増す。子どもを大人と対等に扱うということは，親子双方に有害である。主導権はいつでも親がもつべきで

ある。Roeper（1995）は，この点について的を得た助言をしている。「親としての責任をもち続けなさい。そして，子どもに主導権ではなく，自分は守られているという安心感を与えなさい」（p.149）。

同様に，大人の話題の大半は大人の間だけにとどめるべきである。知的刺激に富んだ内容でありつつ「大人向け」になりすぎない本を見つけるのは，実際問題難しいこともある（Halsted, 2009）が，映画や書物の制限も必要だろう。知的に早熟な子どもが情緒的にも同じくらい早熟ということは滅多にない。その子が特定の分野で親より博識でも，親のほうが人生経験を積んでいること，また，子どもの脳は22歳頃まで成長過程にあることを話して聞かせると，その子も親の役割を理解できるだろう。知的能力と，知恵や成熟とは別物である。

望ましくない社会的行動の言い訳としてギフティッドネスを用いる

子どもの不適切な言動の言い訳としてギフティッドネスを引き合いに出す親がいるが，そのような親は，その子の言動が家族や友だちとの関係を害していることに気づいていない。我が子がギフティッドであることを理由に，その子が人に対して望ましくない行動をとっても，あたかも何も起こっていないかのように振る舞い，何もしないでいる親がいる。親や教師の役割は——その子がギフティッドであろうとなかろうと——自分のした選択の善し悪しを，その結果が深刻になる前に理解できるよう助けることである。健全な行動の基本的な基準は，その行動があなた自身に喜びをもたらす行動であること，かつ，あなたや他の人を傷つけるものではないことである。我が子のしたことを認められなかったり，ときには退けなくてはならないようなときにも，情緒的なサポートを与え，心から我が子を愛することはできる。人を叩いたりかみついたりするような行為に対しては，即座に親としての行動を起こすべきである。

ギフティッド児の親のなかには，大切なメッセージの半分しか聞いていない人も見受けられる。このような親は，我が子の創造性をはじめとする様々な才能を大切にすることには熱心でも，生きるうえでの適切な助言をせずにいる。その結果，子どもは甘やかされすぎ，失礼で自分のことしか考えられない人間になってしまう。たとえば子どもの不適切な行動に対して，咄嗟に「この子はクリエイティブだから。まぁ，仕方ないわ」と言い訳をする親もいる。ギフティッドであるということは，不適切な行動や社会的マナー違反を許される特権を得ているということではない。創造性が，特に人を傷つけることばや破壊的な行動に向かうような不適切な選択となる場合，それを修正する必要がある。

有名な心理学者 Carl Rogers（1995）の言った「無条件の肯定的関心」は，セラピ

ストが，クライアントを価値と尊厳のある存在として接する力量の重要性に注目した用語であるが，これがたびたび誤解されて用いられることがある。ギフティッド児が問題行動を示していても，それらは許容されるべきもの，さらには，サポートされるべきものと考えている大人すらいる。たとえば，デマルコは反抗的な態度や失礼な態度で「自分を表現している」だけなのだとか，マディソンは過興奮性（OE）の問題を抱えているから，バスを待って並んでいるときに人や物に手を出さずにいるように求めてはいけないのだという具合である。

ギフティッド児の行動の背景には確かにギフティッドネスという要因があるということは，我々が本書を一貫してとる立場であるが，これを不適切な行動の言い訳に用いるべきではない。多くのギフティッド児が日々実行しているように，社会的品位と高い知能や高い業績とは両立しうる。その子の業績は，今であろうと後のことであろうと，それを適切に用いられるようなソーシャルスキルなくしては，無意味である。そして，親子関係がどのように培われてきたのかということが，家族以外の対人関係に影響を及ぼすものである。

親／子の操作

子どもならだれしも大人を巧みに操るものだが，ギフティッド児は普通の子どもよりもずっと巧みなことが多い。してはいけないことをした理由を，実にもっともらしく語ったりする。両親間の意見の食い違いを見抜き，それにつけ込んで親同士が対立するように仕向けたりもする。「パパは行ってもいいって言ったよ。だからママも，もちろんいいって言うよね？」このような類のパワープレイは，夫婦関係に緊張がある場合，さらに，どちらかの，あるいは双方の親が子どもを大人扱いしたり，子どもに過剰に権限を与えている場合，特に問題となる。そのような状況では，ギフティッド児の知能の高さが驚異的な力を発揮するため，専門家は，子どもがいずれかの親の味方になる可能性を警告すべきである。

ギフティッド児は，学校や担任の先生のイメージを操ることにも長けている。この聡明な子どもは，自分の親が何に反応しやすいかを熟知しているため，巧みに「そのスイッチを押し」，子どもの都合のよい立場に親を立たせ，教師と対立させることもできる。親は，学校関係者と直接話す際には，また，子どもから情報を得る際にも，十分注意しなくてはならない。親と教師間の問題の多くは，大人だけの問題にとどめるべきで，最低限，子どもに話す際には細心の注意を払わなくてはならない。親が子どもと一緒になって教師や他の親と対立することは，その子が人に対して反抗的な態度をとるようになることにつながる（Rimm, 2008）。教師も間違うことはある。たと

えそのような場合でも，極力，子どもの長々とした言い分を聞いたり子どもを巻き込むようなことをせずに解決するのが望ましい。

子どもは，まさに親のやり方を見たり親をモデルとすることで，人を操ることを学び取っていく。ギフティッド児にいたっては，大人の言動の矛盾を敏感に察知するため，大人の言動が一貫しているかどうかが特に重要になる。さらに，親は，自分の行動がどのようなメッセージを送っているのか考えることが大切である。親自身の言動が，子どもに要求しているものと同じ基準に則っていなくてはならない。

> ジャスティンは宿題のやり方も適当で，提出物は遅れ，先生に対しても失礼な態度をとることが多々あったため，学校での成績が悪かった。母親は，ジャスティンが傍らにいる場で，学校心理士にかなり無遠慮に一方的な言い方で，担任の先生がいかに不適格かという話をした。息子を同エリート校内の別のクラスに変えてほしいと母親は願い出たが，学校は受け入れていなかった。
>
> その心理士が母親と個人的に話をした際，ジャスティンの先生に対する態度が礼儀をわきまえていないのではないかという話に母親は非常に気分を害し，それを学校側からの侮辱だとして公に非難した。アセスメントの結果，ジャスティンの成績の悪さの原因として学習障害などの要因は見出されず，どう考えても課題提出期限の延長を正当化する理由がないことが明らかになったとき，母親はいっそう不満を募らせた。
>
> ジャスティンは，母親からたくさんのことを学び取っていた――礼儀というのは，本人の気分次第で守っても守らなくてもよいもので，不満な状況からは逃げることができ，期待と責任をもつべきは自分ではなく他の人であるということを。怒って心理士のもとを離れてから1年後，母親は事態の深刻さに気づき，アセスメント後に紹介されたチャイルド・セラピストの名前を再度教えてもらいに，心理士のもとを訪れた。

ギフティッドの行動特性に環境を合わせすぎる

ギフティッド児はとても繊細で，様々な困難に思い悩まされる。たとえば，シャツの内側につけられているタグ，靴下の縫い目，初めて食べる物の味や舌触り，新しい状況，様々な社会不安などである。それらを軽視したり無視したりすべきではなく，何らかの配慮が必要なことは事実である。このとき，親子関係や教師―生徒関係において，どの程度の配慮が必要なのかというバランスの問題が生じることが多い。シルクの肌触り「しか」受けつけない6歳の子どもに対して，親はどの程度の配慮をすべきだろうか？　テイラーにソックスを履かせようとしてもダメだったとき，どのくらい，履かせてみようと頑張ったらよいのだろうか？　イアンが決まった物しか食べられないようなとき，父親はどのくらい品数を増やすべきだろうか？　これらの問題は，子どもにとって大人から努力を強いられる状況となるために，どの地点で折り合いをつけるかということが，否応なく親子関係に影響する。折り合いをつけていくのは，

時間がかかり骨の折れることが多く，ときには費用のかかることでもある。

　適切な配慮が求められる一方で，様々な問題から背を向けたり，その子にとってあらゆる不快なものを取り除いて「コットンボールの世界」を創り出したり，その子に合うように他のすべての人のライフスタイルを一斉に組み替えたりすることは，適切な解決方法とはいえない。医療関係者，教育関係者，そして親は，協力してその子の世界を広げていけるような——同時に，その子が不安に対処できるコーピングスキルを身につけていけるような——プランを，少しずつ系統立てて作るとよいだろう。情緒的なサポートを与え，子ども自身では対処できない程まで不快にさせないようにしながら，その子をコンフォートゾーンの淵に立たせてみよう。そうすることで徐々にではあるが着実に，子どもは新たな世界へと足を踏み入れ，また，新たな挑戦をしようとするようになり，その子の内にレジリエンスが育まれていく。

ギフティッドネスを否定する

　通常，我が子のギフティッドネスに気づくのは，父親よりも母親のほうが早い（Robinson & Olszewski-Kubilius, 1996）。我々は実際に，自分の子どもがギフティッドである可能性に懐疑的な父親に多く出会ってきた。彼らは，たとえ学校が厳密にギフティッド判定のプロセスを踏んでも，頑なに疑いの目を向け，ときには否定さえする。これは，母親がギフティッドネスを発達的な特性とみなすのに対し，父親はギフティッドネスを厳しい努力の末に達成する力とみなす傾向にあることにもよる（Silverman, 1993a）。ギフティッド児が家族内にいることが，馴染みのないことや奇異なこととみなされる文化圏や社会経済的グループもある。

　我が子がギフティッドであること，そしてそれが何を意味するのかについての理解が両親間で一致していないと，コミュニケーション不全や，その子に釣り合わない期待が生じる可能性が高まる。たとえば，父親は，我が子にはあらゆる領域で才能があるはずだと期待するかもしれない。あるいは母親は，我が子の情緒的年齢ではなく，知的年齢に見合った行動を常に期待するかもしれない。我が子の特性について，両親で話をするだけでなく，他の家庭の親とも話す必要がある。ギフティッドに詳しい専門家と話すことも有用で，多くの関連する学会や団体，インターネットサイト，書籍，ビデオなど，役立つ情報を教えてくれるだろう。

　さらに，ギフティッドネスについて子どもと直接話すこともも必要である。秀でた才能があることや知的能力が高いことは，決して人より優位に立つためのものではないこと，むしろそのような特性がゆえに，人とは異なるニーズをもつということ，そして特別な責務を負うべきときもあるだろうことを，ぜひ，子どもたちに伝えてほしい。

知能が高いということは他の長所と同様，それを用いるうえで責任が求められる。たとえば，自分には「簡単な」課題に他の生徒が苦戦しているのを見て，優越感に浸ったり人をばかにすべきではない。このような子どもたちは何よりも，どのような人にも個性と価値があること，そして，各々秀でた領域もあれば苦手な領域もあるということを理解していく必要があるだろう。

　親が，我が子のギフティッドネスを否定するような嫌味を言ったり，けなしてしまうことがある。子どものギフティッドという特性を使って，その子を批判してしまうのである。「そんなに頭がいいのに，常識は全然ないのね！」とか，「そんなに才能があるのに，どうして昼ご飯を食べ忘れたりするの？」という具合に。そのようなものの言い方が親子関係を悪化させるだけでなく，その子が人とオープンにコミュニケーションをとることもできなくするのは明らかだ。さらに，その子の自尊心をも蝕んでいく。このように言う親は，その子のギフティッドネスを完全に否定しているばかりか，その子自身が自分のギフティッドネスをまるごと受け入れるのを妨げ，不必要にその子を批判しているのである。

　ギフティッドネスの否定や不適切な期待，衝突，操作，纏綿，大人扱い，環境を子どもに合わせすぎるといった問題の大半は，子どもがギフティッドと判定されて間もない時期に生じる。親がギフティッド児やタレンティッド児についての理解を深めるにつれ，また特に他の親と育児の悩みを分かち合う機会を得られると，これらの問題は顕著に減っていく（Webb & DeVries, 1998; DeVries & Webb, 2006）。

3節　仲間関係

　第1章でも述べたように，ギフティッド児は，自分に合う友だちになかなか出会うことができない。そして，ギフティッド児の友だち関係は親や教師の心配の種となることが多い。「ギフティッド児が友だちづくりで苦労する主たる原因は，彼らとうまの合う友だちになかなか出会えないことにある。いずれの年齢でも，知的能力が高ければ高いほど，本当に気の合う仲間に出会える機会が少なくなる。平均的な子どもは，自分と同じレベルで考えたり行動する友だちにたくさん出会える。それは，平均的な子どもがたくさんいるためである」（Hollingworth, 1926, p.79）。

　ギフティッドネスには，ある種の社会的代償が伴うことが多い。そして，多くのギフティッド児・青年は，すぐにこのことに気づく（Neihart, Reis, Robinson, & Moon, 2002）。スポーツやリーダーシップに秀でているギフティッドの男児であれば，仲間

関係に関する問題の多くを抱えずに済むかもしれない。一方，スポーツやリーダーシップに特段秀でているわけではないギフティッドの男児や，真面目で学問に秀でたギフティッドの女児の場合は特に，彼らの才能に怖気づいた教師や仲間が彼らを困らせ，同年齢の仲間との不調和という大きな代償を払わなくてはならず，悩むことが多い（Kerr & Cohn, 2001; Geake, 2004b）。

> 8歳のジョシュアは，友だちができないと不満を言っていた。母親は，ジョシュアが友だちと比べてとても難しいことばを使って話をすると感じていた。この語彙が原因で他の子どもがジョシュアを敬遠しているのではないかと考え，ジョシュアにもっと簡単なことばを使って話をしてみたらどうかと勧めた。ジョシュアはそうしようと頑張ったが，余計に難しいことばが口から出てしまい，事態はさらに悪化した。ジョシュアに最初の友だちができたのは，ギフティッド児のための独立したクラスに入ってからだった。

　Miraca Gross によると，ギフティッド児の友情は同年齢の子どもたちよりも発達が早い。そして，ギフティッド児が友だちに望むことは，暦年齢ではなく精神年齢に基づいている。知的なギフティッド児が友情に求めるものは，同年齢の標準的な子どもの要求と著しく異なる。この傾向は，エクセプショナリー・ギフティッドとプロファウンドリー・ギフティッドの生徒（IQ 160+ の子ども）に特に顕著にみられる。彼らが抱く友情概念は，学校での指導，皮肉にも社会化を目的として集められる大多数の子どもの抱く友情概念との共通点がほとんどない（Gross, 2002）。ユングの言うように，「孤独は自己の周囲に人がいないために生じるのではなく，自分にとって重要と思えることを他に伝えることができないときか，自分が他人の許容しがたい何らかの観点をもつことによって生じてくるものだ。……（中略）……。人は他よりも多くを知るとき，孤独となる」（Jung, 1989, p. 356[*]）。

　多くのギフティッド児が，自分が人と「違うと感じる」と言うのを我々は目の当たりにしてきた。その感じ方はそれぞれであっても，大半のギフティッド児は同年齢の仲間との間で孤独を感じたり馴染めないと感じ，理知的な仲間といるときのほうが居心地がよいという。知的能力が平均から離れれば離れるほど，当然，合わないと感じる可能性が高まる。実際に周囲からも変わっていると思われていることもあれば，ギフティッド児自身が，自分は変わっていると思われていると感じているだけのこともある。いずれにせよ，個人の認識はその人の仲間関係に影響を与える。我々のこれまでの経験からすると，以下にあげる仲間関係の問題を抱えることが多い。

---

[*] ユング，C.G（著）・ヤッフェ，A（編）／河合隼雄・藤縄　昭・出井淑子（訳）(1973). ユング自伝2―思い出・夢・思想　みすず書房　p. 214

きょうだい間の競争

　きょうだいは家族であるが，仲間でもある。そして，きょうだい関係はたいてい手におえないものである。きょうだいのうちのひとりあるいは複数がギフティッドの場合，それはさらに激しさを増す。ギフティッド児のきょうだいは，たいてい知能，素質ともに似通っている（Silverman, 1988）。

　ギフティッド児は自分の知的能力や論理的思考力を発揮して，年下のきょうだいの経験の浅さにつけ込むことがある。言語能力に秀でたギフティッド児は，ことばできょうだい（や親）を「たたきのめす」こともある。たとえば，ある非常に聡明な男児は，「お前には祖先がいるから，俺はお前と遊ばないよ！　お前の恰好，変だぞ。体中衣類だらけじゃないか！」と言っては弟を泣かせていた。また，別の言語能力の高いギフティッドの女児は，饒舌で達者な議論をふっかけては，兄をしどろもどろにさせていた。このようなタイプのギフティッド児は親をうまく丸め込んで，ルールを都合のよいように変え，破り，自分だけの権利を広げながら，きょうだいには同じ特権を与えないようにすることもある。このような偏愛の状態は，自分はギフティッドだからという理由で，その子を大人と同じように扱ってよいと，うまく親を丸め込めたときに特に生じやすい。

　また，ときにギフティッド児は，親を真似したり親と同じように振る舞ったりすることもある。そして，きょうだいが，親に指示されるときよりも自分から指示されるときのほうが不愉快になるのがなぜなのかを理解できないこともある。この聡明な監督者にしてみれば，だれがこの場を治めるべきかよりも，だれが「正しい」かが重要なのである。このような態度，また，正当性や主導権にばかり価値をおくことが，後々，彼らが成長し成人した後，職等様々な機会を失うことにつながる可能性がある。

　ギフティッド児のきょうだいは同様にギフティッドであることが多いが，ひとりだけがギフティッドのこともある。そのようなときは，ギフティッド児以外のきょうだいは，自分のことを「ノンギフティッド」と見るようになることが多い[*]。きょうだいたちは，ある特性に該当する子どもは家族でひとりしかいないと考えるようになり，そのひとりが「頭のよい」子どもの役割を担っているため，自分は他の役割を見つけなくてはならないと考えるようになる。そして，家族のなかで別の特別な才能を伸ばそうと必死になり，アスリート，コメディアン，社交界の有名人を目指したり，ときには問題児にもなったりする。

　きょうだい間で異なる役割を苦労してつくり上げたとしても，また，きょうだい皆

---

[*]「ギフティッド」対「ノンギフティッド」という見方は差別意識を彷彿とさせるものとして問題視されてもいる。

がギフティッドであろうがなかろうが，ギフティッド児のいるきょうだいは，親からの注目や特権を得ようとして互いにはり合うことが多い。このはり合いはたいてい，親が不愉快になったり動揺したりするほどに激しい。幸いにも，あからさまなきょうだい間の張り合いの大半は，家族の役割が確立した後5年もするとなくなる (Colangelo & Brower, 1987)。ただし，嫉妬やねたみは一生涯続く。

ジェンダー・アイデンティティの問題

ギフティッド児は，女児でも男児でも，標準的な子どもよりも中性的であることが多い (Kerr, 1997; Kerr & Cohn, 2001; Kerr & Multon, 2015)。ギフティッドの女児は標準的な女児よりも興味関心の対象が広く，ギフティッドの男児にも同様のことがいえる。彼らの非伝統的役割への関心は，彼ら自身，またその家族にも，ジェンダー・アイデンティティの問題を引き起こす。そして，ジェンダー・アイデンティティの問題は，仲間関係に明らかに影響を及ぼす。ギフティッド児の人生におけるこの重要な側面について検討する研究は，まだ始められたばかりである。

近年の研究のレビュー (Cohn, 2002) によると，これまでに，ギフティッドであり，ゲイ，レズビアン，あるいはバイセクシュアル (LGBT) でもある青年についての論文は3本しかない。これら3本の論文（調査研究1本，質的研究1本，臨床事例報告1本）によると，ギフティッドでLGBTの生徒は，人とは異なる特性と折り合いをつけようとして，ギフティッドネスあるいは性的問題のいずれか一方を否定することがある。この二重にエクセプショナルな人々のジレンマや仲間関係の問題に対応するためには，親や教師が，LGBTの青年ギフティッドが直面している状況に対する意識を深めることが不可欠である。少なくとも，二重の「カミングアウト」，つまり，ギフティッドであることとLGBTであること双方のカミングアウトが必要になるであろうこと，そして仲間や社会から受け入れられているという感覚がますます得られにくくなるだろうことを，理解できるようにする必要があるだろう。

ピア・プレッシャー

子どもの成長過程で経験するプレッシャー抜きには，仲間関係についての議論はできない。幼少の子どもであれば，ネガティブなピア・プレッシャーに巻き込まれることはあまりないが，成長とともに，これは日常的な問題となる。

社会的なつながりを求める心理は，ギフティッド児であろうと他の子どもと変わらない。ギフティッド児がまだ小さい時期には，親や教師は，その子に仲間と合わせてうまくやっていけるようになってほしいと，強く望むことが多い。皮肉にも，同じ親

と教師が，後にはピア・プレッシャーの影響，つまり，仲間と合わせようとするあまり自分の能力を隠したり，学業よりも仲間からの人気を得ることに必死なギフティッド児の姿を嘆くこととなる。中学生になると，仲間同士の風習に合わせようという志向が非常に高まり，自分の優れた才能を見せたがらなくなる。たとえば，ギフティッドの女児が上級クラスからドロップアウトしたり，男児では，「ボーイ・コード」への執着が強くなり，本来もっているであろう知的，創造的，芸術的才能を磨くのではなく，スポーツに打ち込み始めたりする（Kerr, 1997; Kerr & Cohn, 2001）。また，仲間に受け入れられようとして不正を働くギフティッド児もいる（Geddes, 2011; Maupin, 2014）。

音楽の才能のある成人期初期の男性のなかには，高校時代よりも大学時代に自分の才能を伸ばすことができたと言う人がいる。男子の間では，高校ではスポーツ以外の興味関心が受け入れられないためだという。ギフティッド児や青年ギフティッドは，仲間同士で受け入れられている規範に合わせようとする傍ら，周囲の自分への印象をコントロールしようとして，自身に関してあまり人に知られないようにすることもある（Coleman & Cross, 2014）。これは同時に，自分の才能を伸ばしたいという思いと，仲間に受け入れられたいという思いのバランスをとろうとするためでもある。ギフティッド児が自身の能力や選択に自信をもてるよう支援することで，その子が夢を追い，人と違うことへの不安を感じなくて済むような力を育める。意を同じくする仲間とかかわる機会を提供することで，その子の孤独感を和らげられる。

4節　大人の対人関係

前述のとおり，対人関係上の困難は，ギフティッド児だけでなく成人ギフティッドも同様に経験する（Jacobsen, 1999; Streznewski, 1999）。とはいえ，対人関係の問題とその解決には，ギフティッドネスが関係するということを見落とす専門家は多い。家族や仲間との関係，パートナーや大切な人を見つけ，その関係を維持すること，仕事を続けること，さらに，自身のアイデンティティにかかわる問題が生じる（Lind, 2000）。このような状況において，その人の言動と切り離せないギフティッドネスの影響を軽視すべきではない。ギフティッド児の発達は他の子どもたちよりも早く強烈であるのと同様，成人ギフティッドの発達もまた，他の成人よりも早く強烈であるという理解が重要となる。成人ギフティッドもギフティッド児と同様，過興奮性（OE）があったり，エキセントリックだったりする。

ウィンストン・チャーチルの例を考えてほしい。彼は子ども時代，のろまで救いようのない子といわれていた。彼には変わった習慣が多数あり，それらは成人以降も続いた。午後の大半は眠り，仕事をするのは午前と夜だった（同僚にとって，これは大いに迷惑なことだった）。また，自身のスピーチの多くをベッドや風呂の中で書いた（Goertzel et al., 2004）。チャーチルがギフティッドだったことを否定する人はほぼいないだろう。また，彼とはつき合いやすいと思う人も滅多にいないだろう。彼は，エキセントリックな人という描写にピッタリな人物だろう。

エレノア・ルーズベルトは子どもの頃，友だちや仲良しの家族もなく，ひとりで多くの時間を過ごした。政界人の妻となることを恐れるような人だった。第一次世界大戦になって初めて，何か社会のためにできることはないかと考えるようになり，そのときから，社会運動家としての才能を開花させていった（Kerr, 1997）。

結婚／パートナーとの関係の問題

あなた自身がコミットし，長期にわたり関係をもつような相手を探しているときのことを想像してほしい。配偶者，パートナー，大切な相手との関係では，興味関心や考え，価値観について話したり分かち合えることが重要で，それによって親密さが増していく。

ギフティッド者やタレンティッド者は，一般に人口の3〜5％しかいないと考えられている。ハイリー・ギフティッドでは，人口の0.5〜1％となる。このように考えると，彼らとほぼ同程度の知的能力をもった人と出会うのは難しいということも理解できる。およそ80％の人とは，満足できる知的刺激のレベルが異なり，興味関心も異なるだろう。そのため，このような人たちともっと一緒に過ごしたいとか，長く親密な関係を築きたいとは思わない。有名な研究者である Arthur Jensen (2004) はこのことを，もっと痛烈に指摘した。彼は，あらゆる人に「許容範囲」があり，それは自分の知能指数のプラスマイナス20ポイントの範囲となると言ったのである。

自分と合う可能性のある相手に出会うこと自体ますます難しくなるような要因が他にもある。たとえば，結婚相手，パートナー，大切な人などを探す際には，気質の違い，家庭環境や宗教的なバックグラウンド，個々人の習慣など，多くの要因が絡んでくる。ゲイやレズビアンの人々は，人口の10〜15％いるとされているが，ますますそのようなパートナーと出会う確率が低くなる。これらの要因のうち，3つ4つはいうまでもなく，2つをマッチさせようとすると，それに合う可能性のあるパートナーの数はさらにぐっと少なくなる。

子どもと同様に成人も，親密で長期的な関係を育むことのできる相手を探すうえで，

ギフティッドであるがゆえの特性から，かなりの問題が生じるだろうと考えられる。激しさ，繊細さ，並外れて多様な興味関心，鋭いユーモアのセンス，正義や倫理に対する強いこだわり，一貫した価値観に基づいて行動する活力，普通は思いつかない多様な関係性を見出す才覚，オリジナリティあふれるアイディアや解決方法，そして，特に空気を読めないこと，いずれの特性も，パートナーや大切な相手にとってみれば，あまりうれしくないものである。

　ギフティッドの男性は，結婚生活においてパートナーと真の関係を構築することに悩み苦しむ。彼らは，高校時代の恋人と結婚し一緒に過ごしていることが多いが，彼らがあまりに自身のキャリアに集中してしまうことにより，何回か結婚やそれに相当する関係を経験していることもある（Kerr & Cohn, 2001）。一方，ギフティッドの女性が結婚し子育てもしながら自身の知的あるいは創造的才能を開花させようとする際，非常に難しいバランスの問題を抱える（Kerr, 1997）。成人ギフティッドにとって結婚は必ずしも楽なもの，順調なものではないが，これは，自身のキャリアと家族関係との両立の問題に起因することが多い。クリエイティブな成人とともに生きていくことは特に難しい。彼らは「フロー」状態にあると，ただ1つの目標に向かってひたすら走り続ける猛烈さをもつためである（Csikszentmihalyi, 1996; Goertzel et al., 2004; Winner, 1997b）。このような状況下では，彼らにとって自分の芸術や科学研究などの仕事が何にもまして大切なものとなる。

　成人ギフティッド，特にハイリー・ギフティッド以上の知能の人は子どもをもちたがらないことがある。Kaufmann（1992）は，604人のPresidential Scholars*を対象とした縦断研究を行った。年齢層は26～32歳という開きがあるが，そのうち3分の2が既婚者で，73％に子どもがいないという結果が示された。そして，「多くの被検者が，子どもをもたない理由として，自身の教育あるいはキャリアを追求したいということをあげた」。また，「なかには，自分自身の子ども時代が非常に辛いものだったために，自身の子どもをこの世に誕生させるのは大いにためらわれると身を切られるような思いで訴える者もいた」（p. 39）。

雇用関係上の問題

　職場の同僚との関係の問題にかかわる診断名は，DSM-5の「雇用に関連する他の問題」のカテゴリに含まれることが多い。仕事のペースが遅い人，その質に無頓着に見える人，重要な倫理観に欠けているような人を容認できないがために，同僚，上司，

＊トップクラスの高校生に与えられる大統領からの教育賞の受賞者。

部下との間に緊張状態を引き起こす可能性がある。上司も部下も，職場内のギフティッド者に脅かされている気分になったり怖気づいたりしてしまい，ギフティッド者にとって非常にやりにくい職場にすることがある（Nauta & Ronner, 2013）。たとえば，ある成人ギフティッドが同僚のことを「私が何か成果を上げると，同僚はみなカモメのようになる。一羽のカモメが魚を捕まえると，他のカモメはそれをただ見ていたり凄いと拍手をおくるようなことはしない。その魚をひったくろうとする。これが私の職場だよ」と言った。才能のある人は，同僚から嫉妬やねたみを買いやすい。その結果，職場内競争や職場の政治的問題，人とのよい関係を構築し維持することの難しさが生じる（Plucker & Levy, 2001）。

　我々が出会ってきた多くの成人ギフティッドのなかには，地位の高い組織の管理者やCEOもおり，彼らのエネルギーや創造性が秘書や補佐を疲れ果てさせてしまうケースもある。ある副社長は，1日3，4時間の睡眠で足りてしまうのだが，3人もの秘書をあっという間に失った。この秘書たちは，副社長の並々ならぬ仕事のペースについていけなかったのである。当然，この知能の高い副社長は，秘書たちが自分の仕事のペースについてくるのになぜそれほど苦労するのか，なかなか理解できずにいた。知能の高い者は，周囲にも自分と同じようなペースとクオリティを求めてしまう。

　職場での創造性の高さもまた，問題を引き起こす原因となる。そして，この問題に払う代償は大きいことが多い。共同体は何かを生みだす強い力があるが，その何倍も例外を排除する力が働く。しかし，イノベーションの定義には，例外——新奇なもの，異質なもの——の概念が含まれる。さらに，だれよりもクリエイティブなギフティッド者は職務指向が非常に高いため，服装や髪型のような「社内の政治的駆け引き」を受け入れられないことが多い。彼らからすると，それらは職務遂行や課題解決に何ら関係ない。幸いにも，今日では「研究開発部門」などの部署を設ける企業が出てきた。そこには非常にクリエイティブな人々が集められ，革新的なアイディアを生み出すことが重視され，身なりや行動の調和が強調されることはない。そこでは，舌ピアス，タトゥー，奇抜な服装は，もはや例外というよりもむしろ普通のものとなる。

　ある種のビジネスの世界を生き抜くために，成人ギフティッドは「企業に優しい」術や政治力，あるいはその双方を学ぶこととなる。これらは，形式的なことなど抜きにすぐに本題に入りたがるような人にとっては，難しく，扱いに困る問題である。多くの成人ギフティッドが，きわめて退屈でつまらないルーチン，陳腐さ，そして「アドミニストリビア*」に，日々フラストレーションを抱えていると訴える。"*Death by*

---

* 組織を運営していくためにやらなければならない管理上の雑事。

Meeting"（Lencioni, 2004）という書には，非常に聡明な成人が何を感じているかが記されている。まさにこのような人々が，周囲から，真面目すぎる，繊細すぎる，激しすぎると言われる。職場環境において質よりも量が求められたり，何も考えずに慣習に従うことが求められたり，労働倫理が低かったりすることで，成人ギフティッドのストレスや孤独感が生じる。

社交性

仲間関係での困難はギフティッド児に限られた問題ではなく，成人ギフティッドにとっても同様の問題が生じる（Fiedler, 2015; Jacobsen, 1999; Streznewski, 1999）。人と社交的につき合うことの困難を，DSM-IV-TRでは「特定不能の対人関係の問題」としている。第1章で述べたように，成人ギフティッドは，社交上の集まりが苦手で「この退屈な話をもう5分聞くはめになったら，気が狂ってしまう！」「家でもっとためになる本を読んでいたいなぁ」と考えることがある。成人ギフティッドが自分の興味関心や情熱を分かち合える仲間を見つけるのは，ギフティッド児と同様に難しい。

Kerr & Cohn（2001）は，成人ギフティッドの男女とも，その多くが「逸脱疲労」を引き起こすことを示した。つまり，彼らはそれまでの人生で異質だと言われ続け，成人した今，ついに逸脱者とみなされることに疲れ切ってしまう。居場所を求め，社会的なプレッシャーや慣習に屈していく。社会に順応したいと強く望むあまり，自分の情熱や理想を捨てることもいとわなくなる。あるいは，世捨て人になる。

Kaufmann（1992）はPresidential Scholarsを追跡調査した。この研究によると，成人ギフティッドのなかにはレジャーや社交的なつき合いはしないことにしたり，あるいは型にはまらないライフスタイル，少なくとも成人期初期では異質でいることにしたりする者がいる。また，調査対象者の67％——これは全米育英奨学金（National Merit Scholar）試験の上位1％の半数にあたる——が，職場以外の組織的な活動には参加していないこと，その理由として，時間がないことや「参加したいと思わない」ことをあげている。

幸いなことに，大人は子どもと違い，比較的自由に自分に合う仲間を求めて動くことができる。どのくらい広く人と交流するか，今の仕事を辞めて関心の同じ仲間を探すか，自分の情熱を受け入れてくれるような地域へ引っ越すか，あるいは知的能力の高い人たちの集まりを探すかなど，自分で決められる。たとえばメンサの集まりは，このような人々が気の合う仲間を探す場としての役割も果たしている。しかし，対人関係の問題は依然として残り，人との関係は不穏で困難が多く伴う。その原因となるのは，彼らの知能の高さ，激しさ，理想主義，完璧主義など，彼らをギフティッドた

らしめているもの，まさにそのものとなる。

　ギフティッド者のなかでも，人づき合いの問題が常に重くのしかかる人もいれば，あまり問題にならない人もいる。対人関係の問題が少ない成人ギフティッドは，友だち関係が広く，職場でも同僚とうまくやっている。このような人たちも，周囲が偏狭な興味しかもっていないと感じることもあるが，それらを些細な頭痛の種程度の問題と考えることができ，それらとうまくつき合う術を会得している。他人の理想の欠如，矛盾，自身や人生を吟味したがらない姿によく目が行ってしまう（そして，それを不愉快に感じる）成人ギフティッドの場合，自分らしくあることと人とうまくつき合うということとの適度なバランスをとるのは難しいだろう。

5節　診断と治療

　DSM-5 にも ICD-10 にも，対人関係の問題とギフティッドネスとを関連づけた記述はみられないが，医療関係者は受診者とのやりとりのなかでギフティッドネスに留意するのが望ましい。実際，聡明な青年や成人は，自身の経験している対人関係の問題が自分たちのような聡明な人間には決して珍しいことではないと知るだけで，通常，とても安心できるようになる。彼らは長年にわたり，能力，対処の仕方，激しさや繊細さの程度において「人とは違う」という感覚を味わっているが，その感覚にラベルを与えるだけで回復の効果がみられることが多い。このような情報を提供することで，概して考え方のパラダイム・シフトが起こり，自分がなぜ，友だちや同僚，家族との食い違いを感じ，また，彼らとは波長が合わないと感じるのかを（おそらく，長年感じ続けてきたのかということも）理解できるようになるだろう。

　このような聡明な人々が年齢によらず，ギフティッドという用語を，また，ギフティッドが自身や自身の対人関係にもたらす影響を明確に理解しているわけではないという認識が重要となる。これらの知的能力の高い人々は，彼らの見方で世界を見ながら成長してきた。そして，他の人も自分と同じように世界を見，経験していると考えている。

　ギフティッド児の多くは，自分がギフティッドだとは思っていない。そして成人では，自分に特別な知的能力や創造性があることを積極的に否定することもある。ギフティッド児の親を対象とするワークショップでは，自分自身をギフティッドと考えている親がどれくらいいるのかを講演者が尋ねることがある。1人，あるいは2人以上手をあげることは滅多になく，挙手する人もきまり悪そうに手をあげる。自分の子ど

ものギフティッドネスを，自分ではなくもう一方の親と似ている特性と考えたり，どういうわけか，「隔世遺伝というのがあるでしょ」などと冗談半分に言っては自身の能力を低く評価し納得していたりする。ハイリー・ギフティッドやプロファウンドリー・ギフティッドの成人であっても，自身がギフティッドであることやクリエイティブであることを否定するのは珍しいことではない。彼らが対人関係や環境への適応の難しさを抱えている原因が自身の秀でた能力と関連していると考えることは滅多にない。

　成人ギフティッドによる一種の「カミングアウトのプロセス」も示されている（e.g., Erickson, 2011b; Lind, 2000）。はじめはギフティッドに気づかず否定さえするが，次第に漠然とした気づきが生まれ，自身の興味関心，能力，行動特性が高知能に関連して生じるものやギフティッド者の傾向と似ているのではないかと感じるようになる。なかには，自身の子どもがギフティッドと判定されたことで，自身のギフティッドネスに気づく人もいる。このような人々は，たとえば，自身にとっても学校の授業の進み方が遅すぎて，我が子と同じようなフラストレーションを抱えていたことを思い出したりする。"*A Parents' Guide to Gifted Children*"（Webb, Gore, Amend, & DeVries, 2007）を読んだ親は，「この本は，子どもに当てはまるだけではないです！私たち大人にも当てはまります！」と言うことが多い。

　ギフティッド者は，まるでとても人にはいえない秘密を自分が抱えているかのように感じていることが多い。そして，恐れ，悲しみ，混乱，喜び，否定，ごまかし，誇り，受容にいたる一連の感情を頻繁に経験する。彼らを取り巻く環境――家庭，職場，学校，遊び仲間，スポーツ――の多くは，彼らを受け入れてくれるようなものではない。「カミングアウトのプロセス」は，こうした状況それぞれにおいて時間をかけて進める必要のあるものといえるだろう。そして，これは難しい作業となるだろう。学校，職場，家庭環境の大半において，ギフティッドであることは都合のよいことではないためである。残念ながら，知能が上位3～5％にあるということは，たとえばスポーツで上位3～5％にあるということと同じように認められ称賛されるわけではない。将来有望なアスリートは，特別なトレーニング，コーチ，メンター，個別指導，スポンサーからの資金援助を受けられる。ルネサンス時代には，才能あふれる音楽家，芸術家，科学者は，資金面でのスポンサーや後援者を得ることができた。その時代の文化がこれらの才能を高く評価していたためである。社会的に高く評価されるものに対して社会はサポートする。知的に優れていることや創造性に対するサポートがあまりない今日では，聡明な，知的に卓越した人々の才能は特別価値あるものではないというメッセージを伝えていることになる。

社会的サポートが得られない状況で，ギフティッド者は自分自身の価値を見出さなくてはならない。カウンセリングは，自身を，そして自身の才能を受け入れる助けとなるだろう。そして，今後も自身の情熱を探し求めたり，人生の意味を追求し続けられるようになるだろう。Mahoney（1998）は，ギフティッドのアイデンティティ形成に役立つカウンセリングのプロセスを示した。彼らのアイデンティティが形成されると，自己を吟味し，コミュニティのなかで自己を肯定的にとらえたりコミュニティに参加できるようになる。そして，親近感と希望が生まれ，青年・成人ギフティッドは世の中とつながり始める。

　自分と同じ考えをもった人を探すことは悪いことではなく，むしろ望ましいことだとわかり安心できることが，多くのギフティッド者には必要となる。また，ギフティッドネスが，自身の1つの側面である――たとえ，その一側面があらゆるところに染み渡っていようとも――と理解するうえでも支援が必要となる。このような支援を担うカウンセリングの効果として，ギフティッド者が自身と自身の対人関係とに安心できるようになり，能力の異なる人々に対してもうっとうしいとか煩わしいとあまり感じることなくかかわることができるようになる。そして，能力に関係なく，人とかかわりをもとうとする意欲が高められる。

第12章

診断のプロセス

　診断は重要である。診断は診断に終わるのではなく，何らかの計画につながることを目的としている。診断の目的が単なるラベルづけにとどまるならば，それは診断プロセスの誤用となる。多くの場合，ひとまとまりとなる一連の症状や問題をより適切に理解することで，専門家や親，そして教師が，問題の性質と範囲をより深く理解し，何らかの建設的な対処を施すことができる。このため，実際の診断プロセスの吟味が重要となり，同時に，ギフティッド児や成人ギフティッドが誤診されることの多い特性についても論理的なアプローチで理解すべきである。これが本章の焦点となる。

1節　ギフティッド児・成人ギフティッドと診断

　これまでの章で用いられてきた様々な公式の診断カテゴリは，メンタルヘルスケアが専門ではない読者にとっては，違和感を覚えるものかもしれない。前述のように，本書で用いられる診断項目は主に，DSM-5 (*Diagnostic and Statistical Manual, Fifth Edition of the American Psychiatric Association*, 2013)*およびICD-10 (*International Classification of Mental and Behavioural Disorders*, 1992)**から引用されており，これらは大半の公立図書館で閲覧できる。DSM-5 は，米国内の精神科医，心理士，クリニカル・ソーシャルワーカーやカウンセラーのためのスタンダードとされている。専門家がICD-10 を使用する国もある。この2つは数年以内にICD-11 へ統合される

---

* 日本精神神経学会（監修）(2014). DSM-5 精神疾患の診断・統計マニュアル
** 融・小見山・大久保・中根・岡崎（監訳）(2005). ICD-10 精神および行動の障害—臨床記述と診断ガイドライン　医学書院

予定*で，ICD-11 は世界保健機関（WHO）への加盟国すべてで使用が義務づけられるだろう。DSM は，ICD の診断のための手引きと位置づけられる。診断カテゴリは，治療を要する医学的・心理的状態を類型化する上で，それぞれが互いに独自の特性をもつような実用的な枠組みを開発しようとする，メンタルヘルス分野での最新の試みが反映されている。本書では，ギフティッド児や成人ギフティッドとの関連を最優先に考えた方法で診断をグループ化した。

これまで見てきたように，診断カテゴリと特定の診断にいたるまでの基準はあいまいである。すなわち，医師ごとに比較的自由に臨床的な判断を下すことができる[1]。DSM-5 や ICD-10 は実際記述的であることへの留意も重要である。専門医には，行動の発端や行動に影響を与えるであろうあらゆる環境要因を考慮する責任がある。ひとたび一連の行動が確認されると診断が下されるが，あいにく，これらの行動が患者（通常は子ども）自身に支障や苦痛を引き起こしているのかはほとんど考慮されないケースが時折みられる。ギフティッド児や成人ギフティッドには典型的にみられる変わった行動が疾患とみなされ，行動的介入や薬物療法によって問題を小さくしようとされることがあまりにも多い。薬物療法や他の物理療法は行動や感情の好転に有効なこともあるが，それは同時に，診断が的確だったという誤った結論を導くことにもなる。

DSM-5 や ICD-10 の診断カテゴリはいずれも，本書を通して述べてきたギフティッド児や成人ギフティッドの特性を事実上考慮していないと指摘せねばならない。これは，特定の行動が知的障害をはじめとする認知機能の低さの影響を受けるととらえられ，診断基準の多くが認知機能の低さや障害の影響を実際に考慮していることとは，まったく対極をなす状況である。DSM-5 や ICD-10 の作成者は，知能スペクトラムの一方の極では，知的能力が診断への示唆に影響を与えることを認めているようだが，概して知的能力の高いレベルでも同様の重要な関連がみられることを見落としている。知的能力の高さが診断プロセスに影響する（少なくとも，影響するはずだ）ということは，我々の間では疑いの余地がない。DSM-5 と ICD-10 の次の改訂版にギフティッド児や成人ギフティッドの情報が追加されることを望む。

この見落としは，DSM-5 や ICD-10 の今後の版でおそらく修正されるだろう。それまでの間，本書が，親や専門家の理解に役立つよう願っている。そして，ギフティッド児や成人ギフティッドにみられる典型的な行動パターンを，不要に，そして不適切に病理と考える傾向の抑制につなげてほしい。同時に，ギフティッドの行動が

---

* 2018 年 6 月 ICD-11 が公表された。

どのようにして生まれながらの行動と共存したり，それを隠したり，また，修正しうるのかについて，さらなる見解を導くのに役立ててほしい。

2節　誤診を回避するための論理的アプローチ

　ギフティッド児が多く受ける診断のなかには，論理的なアプローチをとることで，より的確な理解が可能となるものがある。たとえば，教師や親は，ギフティッド児の短期記憶障害やワーキングメモリ障害，処理速度障害，聴覚処理障害，感覚統合障害，あるいは反抗挑発症の可能性を疑うことがある。ところが，これらの診断を特徴づける行動特性の多くは，あなたにも私にも，そして，多くの人々にも当てはまるものである。つまり，標準的な方法で診断の要素を厳密に評価することなく，一連の行動を集めて診断を裏づける症状としてラベルをつけると，間違った結果が導き出される可能性がある。

　相関と因果関係は別物である。たとえば，古くからの例である，アイスクリームの売上と溺死者数との相関を考えてほしい。暑いときには，より多くのアイスクリームが売れ，泳ぎに行く人も増える。そして，泳ぐ人が多ければ溺れる人も多い。このように考えると，アイスクリームの売上は溺死者数の原因とはならない。同様に，忘れっぽいからという理由で短期記憶障害の診断を下すのは，つま先で歩く子を自閉症と判定するのと同程度の妥当性しかない[2]。

3節　短期記憶障害の例

　ギフティッド児で，特にADHDや学習障害の可能性を疑われているとき，親からの相談事として多いのが，短期記憶障害（Short-Term Memory Deficit: STMD）である。ワーキングメモリの障害は，短期記憶障害の同義語として誤用されることが多い[3]。相談に来る親は，我が子に3つのことを指示すると2つしかできないとか，算数の宿題があることはわかっていてもどんな宿題なのかは覚えていないと言うことがある。教師は，その子は宿題をやっているのに提出しないと訴えることもある。さらに，その子は算数のある問題を理解し正しく解くことができても，類似問題を間違えることがあるとも言ったりする。親や教師は，その子が2歳のときに，すべての州と首都を言えたにもかかわらず，その同じ子に，このような特異な部分があるのを目の当たり

にして混乱することが多い。

　医師は何よりもまず，短期記憶障害の子どもであればだれもが，日常生活のスキル，家庭生活機能，社会生活機能，学業のいずれにおいてもかなりの支障が出ることに留意しなくてはならない。外傷性脳傷害を長く患った人には，短期記憶障害が頻繁にみられる。これは，情報を即時記憶から長期記憶へ移せないことを意味する。それができないということは，情報を学習し統合する能力が大幅に損なわれるため，深刻な問題となる。そのギフティド児が本当に短期記憶障害ならば，1時間おきに同じ本を与えても，その本を覚えていないだろう。短期記憶障害は，あらゆる状況において深刻な支障が生じる。

　典型的なギフティド児が短期記憶障害である確率はどのくらいだろうか？　その子に，子宮内外傷，未熟児，分娩外傷，先天性の脳疾患が当てはまらない場合，その確率はきわめて低い。同様に，頭部の強打，発作性疾患，窒息，遺伝性疾患，発達障害が当てはまらないときも，短期記憶障害の可能性はきわめて低い。これらの問題がない場合，実際に短期記憶障害である可能性は，ほぼゼロである。

　ギフティド児が短期記憶障害の可能性を疑われるのには，多くの理由がある。ただし，いくつかの非常に基本的な，論理的ポイントと検査の解釈ポイントを押さえなくてはならない。たとえば，短期記憶障害の症状は，潮の干満のようにはならない。短期記憶障害を引き起こすような脳の障害があると，もちえないスキルや能力は発揮できないため，問題は一貫してみられる。短期記憶障害の検査のために，心理士や神経心理学者はいくつもの符号化課題や記憶課題を実施する。そして，短期記憶障害の疑いのある子がこれらの聴覚視覚符号化課題のうちいずれか1つでもよくできれば，短期記憶障害ではない。短期記憶障害でないと断定されたら，実際にはそうでないのに短期記憶障害のように見える原因を調べるべきである。なぜ，短期記憶課題のできがまちまちなのだろうか？

　基本的なポイントは，その情報が短期記憶に符号化されるためには，符号化すべき情報に注意を払わねばならないという点である。情報の符号化の間に子どもの注意がそれてしまえば，その情報は符号化されない。その結果，実際にはその子が聞いていなかったり気が散っているときに短期記憶障害に見える。ギフティド児は授業に退屈していたり，自分が考え出した面白い考えに夢中になっていたりすることが多い。たとえば，先生が掛け算の九九表を繰り返し教えているとする。その子がすでに九九をマスターしていれば，自分の空想の世界にいる可能性がきわめて高い。したがって，何度も九九表の反復練習がなされた後に，先生が「それでは，みなさん，今日の宿題は，37ページの左側にある残りの問題全部です」と課題を出した場合を考えてほしい。

そのときその子が，熱気球はどうして浮くのかを考えていたら，教師が出した課題は符号化されない。1つでもことばを聞き逃せば，課題が何であるかは思い出せないだろう。その晩，家で「今日の宿題は何？」と尋ねられると，その子は「算数だけど，何かは忘れた」と言うかもしれない。実際には，聞いていなかったために情報が符号化されなかったのだが，それが忘れっぽい子どものように見える。最初の段階で符号化されていない情報は，思い出すことができない。

4節　処理速度障害の例

　ギフティッド児を評価する専門家が，使用している検査が実際に何を測定しているのかを十分に理解していないことが，あまりにも多すぎる。検査や指標の名称を見ただけで，あたかもそれが実際に測定されている概念であるかのように判断してしまう。そのうえ，処理速度のような用語を，それが実際脳内でどのように機能するのか理解しないまま，むやみやたらに使いまわす専門家が多い。概念を理解しないまま診断すべきではない。誤用されることの多い診断用語の1つが，処理速度障害（Processing Speed Deficit: PSD）である。

　処理速度は，実際には神経（神経細胞）間の通信で，ミリ秒の1/100または1/1000で起きている。神経学の研究では，脳磁図記録（Magneto Encephalogram: MEG）とよばれる装置を使用して処理速度を測定する。脳磁図記録は神経画像検査装置で，脳内のニューロン間の電子活性によって生成される磁場を測定する。それに対して，心理士が処理速度障害を検査する際には，手持ち式のストップウォッチを用いるため，これほどの超高速プロセスを厳密に測定することはできない。検査結果の誤った解釈による処理速度障害の誤診が頻繁に起こっている。前述の神経学的な原因による障害が存在しない場合，ギフティッド児の処理速度障害はきわめて少ない。処理速度障害という診断を反証するのは，概して非常に簡単である。

　児童用ウェクスラー知能検査第5版（WISC-V）の「記号探し」と「符合」の2つの下位検査は，専門家が処理速度障害を判断する根拠として用いられることが多い。そして，これが処理速度障害の誤診に一役買っている。WISC-Vでは，これらの結果の合計で処理速度指標（Processing Speed Index: PSI）が算出されるうえ，ギフティッド児に多くみられる検査への取り組み方が絡むためである。「記号探し」では，子どもは規定の枠組み内で，迅速かつ正確に絵の有無を判断するよう指示される。作業は単純で，刺激はいずれも新規であるためワーキングメモリに負荷がかからない。

回答が子どもの目の前にあるため，エラーは発生しない。「符号」課題は，認知速度と学習の自動化（偶発学習）の測定に用いられる。数字と図形を混ぜた新しい記号を素早く正確に紙に書くことが求められるため，より複雑な課題となる。ギフティッド児の多くは完璧主義の傾向があり，自分の答えを再チェックする。その結果，課題遂行のペースが遅くなり，得点が低くなる。その子がゆっくり回答する方法を選んだ結果を処理速度障害（PSD）と解釈すべきではないという問題が生じる。頻繁な注意エラーがあったり，紙と鉛筆を用いた課題が嫌いな場合にも，認知速度が原因ではない低得点となる可能性がある。

WISC-Vの「積み木模様」の下位検査は，赤と白の積み木が与えられ，提示される二次元の模様になるように，それらを素早く組み合わせる課題である。積み木を組み合わせるまでの制限時間は30秒から始まり，難しくなるにつれ，最終的には120秒まで長くなる。速く出来上がれば追加点が与えられる。ギフティッド児たちは，この課題が非常に速いことが多い。それは「記号」や「符号」課題のように，紙と鉛筆を使う課題ではないためである。「積み木模様」が速くでき追加点が与えられるような子どもは，処理速度障害ではない。ここでも，「もちえない能力を偽ることはできない」という原則が当てはまる。

5節　聴覚処理障害の例

ADHD児は，聴覚処理障害（Auditory Processing Deficit: APD）と誤診されることがある。聴覚処理障害は通常，聴覚訓練士により診断される。聴覚処理障害の定義は様々で，聴力の問題ではないという1点以外では，ほとんど合意がなされていない。聴覚処理障害についての一般的な理解は，外耳や内耳の身体的な部位は正常に機能しているにもかかわらず，聞こえた音——特に，競合する情報（聴覚言語）——を処理したりその意味を理解することに困難を示す状態とされている。

聴覚検査では，競合音を伴うなかで特定の音を区別できるかを調べる。聴力に問題がないのに音の識別ができないとき，聴覚処理障害と診断されることがある。聴覚検査は神経心理学的検査ではないため，注意システムの問題ゆえに他の音に惑わされずに特定の音に注意を向けることができないという可能性が考慮されない。競合する聴覚刺激としての文章を聴きとり，どちらか一方を識別したり優先させて注意を向けることが正確にできる人は滅多にいないというのが，我々の強く主張するところである。たとえば，ニュース番組で評論家が同時に意見を言い合うのを聞いたことがあるだろ

う。そのようなとき，それぞれが何を言っているのかほとんどわからなかったという経験があるだろう。このように，競合する言語音の理解に困難を示すのは珍しいことでなく，おそらく正常とさえいえる。

多くのギフティッド児と同様にADHD児も，他の子どもたちが話をしているときに教師に注意を向けることは難しい。しかし，それが聴覚処理障害とはだれもいわないだろう。このような子どもは，外部からの情報を選別して必要な情報だけ取り出したり，意図的に注意を優先させることに困難がある。競合する雑音によって注意がそがれ，それがまるで聴覚処理障害であるかのように見えるのである。我々の経験では，聴覚処理障害の診断はここ10～12年間によくみられるようになった。聴覚処理障害と診断されて我々著者のもとを訪れ，ギフティッドと判定された子どもの大半が，実際には不注意優勢型のADHDであり，ADHDの対処がなされることで聴覚処理障害が瞬く間に消えたという臨床報告がある。

検査の間，何時間も検査者のそばに座り，そのことばを理解し指示に従えるのに，なぜ聴覚処理障害になるのだろうか？　競合音があるときにのみ聴覚処理障害の症状がみられるのであれば，それはおそらく注意に問題があるか，受容性言語障害の可能性が非常に高い。いずれにしても，包括的な小児神経心理学的な検査をすることで，症状の原因の特定，また，1度に2つのものに注意を向けられないのか言語を理解できないのかの識別が可能となる。

ミソフォニア（音嫌悪症［misophonia］，別名：音恐怖症［phonophobia］）という障害がある。ミソフォニアは，背景音や刺激性のノイズに対する極端にネガティブな反応が特徴とされ，それは，苛立ちのもととか気を散らすものという範疇を超えている（Katz, Medwestky, Burkard, & Hood, 2009）。この障害の背後にあるメカニズムは解明されておらず（Green & Josey, 2002），また，多くの人が聴覚処理障害と考えるものとは異なる。我々の多くは，たとえば，映画館でメールの着信音がしたり，後ろのカップルがひそひそ話をしているなど，気を散らされるような雑音にイライラさせられるのではないだろうか。このようなときにかなり気がそがれるだろうが，だからといってそれは聴覚処理障害にはならない。

6節　感覚統合障害の例

多くの優れた神経心理学者の間で共通する見解によると，感覚統合障害（Sensory Integration Deficit: SID）の子どもの感覚システムは，非常によく機能してはいない

としても，十分に機能している。しかし，前頭葉（すなわち，視床―皮質ループ，新線条体，大脳基底核および小脳回路）の媒介機能は，感覚刺激を背景と位置づけられるほどには発達していない。つまり，そのような子どもは，まだ感覚刺激経験を抑制したり調節できない。これは感覚システムの障害を意味しない（Koziol, Budding & Chidekel, 2010; 2011; 2013）。

　ひどいにおいのする部屋に入ったときのことを考えると，この問題を理解できる。通常，我々の嗅覚は 10 分程度のうちに慣れ，その後は悪臭が気にならなくなる。

　感覚統合障害と診断されたギフティッド児は通常，不注意優勢の ADHD か大きな非同期発達のいずれか，あるいはその両方がある可能性が高い。ADHD への対処がなされ，非同期発達の問題が小さくなると，感覚統合障害の症状が大幅に低減したりなくなったりする。非同期発達はこの問題の理解に非常に役立つ。前頭葉および高次皮質系は徐々に発達するが，皮質下は出生時から機能し，また，前頭葉よりも発達が速い。前頭葉と高次皮質（灰白質）はゆっくりと発達し，発達とともに，感覚情報や怒り，悲しみ，喜び，恐怖の感情を抑制したり調節できるようになる。このため，速く効率的な皮質下のシステムが興奮刺激を前頭葉のシステムへと伝達するが，前頭葉は発達途上にあるため，皮質下から伝わる過剰な興奮刺激を抑制できない。その子が感覚刺激に過剰に反応するのももっともなことである。最終的に，他の多くの人と同じように感覚刺激経験を「背景」と位置づけ，行動することができないという事態が生じる。この意味で，このようなギフティッド児は感覚統合障害ではなく非同期発達があるといえる。この非同期発達や激しさは，ギフティッド児たちにより多くみられる（Guénolé, Louis, Creveuil, Baleyte, Montlahuc, Fourneret, & Revol, 2013; Guénolé, Speranza, Louis, Fourneret, Revol, & Baleyte, 2015; Mofield & Peters, 2015）。このことは，聡明な子どもの判断力がなぜ乏しく見えることが多いのかの理解を促してくれる。成長とともに，感情や感覚刺激経験に対する前頭葉の制御（媒介制御）が，より利くようになる。つまり，成熟とともに，徐々に自分の感情や感覚的経験に対するオン・オフ切換スイッチに代わり，調光スイッチが発達する。

　治療は感覚統合障害の改善に役立つだろうか。それとも，その時々の感覚刺激経験を和らげるだけなのだろうか。感覚統合療法や感覚栄養（sensory diet）*といわれる方法は，問題への対処法とはなるかもしれないが，それらによって問題が治癒したという子どもに，我々はあまり出会っていない。介入や感覚栄養により，その子の感覚刺激経験が一時的に和らげられて背景に位置づけられ，前頭葉が再「稼働」し，適切

---

* 子どものニーズにあわせて，様々な感覚刺激をバランスよく組み合わせること。

な自発的行動が再び生まれる。感覚統合療法は，前頭葉／帯状回（新線条体システム）がまだ媒介できない感覚システムの負荷を和らげるため，実に効果があるように感じる。しかし，この治療法により問題は軽減されるが，それが消えたり治ることはない。また治療の有無にかかわらず，問題はすぐに元に戻る。問題が消えるのは，成熟によりさらなる発達が促され，前頭葉新線条体システムが皮質下で認識される感情や感覚刺激を媒介しコントロールできるようになったときである。

7節　反抗挑発症の例

　反抗挑発症（Oppositional Deficit Disorder: ODD）児の大半は，生まれながらにして反抗挑発症なのではなく，反抗挑発症になるよう育てられている。子どもの日常や家庭環境に，十分な食べ物，あたたかい布団，安全，明確で一貫した規則，情緒的なサポートと励まし，ハグ，たくさんの「あなたを愛しているよ」というメッセージがあれば，一体全体，どうしたら反抗挑発症になるだろうか？　そうはならないだろう。反抗挑発症児は，上述のような家庭には育っていない。確かに，生まれながらにして悪とされるような，マキャベリアン・パーソナリティ（Oakley, 2008）といったものもあるように思われるが，これはまれである。

　反抗挑発症の診断のためには，その子の反抗行動がいずれの環境においてもみられなくてはならない。反抗行動が，学校，家庭，あるいは社会的な場のいずれかだけでみられ，これら3つの状況すべてでみられるのでなければ，反抗挑発症の診断基準は満たされない。したがって，医師は，反抗行動がみられると想定される環境を調べ，問題の原因を特定しなくてはならない。たとえば，本書の著者は皆，医師のもとに子どもを連れてきた親から，その子がどれほど学級で反抗的か，それでいて他の社会的な場や家庭ではまったく反抗的な態度を見せないという訴えを聞いた経験がある。その子がギフティッドと判定され，その子のニーズに合ったより適切な学校環境に所属できると，反抗行動といわれるものは消えることが多い。

　そのギフティッド児は，知的能力の高さゆえにちやほやされすぎたり，可能性を発揮していないとたびたび批判されたりしていないだろうか？　もしそうされているならば，反抗挑発症になる可能性がある。その子は，知的能力だけによらない全人的アイデンティティを確立できるように支援されているだろうか？　不適切な行動が，知的能力が高いからだと見過ごされたり正当化されていないだろうか？　かつて，ある有名なスポーツ選手が「ナルシシズムが私のなかに沁み込んでいて，生まれつきの運

動能力以外何ももっていない」と言った。スポーツ分野でのギフティッド者は，自分の才能をいつも褒められるが，その才能を伸ばすための努力が見過ごされてしまう。その子が何の努力もせずによくできてしまい，親や教師がその子を「小さなアインシュタイン」という見方をすると，学問領域でのギフティッド児でも同様のことが起こりうる。自分が理解できなかったり好きではない学問領域や教授環境を経験すると，そのような子どももはくじけてしまう。彼らは，あらゆることが簡単に理解できるはずだと考えている。それゆえ，努力して学ばなくてはいけないような状況は，彼らにとってみれば不当なものとなる。そのような状況になると，その子は，教師のことをバカだとか正しい教え方をわかっていないとみなすことが多い。

17歳のマークは知的能力が高く，知能指数は130を超えていた。楽々と勉強ができるため，教師と両親は彼を「小さなアインシュタイン」とみなしていた。小学校の間は努力知らずの勉強でやっていけたが，高校ではそうはいかなかった。不幸なことに，マークはアインシュタインのあだ名を過信し，あらゆる勉強が簡単にできるはずだと決めこんでいた。高校生になってすぐに，つづりや作文文法，数学，物理で落ちこぼれた。これは，マークの親や教師が彼の創造的思考を褒めてばかりで，基本的な訓練をさせなかったためである。彼は，高校の先生の話は面白くないし，先生の知識はウィキペディアを見ればわかるもの以下だから価値はないと文句を言っていた。そして，教師たちを自分「以下」と見下していた。そして，両親が仕事に出ている間，学校をさぼり地下室でコンピュータゲームをするようになった。

包括的な神経心理学的検査により，ADHD，実行機能の障害および種々の学習障害の可能性は除外された。そして検査官は，マークがそれほど頭がよくて高校の授業に退屈しているのであれば，高校を中退してGED（General Education Development Test, 一般教育修了検定）*を受け，コミュニティ・カレッジに入ってみてはどうかと提案した。マークはそのようにし，GEDの得点が非常に高かったため，なんと，コミュニティ・カレッジから学業奨学金のオファーを受けた！ しかし，マークは講師の勧めに耳を貸さず反論ばかりし，きまって課題は提出しなかった。奨学金を失い，2学期に退学した。そして，自宅の地下でコンピュータゲームの達人になった。これまでの人生ずっと，彼の不適切で議論を吹っ掛けるような態度，そして反抗的な態度が，知的なギフティッドであることを理由に許され続けてきた。彼の機能不全な態度は，生まれながらの才能に対する周囲の不適切な対応によって形作られた。彼は機能不全に生まれついたのではない。そのように教えられたのである。

このような窮地に陥ることのないよう，親や教師は，その子の知能について教育する必要がある。たとえば，知的能力の高い子どもは，謙虚さと自身の知的能力に対する責任感を身につけねばならない。知的能力で三塁に生まれただけで，三塁打を打ったことにはならないのである。

＊高校中退者が受験し合格すると，高校卒業に相当する証書がもらえる。

判断力が洞察力や知的能力よりも遅れているという一種の非同期発達もまた，反抗挑発症様の行動の原因となる。すべての答えがわかってしまう子どもは，自分が過小評価されているとか侮辱されているとすら感じ，衝動的に投げ出してしまうことがある。そのような子どもはまた，権威や平凡な情報に対して生来疑問を投じる特性があり，その結果，挑発的で秩序を壊す子どもとみなされることもある。この質問行動は，正に彼らの強烈な好奇心の現れであり，相手を不快にさせる意図でなされるのではないが，ギフティッドの知的能力についてよく知らない人々は，これを個人に対する当てこすりと受け取ることが非常に多い。大学の講義に非常に興味があり，質問をたくさんする学生の例がある。この学生は，教授がそうだと言ったからといって，その情報が正しいとは必ずしも受け入れなかった。そして，教授に次々と質問をし，それは，質問に答えるだけの知識が教授にない域にまで達した。すると，教授はこの学生に非常にイライラし，不満を募らせはじめた。このようなやりとりが2学期間続いた後，この学生は「態度」を理由に仮及第＊とされてしまった。その学生は途方に暮れ，「なぜ，このような目に遭わなければならないのですか？　大学は，教えられたことの表面的妥当性に疑問の目を向けるのに最適な場所ではないのですか？　大学でそれができずに，いったいどこでできるのですか？」と尋ねた。

　非同期発達あるいは ADHD のいずれかがあるギフティッド児は，ワーキングメモリの機能，抑制，その状況に求められるだけの持続的な注意において，確実に，そして一貫した困難を示す。それらが様々な形で現れ，学業面や行動面で「穴だらけ」の状態を引き起こす。その子も一生懸命努力し，うまくやりたいと思っている。ただ，確実な方法でできないのである。そのため，以前はできたはずのものが時々できなくなることがあり，これが反抗的態度だと受け取られる可能性がある。このような状況では，その子は気が抜けているとか頭が固いといわれることがある。あなた自身が8歳の子どもだとしよう。通っている学校の先生や経営者は，ADHD はもちろんのこと，あなたのギフティッドネスも理解していない。8歳の子どもなので，教室に閉じ込められ，大人だったらできるような，容赦のない状況から逃げることもできない。フラストレーションと怒りのたまったギフティッド児は，どれほど賢くとも，実年齢相応の行動をとるはずである。これが反抗挑発症誤診のレシピである。

　このような子どもたちは，強情だとか反抗的といわれることが多い。それは，彼らが ADHD や非同期発達の傾向を見せ，ワーキングメモリや抑制，持続的注意の力が弱っているときには，以前はできていたはずのスキルを遂行できなくなり，それが強

＊ 退学手前の猶予期間のような状態。

情に見えるためである。ここでまた，時と場によらない行動の一貫性が，診断の要となる。

8節　障害が障害でなくなるとき

　これまで述べてきたような誤診の多くは，診断に際して症状のみが考慮されるときに起こる。標準化されたアセスメントや評価のツールを用いることができるという点が，医師や心理士が他の大半の保健関連分野とは異なる点である。短期記憶や認知速度，聴覚処理，感覚統合の問題，反抗挑発症の問題を相談したいと考えている親は，ギフティッドネスと，心理学または神経心理学の両方で経験を積んでいる人へ相談すべきだろう。
　小児神経心理学者はあらゆる機能的要素を調べる。これは，1つの分野に特化した専門家が自分の専門の範囲内だけで問題を探し出す傾向とは対照的である。包括的検査により，症状や行動の原因を特定できる。これは，症状のコントロールや対処に終始するのとは対照的である。脳の原因を理解せずに症状をコントロールしたり対処すると，知的なギフティッド児は確実に敗北者へとしたてあげられる。たとえば，その行動は反抗的なものの1つであると大人が考え，反抗行動をコントロールするような行動介入を施せば，ギフティッド児はそれに応じないだろう。そのような介入に応じないギフティッド児は，反抗挑発症よりもさらに深刻な問題を抱えていると誤解される可能性がある。そして今度は，より集中的，制限的，不必要な介入が施されるかもしれない。このようなケースでは，その子の歩む人生は永遠に歪められてしまう。子どもの行動には脳全体の機能がかかわるため，適切な診断のためには脳全体の検査が求められる。

第13章

ギフティッドの行動特性と病理学的行動との識別

　息子のデイヴは，ギフティッドでタレンテッドの5歳です。いくつものトラウマとなる経験——私たち親が最近離婚したこと，大きな交通事故，ライム病の発作，祖父の病と死——を抱え，1年間，心理士のもとに通っています。幼稚園の年少，年中の頃，行動上の問題がみられることもありました。今やっていることから次のことにきりかえなくてはならないときに，よく憤慨し，泣き叫び，地面に身体を投げ出していました。そのときやっていることに強烈に集中しているために，それをやめたくなかったのです。そして，時々先生に食ってかかることもありました。
　あるとき先生が，デイヴに名前の書き方のお手本を見せてあげたことがあります。デイヴは頑として言われたとおりに書こうとせず，わざとすべて大文字で書いたのです。先生は怒り，「正しく」名前を書けるよう3回チャンスを与えました。3度目に，デイヴは正しく書いたのですが，最後の文字を上下左右逆さまに書いたのです。なぜそんな風に書いたのか後で私が聞くと，デイヴは，自分の名前をどんな風に書こうと関係ない，要するに，文字を書くのが「退屈だ」と答えたのです。
　デイヴは，古代ギリシャのことを学んだり，印象派の絵画を2時間ぶっ通しで模写するほうが好きだったのだろうと思います。彼はとても鮮明で創造的なイマジネーションをもっています。想像の世界には，ヨハネス・ブラームスやヨハン・シュトラウスといった想像上の友だちがよく出てきます。家では，よく自分でシュトラウスのCDをかけ，ベッドに静かに腰かけて，まるでシュトラウスが私たちのためにコンサートを開いているかのように親子で聴いていました。
　私たちの離婚にかかわる問題を解決するうえですら，デイヴはイマジネーションを用いていました。ある日など，想像上のベビーシッターを学校へ連れて行きました。そのベビーシッターを元夫のガールフレンドの名前で呼び，彼女も授業に参加できるように椅子を引っ張り出してきました。お話の時間，先生がラグのところに集まるように言うと，デイヴはその場から動かずに，ずっとお絵かきに没頭していました。この意地悪なベビーシッターが先生の言うことを聞いてはいけないと言ったと，先生に言ったそうです。
　デイヴは，スウェットパンツを履いて，裾を上まであげてブルマーみたいにするのが好き

です。時々，1700年代の作曲家になりきりたがるのです。作曲家になりきって想像の世界にどっぷりと入りきってしまうので，教室でそうしてはいけないときに，頭でつくった交響曲を鼻歌で歌ってしまいます。

　小児科医と心理士からは，これらの問題はそのうち自然になくなっていくもので，「時が熟すのを待ちましょう」と言われました。また，心理士からは，学校での活動のきりかえの際には，デイヴにあらかじめ予告してもらうように先生にお願いしてみましょう，と言われました。そうすることで，デイヴもそのときやっていることをやめることができ，もしかしたら，よりスムースに次の活動にきりかえられるかもしれないということでした。また，私自身も何度かデイヴと話し合い，もう学校で駄々をこねたり癇癪を起こすような歳ではないと伝えましたが，効果はありませんでした。

　学校の管理職の先生や担任の先生から，デイヴを診てくれる精神科医を探すように，また，元夫と私が育児相談を受ける（すでに受けていましたが）ように言われたときは，ショックでした。学校では，デイヴに強迫的な傾向があり，強迫症になるのではないかと考えられていたのです。そして，今年度行動上の問題なく過ごせた場合に限って，次年度，学校——偶然ですが，私が教えている学校——に戻ることができると言われました。学校の先生方は，精神科医であれば薬物療法ができるため，それが最もよいだろうと勧めました。

　私は，デイヴの問題行動への対処方法として，薬物療法よりもよい方法を探したいと考えました。このことを心理士に相談したところ，心理士も，デイヴは確かに時々強迫的なところも見せるけれども，強迫症の兆候はみられないという見解を示してくださいました。ただ，問題行動があるのも事実です。そこで，学校の先生方の心配に対応するために，BASC (Behavior Assessment System for Children) 評価を実施しました。これは，教師と家族が観察した子どもの様子についての質問から成っています。また，私は，デイヴと一緒に，どうしたら行動を改善できるかを考えました。デイヴが，行動チャート*を利用してみると言い，先生もサポートしてくださいました。行動チャートで最初は改善もみられましたが，数週間すると再び元に戻り始めました。デイヴは完璧にしたかったのですが，表にシールを貼れないことがあると自尊心が急降下してしまいました。

　デイヴが受けている教育は質の高いものであることを私は直接知っていましたし，デイヴが来年度以降の在学を許されないかもしれないという恐れもあり，私は，何としてでも解決方法を見出そうと，心に決めました。そして，ギフティッド教育について調べ始めましたが，そこで知りえた情報にとても驚きました！　familyeducation.com を調べていると，幼いギフティッド児についての記事があり，そこには「完璧主義」「音，痛み，フラストレーションに対する強烈な反応」「鮮明なイマジネーション（たとえば想像上の友だちなど）」といった，ギフティッド児の特性がリストアップされていました。すぐに，学校での問題行動の核心が何であるのかがわかりました！　嬉しさと衝撃とが入り混じった気持ちになり，私自身が教師でありながら，なぜ，この分野について勉強してこなかったのかと考えました。そして，大半の教師や心理士が，ギフティッドに関する教育を受けていないということがわかりました。

---

* 望ましい行動（目標）を記した表をつくり，それができたらシールを貼ることで，望ましい行動の動機づけや習慣化を目指すもの。

私は，ギフティッドの特性について，短期集中コースで学び始めました。そのなかで，James Webb, Elizabeth Meckstroth, & Stephanie Tolan 著の "Guiding the Gifted Child" という名著に出会えたことは，私にとって宝となりました。息子の抱えている問題とまったく同じ例を読んだとき，はかり知れない安堵をおぼえました。それどころか，何よりも，解決方法を見つけることができたのです！

　次の面談の際に，これらのことを心理士に話しました。心理士はBASC検査の結果を私に見せてくださいました。「非定型性」が異常に高く，先生方の回答のなかには，デイヴが，現実離れし実際にはない物を見たり聞いたりすると記されているものがありました。デイヴの想像上の友だちとのやりとりが非常に真に迫ったものであるために，デイヴには本当にその友だちが見え，そして聞こえていると，先生方は考えているようでした。私の知る限りでは，デイヴは，喘息の薬の副作用で幻覚症状を見せたことがあります。そのときの現実とはかけ離れた様子と，普段デイヴの見せる想像上の友だちとのかかわり方とは，まったく違います。子どもに想像上の友だちがいるということで，どれほどBASC評価が歪められているのだろうかと思いました。そして，もし，デイヴをよく知らない精神科医，あるいは，ギフティッドの特性をよく知らない専門家の診断を受けたら，そして，その人たちがこの結果を見たら，どんなことになっただろうかと考えるとゾッとします。

　心理士との面談の後，校長先生，副校長先生とも面談をしました。私が読んだ本と www.sengifted.org（Supporting Emotional Needs of Gifted のウェブサイト）の記事を持参し，先生方にも渡しました。そして，デイヴの問題行動が，ギフティッドであることと直接関係していると思うと伝え，記事に載っていてデイヴにもみられる行動の例をいくつか取り上げました。そして，そこにある対策を試してみたところ効果が出始めているということも伝えました。校長先生がこれを理解，納得してくださり，確かにデイヴに当てはまると考えるべきだと言ってくださったので，とても安心しました。副校長先生は，デイヴの支援に有効な方法であれば何でも試してみましょう。"Guiding the Gifted Child" は学校にも役立つので読んでみたいと言ってくださいました。担任の先生もまたこの本に興味をもってくださり，読んでくださいました。

　学校も残すところあと8週間となりました。デイヴの行動は改善しつつありましたが，家では相変わらず錯乱状態を起こしていました。私はちょうど，この錯乱状態にどう対応したらよいのか読んだところでしたので，デイヴの同情心の高さに訴え，床に身を投げ出し，わめいてみました。そして，デイヴのこのような姿を見て，友だちがどんな気持ちになると思うのか尋ねました。デイヴは眉間にしわを寄せて，「ママ！　耐えられないよ！」と言いました。それから私は，今後はこのようなことはしないように努力すべきこと，友だちが非常に気分を悪くすることを伝えました。ついに，デイヴも理解できたなという手ごたえを感じました。このとき以来，教室で錯乱状態を起こして駄々をこねたのは1回だけです。驚異的な改善です！

　デイヴの完璧主義に対しては，先生，心理士，私それぞれが，完璧な人などいないということをデイヴと話しました。先生や私がミスをしたときには，それをデイヴに話しました。字の練習などの反復学習の際には，デイヴがそれをできたらみんなでデイヴの好きな活動をしようと，先生が提案してくれました。デイヴは進んで反復練習をしました。また，ごっこ遊びコーナーでは作曲家のコスチュームを着てもよいが，それ以外の場では，他の友だちは

> 皆ドレスアップできないのにデイヴだけがドレスアップするのは不公平だと伝えました。こうすることで音楽の時間に作曲家の恰好をしなくなったため，音楽の授業中に作曲をすることもなくなりました。
> 　私は，デイヴとの衝突をやめました。予想最高気温が32度にもなる日にデイヴが長袖長ズボンを着て行こうとしても，それはダメだと言って延々とバトルするのではなく，彼自身が苦い経験から学び取るのを待つようにしました。Tシャツと半ズボンを彼のナップサックに入れ，暑かったら着替えてねと一言伝えたことが何度かありました。実際，デイヴは着替えました。デイヴが腹を立てたときは，先生も私も，「そういう気持ちになるの，わかるよ……」「そりゃ，イライラもするわね」と，その気持ちを受け止めていることを伝えてから話をするようにしました。そうすることで，デイヴも耳を傾けやすくなります。先生は，行動チャートにデイヴ自身がもっと責任を持って取り組むように言いました。それ以来，きりかえがうまくできたときのシールをもらうか否かをデイヴ自身が決めることにしました。彼自身の行動に主体的な責任を求めるということは，非常に強力な力を発揮し，ある程度自分をコントロールできるようになりました。
> 　その学年も残りあと数週間という時期には，先生は，もう行動チャートの必要はないと感じていました。デイヴは何回か先生をひどく困らせるようなことをしましたが，先生が行動チャートを元に戻そうかと言うと，すぐに態度を改めました。通知表には，NI（Needs Improvement，努力してほしい）が1つもありませんでした！　行動すべてが改善されたわけではありませんが，以前とは比べものにならないところまで来ることができました。そして，来年度も登校できることになりました。

　教育関係者や医療関係者は，膨大な量のレッテル貼りをしている。問題を見つけ，対処できるようにする――結局は，これが彼らが受けてきた教育である。特に心理士と精神科医は，DSM-5やICD-10にきれいにまとめられた精神疾患の観点から問題を見つけ，ラベルづけするよう訓練されている。

　診断の目的・意義は4つある。第1に，診断を下すことにより，たくさんの情報を少ないことばで（他の専門家，教師，親に）伝えられる。第2に，診断を下すことで通常は治療方針が見え，また少なくとも，予後や今後起こりうることのヒントが得られる。第3に，診断により，苦しんでいる人に安堵を与えられる。その人の苦しみが認定，承認されるのである。第4に，保険会社や医療機関，学校などの組織的なサポートを得るためには診断が必要なことがある。診断を受けることで，子どもも大人も様々なサポートを得られる。一方，我々が本書を通して訴えているように，診断には潜在的な難しさもあり，特に，そのラベルが正確でないときに問題が生じる。

　診断カテゴリと診断基準は，科学の進歩と社会的な価値観の変化に伴い，絶えず改定され続けている。そして，活発で手に負えない子どもは行動上の問題を抱えていることになり，体重が標準より重い人が肥満と同等になり，喫煙が嗜癖となる。

心理、情緒、学習にかかわる障害を的確に診断するためには、単にその人が示す行動だけを見てラベルづけするのでは不十分である。診断名やカテゴリは状況と切り離せないため、その人が身を置く環境も十分吟味しなければならない。しかし、たいていの診断プロセスでは、行動そのものと同じだけ十分に、その行動を引き起こしている状況や文脈が吟味されることはない。手に負えない子どもや快いやりとりのできない人の行動の背後には様々な要因が潜み、文脈の吟味なしでは不適切な診断が下され、治療が不十分だったり逆効果となることがある。

的確で有用な診断のために、専門家は自身の下した診断の本質を何度も考え直すべきである。これはちょうど、自身の専門領域の知識と技能、そして、自身の治療について、絶えず再評価する必要があるのと同様である。それなくしてギフティッドネスに関連する行動を病理と誤診するのを防ぐことはできない。そして、必要に応じて――たいていは必要であるが――診断や治療において、ギフティッドネスの影響を考慮し組み込むべきである。

1節　診断のプロセス

その人が、なぜ、医療関係者のもとに来ることになったのかということを考えるだけでも、得られる情報がある。人の助けを求めることになる理由として、考えられるものがいくつかある。ギフティッド児や成人ギフティッドが専門家のもとを訪れる理由として考えられる第1のシナリオは、教師、家族、同僚が困っているが、当の本人はまったく悩んだり支障を感じてはいないというものである。このようなケースでのギフティッド者の行動は病理行動ではなく、正常なギフティッドネスに関連する行動であり、それが周囲の理解を得られていないだけのことが多い。

第2のシナリオは、問題のある行動が、主に不適切な環境（たいていは学校や職場が多く、ときに家庭のこともある）への反応というものである。その問題行動は非常に激しいが、ギフティッド者と環境が合わないことからくる正常な反応である。たとえば、学校で機械的な丸暗記は絶対にやろうとせず、好きな本を終日読むと言ってきかない子、学校には絶対に行かないと言い張る子などである。このような子どもの行動は、反抗挑発症や他の行動障害の現れとみなされることがあり、その状態が続くと、ついに第3のシナリオへと進展する可能性がある。

第3のシナリオは、長年にわたり周囲からの要求に適応できずにいた結果として、ギフティッド児や成人ギフティッドが、ついに、怒り、抑うつ、その他の精神疾患を

患うというものである。このような状況では，精神障害の診断を受ける状態にあるといえるかもしれないが，問題の根本的な原因は環境——その人に合わない学校や職場——にあり，その人自身にあるのではない。その人がある程度は応じることのできる，あるいは応じたいと思えるようなことと周囲の期待が合わないことも含め，環境の問題に対処し，また，その人自身がより有意義な解決方法を見出せるよう支援することが，最も有効な「治療」となるだろう。

　第4のシナリオは，その子の発達の凹凸あるいは非同期発達から問題が生じているというものである。たとえば，情緒不安や激しい気分変動が原因で不眠症となっている子どもは，日常に支障をきたしているかもしれず，さらには，実存的うつを抱えることすらあるかもしれない。夜尿，夜驚症，チックのようなよくみられる習慣が極端に現れることも，専門家の診断を求めるきっかけとなる。普通の子どもでは，このような習慣の多くはいつの間にかなくなるためである。指の動きよりも思考がずっと速いギフティッド児は，書くことが上手くできずに混乱するかもしれない。頭のなかでは思い描くことができるのに身体が思うように動かず望むような成果を出せないために，フラストレーションを抱えることもある。白か黒かの思考をもち，見通す力が備わっていないと，不可解な行動を呈したり恐怖症を引き起こすことがある。テレビで暴力シーンを目の当たりにしたり，虫に対しても「殺してはならない」の聖句を当てはめずにはいられないことで，極端な感情的反応が引き起こされる。そのような子どもは，実際に精神障害があるわけではないが，カウンセリングや作業療法などのセラピー，また，薬物療法も有効なことがある（保険適用や学校での特別な配慮の対象外ではあるが*）。

　第5のシナリオは，重複診断にかかわるものである。その子のギフティッドネスゆえに補完能力が並外れて高いため，学習障害，ADHD，感覚統合障害などの特別な配慮の必要性が覆い隠されてしまうことがある。あるいは，反応性低血糖やアレルギーを併せもつこともある。その子の長所を十分に発揮できるようにすることで弱点を補う方法を見出すことが，最善の策である。たとえば，言語面でのギフティッド児で書くことが苦手な場合，レポートを書く代わりに口頭での発表の機会を設けることで，その子の長所が発揮され，弱点の影響を最小限に抑えられる。もちろん，書字の問題への対処が必要なこともあるが，その子の機能を損ねるほどに強調すべきではない。

　いずれのシナリオにおいても，その子自身，また，その子にかかわる大人（教師，親，医師，カウンセラー）のギフティッドネス理解を促すことが有用である。ギフティッ

＊米国の事情。

ドネスの理解が促されると多くの悩みが解決し，ギフティッドの行動への対処方法が常識感覚でできるアプローチとなり，ギフティッド児とその親双方の心配を取り除けるようになる。我々の長年の経験から，この方法が唯一最も有効な介入方法だと考えられる。それゆえ，専門家への教育が最も重要な事項である。ギフティッド児や成人ギフティッドに共通してみられる問題に精通した，ギフティッドに詳しい専門家を見つけることが，その子にとって最善の診断と治療のためには必要不可欠である。以下のガイドラインが読者の役に立つだろう。

ギフティッド児や成人ギフティッドにみられる典型的なパターン

　親や専門家にとって，目の当たりにしている行動が，ギフティッド児や成人ギフティッドに典型的な行動パターンなのかどうかを見極めることは，きわめて重要である。ギフティッド者の特性が多岐にわたるため，この見極めが難しくなる可能性がある。万人に共通の特性はほとんどないが，それでも，明確な共通特性や頻繁にみられるパターンがある。その特性がみられるのであれば，専門家は，弊害をもたらす可能性のある診断カテゴリを当てはめるよりも，まず，その行動がギフティッドネスによるものである可能性を考えることから始めるべきである。これは，その行動が問題ではないとしているのではない。その行動は問題となることもある。そのうえでギフティッドネスに原因を求めることは，定型児とは若干異なる治療方法が必要となることを意味している。

発育歴

　みずから「ギフティッド」だと医療関係者に言う人は滅多にいない。実際，多くの人──おそらく大半の成人──は，自分にギフティッドの可能性があることを知らないでいるだろう。このような人々は，自分のレンズを通して世界を見て成長してきており，他の人も自分と同じレンズで世界を見ていると考えている。自分のレンズが人のレンズとかけ離れているとは考えていない。自分が色々なことをいとも簡単に習得できてしまうために，標準的な人にとってはそれがとても難しいということをなかなかイメージできない。このため医療関係者は，その人の発育歴を十分に調べる必要がある。これは，ギフティッド児や成人ギフティッドの発達レベルを特定したり，ギフティッドネスに関連する可能性のあるサインを見つけるうえで有効である。

文脈の問題

　繰り返しになるが，問題とされている行動が，ある特定の状況でのみみられるもの

なのか，それとも他の状況でもみられるかという点が非常に重要であると，改めて警告する。精神疾患の診断が当てはまる問題行動の大半は，状況とは無関係に生じる傾向がある。そして，状況を変えても，想定どおりに症状がなくなることは滅多にない。この点が，ギフティッド児や成人ギフティッドには当てはまらないのである。ギフティッドネスによる問題行動は，通常，他のギフティッド者といるときには，極端に少なくなったり，あるいは完全に消えてなくなる。

　たとえば ADHD の子どもは，特定の状況でのみ ADHD の行動を示すわけではない。複数の場面（家庭，学校，公園，近所，ボーイスカウト，ガールスカウトなど）で ADHD の行動がみられるものである。対するギフティッド児は，不注意の問題はある特定の状況でのみ生じ（別の状況ではみられない），通常なら問題が出るはずの状況でも不思議と問題がみられなかったりする。たとえば，学校ではみられる問題が家ではみられない，ボーイスカウトではみられる問題がサッカー教室ではみられない，同年齢の仲間と一緒のときはみられる問題が大人と一緒のときはみられないなどである。アスペルガー症候群の子どもの問題行動は，家庭でも，学校でも，公園でも同じようにみられる。そして，他のギフティッド児やアスペルガー症候群の子どもと一緒にいるときにも問題は改善しない。問題行動が生じている文脈を注意深く検討することが不可欠であり，特に，他のギフティッド者たちと一緒にいるときに何らかの変化がみられるかという観点が，非常に重要である。

　不適切な行動の原因が，その行動が生じている環境ではなく別の環境にあるということが時々起こる。我々が出会った子どものなかに，学校でのみ問題行動を示す子どもがいた。その原因を色々と調べた結果，学校にはルールがあるが家庭にはまったくルールがないことから問題が生じているとわかった。当然，家庭では子どもを制限することがまったくないため，親は子どもの行動に問題があるとは考えないのである。

診断カテゴリに適合する範囲

　診断カテゴリの大半に，特定の行動タイプや頻度に関する診断基準が設けられている。医療関係者であれば，診断基準となる行動に適合しない点があるかどうかを考えるだけで，ギフティッドネスと特定の診断とを識別できることが多い。多くは診断基準と問題行動とを照らし直すだけで，一定程度の誤診を減らすことができる。

重複診断

　これまでの章のなかで，ギフティッドネスと関連する精神疾患もあると記した。たとえば，実存的うつやアスペルガー症候群は，その疾患の背後にある要因の一部にギ

フティッドネスがある可能性が考えられる。このような状況では，診断の説明や治療計画の際に，ギフティッドネスの要素を組み込むべきである。たとえば，自分の激しさや繊細さが疾患の一部ではなくギフティッドネスの一部で，他の多くのギフティッド者にもみられる特性だと知ることで，ギフティッド児は安心できる。このような情報と説明を得ることで，自身の受けた診断が意味するところと診断とは関係のないものとを，知性をもってかなり鋭敏に理解できるようになるだろう。ADHDのあるギフティッド児は，知的に早熟ではない同年齢の子どもよりも進んだ知的方略を用いて，自身の疾患に伴う症状をコントロールできるようになることもある。

　重複診断を受けたギフティッド児への介入が特に難しい状況がある。今日の多くの学校システムが，暗黙の「一人一診断」の方針を取っているようである。学校関係者は学習障害のあるギフティッド児のことを，ギフティッドとみなして対応するか，学習障害児として対応するかのいずれかであり，ギフティッドであり学習障害もある子どもというようには対応しないことがある。そのため親は，ギフティッドプログラムか学習障害児のためのプログラムか，そのいずれかの特別プログラムを選ぶように言われる。重複診断を受けた場合，二者択一方式での治療ではなく，すべての診断にかかわる問題に対応することが重要である。

　　娘のキーシャは，1年生になるとき，子ども中心でゆったりした，生徒の個別のニーズを受け入れてくれるという評判の，新しい学校へ入学しました。学校が始まって2週間目に，先生から面談をしたいと言われました。面談に行くと，教室内の図書コーナーに通され，隅にある幼稚園サイズの椅子に座りました。小さな椅子に座り，2人のベテラン教師から，キーシャの行動をめぐる苦情を次々に聞かされました。それは，衝動的にはしゃぐ，注意のきりかえができない，授業に集中できない，授業中に「図書コーナーに忍び込んでビスマルクの本を読んでいる」といったものでした。
　　先生方は慎重な様子で，キーシャが優しく愛情あふれる子どもだとことわったうえで，会ったばかりの友だちとハグしようとしたり多動的な身体の動きのために，仲間関係や学業上の問題が生じていること，それが原因でクラスにうまく適応できていないことを指摘しました。「お嬢さんには，専門的な支援が必要です」ということばが，私の心に突き刺さりました。先生に対する怒りの感情が沸き上がりました。そして，娘に何かとても悪いことが起こりそうな気がして，ストレスがもっと大きくなりました。
　　心理士はキーシャの知能検査の結果を見て，興奮した様子で，30年の職務経験のなかで2番目に高いIQだと叫びました。彼は，私と主人を励まし，ワクワクするような娘の将来について話しました。光が再び輝き始めました。そして，私たちは次に何をすべきか調べ始めました。
　　その心理士から学校に提出された評価報告書により，しばらくの間は，学校側が抱いていた懸念も収まったように見えました。しかし，娘の衝動性や授業中の集中力の問題は，相変

> わらず続いていました。修業上の配慮はほぼなされていませんでした。キーシャは，以前ほど問題児とはみなされていないようでしたが，その環境にあまり適応できていないことは明らかでした。さらに，学校以外の環境でも同じ症状を見せていました。再び検査がなされ，結果が示されました。今回は，ADHDの診断が下されました。私たちは仕方なく，リタリン®を服薬することに合意しましたが，服薬により，友だち関係や学業上の問題が悪化するのではないかと心配しました。
>
> 2年がたち，キーシャのために教育プログラムを少し配慮することについて，学校の合意を得られました。薬物療法も合っているようで，薬を飲むことで思考がクリアになり，自分をコントロールできると言っています。暗雲垂れ込めるときもありますが，希望の光もまた輝き続けています。

支障の程度

　支障の2文字は，DSM-5，ICD-10のあらゆる診断基準のなかに，何らかのかたちで組み込まれている。しかし，あいにく医師が診断を検討する際に，必ずしも支障の程度を考慮しているとは限らない。たいてい，ある疾患の症状と思われる行動特性がみられるだけでは診断には不十分で，その行動によって何らかの支障がみられなければならない。そして，通常，複数の場面で支障が出ていなければならない。

　本書を通して示してきたように，ギフティッド児をギフティッド児たらしめている行動は，精神疾患の症状のように見えることもある。診断を検討する段階で，その行動特性が深刻な支障をきたしているわけではないとき，医師は，不必要な治療の道へ踏み出すのではなく，ギフティッド児（やその親）にとって心配の種となっている行動特性について説明したり，将来的に生じる可能性のある問題に触れ，それらについて考えるように促したり，予防的な助言をすることで，よりよい対応ができるだろう。その行動特性について明確で具体的な説明をすること，また基本的な介入だけで十分だろう。

2節　知的能力を尊重したコミュニケーション

　ギフティッド児や成人ギフティッドが的確な診断を受けているか否かにかかわらず，専門家にとって不可欠なことがある。それは，その人の知的能力の高さをより一層尊重して接することである。ギフティッドの患者の大半が自分自身の特性について，インターネットや書籍を通じて相当調べ抜いてきている。そして，自身の行動特性のために，自身や他の人々を問題に巻き込んでいるということを，鋭く感じ取っているこ

とがほとんどである。通常，彼らは膨大な量の質問を投げかけてくる。そのような質問に対して，多少時間を延長してでも丁寧に答えていくことで，真に協力的なヘルスケア・パートナーシップが構築されるだろう。一方，問題に対するその人の探求心や徹底的な知識欲をはねつけたり無視すると，協力的なヘルスケア・パートナーシップとはまったく逆の結果を招くだろう。

第14章

ギフティッド児・成人ギフティッドのための医療機関，カウンセラーを見つける*

　ギフティッド児の親の多くが悩むこととして，いつ専門家に相談すべきか，また，どうすれば我が子に合った小児科医，カウンセラー，心理士，精神科医，作業療法士などの医療やカウンセリングの専門家を見つけられるかという問題がある。特に重要な点は，ギフティッドの行動特性は必ずしも行動障害ではないと判断できる専門家に出会えるかどうかである。

　まず，当然，いつカウンセリングを受けに行くべきか，また，その費用と時間をかけるだけの意味があるのかを考えることになる。いくつか役立つ情報をあげてみよう。

　外来診療にしろ，その他コミュニティでの何らかの機会にしろ，予防的なアドバイスを受けるのが最もよいのは確実だ。他のギフティッド児の親と話をするだけで，何よりも役立つカウンセリングを受けられたと感じる親は多い。親同士で話すことで，我が子の家庭や学校での行動をとらえ直せるようになったり，我が子の悩ましい行動に対して，他の親が試して多少なりとも効果のあった対処方法などを色々と知ることができたりする。親の心配事は，我が子の状態が普通なのかどうか，親として我が子に適切な刺激を与えられているか，我が子の尋常でない激しさにどのように応じたらよいのか，どうしたら衝突を回避できるのかなどである。ギフティッド児の発達は，一般的な育児書に記されているような発達基準には合わないことが多い。他の子どもよりも早熟で，猛烈な激しさをもって発達する傾向がある。ギフティッド児の親同士が話すことで，互いに，心配事が思っていたほど「異常」とか「悪い」わけではないかもしれないと思えるようになり，安心できるようになる。

　小児科医も親の助けとなる。小児科医は，「予防的ガイダンス」を重視するように

---

* 具体的な検査・支援方法，費用等は，米国の事情である。

なってきている。ギフティッド児についての訓練を受けていることは滅多にないが，SENG（Supporting Emotional Needs of Gifted）の無料パンフレット"*Decreasing Medical Misdiagnosis in Gifted Children*"[1] などを読み，ギフティッド児について学んだり対応しようとしている小児科医は多い。米国小児科学会（American Academy of Pediatrics）の近年の全国大会では，ギフティッド児のニーズや問題に関する発表がいくつかなされている。このような情報を知っておくことで，親，教育関係者，他の専門家は，ギフティッド児を共感的に理解できる医療専門家との関係を構築しやすくなるだろう。

同じようにギフティッド児をもつ親と出会い，そして，育児経験を分かち合うことができなければ，ギフティッド児の育児は非常に孤独なものとなるだろう。育児経験を分かち合う場としては，同じ学校区の他のギフティッド児の親と個人的に出会うことで自然に得られることもあれば，その州のギフティッド協会や全米小児ギフティッド協会（National Association for Gifted Children: NAGC），SENGなどの全国組織を通じて得られることもある。あるいは，www.hoagiesgifted.org，www.sengifted.org，www.ditd.orgなどの親向けのウェブサイトの記事を読んだり，オンラインのディスカッショングループに入ったり，フェイスブックやブログを読むことで分かち合えることもある。

これら以外に親の助けとなるものとして，SENG Model parent support groupなどの，ギフティッド児の親のための公式サポートグループがある。そこでは，訓練を受けたファシリテーターのもとで「育児情報」を得たり，親同士の共通の経験を分かち合ったりできる。そのようなグループを組織する方法については，"*Gifted Parent Groups: The SENG Model*"（Webb & DeVries, 1998; DeVries & Webb, 2006）を参照してほしい。

予防的ガイダンスは，ギフティッド児の社会的・情緒的ニーズについて書かれた書籍からも得られる。"*A Parent's Guide to Gifted Children*"（Webb, Gore, Amend, & DeVries, 2007），"*Survival Guide for Parents of Gifted Kids*"（Walker, 2002），"*Smart Girls in the 21st Century*"（Kerr & McKay, 2014），"*Smart Boys*"（Kerr & Cohn, 2001），"*Some of My Best Friends Are Books, 3rd Edition*"（Halsted, 2009）などは，ギフティッド児の育児に関して素晴らしい情報を提供している。映像資料も同じく有用である。"Is My Child Gifted? If so, What Can I Expect?"（Webb, 2000b），"Do Gifted Children Need Special Help?"（Webb, 2000a），"Parenting Successful Children"（Webb, 2000d）などがある。インターネットや関連協会の情報は，本書の第15章に掲載する。他の親がよい情報を知っていることもあるし，図書館や書店で

問い合わせたり，Amazon.com® などインターネット上で書籍などを調べたりしてもよいだろう。

　このような様々な情報を得ることができても，なお，ギフティッド児の育児は大変なことが多い。感情や人とのかかわり方が激しく，めまぐるしく変化する。それでは，専門家のアセスメントや助言を求めるべきはいつなのかを，どのように判断したらよいだろうか？　1つの目安として，もし，不安，悲哀，抑うつ，対人関係上の困難が数週間以上続いていたら，専門家への相談を考えてほしい。たとえその問題が結果的に些細なことだったとしても，親の心配を取り除いたり，何らかの助言を受けられる。

　それでは，検査はいつ必要となるのだろうか？　正式なアセスメントにより，多くのデータに基づいて状況を整理できる。また，ギフティッド児の検査には様々な目的がある。たとえば，学校での所属クラス決めのための知能検査や学力検査，抑うつや不安の程度の評価，ADHDやアスペルガー症候群ではないかどうかの確認などである。アセスメントは親の心配事に応えたり，問題の対処方法への助言につながるものでなければならない。また，アセスメントの結果を受けた親が適切な情報を探せるようにすべきである。個別式の知能検査や学力検査は，その子がギフティッドかどうかの判断や，ギフティッドであれば，その子のための教育計画の作成，長所や弱点，学習スタイルの識別，周囲がその子に求めてもよいことの明確化に有用である。最初の検査の後，2〜3年おきに定期的な再検査を行い，結果を比較したり変化をモニターするのが望ましい。あるいは，少なくとも，親は毎年カウンセリングの専門家と面談し，チェックアップ・セッションを受けるのがよいだろう。

　ギフティッド児をもつ家族のなかには，かかりつけ医を選ぶのと同じようにかかりつけ心理士を選ぶ家庭もある。定期的に家庭を訪問してチェックし，どのような改善がみられたかなどを話し合い，問題があるときは支援を考える。特にハイリー・ギフティッド児やプロファウンドリー・ギフティッド児の親は，そのようにするとよいだろう。他のギフティッド児と比べても，彼らの激しさや繊細さがずっと強いだけでなく，発達の非同期性も大きい傾向があり，周囲がより一層戸惑うことが多いためである。彼らはきょうだい間のはり合い，学業面での心配事，抑うつの可能性などの問題を抱えることがある。

　これらの専門的なサービスにかかる費用が心配な親は多いだろう。丁寧な専門家の場合，その子のことや，その子の環境をよく知り理解するのに数時間はかかるだろうし，そのためには2〜3回以上の面談が必要となる。そのための費用はおよそ700〜3,000ドルで，高く感じるだろう。ただし，歯のレントゲン検査のような丁寧な検診や，子どもの歯の矯正にかかる費用を考えると，思うほど高い費用ではないだろう。

ギフティッド児の親で，子どもに予防歯科の検診を受けさせたり，ましてや歯の矯正などしてあげられるような資金などないであろう親にも，我々は出会ってきた。特に，貧困層や低所得者，移民，マイノリティグループにそのような状況がみられる。このような人々にとってみれば，この費用はまったくもって手が出ない。専門家には，ぜひ，このような家庭に援助の手を差し伸べ，実質的な取りはからいをしてあげてほしい。ギフティッド児家庭のケアはとても重要なサービスである。

　我々の経験からすると，大半の親が，検査も含めた心理相談はとても役立つと言っている。専門的な助言を得られるばかりでなく，検査結果から問題の深刻さを正確に判断できたり，その子に何を求めてよいのかがわかるためだという。1995 年の "Consumer Reports" をはじめ，多くの調査により，カウンセリングは個人と家庭の両方に有効であることが確認されている。ギフティッド児は家族システム全体に影響を及ぼす。そして，家庭にギフティッド児が複数いる場合，その複雑さは何倍にもなる。

　残念ながら，ギフティッドやタレンティッドの子どもや成人に精通している心理士やカウンセラー，セラピストを見つけるのは難しいだろう。前述のとおり，ギフティッドやタレンティッドの子どもや成人の社会的・情緒的ニーズにかかわる訓練を受けている医療関係者は減多にいない。多くの人と同様，専門家も，ギフティッドネスをその人の資産ととらえており，負債とは考えていない。そして，高い才能が，DSM-5 や ICD-10 に記されているような診断カテゴリの解釈にかなりの影響を与えるような問題と関連していることを理解していない可能性がある。

　　息子はちょうど 8 歳になったばかりですが，60 ポンドのハチドリ分のエネルギーがあります。いつも動いていますし，1 分間にものすごい量のことを考えています。これは，息子が歩けるように，また，話せるようになってからずっと続いています。学校の先生の勧めで ADHD の検査を受けたことが一度といわずありますが，ほぼすべての DSM 基準を満たしています。ただ，その問題は，息子の学習能力に何の影響も与えていません（つまり，標準的な「学年相応のレベル」より数年上のレベルにいます。もちろん，彼の潜在的な能力は影響を受けているかもしれませんが）。そのため，ADHD の診断を考慮せずに数年来過ごしてきました。ただ，息子にとっては，学校がとてもストレスで退屈なようです。そして，今年は ADHD 様の行動が増えてきたので，薬物療法を考えました。
　　ここからがすごいのです。息子を精神科に連れて行き，ADHD の薬をもらおうとしたところ，そこの研修医が 10 分程度息子と話をしただけで，アスペルガー症候群と診断しました。息子が 2 歳のときから本を読み始めたということが根拠のようです（その研修医によると「過読症」なのだそうです）（また，何の正式な検査もしませんでした）。それから，その研修医は主治医と相談をして，アスペルガー症候群と不安症の診断を下し，抗うつ薬を処方しました。その主治医は，息子と顔すら合わせませんでした。

> 　私は，心理学のPh.D.をもっています。そして，これらの診断がまったくの的外れだと思いました。ですので，さらに2度，別の診断を受けに行きました。そして，いずれにおいても，息子はアスペルガー症候群でもなければ不安症でもないと言われました。ADHD様の症状について，再度精神科医に相談しようとしたところ，（電話口で）息子は双極性障害だと言われました（「考えるスピードが速すぎる」こと，入眠の困難がみられることが根拠だそうです）。しかし，検査により双極性障害の可能性も否定されました。理学療法士に相談すると，息子には非言語性学習障害があると言われました。息子は，確かに，感覚統合の問題があります。しかし，非言語性学習障害の基準にはかすりもしませんでした。（ギフティッドの問題により詳しい）心理士はこの話を聞き，これら臨床家たちの誤った判断に驚愕していました。そして，息子は単に学校が退屈でフラストレーションがたまっているのだろうと言いました。
> 　それから長い月日がたち，ついに，ADHDの処方薬をもらいました。理想を言えば，コンスタントに知的刺激を得られるような環境のなかでは，息子はまったく普通に見えるはずなのに，と思います。しかし，この世界は，息子にとって「ゆっくり」すぎるのです。息子の行動やあり方にピッタリの別世界に行けることなら行きたいです。そうすれば，彼も，また周囲も快適に過ごせるでしょう。息子は本当にADHDなのでしょうか？　そんなこと，だれにもわかりません。

　では，どのようにして心理士やカウンセラーを見つけたらよいのだろうか？　残念ながら，ギフティッド児や成人ギフティッドにかかわる経験が豊富で有能な専門家を見つけることは，言うは易く行うは難しである。1つには，身近な成人ギフティッドやギフティッド児の親に，よいカウンセラーを知っているかどうか尋ねる方法がある。たいてい，知っている情報や経験を喜んで教えてくれることだろう。彼らもまた，専門家を探していた経験があるはずだから。同僚であり友人でもある人が，かつて，次のように言っていた。「人は2種類に分けられる。1つは問題を抱えている人。そして，もう1つは，その人の抱えている問題がわかるほどまでにはまだ親しくなっていない人」。少なくとも3つのインターネットサイト（www.hoagiesgifted.com，www.sengifted.org，www.2enewsletter.com）には，心理士やカウンセラーが掲載されている。ここに掲載されている人たちは，ギフティッド児や成人ギフティッドのニーズに関して何らかの訓練を受け，また，実際にカウンセリングを受けた人たちから，そのサイトに掲載の推薦を受けた専門家である。SENGは，"*Selecting a Psychologist or Psychiatrist for Your Gifted Child*"というパンフレットを発行している。ここには，支援者を探すうえでの方法や質問などが記されており，SENGのウェブサイトからダウンロードして読むことができる[2]。また，地区や州のギフティッド協会，米国心理学会（American Psychological Association）の州支部に問い合わせると，その地域の専門家を見つけられるかもしれない。ギフティッド協会やインターネットの情報は，

第15章を参照してほしい。

　ギフティッド児に詳しい有資格のカウンセラーや医療関係者を見つけられなくても，ギフティッドについて学んでいこうという姿勢をもつ，経験豊富なカウンセラーや心理士ならば見つけられることが多い。そして，それで十分なことも多い。たとえば，心理士，精神科医，小児科医に，"Guiding the Gifted Child" (Webb, Meckstroth, & Tolan, 1982) が，American Psychological Association Foundation から表彰された信頼できる本だと伝えることができる。"Gifted Children and Adults: Neglected Areas of Practice" (Webb, 2014)[3] のような，ギフティッド児の社会的・情緒的ニーズに関する記事のコピーをカウンセラーに渡すのもよいだろう。第15章に掲載されているウェブサイトにある記事を紹介してもいい。あるいは，SENG Misdiagnosis Initiative (http://sengifted.org/programs/misdiagnosis-initiative/) を紹介することもできる。さらには，州や地方のギフティッド団体に連絡を取り，評判のよい心理士やカウンセラーの名前を尋ねるのもよいだろう。すべての州のギフティッド団体のリストは，NAGCのウェブサイト (http://www.nagc.org/information-publications/gifted-state) に掲載されている。

　親や診断を依頼する専門家は，そのカウンセラーやセラピストに，ギフティッド児や成人ギフティッドにかかわる経験やバックグラウンドがどの程度あるのかを，率直に尋ねるべきである。もし，ギフティッドにかかわる特別な訓練をまったく，あるいはほとんど受けていないときは，そのカウンセラーやセラピストが，ギフティッド児や成人ギフティッドの抱える問題に関する刊行物を読んだり同僚と情報交換するなどして，学ぶ姿勢があるかどうかを，入念に確認すべきである。ギフティッド児やその家族の社会的・情緒的ニーズを学ぶことのできる心理士向けの公式継続教育プログラムがあることを伝えるのもよいかもしれない。SENGでは，米国心理学会の認可を受けたコースを，1つあるいは2つのCE（Continuing Education，継続教育）として毎年提供している。

　検査が必要なときは，ギフティッド児の検査経験が豊富な有資格者に依頼すべきである。ギフティッド児の検査経験がないと，たとえ一般的には非常に有能な検査者であっても，検査結果を複雑にしているギフティッドの問題の多くに気づかないだろう。たとえば，簡単すぎる問題から知能検査を始めてしまうと，問題を数多く解かなくてはならなくなり，後半の難しい問題の頃には疲れ切ってしまい，子どもも非協力的であるかのように見えてしまうかもしれない。そのような子どもは，実際は非常に有能なのに検査結果はよくないということにもなりかねない。検査のなかには，その実施方法や解釈の際に，低い天井効果の影響を取り除く配慮が必要なものもある。拡散的

思考からくる突拍子もない反応は十分予想されるもので，混乱しているためだとか，なにやらトンチンカンだ，などとして片づけるべきではない。完璧主義にも注意を払う必要がある。完璧主義の子どもは，検査の進み具合が非常に遅いことがある。

　有効な特別プログラム，治療経過の予想，学校の所属先の決定や介入のためには，正確な検査結果が重要となる。IQ が 130 以上だからギフティッドプログラムに入る資格があるということだけでは不十分である。IQ が 130～140 の子どもは，緩やかなギフティッドプログラムでうまくやっていけるかもしれないが，習熟度別編成，特定教科のみの早修，全教科の飛び級などの特別プログラムが必要なこともある。IQ が 140 以上の子どもは全教科の飛び級が必要なことが多いが，それ以外の個別化教育プログラムも必要となることもある。IQ が 160 以上の子どもは斬新な教育プランが必要なことが多く，1 つあるいは複数の分野での大幅な早修（radical acceleration）*，ホームスクーリング，オンライン・プログラム，ギフティッド児のためのセルフ・コンテインド・スクール（self-contained school）**などが求められる（Rogers, 2002; Gilman, 2008; Ruf, 2009）。通常，適切な検査データを得ることと並行して定期的なカウンセリングによる助言を受けるのが望ましい。子どもに合う理想的な学校や教育プログラムを見つけるのはとても難しく，その都度調整が必要なことがあるためである。

　カウンセリングが必要なときは，最初は試行期間のようなものからスタートすべきである。そのカウンセラーのアプローチやスタイルが，家族のニーズに合っているかどうかを見極めるためである。とても有能だけれども，その心理士の個性が合わないということもある。たとえば，カウンセリングの専門家は，ギフティッド児の知性をリスペクトしないことがあり，馬鹿にされたと感じた子どもはセラピストを拒絶することがある。ギフティッド児や成人ギフティッドとうまくやっていける心理士の特性として，質問に対してオープンで，フレキシブルで頭の回転が速く，クリエイティブで，衝突の調整がうまく，利他的でレジリエンスがある傾向がみられる。最初の面談であまり居心地がよくなかったとき，あるいは後々不快に感じるようになったときには，セカンドオピニオンを考えるのがよいだろう。特に，その専門家が深刻な診断を下したときには，そうする必要があるだろう。医療界では，セカンドオピニオンは古くからあり，心理学や教育界でも徐々に浸透しつつある。

　ギフティッドの我が子を専門家のもとへ連れて行くと，どのようなことがなされるだろうか？　カウンセラーやセラピストは，家庭環境や家族のダイナミクスを理解するために，子どもだけでなく親にも質問紙への回答を求めたり，簡単な心理検査を行

＊　2～3 学年以上の飛び級など。
＊＊　特定の集団が，他の学校とのかけもちでなくそこだけに通う学校。

うことが多い。カウンセラーは，まず親子一緒に面談し，次に子どもとだけ，そして親とだけの面談を求めるだろう。学校の先生に面談を求めることもあるし，実際に学校の様子を観察することもある。その子の小児科医と話す必要が生じることもある。知能検査，学力検査，情緒検査などの検査をすることになるかもしれない。また，神経心理学者やギフティッド児専門の検査者から検査を受けるように求められるかもしれない。

　これらにはいずれも時間がかかる。検査だけでも3～4時間以上かかり，子どもが疲れてしまわないように，おそらく2～3のセッションに区切って行うことになるだろう。最低でも2つの異なる場面で子どもを観察し，何らかの行動変容がみられるか調べることもある。多くの質問を投げかけられるだろうし，あなたの話をたくさん聞くだろう。これは表面的あるいはずさんなアプローチではなく，綿密なアセスメントに基づいた配慮の行き届いた提案やアドバイスのために必要である。忍耐強く応じ，また，カウンセラーからの質問に答えるばかりでなく，あなたが聞きたいことは遠慮なく聞いてほしい。

　アセスメントが終了すると，親は，少なくとも1時間，専門家（カウンセラー，心理士，あるいは精神科医）と面談することになる。結果の説明を受け，次は何をすべきかの計画を立てるためである。もし，深刻な診断が下されたら，どのようにしてそのような診断結果になったのかの説明を，是非求めてほしい。あらかじめ，その専門家が本書やSENG Misdiagnosis Initiativeに掲載されているような問題意識をもち，ギフティッドの行動特性を見逃したり誤診したりすることが極力ないようにしているかを確認してほしい。下位検査領域で「最高得点に達した」ものがあったり，領域間の得点に異常に大きな開きがみられたら，その意味するところを必ず尋ねてほしい。その子が二重にエクセプショナルである可能性があるのかどうか，また特別な教育的配慮が必要なのかどうかも含めて確認すべきである。

　セラピーが必要となることがある。そのようなときには，少なくとも子どもとの面談を3～4回するたびに，親との面談もするように求めるべきだろう。青年期前の子どもでは，親のカウンセリングなしに子どものカウンセリングだけを何セッションも行うのは適切ではない。親は，子どもの世界では鍵となるものである。また，カウンセリングの過程をどのように支えていったらよいのかを理解しておく必要がある。たいていのセラピストは，親が家庭内で，教師が学校でとるべきアプローチを提案してくれるだろう。

　子ども（ギフティッド児も含む）への薬物療法は必要最小限にすべきで，親は，その副作用をよく理解すべきである。その子の激しさ，好奇心，拡散的思考，合わない

教育環境にいることからくる退屈などの，ギフティドネスの特性に対処するために薬物療法がなされていないかどうかを確認しなくてはいけない。あまりにも多くのハイリー・ギフティド児が，ADHDや反抗挑発症と誤診され，薬物療法がなされすぎている。彼らが実際に必要としているのは，周囲のよりよい理解，適切な行動療法アプローチ，そして，教育的配慮である[4]。広く用いられている精神科的な薬物療法のなかには，副作用として「認知能力の鈍化」や疲労感をもたらし，これが，その子の才能と問題の特性とをよくわからなくしてしまうことに常に留意してほしい。

　教育環境を調整する必要のあるときは，カウンセラー，心理士，医療関係者に相談するとよい。アセスメントの結果は非常に実際的な意味をもつため，学校職員との話し合いを大いに支援・援助してくれるだろう[5]。ギフティド児が，公立学校，私立学校，チャータースクール (Rogers, 2002) のいずれに通う場合でも，また，ホームスクーリング (Rivero, 2002; Wessling, 2012) でも同じである。ギフティド児や2e児の間で，教育の選択肢の1つとしてホームスクーリングが選ばれるようになってきている。これは，ホームスクーリングに関する書籍，ブログ，サクセス・ストーリーが増えてきていることからもわかる。ホームスクーリングは，パフォーミング・アーティストやアスリートの家庭では従来から必要とされてきた。そして今では，アカデミック・ギフティド児が学習するうえでの制約を避けるためにも，選択肢の1つとなっている。

　カウンセリングやセラピーを受けることは，簡単なことではないかもしれない。また，ギフティド児や成人ギフティドのニーズに精通している専門家となると，見つけるのは至難の業である。ただし，その労力やコストをかけるだけの価値はある。いつか必ず，ギフティド児に理解があるだけでなく，あなたの子ども，また，あなたの家族のニーズを理解してくれるような人に出会えるはずだ。よいセラピストを見つけられれば，それははかり知ることのできない財産となる。将来に至るまで助言者，支援者，アンカー・ポイントとなるだろう。

　成人ギフティドやギフティド児の親は，様々な理由から専門家の助言を求める。予防管理，相談，アセスメント，セラピー，これらすべてが，ギフティドネスに伴う困難に対処するうえで役立つものとなる。幼少期にカウンセリング・プロセスを経験したギフティド児は，それらへの抵抗感もメンタルヘルスにまつわる偏見もそれほどもたずに済むだろう。カウンセリングにかかわるポジティブな経験を得ることで，成長後，さらに成人後も，必要なときには支援を求めやすくなるだろう。カウンセリングの際には，課題と目標を明確にしてから開始すべきであり，あなたが親としてそのプロセスを積極的に担う立場にあることを理解する必要がある。状況を改善するた

めに資金投資していると考えてみよう。今ここで適切な介入を行うことにより，かかわる人すべてにポジティブな将来が来る可能性が高まるだろう。

　カウンセリングやセラピーを求めるには勇気が要り，そう簡単ではない。ギフティッド児や成人ギフティッドのニーズに精通している専門家を見つけることは難しい。ただ，それができれば，費やした時間，労力，費用にあまりあるほどのものを受けることができるだろう。

第15章

資 料

1. 学会・関連団体

- Supporting Emotional Needs of Gifted（SENG）
- The National Association for Gifted Children（NAGC，全米小児ギフティッド協会）
- Davidson Institute for Talent Development（DITD）
- 地区や州のギフティッド協会（州の教育省を通じて，あるいは，その地区の学校システムに則って問い合わせること。）

2. インターネット上の情報

- www.sengifted.org
  Supporting Emotional Needs of Gifted は，ギフティッド児の情緒的発達の支援を目的とした非営利団体である。社会的・情緒的発達に関する記事，補助金計画の情報，スタッフ訓練など，様々なサービスを提供している。また，カウンセリングや医療，教育の専門家だけでなく，親も対象としたとした SENG's annual conference の情報も掲載されている。
- www.davidsongifted.org
  Davidson Institute for Talent Development は，親や教師向けの，ハイリー・ギフティッド児，プロファウンドリー・ギフティッド児の情報を提供している。また，全米のギフティッド児向けの教育事情に関する情報も掲載されている。並外れて聡明な子どもに関する情報や資料，サービスを提供している。
- www.nagc.org
  National Association for Gifted Children（全米小児ギフティッド協会）は，専門誌や一般向けの情報，また，法律改定の情報を提供している。NAGC関連の利益団体へのリンクがなされ，リンク先でも，研究，最新の動向，社会的・情緒的ニーズなどの情報が提供されている。通常，毎年11月に学会が開催され，そこでは，関連する特別セッションも開かれる。

- www.hoagiesgifted.org/
  ギフティッド児に関する最も包括的なウェブサイト情報は,"Hoagies' Gifted Education Page"だろう。関連情報,意見,記事,専門的な資料,ギフティッド児をもつ親との交流,推薦図書など,様々な情報が得られる。
- www.roeper.org/page/about/the-roeper-institute/the-roeper-review
  "*Roeper Review*"は,ギフティッド教育に関する専門誌である。最新のギフティッド教育研究が参照できる。ウェブサイトでは,論文の要約やバックナンバーを概観でき,定期購読の申し込みもできる。

文　献

Aase, H. & Sagvolden, T. (2006). Infrequent, but not frequent, reinforcers produce more variable responding and deficient sustained attention in young children with attention-deficit/hyperactivity disorder (ADHD). *Journal of Child Psychology and Psychiatry, 47*(5), 457-471.
Abela, J. R. Z. & Hankin, B. L. (Eds.). (2008). *Handbook of depression in children and adolescents*. New York: Guilford Press.
Achenbach, T. M. (2001). *Child behavior checklist*. Burlington, VT: ASEBA.
Agrawal, A. & Lynskey, M. T. (2008). Are there genetic influences on addiction?: Evidence from family, adoption and twin studies. *Addiction, 103*(7), 1069-1081.
Agrawal, A., Verweij, K. J. H., Gillespie, N. A., Health, A. C., Lessov-Schlaggar, C. N., Martin, N. G., Nelson, E. C., Slutske, W. S., Whitfield, J. B., & Lynskey, M. T. (2012). The genetics of addiction — a translational perspective. *Translational psychiatry*, 2.7 e140. doi:10.1038/tp.2012.54
Albert, R. S. (1971). Cognitive development and parental loss among the gifted, the exceptionally gifted and the creative. *Psychological Reports, 29*(1), 19-26.
Allen, S. (2001). *Vulgarians at the gate: Trash TV and raunch radio: Raising standards of popular culture*. New York: Prometheus.
Altaras-Dimitrijević, A. (2012). A faceted eye on intellectual giftedness: Examining the personality of gifted students using FFM domains and facets. *Psihologija, 45*(3), 231-256.
Altman, R. (1983). Social-emotional development of gifted children and adolescents: A research model. *Roeper Review, 6*(2), 65-68.
Amabile, T. M. (1983). *The social psychology of creativity*. New York: Springer-Verlag.
Amend, E. R. (2003). *Misdiagnosis of Asperger's Disorder in gifted youth: An addendum to* Mis-diagnoses and dual diagnoses of gifted children *by James Webb*.
　　Retrieved from www.sengifted.org/articles_counseling/Amend_MisdiagnosisOfAspergersDisorder.pdf
Amend, E. R. & Beljan, P. (2009). The antecedents of misdiagnosis: When normal

behaviors of gifted children are misinterpreted as pathological. *Gifted Education International, 25*(2), 131-143.

Amend, E. R. & Clouse, R. M. (2007). The Role of Physicians in the Lives of Gifted Children. *Parenting for High Potential*, 6. https://www.questia.com/magazine/1P3-1454028921/the-role-of-physicians-in-the-lives-of-gifted-children

Amend, E. R., Schuler, P., Beaver-Gavin, K., & Beights, R. (2009). A unique challenge: sorting out the differences between giftedness and Asperger's Disorder. *Gifted Child Today, 32*(4), 57-63.

American Academy of Pediatrics. (2011, November). ADHD: Clinical Practice Guideline for the Diagnosis, Evaluation, and Treatment of Attention-Deficit/Hyperactivity Disorder in Children and Adolescents. *Pediatrics*. Vol 128, Issue 5. http://pediatrics.aappublications.org/content/128/5/1007

American Psychiatric Association (2000). *Diagnostic and statistical manual of mental disorders* (4th ed.). Washington, DC. doi/pdf/10.../appi.books.9780890420249.

American Psychiatric Association. (2013). *Diagnostic and statistical manual of mental disorders* (5th ed.). Washington, DC. doi:10.1176/appi.books.9780890425596.744053

Anda, R. F., Whitfield, C. L., Felitti, V. J., Chapman, D., Edwards, V. J., Dube, S. R., & Williamson, D. F. (2002). Adverse childhood experiences, alcoholic parents, and later risk of alcoholism and depression. *Psychiatric Services, 53*(8), 1001-1009. http://www.ncbi.nlm.nih.gov/pubmed/12161676

Andreasen, N. C. (2008). The relationship between creativity and mood disorders. *Dialogues in Clinical Neuroscience, 10*(2), 251-255.

Antshel, K. M., Faraone, S. V., Maglione, K., Doyle, A., Fried, R., Seidman, L., & Biederman, J. (2009). Is adult attention deficit hyperactivity disorder a valid diagnosis in the presence of high IQ? *Psychological Medicine, 39*(8), 1325-1335.

Arcelus, J., Mitchell, A. J., Wales, J., & Nielsen, S. (2011). Mortality rates in patients with anorexia nervosa and other eating disorders: a meta-analysis of 36 studies. *Archives of General Psychiatry, 68*(7), 724-731.

Arnold, B., Easteal, P., Rice, S., & Easteal, S. (2010). It just doesn't ADD up: ADHD, the workplace, and discrimination. *Melbourne University Law Review, 34*, 359-391. Retrieved from http://www.law.unimelb.edu.au/files/dmfile/34_2_1.pdf

Arseneault, L., Cannon, M., Poulton, R., Murray, R., Caspi, A., & Moffitt, T. E. (2002). Cannabis use in adolescence and risk for adult psychosis: longitudinal prospective study. *BMJ, 325*(7374), 1212-1213.

Asperger, H. (1944). Die "Autistischen Psychopathen" im kindesalter. *Archiv für Psychiatrie und Nervenkrankheiten, 117*(1), 76-136.

Assouline, S. G., Foley-Nicpon, M., & Whiteman, C. (2010). Cognitive and psychosocial characteristics of gifted students with learning disability. *Gifted Child Quarterly, 54*, 102-115.

Ballering, L. D. & Koch, A. (1984). Family relations when a child is gifted. *Gifted Child Quarterly, 28*, 140-143.

Barkley, R. A. (1990). *Attention-Deficit/Hyperactivity Disorder: A handbook for diagnosis and treatment*. New York: Guilford Press.

Barkley, R. A. (1997). *ADHD and the nature of self-control*. New York: Guilford Press.

Barkley, R. A. (2006). *Attention-Deficit Hyperactivity Disorder: A handbook for diagnosis and treatment*, 3rd ed., New York: Guilford Press.

Barthes, R. (1975). *The pleasure of the text*. New York: Macmillan.

Baron-Cohen, S., Jaffa, T., Davies, S., Auyeung, B., Allison, C., & Wheelwright, S. (2013). Do girls with anorexia nervosa have elevated autistic traits? *Molecular Autism, 4*(24), DOI 10.1186/2040-2392-4-24.
Bates, T. C. & Rock, A. (2004). Personality and information processing speed: independent influences on intelligent performance. *Intelligence. 32*(1), 32-46.
Batty, G. D., Deary, I. J., Schoon, I., Emslie, C., Hunt, K., & Gale, C. R. (2008). Childhood mental ability and adult alcohol intake and alcohol problems: The 1970 British cohort study. *American Journal of Public Health, 98*(12), 2237-2243. doi:10.1136/jech.2005.045039
Batty, G. D., Deary, I. J., & Macintyre, S. (2006). Childhood IQ and life course socioeconomic position in relation to alcohol induced hangovers in adulthood: the Aberdeen children of the 1950s study. *Journal of Epidemiology and Community Health, 60,* 872-874.
Baum, S. M. & Olenchak, F. R. (2002). The alphabet children: GT, ADHD, and more. *Exceptionality, 10*(2), 77-91.
Baum, S. M., Olenchak, F. R., & Owen, S. V. (1998). Gifted students with attention deficits: Fact and/or fiction? Or, can we see the forest for the trees? *Gifted Child Quarterly, 42,* 96-104.
Bechara, A., Tranel, D., & Damasio, A. R. (2000). Poor judgment in spite of high intellect: Neurological evidence for emotional intelligence. *The handbook of emotional intelligence: Theory, development, assessment, and application at home, school, and in the workplace,* 192-214.
Beck, A. T. (1967). *Depression: Clinical, experimental, and theoretical aspects.* New York: Hoeber.
Begin, J. & Gagne, F. (1994). Predictors of a general attitude toward gifted education. *Journal for the Education of the Gifted, 18*(1), 74-86.
Beljan, P. (2011). Misdiagnosis of culturally diverse students. Chapter in *Special populations in gifted education: Understanding our most able students from diverse backgrounds,* 317-332.
Benbow, C. P. (1985). Intellectually gifted students also suffer from immune disorders. *Behavioral and Brain Sciences, 8*(3), 442-442.
Benbow, C. P. (1986). Physiological correlates of extreme intellectual precocity. *Neuropsychologia, 24*(5), 719-725.
Benton, S. A. (2010). *Understanding the high-functioning alcoholic: Breaking the cycle and finding hope.* Lanham, MD: Rowman and Littlefield.
Bioulac, S., Arfi, L., & Bouvard, M. P. (2008). Attention deficit/hyperactivity disorder and video games: A comparative study of hyperactive and control children. *European Psychiatry, 23*(2), 134-141.
Bischoff, S., Barbara, G., Buurman, W., Ockhuizen, T., Schulzke, J. D., Serino, M., Tilg, H., Watson, A., & Wells, J. M. (2014). Intestinal permeability-a new target for disease prevention and therapy. *BMC gastroenterology, 14*(1), 1.
Blaivas, A. J. (2004). *Medical encyclopedia: Natural short sleeper.*
Retrieved from www.nlm.nih.gov/medlineplus/print/ency/article/000804.htm
Blanz, B. J., Detzner, U., Lay, B., Rose, F., & Schmidt, M. H. (1997). The intellectual functioning of adolescents with anorexia nervosa and bulimia nervosa. *European Child and Adolescent Psychiatry, 6*(3), 129-135.
Bloom, B. S. (1985). *Developing talent in young people.* New York: Ballantine.
Borcherding, B., Thompson, K., Kruesi, M. J. P., Bartko, J., Rapoport, J. L., & Weingartner, H. (1988). Automatic and effortful processing in Attention-Deficit/Hyperactivity

Disorder. *Journal of Abnormal Child Psychology, 16*(3), 333-345.
Borland, C. M. & Gross, M. U. (2007). Counseling highly gifted children and adolescents. In Mendaglio & Peters, *Models of counseling gifted children, adolescents, and young adults* (pp. 153-197). Waco, TX: Prufrock Press.
Bouchet, N. & Falk, R. F. (2001). The relationship among giftedness, gender, and overexcitability. *Gifted Child Quarterly, 45*(4), 260-267.
Bourgeois, F. T., Jeong, M. K., & Mandl, K. D. (2014). Premarket safety and efficacy studies for ADHD medications in children. *PLOS ONE, 9*(7), 1-8. PLoS ONE *9*(7): e102249. doi:10.1371/journal.pone.0102249
Brassett-Harknett, A. & Butler, N. (2007). Attention-deficit hyperactivity disorder: An overview of the etiology and a review of the literature relating to the correlates and life course outcomes for men and women. *Clinical Psychology Review, 27*(2), 188-210.
Brazelton, T. B. (1982). Joint regulation of neonate-parent behavior. In E. Z. Tronick (Ed.), *Social interchange in infancy. Affect, cognition, and communication* (pp. 7-23). Baltimore: University Park Press.
Brink, R. E. (1982). The gifted preschool child. *Pediatric Nursing, 8*(5), 299-302.
Brody, L. E. & Benbow, C. P. (1986). Social and emotional adjustment of adolescents extremely talented in verbal or mathematical reasoning. *Journal of Youth and Adolescence, 15*(1), 1-18.
Brody, L. E. & Mills, C. J. (1997). Gifted children with learning disabilities: A review of the literature. *Journal of Learning Disabilities, 30*(3), 282-286.
Brown, M. B. (2000). Diagnosis and treatment of children and adolescents with Attention-Deficit/Hyperactivity Disorder. *Journal of Counseling and Development, 78*(2), 195-203.
Brown, S. W. & Yakimowski, M. E. (1987). Intelligence scores of gifted students on the WISC-R. *Gifted Child Quarterly, 31*(3), 130-134.
Brown, T. E. (2005). *Attention deficit disorder: The unfocused mind in children and adults*. New Haven, CT: Yale University Press.
Bryant, S. M. (2005). Attention Deficit Hyperactivity Disorder (ADHD) and Ethnicity: A literature review. *McNair Scholars Journal, 9*(1), Article 5.
Bullock, J. R. (1992). Children without friends: Who are they and how can teachers help? *Childhood Education, 69*(2), 92-96.
Burrus, J. D. & Kaenzig, L. (1999, Fall). Introversion: The often forgotten factor impacting the gifted. *Virginia Association for the Gifted Newsletter, 21*(1).
Cain, S. (2013). *Quiet: The power of introverts in a world that can't stop talking*. New York, NY: Broadway Books.
Callinan, S., Theiler, S., & Cunningham, E, (2015). Identifying learning disabilities through a cognitive deficit framework: Can verbal memory deficits explain similarities between learning disabled and low achieving students? *Journal of Learning Disabilities, 48*(3), 271-280.
Campbell, A. W. (2014). Autoimmunity and the gut. *Autoimmune Disorders*. 2014; 2014: 152428. doi:10.1155/2014/152428. Epub 2014 May 13. Review. PubMed PMID: 24900918; PubMed Central PMCID: PMC4036413.
Campbell, J. M. (2005). Diagnostic assessment of Asperger's Disorder: A review of five third-party rating scales. *Journal of Autism and Developmental Disorders, 35*(1), 25-35.
Camus, A. (1991). *The myth of Sisyphus, and other essays* (reprint ed.). New York: Vintage.

Carlson, G. A., Jensen, P. S., & Nottelmann, E. D. (Eds.). (1998). Special issue: Current issues in childhood bipolarity. *Journal of Affective Disorders, 51*(2), 77-80.
Carter, C. S. (2014). Oxytocin pathways and the evolution of human behavior. *Annual Review of Psychology, 65*, 17-39.
Casadio, P., Fernandes, C., Murray, R. M., & Di Forti, M. (2011). Cannabis use in young people: the risk for schizophrenia. *Neuroscience & Biobehavioral Reviews, 35*(8), 1779-1787.
Chandler, S., Carcani-Rathwell, I., Charman, T., Pickles, A., Loucas, T., Meldrum, D., Simonoff, E., Sullivan, P., & Baird, G. (2013). Parent-reported gastro-intestinal symptoms in children with autism spectrum disorders. *Journal of Autism Developmental Disorders, 43*(12), 2737-2747.
Chastain, G. (2006). Alcohol, neurotransmitter systems, and behavior. *The Journal of General Psychology. 133*(4), 329-335.
Chervin, R. D., Dillon, J. E., Bassetti, C., Ganoczy, D. A., & Pituch, K. J. (1997). Symptoms of sleep disorders, inattention, and hyperactivity in children. *Sleep, 20*(12), 1185-1192.
Christian, L. M., Galley, J. D., Hade, E. M., Schoppe-Sullivan, S., Kamp-Dush, C., Bailey, M. T. (2015). Gut microbiome composition is associated with temperament during early childhood. *Brain, Behavior, and Immunity, 45*, 118-127.
Christopherson, E. R., & Mortweet, S. L. (2001). *Treatments that work with children: Empirically supported strategies for managing childhood problems.* Washington, DC: American Psychological Association.
Cillessen, A. H. N. (1992). Children's Problems Caused by Consistent Rejection in Early Elementary School. Paper presented at the 99th Annual Convention of the American Psychological Association, Washington, DC, August 16-20, 1992.
Clark, B. (2012). *Growing up gifted. Developing the potential of children at home and school* (8th ed.). New York: Pearson.
Clarke, J. & Haughton, H. (1975). Study of intellectual impairment and recovery rates in heavy drinkers in Ireland. *British Journal of Psychiatry, 126*, 178-184.
Coccaro, E., Fanning, J. R., Phan, K. L., & Lee, R. (2015). Serotonin and impulsive aggression. *CNS spectrums, 20*(3), 295-302. http://onlinedigeditions.com/article/Serotonin+And+Impulsive+Aggression/2020264/0/article.html
Cohn, S. J. (2002). Gifted students who are gay, lesbian, or bisexual. In M. Neihart, S. M. Reis, N. M. Robinson, & S. M. Moon (Eds.), *The social and emotional development of gifted children: What do we know?* (pp. 145-153). Waco, TX: Prufrock Press.
Colangelo, N. & Brower, P. (1987). Labeling gifted youngsters: Long-term impact on families. *Gifted Child Quarterly, 31*(2), 75-78.
Colangelo, N. & Fleuridas, C. (1986). The abdication of childhood: Special issue: Counseling the gifted and talented. *Journal of Counseling and Development, 64*(9), 561-563.
Coleman, D. (1980). 1528 little geniuses and how they grew. *Psychology Today, 13*(9), 28-43.
Coleman, L. J. & Cross, T. L. (2014). Is being gifted a social handicap? *Journal for the Education of the Gifted, 37*(1), 5-17.
Colten, H. R. & Altevogt, M. (Eds.)(2006). *Sleep disorders and sleep deprivation: An unmet public health problem.* Washington, DC.: National Academies Press.
Conelea, C. A., Carter, A. C., & Freeman, J. B. (2014). Sensory over-responsivity in a sample of children seeking treatment for anxiety. *Journal of developmental and*

behavioral pediatrics: JDBP, *35*(8), 510-521.
Conners, C. K. (2008). *Conners Comprehensive Behavior Rating Scales – Revised: Technical manual*. North Tonawanda, NY: Multi-Health Systems.
Corkum, P., Tannock, R., & Moldofsky, H. (1998). Sleep disturbances in children with Attention-Deficit/Hyperactivity Disorder. *Journal of the American Academy of Child and Adolescent Psychiatry, 37*(6), 637-646.
Coury, D. L., et al. (2012). Gastrointestinal conditions in children with autism spectrum disorder: developing a research agenda. *Pediatrics, 130* (Supplement 2), S160-S168. http://pediatrics.aappublications.org/content/pediatrics/130/Supplement_2/S160.full.pdf
Cox, C. M. (1926). *Genetic studies of genius II: The early mental traits of three hundred geniuses*. Stanford, CA: Stanford University Press.
Cramond, B. (1995). *The coincidence of Attention-Deficit/Hyperactivity Disorder and creativity* (RBDM 9508). Storrs, CT: University of Connecticut, The National Research Center on the Gifted and Talented.
Cristopherson, E. R. & Mortweet, S. L. (2001). *Treatments that work with children: Empirically supported strategies for managing childhood problems*. Washington, DC: American Psychological Association.
Cronbach, L. (1970). *Essentials of psychological testing*. New York: Harper & Row.
Cross, T. L. (2001). *On the social and emotional lives of gifted children*. Waco, TX: Prufrock Press.
Cross, T. L. (2004). The rage of gifted students. In T. Cross (Ed.), *On the social and emotional lives of gifted children: Issues and factors in their psychological development*, 2nd ed., (pp. 109-114). Waco, TX: Prufrock Press.
Cross, T. L., Gust-Brey, K., & Ball, P. B. (2002). A psychological autopsy of the suicide of an academically gifted student: Researchers' and parents' perspectives. *Gifted Child Quarterly, 46*(4), 247-264.
Cryan, J. F. & Dinan, T. G. (2012). Mind-altering microorganisms: The impact of the gut microbiotica on brain and behavior. *Nature Reviews Neuroscience, 13*, 701-712. doi:10.1038/nrn3346
Csikszentmihalyi, M. (1990). *Flow: The psychology of optimal experience*. New York: Harper & Row.
Csikszentmihalyi, M. (1996). *Creativity: The psychology of discovery and invention*. New York: HarperCollins.
Cusick, M. F., Libbey, J. F., & Fujinami, R. S. (2012). Molecular mimicry as a mechanism of autoimmune disease. *Clinical reviews in allergy & immunology, 42*(1), 102-111. http://www.ncbi.nlm.nih.gov/pmc/articles/PMC3266166/
Dahl, R. E. (1996). The regulation of sleep and arousal: Development and psychopathology. *Development and Psychopathology, 8*(1), 3-27.
Daniels, S. & Piechowski, M. M. (2008). *Living with intensity: Understanding the sensitivity, excitability, and emotional development of gifted children, adolescents, and adults*. Scottsdale, AZ: Great Potential Press.
Darling, K. & Wise, B. (2015). Unclipping their wings: How to free gifted children from having to compensate for sensory issues, pragmatic deficits, and an overactive immune system. Presented at Supporting Emotional Needs of Gifted Conference, Denver, July 26.
Dauber, S. L. & Benbow, C. P. (1990). Aspects of personality and peer relations of extremely talented adolescents. *Gifted Child Quarterly, 34*(1), 10-14.
Davidson, J., Davidson, B., & Vanderkam, L. (2004). *Genius denied: How to stop wasting*

our brightest young minds. New York: Simon & Schuster.
Davis, J. L. (2010). *Bright, talented, and black: A guide for families of African American learners*. Scottsdale, AZ: Great Potential Press.
Day, P. & Gale, S. (2004). *Edgar Cayce on the Indigo Children: Understanding psychic children*, Virginia Beach, VA: A.R.E. Press.
Delisle, J. R. (1986). Death with honors: Suicide among gifted adolescents. *Journal of Counseling and Development, 64*(9), 558-560.
Delisle, J. R. (1999). *Once upon a mind: The stories and scholars of gifted education*. Belmont, CA: Wadsworth.
Delisle, J. R. (2014). *Dumbing down America: The war on our nation's brightest minds (and what we can do to fight back)*. Waco, TX: Prufrock Press.
Delisle, J. R. (2015). Shock and Awe: Mass Murderers among Gifted Youth. Presented at the Annual Conference of the Illinois Association for Gifted Children, Naperville, IL, Feb 9.
DeVries, A. R. & Webb, J. T. (2006). *Gifted parent groups: The SENG model*, 2nd ed. Scottsdale, AZ: Great Potential Press.
Diaz-Asper, C. M., Schretlen, D. J., Pearlson, G. D. (2004). How well does IQ predict neuropsychological test performance in normal adults? *Journal of the International Neuropsychological Society, 10*(1), 82-90.
Dionne-Dostie, E., Paquette, N., Lassonde, M., & Gallagher, A. (2015). Multisensory integration and child neurodevelopment. *Brain Sciences, 5*(1) 32-57.
Dobbins, M. (2007). Nonverbal learning disabilities and sensory processing disorders. *Psychiatric times, 24*(9), 14-14.
Dodrill, C. B. (1997). Myths of neuropsychology. *The Clinical Neuropsychologist, 11*(1), 1-17.
Donaldson, Z. R. & Young, L. J. (2008). Oxytocin, vasopressin, and the neurogenetics of sociality. *Science, 322*(5903), 900-904.
Doyle, A. E. (2006). Executive functions in attention deficit/hyperactivity disorder. *The Journal of Clinical Psychiatry, 67* (suppl 8), 21-26.
Douglas, V. I. & Parry, P. A. (1994). Effects of reward and nonreward on frustration and attention in Attention-Deficit Disorder. *Journal of Abnormal Child Psychology, 22*, 281-302.
Dudova, I., Kocourkova, J., & Koutek, J. (2015). Early-onset anorexia nervosa in girls with Asperger Syndrome. *Neuropsychiatric Disease Treatment, 11*, 1639-1643. Doi: 10.2147/NDT.S83831.
Dweck, C. (2007). *Mindset: The new psychology of success*. New York: Ballantine.
Egeland, J. A. & Hostetter, A. M. (1983). Amish study: I. Affective disorders among the Amish, 1976-1980. *American Journal of Psychiatry, 140*(1), 56-61.
Eide, B. & Eide, F. (2009). *Understanding gifted children: "Brains on fire."* Edmonds, WA: Eide Neurolearning.
Eide, B. & Eide, F. (2011), *The dyslexic advantage: Unlocking the hidden potential of the dyslexic brain*. New York: Plume.
Erickson, L. (2011a). *Perfectionism: From the Inside Out or the Outside In?* http://talentdevelop.com/articlelive/articles/1163/1/Perfectionism—From-the-inside-out-or-the-outside-in/Page1.html
Erickson, L. (2011b). *Coming Out Gifted*. http://talentdevelop.com/articlelive/articles/1144/1/Coming-out-Gifted/Page1.html
Ericsson, K. A., Krampe, R. T. & Tesch-Römer, C. (1993). The role of deliberate practice in the acquisition of expert performance. *Psychological Review, 100*(3), 363-406.

Ersche, K. D., Turton, A. L., Pradham, S., Bullmore, E. T., & Robbins, T. W. (2010). Drug addiction endophenotypes: Impulsive versus sensation-seeking personality types. *Biological Psychiatry, 68*(8), 770-773. doi:10.1016/j.biopsych.2010.06.015.

Farley, F. (1991). The type T personality. In L. P. Lipsett & L. L Mitnick (Eds.), *Self-regulatory behavior and risk taking: Causes and consequences* (pp. 371-382). Norwood, NJ: Ablex.

Fasano, A., Sapone, A., Zevallo, V. F., & Schuppan, D. (2015). Non-celiac gluten sensitivity. *Gastroenterology, 148*(6), 1195-1204.
https://www.researchgate.net/publication/270825459_Non-celiac_Gluten_Sensitivity

Feifer, S. & DeFina, P. (2005). *The Neuropsychology of Mathematics: Diagnosis and Intervention*. Middletown, MD: School Neuropsych Press, LLC.

Ferri, M., Amato, L., & Davoli, M. (2006). Alcoholics Anonymous and other 12-step Programmes for alcohol dependence. *The Cochrane Library,* (3): CD005032.

Fichten, C. S., Libman, E., Creti, L., Bailes, S., & Sabourin, S. (2004). Long sleepers sleep more and short sleepers sleep less: A comparison of older adults who sleep well. *Behavioral Sleep Medicine, 2*(1), 2-23.

Fiedler, E. D. (2015). *Gifted adults: Uniqueness and belongingness across the lifespan*. Tucson, AZ: Great Potential Press.

Findling, R. L., Kowatch, R. A., & Post, R. M. (2002). *Pediatric Bipolar Disorder*. New York: CRC Press.

Fine, J. G., Semrud-Clikeman, M., Bledsoe, J., & Hasson, R. (2010). Meta-analysis of the NVLD empirical literature: Scientific rigor of extant research. *Clinical Neuropsychologist, 24*(5), 929-929.

Fine, J. G., Semrud-Clikeman, M., Bledsoe, J. C., & Musielak, K. A. (2013). A critical review of the literature on NLD as a developmental disorder. *Child Neuropsychology, 19*(2), 190-223.

Foley-Nicpon, M., Allmon, A., Sieck, B., & Stinson, R. D. (2011). Empirical investigation of twice-exceptionality: Where have we been and where are we going? *Gifted Child Quarterly,* 55, 3-17.

Foley-Nicpon, M., Assouline, S. G., & Colangelo, N. (2013, July). Twice-Exceptional Learners: Who Needs to Know What? *Gifted Child Quarterly, 57*(3), 169-180.

Ford, D. Y. (2011). *Multicultural gifted education*, 2nd ed. Waco, TX: Prufrock Press.

Ford, D. Y., Moore, J. L., III, & Whiting, G. W (2006). Eliminating deficit orientations: Creating classrooms and curriculums for gifted students from diverse cultural backgrounds. In M. G. Constantine & D. W. Sue (Eds.), *Addressing racism: Facilitating cultural competence in mental health and educational settings* (pp. 173-193). Hoboken, NJ: Wiley.

Fornia, G. L. & Frame, M. W. (2001). The social and emotional needs of gifted children: Implications for family counseling. *The Family Journal, 9*(4), 384-390.

Forrest, B. J. (2004). The utility of math difficulties, internalized psychopathology, and visual-spatial deficits to identify children with the nonverbal learning disability syndrome: evidence for a visual-spatial disability. *Child Neuropsychology, 10*(2), 129-146.

Fox, L. H. (1976). Identification and program planning: Models and methods. In D. P. Keating (Ed.), *Intellectual talent: Research and development* (pp. 32-54). Baltimore: Johns Hopkins University Press.

Fox, L. J., Brody, L., & Tobin, D. (1983). *Learning-disabled/gifted children: Identification and programming*. University Park Press.

Frances, A. (2013). *Saving Normal: An Insider's Revolt Against Out-of-Control Psychiatric*

Diagnosis, DSM-5, Big Pharma, and the Medicalization of Ordinary Life. New York: Morrow.
Frances, A. (2016). Keith Conners, Father of ADHD, Regrets Its Current Misuse. http://www.huffingtonpost.com/allen-frances/keith-conners-father-of-adh-d_b_9558252.html
Frankl, V. E. (1963). *Man's search for meaning: An introduction to logotherapy.* Boston: Beacon Press.
Freed, J. & Parsons, L. (1997). *Right-brained children in a left-brained world: Unlocking the potential of your ADD child.* New York: Simon & Schuster.
Freeman, J. (2008) The emotional development of the gifted and talented, Conference proceedings. *Gifted and Talented Provision,* London: Optimus Educational. http://joanfreeman.com/pdf/free_emotionaldevelopment.pdf
Fuchs, D. & Fuchs, L. S. (2006). Introduction to response to intervention: What, why, and how valid is it? *Reading Research Quarterly, 41*(1), 93-99.
Fuchs, D., Mock, D., Morgan, P. L., & Young, C. L. (2003). Responsiveness-to-intervention: Definitions, evidence, and implications for the learning disabilities construct. *Learning Disabilities Research & Practice, 18*(3), 157-171.
Fulton, B. D., Schefler, R. M., & Hinshaw, S. P. (2015). State Variation in Increased ADHD Prevalence: Links to NCLB School Accountability and State Medication Laws, *Psychiatric Services, 66*(10), 1074-1082.
Gagné, F. (1991). Toward a differentiated model of giftedness and talent. In N. Colangelo & G. A. Davis (Eds.), *Handbook of gifted education* (pp. 65-80). Boston: Allyn & Bacon.
Gallagher, J. & Harradine, C. C. (1997). Gifted students in the classroom. *Roeper Review, 19*(3), 132-136.
Gallagher, S. A. (1990). Personality patterns on the gifted. *Understanding Our Gifted, 3,* 11-13.
Gardner, H. (1983). *Frames of mind: The theory of multiple intelligences.* New York: Basic Books.
Gardynik, U. M. & McDonald, L. (2005). Implications of risk and resilience in the life of the individual who is gifted/learning disabled. *Roeper Review, 27*(4), 206-214.
Garfield, C. F., Dorsey, E. R., Zhu, S., Huskamp, H. A., Conti, R, Dusetzina, S. B., Higashi, A., Perrin, J. M., Kornfield, R., & Alexander, G. C. (2012). Trends in attention deficit hyperactivity disorder ambulatory diagnosis and medical treatment in the United States, 2000-2010. *Academic Pediatrics, 12*(2), 110-116.
Garnett, M. S. & Attwood, A. J. (1998). The Australian scale for Asperger's Syndrome. In *Asperger's syndrome: A guide for parents and professionals.* London: Jessica Kingsley.
Garnier-Dykstra, L. M., Caldeira, K. M., Vincent, K. B., O'Grady, K. E., & Arria, A. M. (2012). Nonmedical use of prescription stimulants during college: Four-year trends in exposure opportunity, use, motives, and sources. *Journal of American College Health, 60*(3), 226-234.
Garrison, C. Z., Addy, C. L., Jackson, K. L., McKeown, R. E., & Waller, J. L. (1992). Major depressive disorder and dysthymia in young adolescents. *American Journal of Epidemiology, 135*(7), 792-802.
Geake, J. G. (2000). *Gifted education: Why all the fuss? An evolutionary speculation.* Paper presented to the Department of Learning and Educational Development, The University of Melbourne, April, 14, 2000.
Geake, J. G. (2004a). *Intellectual envy of academically gifted students.* Plenary address,

Biennial Wallace National Research Symposium on Talent Development, University of Iowa, May 2004.

Geake, J. G. (2004b). Personal communication.

Geake, J. G. & Gross, M. U. (2008). Teachers' negative affect toward academically gifted students an evolutionary psychological study. *Gifted Child Quarterly, 52*(3), 217-231.

Geddes, K. A. (2011). Academic Dishonesty among Gifted and High-Achieving Students. *Gifted Child Today, 34*(2), 50-56.

Geiger, A., Achermann, P., & Jenni, O. G. (2010). Association between sleep duration and intelligence scores in healthy children. *Developmental Psychology, 46*(4), 949-954.

Geller, B. (1995). Complex and rapid cycling in Bipolar children and adolescents: A preliminary study. *Journal of Affective Disorders, 34*, 259-268.

Geller, B. & Luby, J. (1997). Child and adolescent Bipolar Disorder: A review of the past 10 years. *Journal of the American Academy of Child and Adolescent Psychiatry, 36*(9), 1168-1176.

Gere, D. R., Capps, S. C., Mitchell, D. W., & Grubbs, E. (2009). Sensory sensitivities of gifted children. *American Journal of Occupational Therapy, 64*(3), 288-295.

Germolec, D., Kono, D. H., Pfau, J. C., & Pollard, K. M. (2012). Animal models used to examine the role of the environment in the development of autoimmune disease: findings from an NIEHS Expert Panel Workshop. *Journal of autoimmunity, 39*(4), 285-293. http://www.ncbi.nlm.nih.gov/pmc/articles/PMC3465484/

Geshwin, N. & Galaburda, A. M. (1987). *Cerebral lateralization.* Cambridge, MA: MIT Press.

Gesundheit, B., Rosenzweig, J. P., Naor, D., Lerer, B., Zachor, D. A., Procházka, V., ... & Hwang, P. (2013). Immunological and autoimmune considerations of autism spectrum disorders. *Journal of autoimmunity, 44*, 1-7. http://www.preventmiscarriage.com/documents/immunological-considerations.pdf

Ghodse, A. H. (1999). Dramatic increase in methylphenidate consumption. *Current Opinion in Psychiatry, 12*(3), 265-268.

Gignac, G. E., Stough, C., & Loukomitis, S. (2004). Openness, intelligence, and self-report intelligence. *Intelligence, 32*(2), 133-143.

Gilliam, J. E. (2001). *Gilliam Asperger's Disorder Scale.* Austin, TX: PRO-ED.

Gilman, B. J. (2008). *Academic advocacy for gifted children: A parent's complete guide.* Scottsdale, AZ: Great Potential Press.

Gilman, B. J., Lovecky, D. V., Kearney, K., Peters, D. B., Wasserman, J. D., Silverman, L. K., Postma, M. G., Robinson, N. M., Amend, E. R., Ryder-Schoeck, M., Curry, P. H., Lyon, S. K., Rogers, K. B., Collins, L. E., Charlebois, G. M., Harsin, C. M., & Rimm, S. B. (2013, September). Critical Issues in the Identification of Gifted Students with Co-Existing Disabilities. *SAGE Open Space,* 1-16. http://sgo.sagepub.com/content/3/3/2158244013505855.full-text.pdf+html

Gladwell, M. (2008). *Outliers: the story of success.* New York: Back Bay Books.

Gnaulati, E. (2013). *Back to normal: Why ordinary childhood behavior is mistaken for ADHD, bipolar disorder, and autism spectrum disorder.* Boston: Beacon Press.

Goertzel, V., Goertzel, M. G., Goertzel, T. G., & Hansen, A. M. W. (2003). *Cradles of eminence: Childhoods of more than 700 famous men and women.* Scottsdale, AZ: Great Potential Press.

Goldberg, E. (1994). Cognitive novelty. *Neurosciences, 6,* 371-378.

Goldberg, E. (2001). *The executive brain: Frontal lobes and the civilized mind.* New York: Oxford University Press.

Goldin, G. A. (2004). Problem solving heuristics, affect, and discrete mathematics. *ZDM, 36*(2), 56-60.
Goldstein, L. H. & McNeil, J. E. (2004). *Clinical neuropsychology: A practical guide to assessment and management for clinicians*. Hoboken, NJ: Wiley-Blackwell.
Goldstein, L. H. & Naglieri, J. A. (2012). *Autism Spectrum Rating Scales (ASRS)*. Los Angeles, CA: Western Psychological Services.
Goldstein, L. H., Naglieri, J. A., & Ozonoff, S. (2009). *Assessment of autism spectrum disorders*. New York: Guilford.
Gorrindo, P., Williams, K. C., Lee, E. B., Walker, L. S., McGrew, S. G., & Levitt, P. (2012) Gastrointestinal dysfunction in autism: parental report, clinical evaluation, and associated factors. *Autism Research, 5*, 101-108.
Grandin, T. (1996). *Thinking in pictures: My life with autism*. New York: Vintage Press.
Grant, D. A. & Van Dongen, H. P. (2013). Individual differences in sleep duration and responses to sleep loss. *The Genetic Basis of Sleep and Sleep Disorders*, (189-196). New York: Cambridge University Press.
Grantham, T. C. (2012). Eminence-focused gifted education: Concerns about forward movement void of an equity vision. *Gifted Child Quarterly*, October, *56*(4), 215-220.
Green, P. & Josey, F. (2002). The use of an earplug to increase speech comprehension in a subgroup of children with learning disabilities: An experimental treatment. *Applied Neuropsychology, 9*(1), 13-22.
Grobman, J. (2009). A psychodynamic psychotherapy approach to the emotional problems of exceptionally and profoundly gifted adolescents and adults: A Psychiatrist's experience. *Journal for the Education of the Gifted, 33*(1), 106-125.
Groesz, L. M., Levine, M. P., & Murnen, S. K. (2002). The effect of experimental presentation of thin media images on body satisfaction: A meta-analytic review. *International Journal of Eating Disorders, 31*(1), 1-16.
Gross, M. U. M. (2000a). Issues in the cognitive development of exceptionally and profoundly gifted individuals. *International handbook of giftedness and talent* (pp. 179-192). Oxford, UK: Pergamon Press.
Gross, M. U. M. (2000b). Exceptionally and profoundly gifted students: An underserved population. *Understanding Our Gifted. 12*, 3-9.
http://www.hoagies-gifted.org/underserved.htm
Gross, M. U. M. (2002). "Play Partner" or "Sure Shelter": What Gifted Children Look for in Friendship. *SENG Newsletter*. May 2(2).
Gross, M. U. M. (2006). Exceptionally gifted children: Long-term outcomes of academic acceleration and nonacceleration. *Journal for the Education of the Gifted, 29*(4), 404-429.
Gross, M., & Van Vliet, H. (2005), Radical acceleration and early entrance to college: A review of the research. *Gifted Child Quarterly, 49*(2), 154-171
Guarner, F., Bourdet-Sicard, R., Brandtzaeg, P., Gill, H. S., McGuirk, P., van Eden, W., Versalovic, J., Weinstock, J. V., & Rook, G. A. W., (2006). Mechanisms of disease: the hygiene hypothesis revisited. *Nature Clinical Practice Gastroenterology & Hepatology 3*(5), 275-284.
Guénolé, F., Louis, J., Creveuil, C., Baleyte, J. M., Montlahuc, C., Fourneret, P., & Revol, O. (2013). Behavioral profiles of clinically referred children with intellectual giftedness. *BioMed Research International, 2013*. Article ID 540153,
http://dx.doi.org/10.1155/2013/540153
Guénolé, F., Speranza, M., Louis, J., Fourneret, P., Revol, O., & Baleyte, J. M. (2015). Wechsler profiles in referred children with intellectual giftedness: Associations with

trait-anxiety, emotional dysregulation, and heterogeneity of Piaget-like reasoning processes. *European Journal of Paediatric Neurology, 19*(4), 402-410.

Guenther, A. (1995). *What Educators and Parents Need to Know about...ADHD, Creativity, and Gifted Students.* Storrs, CT: National Research Center on the Gifted and Talented.

Haier, R. J. (1992). Intelligence and changes in regional cerebral glucose metabolic rate following learning. *Intelligence, 16*(3-4), 415-426.

Haier, R. J. (2009, Nov/Dec). What does a smart brain look like? *Scientific American Mind, 20*(6), 26-33.

Haier, R. J., Siegel, B. V., Maclachlan, A., Soderling, E., Lottenberg, S., & Buchsbaum, M. S. (1992). Regional glucose metabolic changes after learning a complex visuospatial/motor task: A positron emission tomographic study. *Brain Research, 570*(1-2), 134-143.

Hallowell, E. M. & Ratey, J. J. (1994). *Driven to distraction: Recognizing and coping with attention deficit disorder from childhood through adulthood.* New York: Simon & Schuster.

Halsted, J. W. (2009). *Some of my best friends are books: Guiding gifted readers from preschool through high school* (3rd ed.). Scottsdale, AZ: Great Potential Press.

Harrison, G. E. & Van Haneghan, J. P. (2011). The gifted and the shadow of the night: Dabrowski's overexcitabilities and their correlation to insomnia, death anxiety, and fear of the unknown. *Journal for the Education of the Gifted, 34*(4), 669-697.

Hartnett, D. N., Nelson, J. M., & Rinn, A. N. (2004). Gifted or ADHD? The possibilities of misdiagnosis. *Roeper Review, 26*(2), 73-76.

Haskell, S. H. (2000). The determinants of arithmetic skills in young children: Some observations. *European Child and Adolescent Psychiatry, 9*(2), 1177-1186.

Hatch, S. L., Jones, P. B., Kuh, D., Hardy, R., Wadsworth, M. E. J., & Richards, M. (2007). Childhood cognitive ability and adult mental health in the British 1946 birth cohort. *Social Science & Medicine, 64,* 2285-2296.

Hayden, T. (1985). *Reaching out to the gifted child: Roles for the health care professions.* New York: American Association for Gifted Children.

Hayes, M. L. & Sloat, R. S. (1989). Gifted students at risk for suicide. *Roeper Review, 12*(2), 1-2-17.

Hazan, C. & Shaver, P. R. (1994). Attachment as an organizational framework for research on close relationships. *Psychological Inquiry, 5,* 1-22. doi:10.1207/s15327965pli0501_1

Heath, A. C., Madden, P. A. F., Bucholz, K. K., Bierut, L. J., Whitfield, J. B., Dinwiddie, S. H., Slutske, W. S., Stratham, D. B., & Martin, N. G. (2001). Towards a molecular epidemiology of alcohol dependence: Analysing the interplay of genetic and environmental risk factors. *The British Journal of Psychiatry, 178*(40), s33-s40.

Hébert, T. P. (2002). Gifted males. In M. Neihart, S. M. Reis, N. M. Robinson, & S. M. Moon (Eds.), *The social and emotional development of gifted children* (pp. 137-144). Waco, TX: Prufrock Press.

Hébert, T. P. (2010). *Understanding the social and emotional lives of gifted students.* Waco, TX: Prufrock Press.

Henderson, L. & Ebner, F. (1997). The biological basis for early intervention with gifted children. *Peabody Journal of Education, 72*(3-4), 59-80.

Henquet, C., Murray, R., Linszen, D., & van Os, J. (2005). The environment and schizophrenia: the role of cannabis use. *Schizophrenia bulletin, 31*(3), 608-612.

Hertz-Picciotto, I., Cassady, D., Lee, K., Bennett, D. H., Ritz, B., & Vogt, R. (2010). Study of Use of Products and Exposure-Related Behaviors (SUPERB); study design, methods, and demographic characteristics of cohorts. *Environmental Health, 9*(1). http://www.ncbi.nlm.nih.gov/pmc/articles/PMC2940867/

Hicks, C. B. & Tharpe, A. M. (2002). Listening effort and fatigue in school-age children with and without hearing loss. *Journal of Speech, Language, and Hearing Research, 45*(3), 573-584.

Hildreth, G. H. (1966). *Introduction to the gifted.* New York: McGraw-Hill.

Hinshaw, S. P. & Ellison, K. (2016). *ADHD: What Everyone Needs to Know.* New York: Oxford University Press.

Hirano, Y., Obata, T., Kashikura, K., Nonaka, H., Tachibana, A., Ikehira, H., & Onozuka, M. (2008). Effects of chewing in working memory processing. *Neuroscience Letters, 436*(2), 189-192.

Hishinuma, E. S. (1993). Counseling gifted/at risk and gifted/dyslexic youngsters. *Gifted Child Today, 16*(1), 30-33.

Hoehn, L. & Birley, M. K. (1988). Mental process preferences of gifted children. *Illinois Council for the Gifted Journal, 7,* 28-31.

Hollinger, C. L. & Kosek, S. (1986). Beyond the use of full-scale IQ scores. *Gifted Child Quarterly, 30*(2), 74-77.

Hollingworth, L. S. (1926). *Gifted children: Their nature and nurture.* New York: Mac-Millan.

Hollingworth, L. S. (1975). *Children above 180 IQ. Stanford-Binet origin and development.* New York: Arno Press. (Reprint of 1942 edition)

Horowitz, F. D. & O'Brien, M. (1985). *The gifted and talented: Developmental perspectives.* Washington, DC: American Psychological Association.

Houlihan, J., Kropp, T., Wiles, R., Gray, S., & Campbell, C. (2005). *Body Burden: The Pollution in Newborns: A Benchmark Investigation of Industrial Chemicals, Pollutants, and Pesticides in Umbilical Cord Blood.* http://www.ewg.org/research/body-burden-pollution-newborns

Hsiao, E. Y. (2014). Gastrointestinal issues in autism spectrum disorder. *Harvard review of psychiatry, 22*(2), 104-111. http://www.poo.caltech.edu/static/pdf/Gastrointestinal_Issues_in_Autism_Spectrum.5.pdf

Huebner, D. (2007). *What to do When Your Brain Gets Stuck: A Kid's Guide to Overcoming OCD.* Washington, DC: Magination Press.

Hymel, S., Rubin, K. H., Rowden, L., & LeMare, L. (1990). Children's peer relationships: Longitudinal prediction of internalizing and externalizing problems from middle to late childhood. *Child Development, 61*(6), 2004-2021.

Ilardi, S. S., Craighead, W. E., & Evans, D. D. (1997). Modeling relapse in unipolar depression: The effects of dysfunctional cognitions and personality disorders. *Journal of Consulting and Clinical Psychology, 65*(3), 381-391.

INSERM (2005). Conduct Disorder in Children and Adolescents. http://www.ncbi.nlm.nih.gov/books/NBK7133/

Jacobsen, M. E. (1999). *Liberating everyday genius: A revolutionary guide for identifying and mastering your exceptional gifts.* New York: Ballantine.

Jamison, K. R. (1996). *Touched with fire: Manic depressive illness and the artistic temperament.* New York: Simon and Schuster.

Janos, P. M. & Robinson, N. M. (1985). Psychosocial development in intellectually gifted children. In F. D. Horowitz & M. O'Brien (Eds.), *The gifted and talented: Developmental Perspectives* (pp. 149-196). Washington, DC: American Psychological Associa-

tion.
Jensen, A. R. (2004). Personal communication.
Johnson, W., Hicks, B. M., McGue,, M., & Iacono, W. G. (2009). How intelligence and education contribute to substance use: Hints from the Minnesota Twin Family Study. *Intelligence, 37*(6), 613–624.
Jung, C. G. (1989). *Memories, dreams, reflections.* New York; Vintage.
Kanazawa, S. & Hellberg, J. E. E. U. (2010, December). Intelligence and substance abuse. *Review of General Psychology, 14*(4), 382–396.
Kaplan, C. (1992). Ceiling effects in assessing high-IQ children with the WPPSI-R. *Journal of Clinical Child Psychology, 21*(4), 403–406.
Karnes, M. B. & Johnson, L. J. (1986). Identification and assessment of gifted/talented handicapped and non-handicapped children in early childhood: Special Issue: Intellectual giftedness in young children: Recognition and development. *Journal of Children in Contemporary Society, 18*(3–4), 35–54.
Karpinski, R. I., Kolb A. M., Tetreault N. A., & Borowski, T. (2016). High Cognitive Ability as a Risk Factor for Immune Dysregulation. In preparation.
Katz, J., Medwestky, L., Burkard, R., & Hood, L. (Eds.) (2009). *Handbook of clinical audiology Sixth Ed.* Philadelphia, PA: Lippincott Williams & Wilkins.
Kaufman, S. B. (2013). Beautiful minds: The real link between creativity and mental illness.
http://blogs.scientificamerican.com/beautiful-minds/2013/10/03/the-real-link-between-creativity-and-mental-illness/
Kaufman, S. B. & Gregoire, C. (2015). *Wired to create: Understanding the mysteries of the creative mind.* New York: TarcherPerigree.
Kaufmann, F. A. (1992). What educators can learn from gifted adults. In F. Monks & W. Peters (Eds.), *Talent for the future* (pp. 38–46). Maastricht, The Netherlands: Van Gorcum.
Kaufmann, F. A., Kalbfleisch, M. L., & Castellanos, F. X. (2000). *Attention-Deficit Disorders and gifted students: What do we really know?* Storrs, CT: The National Research Center on the Gifted and Talented.
Kay, K. (Ed.). (2000). *Uniquely gifted: Identifying and meeting the needs of the twice-exceptional student.* Gilsum, NH: Avocus.
Kelly, W. E., Kelly, K. E., & Clanton, R. C. (2001). The Relationship between Sleep Length and Grade-Point Average among College Students. *College Student Journal, 35*(1), 84–86.
Kennedy, D. M. & Banks, R. S. (2011). *Bright not broken: Gifted kids, ADHD, and Autism.* New York: Wiley.
Kernberg, O. (1993). *Severe personality disorders: Psychotherapeutic strategies.* New Haven, CT: Yale University Press.
Kerr, B. A. (1997). *Smart girls: A new psychology of girls, women, and giftedness.* Scottsdale, AZ: Great Potential Press.
Kerr, B. A. & Cohn, S. J. (2001). *Smart boys: Giftedness, manhood, and the search for meaning.* Scottsdale, AZ: Great Potential Press.
Kerr, B. A. & Robinson-Kurpius, S. E. (2004). Encouraging talented girls in math and science: Effects of a guidance intervention. *High Ability Studies, 15*(1), 85–102.
Kerr, B. A. & McKay, R. (2014). *Smart girls in the 21st century: Understanding talented girls and women.* Tucson, AZ: Great Potential Press.
Kerr, B. A. & Multon, K. D. (2015). The development of gender identity, gender roles, and gender relations in gifted students. *Journal of Counseling & Development, 93*(2),

183-191.
Khoury, L., Tang, Y. L., Bradley, B., Cubells, J. F., & Ressler, K. J. (2010). Substance abuse, childhood traumatic experience, and posttraumatic stress disorder in an urban civilian population. *Depression and Anxiety, 27*(12), 1077-1086.
Kitano, M. K. (1990). Intellectual abilities and psychological intensities in young children: Implications for the gifted. *Roeper Review, 13*(1), 5-10.
Klein, A. (2002). *A forgotten voice: A biography of Leta Stetter Hollingworth.* Scottsdale, AZ: Great Potential Press.
Klerman, G. L. & Weissman, M. M. (1989). Increasing rates of depression. *Journal of the American Medical Association, 261*(15), 2229-2235.
Klerman, G. L., Weissman, M. M., Rounsaville, B. J., & Chevron, E. S. (1984). *Interpersonal psychotherapy of depression: A brief, focused, specific strategy.* London: Jason Aronson.
Klin, A., Volkmarr, F., & Sparrow, S. S. (Eds.) (2000). *Asperger Syndrome.* New York: Guilford Press.
Kolata, G. (1987). Early signs of school age IQ. *Science, 23,* 774-775.
Koob, G. F. (2008). A role for brain stress systems in addiction. *Neuron, 59*(1), 11-34.
Koob, G. F. & Volkow, N. D. (2010). Neurocircuitry of addiction. *Neuropsychopharmacology. 35*(1), 217-238.
Kostro, K., Lerman, J. D., & Attia, E. (2014). The current status of suicide and self-injury in eating disorders: A narrative review. *Journal of Eating Disorders, 2*(19). DOI: 10.1186/s40337-014-0019-x.
Kovacs, M. & Devlin, B. (1998). Internalizing disorders in childhood. *Journal of Child Psychology and Psychiatry, 39,* 47-63.
Kovacs M. & Gastonis, C. (1994). Secular trends in age at onset of major depression disorder in a clinical sample of children. *Journal of Psychiatric Research, 28*(3), 319-329.
Koziol, L. F., Budding, D. E., & Chidekel, D. (2010). Adaptation, expertise, and giftedness: towards an understanding of cortical, subcortical, and cerebellar network contributions. *The Cerebellum, 9*(4), 499-529.
Koziol, L. F., Budding, D. E., & Chidekel, D. (2011). Sensory integration, sensory processing, and sensory modulation disorders: Putative functional neuroanatomic underpinnings. *The Cerebellum, 10*(4), 770-792.
Koziol L., Budding D., & Chidekel D. (2013). *ADHD as a model of brain-behavior relationships.* New York: Springer.
Krajewski, K. & Schneider, W. (2009). Exploring the impact of phonological awareness, visual-spatial working memory, and preschool quantity-number competencies on mathematics achievement in elementary school: Findings from a 3-year longitudinal study. *Journal of Experimental Child Psychology, 103*(4), 516-531.
Kranowitz, C. S. (2005). *The out-of-sync child: Recognizing and coping with sensory processing disorder, 2nd ed.* New York: Perigree.
Kubicka, L., Matejcek, Z., Dytrych, Z., & Roth, Z. (2001). IQ and personality traits assessed in childhood as predictors of drinking and smoking behaviour in middle aged adults: A 24-year follow-up study. *Addiction, 96,* 1615-1628.
Kuendig, H. & Kuntche, E. (2006). Family bonding and adolescent alcohol use: Moderating effects of living with excessive drinking parents. *Alcohol and Alcoholism, 41*(4), 464-471.
Kuntsche, E., van der Vorst, H., & Engles, R. (2009). The earlier the more? Differences in the links between age at first drink and adolescent alcohol use and related problems according to quality of parent-child relationships. *Journal for the Study of*

Alcohol and Drugs, 70(3), 346-354.

Kuzujanakis, M. (2011). Where Does a Pediatric Doctor Fit in the Care of Gifted Children? http://sengifted.org/archives/articles/where-does-a-pediatric-doctor-fit-in-the-care-of-gifted-children

Kvam, M. H., Loeb, M., & Tambs, K. (2007). Mental health in deaf adults: symptoms of anxiety and depression among hearing and deaf individuals. *Journal of Deaf Studies and Deaf Education, 12*(1), 1-7.

Labrie, J. W. & Sessoms, A. E. (2012). Parents still matter: The role of parental attachment in risky drinking among college students. *Journal of Child & Adolescent Substance Abuse, 21*(1), 91-104.

Ladd, G. W. & Coleman, C. C. (1997). Children's classroom peer relationships and early school attitudes: Concurrent and longitudinal associations. *Early Education and Development, 8*(1), 51-66.

Lahey, B. B., Miller, T. L., Gordon, R. A., & Riley, A. W. (1999). Developmental epidemiology of the disruptive behavior disorders. In H. C. Quay & A. E. Hogan (Eds.), *Handbook of disruptive behavior disorders* (pp. 23-48). New York: Plenum Press.

Large, M., Sharma, S., Compton, M. T., Slade, T., & Nielssen, O. (2011). Cannabis use and earlier onset of psychosis: a systematic meta-analysis. *Archives of General Psychiatry, 68*(6), 555-561.

Lawler, B. (2000). Gifted or ADHD: Misdiagnosis? *Understanding Our Gifted, 13*(1), 16-18.

Leach, P. (2001). *Your growing child: From babyhood through adolescence.* New York: Knopf.

Lederman, J., & Fink, C. (2003). *The ups and downs of raising a bipolar child: A survival guide for parents.* New York: Touchstone.

Ledgin, N. (2000). *Diagnosing Jefferson: Evidence of a condition that guided his beliefs, behavior, and personal associations.* Arlington, TX: Future Horizons.

Ledgin, N. & Grandin, T. (2000). *Asperger's and self-esteem: Insight and hope through famous role models.* Arlington, TX: Future Horizons.

Lee, K. M. & Olenchak, F. R. (2014). Individuals with gifted/attention deficit/hyperactivity disorder diagnosis: Identification, performance, outcomes, and interventions. *Gifted Education International, 31*(3), 185-199.

Lee, S. Y, Olszewski-Kubilius, P, & Thompson, D. T. (2012). Academically gifted students perceived interpersonal competence and peer relationships. *Gifted Child Quarterly, 56*(2), 90-104

Lencioni, P. M. (2004). *Death by meeting: A leadership fable...about solving the most painful problem in business.* San Francisco: Jossey-Bass.

Lerner, A., Jeremias, P., & Matthias, T. (2015). The World Incidence and Prevalence of Autoimmune Diseases is Increasing. *International Journal of Celiac Disease, 3*(4), 151-155. http://pubs.sciepub.com/ijcd/3/4/8

Leroux J. A. & Levitt-Perlman, M. (2000). The gifted child with attention-deficit disorder: An identification and intervention challenge. *Roeper Review, 22*(3), 171-176.

Lewinsohn, P. M., Gotlib, I. H., & Seeley, J. R. (1995). Adolescent psychopathology: IV: Specificity of psychosocial risk factors for depression and substance abuse in older adolescents. *American Academy of Child & Adolescent Psychiatry, 34*(9), 1221-1229.

Liebenluft, E. (2011). Severe Mood Dysregulation, Irritability, and the Diagnostic Boundaries of Bipolar Disorder in Youths. American Journal of Psychiatry, *168*(2), 129-142.

Lind, S. (1993). Something to consider before referring for ADD/ADHD. *Counseling & Guidance, 4*, 1-3.
Lind, S. (1999). Fostering adult giftedness: Acknowledging and addressing affective needs of gifted adults. *CAG Communicator, 30*(3), 10-11.
Lind, S. (2000). Identity issues in intellectually/creatively gifted people: The coming out process: Identity development in gifted/gay students. Paper presented at the Henry B. & Jocelyn Wallace National Research Symposium on Talent Development, Iowa City, IA
Lind, S. (2001). Overexcitability and the gifted. *SENG Newsletter, 1*(1), 3-6. Retrieved from http://sengifted.org/overexcitability-and-the-gifted/
Lind, S. (2002). *Before referring a child for ADD/ADHD evaluation.* Retrieved from www.sengifted.org/articles_counseling/Lind
Little, C. (2002). Which is it? Asperger's Syndrome or giftedness? Defining the difference. *Gifted Child Today, 25*(1), 58-63.
Liu, Y. H., Lien, J., Kafka, T., & Stein, M. T. (2010). Discovering gifted children in pediatric practice. *Journal of Developmental & Behavioral Pediatrics, 26*(5), 366-369.
Lovecky, D. V. (1986, May). Can you hear the flowers singing? Issues for gifted adults. *Journal of Counseling and Development 64*(9), 590-592.
Lovecky, D. V. (2004). *Different minds: Gifted children with ADHD, Asperger Syndrome, and other learning deficits.* New York: Jessica Kingsley.
Lovett, B. J. (2010). On the Diagnosis of Learning Disabilities in Gifted Students: Reply to Assouline et al. (2010), *Gifted Child Quarterly*, 2011, 55: 149. Originally published online 31 January 2011.
Loving, T. J., Crockett, E. E., & Paxson, A. A. (2009). Passionate love and relationship thinkers: Experimental evidence for acute cortisol elevations in women. *Psychoneuroendocrinology, 34*(6), 939-946.
Lubinski, D. & Benbow, C. P. (2000). States of Excellence. *American Psychologist, 55*(1), 137-150.
Lubinski, D. & Benbow, C. P. (2001). Choosing excellence. *American Psychologist, 56*(1), 76-77.
Ludwig, A. M. (1995). *The price of greatness: Resolving the creativity and madness controversy.* New York: Guilford.
Lyall, K., Ashwood, P., Van de Water, J., & Hertz-Picciotto, I. (2014). Maternal immune-mediated conditions, autism spectrum disorders, and developmental delay. *Journal of autism and developmental disorders, 44*(7), 1546-1555. http://www.ncbi.nlm.nih.gov/pmc/articles/PMC4104679/
MacCabe, J. H., Lambe, M. P., Cnattingius, S., Sham, P. C., David, A. S., Reichenberg, A., & Hultman, C. M. (2010). Excellent school performance at age 16 and risk of adult bipolar disorder: national cohort study. *The British Journal of Psychiatry, 196*(2), 109-115.
Maggs, J. L., Patrick, M. E., & Feinstein, L. (2008). Childhood and adolescent predictors of alcohol use and problems in adolescence and adulthood in the National Child Development Study. *Addiction, 103* (s1), 7-22. doi:10.1111/j.1360-0443.2008.02173.x
Mahoney, A. S. (1998). In search of the gifted identity: From abstract concept to workable counseling constructs. *Roeper Review, 20*(3), 222-226.
Malone, D. T., Hill, M. N., & Rubino, T. (2010). Adolescent cannabis use and psychosis: epidemiology and neurodevelopmental models. *British journal of pharmacology, 160*(3), 511-522.

Malone, P. S., Brounstein, P. J., von Brock, A., & Shaywitz, S. S. (1991). Components of IQ scores across levels of measured ability. *Journal of Applied Social Psychology, 21,* 15-28.

Malow, B. A., Katz, T., Reynolds, A. M., Shui, A., Carno, M., Connolly, H. V., Coury, D., & Bennett, A. E. (2016). Sleep difficulties and medications in children with autism spectrum disorders: A registry study. *Pediatrics. 137*(S2), S98-S104. http://pediatrics.aappublications.org/content/pediatrics/137/Supplement_2/S98.full.pdf

March, J. S. & Benton, C. M. (2006). *Talking back to OCD: The program that helps kids and teens say "no way" — and parents say "way to go."* New York: Guilford.

Mariën, P. & Manto, M. (2016). *The Linguistic Cerebellum.* Waltham MA: Elsevier Inc.

Marland, S. (1972). *Education of the gifted and talented.* U.S. Commission on Education, 92nd Congress, 2nd Session. Washington, DC: USCPO.

Marsh, A. A., Yu, H. H., Pine, D. S., & Blair, R. J. R. (2010). Oxytocin improves specific recognition of positive facial expressions. *Psychopharmacology, 209*(3), 225-332.

Maupin, K. (2014). *Cheating, dishonesty, and manipulation: Why bright kids do it.* Tucson, AZ: Great Potential Press.

Maxwell, B. (1998, Spring). Diagnosis questions. *Highly Gifted Children, 12,* 1. (also at www.sengifted.org/articles_counseling/Maxwell_DiagnosisQuestions.shtml)

May, R. (1994). *The discovery of being: Writings in existential psychology* (reprint ed.). New York: W. W. Norton.

Mazzacco, M. (2005). Challenges in identifying target skills for math disability screening and intervention. *Journal of Learning Disabilities;* Jul/Aug; *38*(4), 318-323.

McClellan, J., Kowatch, R., & Findling, R. L. (2007). Practice parameter for the assessment and treatment of children and adolescents with bipolar disorder. *American Journal of the American Academy of Child and Adolescent Psychiatry, 46*(1), 107-125.

McCoach, D. B., Kehle, T. J., Bray, M. A., & Siegle, D. (2001). Best practices in the identification of gifted students with learning disabilities. *Psychology in the Schools, 38*(5), 403-411.

McKenzie, R. G. (2010). The insufficiency of Response to Intervention in identifying gifted students with learning disabilities. *Learning Disabilities Research & Practice, 25,* 161-168.

McWilliams, N. (1994). *Psychoanalytic diagnosis: Understanding personality structure in the clinical process.* New York: Guilford Press.

Mendaglio, S. (1993). Counseling gifted learning disabled: Individual and group counseling techniques. In L. K. Silverman (Ed.), *Counseling the gifted and talented* (pp. 131-149). Denver, CO: Love.

Mendaglio, S. (2008). *Dabrowski's theory of positive disintegration.* Scottsdale, AZ: Great Potential Press.

Miller, A. (1997). *The drama of the gifted child: The search for the true self* (rev. ed.). New York: Basic Books.

Mofield, E. L. & Peters, M. P. (2015). The Relationship Between Perfectionism and Overexcitabilities in Gifted Adolescents. *Journal for the Education of the Gifted, 38*(4), 405-427. 0162353215607324

Moon, S. M. (2002). Gifted children with Attention-Deficit/Hyperactivity Disorder. In M. Neihart, S. Reis, N. Robinson, & S. Moon (Eds.), *The social and emotional development of gifted children: What do we know?* (pp. 193-201). Washington, DC: National Association for Gifted Children.

Moon, S. M., Zentall, S. S., Grskovic, J. A., Hall, A., & Stormont, M. (2001). Emotional, social, and family characteristics of boys with AD/HD and giftedness: A comparative case study. *Journal for the Education of the Gifted, 24,* 207-247.
Moore, J. L., Ford, D. Y., & Milner, H. R. (2005). Recruitment is not enough: Retaining African American students in gifted education. *Gifted Child Quarterly, 49*(1), 51-67.
Mortensen, L. H., Sorensen, T. I. A., & Gronbaek, M. (2005). Intelligence in relation to later beverage preference and alcohol intake. *Addiction, 100,* 1445-1452.
Moss, H. B., Chen, C. M., & Yi, H. Y. (2007). Subtypes of alcohol dependence in a nationally representative sample. *Drug and Alcohol Dependence, 91*(2-3), 149-158.
Mrazik, M. & Dombrowski, S. C. (2010). The neurobiological foundations of giftedness. *Roeper Review, 32*(4), 224-234.
Mueller, T. I., Leon, A. C., Keller, M. B., Solomon, D. A., Endicott, J., Coryell, W., Warshaw, M., & Maser, J. D. (1999). Reoccurrence after recovery from major depressive disorder during 15 years of observational follow-up. *American Journal of Psychiatry, 156*(7), 1000-1006.
Mullet, D. R. & Rinn, A. N. (2015). Giftedness and ADHD: Identification, Misdiagnosis, and Dual Diagnosis. *Roeper Review, 37*(4), 195-207.
http://www.tandfonline.com/doi/abs/10.1080/02783193.2015.1077910.
Murray, G. & Johnson, S. L. (2010). The clinical significance of creativity in bipolar disorder. *Clinical psychology review, 30*(6), 721-732.
National Association for Gifted Children (2010). *Redefining Giftedness for a New Century: Shifting the Paradigm.*
https://www.nagc.org/sites/default/files/Position%20Statement/Redefining%20 Giftedness%20for%20a%20New%20Century.pdf
National Institute for Drug Abuse (2014). Drug Facts: High School and Youth Trends. https://www.drugabuse.gov/publications/drugfacts/high-school-youth-trends
Nauta, N. & Ronner, S. (2013). *Gifted workers hitting the target.* Aachen, Germany: Shaker Media.
Neihart, M. (1999). The impact of giftedness on psychological well-being: What does the empirical literature say? *Roeper Review, 22*(1), 10-17.
Neihart, M. (2000). Gifted children with Asperger's Syndrome. *Gifted Child Quarterly, 44*(4), 222-230.
Neihart, M. (2008). *Peak performance for smart kids: Strategies and tips for ensuring school success.* Waco, TX: Prufrock Press.
Neihart, M., Pfeiffer, S. L., & Cross, T. L (Eds.) (2015). *The social and emotional development of gifted children: What do we know?* (2nd ed.). Waco, TX: Prufrock.
Neihart, M., Reis, S. M., Robinson, N. M. & Moon, S. M. (2002). *The social and emotional development of gifted children: What do we know?* Waco, TX: Prufrock.
Nelson, B. & Rawlings, D. (2010). Relating schizotypy and personality to the phenomenology of creativity. *Schizophrenia Bulletin, 36*(2), 388-399.
Neumeister, K. S. (2015). Perfectionism in gifted students. In M. Neihart, S. L. Pfeiffer, & T. L. Cross (Eds.), *The social and emotional development of gifted children: What do we know?* (2nd ed.) (pp. 29-40). Waco, TX: Prufrock.
Nijmeijer, J. S., Minderaa, R. B., Buitelaar, J. K., Mulligan, A., Hartman, C. A., & Hoekstra, P. J. (2008). Attention-deficit/hyperactivity disorder and social dysfunctioning. *Clinical Psychology Review, 28*(4), 692-708.
Nolen-Hoeksema, S., Girgus, J., & Seligman, M. E. P. (1986). Learned helplessness in children: A longitudinal study of depression, achievement, and explanatory style. *Journal of Personality and Social Psychology, 51,* 435-442.

Nolen-Hoeksema, S., Girgus, J., & Seligman, M. E. P. (1992). Predictors and consequences of childhood depressive symptoms: A 5-year longitudinal study. *Journal of Abnormal Psychology, 101*(3), 405-422.

Oakley, B. (2008). *Evil genes: Why Rome fell, Hitler rose, Enron failed, and my sister stole my mother's boyfriend.* New York: Prometheus.

Okada, H., Kuhn, C., Feillet, H., & Bach, J. F. (2010). The 'hygiene hypothesis' for autoimmune and allergic diseases: an update. *Clinical & Experimental Immunology, 160*(1), 1-9. http://www.ncbi.nlm.nih.gov/pmc/articles/PMC2841828/

Olenchak, F. R. (1994). Talent development: Accommodating the social and emotional needs of secondary gifted/learning disabled students. *The Journal of Secondary Gifted Education, 5*(3), 40-52.

Olenchak, F. R. (2009a). Creating a life: Orchestrating a symphony of self, a work always in progress. In J. L. VanTassel-Baska, T. L. Cross, & F. R. Olenchak (Eds.), *Social-emotional curriculum with gifted and talented students* (pp. 41-78). Waco, TX: Prufrock.

Olenchak, F. R. (2009b). Effects of talents unlimited counseling on gifted/learning disabled students. *Gifted Education International, 25*(2), 144-164.

Olenchak, F. R., Jacobs, L. T., Hussain, M., Lee, K., & Gaa, J. P. (2016). Giftedness plus talent plus disabilities: Twice-exceptional persons, the 21st century, and lifespan development as viewed through an affective lens. In D. Ambrose & R. J. Sternberg (Eds.), *Giftedness and talent in the 21st century: Adapting to the turbulence of globalization* (pp. 255-282). Boston: Sense.

Olenchak, F. R. & Reis, S. M. (2002). Gifted students with learning disabilities. *Social and Emotional Development of Gifted Children: What do we know?* (pp. 177-192). Waco, TX: Prurock.

Olfson, M., Marcus, S. C., Wiessman, M. M., & Jensen, P. S. (2002). National trends in the use of psychotropic medications by children. *Journal of the American Academy of Child & Adolescent Psychiatry, 41*(5), 514-521.

Ornstein, R. (1997). *The right mind: Making sense of the hemispheres.* New York: Harcourt.

Papalos, D. & Papalos, J. (2007). *The Bipolar child: The definitive and reassuring guide to childhood's most misunderstood disorder* (3rd ed.). New York: Broadway.

Parke, R. D., O'Neil, R., Spitzer, S., Isley, S., Welsh, M., Wang, S., Strand, C., & Cupp, R. (1997). A longitudinal assessment of sociometric stability and the behavioral correlates of children's social acceptance. *Merrill-Palmer Quarterly, 43*(4), 635-662.

Parker, W. D. & Mills, C. J. (1996). The incidence of perfectionism is gifted students. *Gifted Child Quarterly, 40*(4), 194-199.

Parry, P. I. & Levin, E. C. (2012). Pediatric bipolar disorder in an era of "mindless psychiatry." *Journal of Trauma & Dissociation, 13*(1), 51-68.

Pashler, H., McDaniel, M., Rohrer, D., & Bjork, R. (2008). Learning styles concepts and evidence. *Psychological science in the public interest, 9*(3), 105-119.

Patchett, R. F. & Stanfield, M. (1992). Subtest scatter on the WISC-R with children of superior intelligence. *Psychology in the Schools, 29*(1), 5-10.

Patros, P. P. & Shamoo, T. K. (1989). *Depression and suicide in children and adolescents: Prevention, intervention, and postvention.* Boston: Allyn & Bacon.

Patterson, P. H. (2011). Maternal infection and immune involvement in autism. *Trends in Molecular Medicine. 17*(7), 389-94. doi:10.1016/j.molmed.2011.03.001. Epub 2011 Apr 7. Review. PubMed PMID: 21482187; PubMed Central PMCID: PMC3135697.

Peairs, K. F., Eichen, D., Putallaz, M., Costanzo, P. R., & Grimes, C. L. (2011). Academic Giftedness and Alcohol Use in Early Adolescence. *The Gifted Child Quarterly*, 55 (2), 95-110.
Perlmutter, D. & Loberg, K. (2013). *Grain brain: The surprising truth about wheat, carbs, and sugar — your brain's silent killer*. Boston: Little, Brown, & Co.
Persson, R. S. (2010). Experiences of intellectually gifted students in an egalitarian and inclusive educational system: A survey study. *Journal for the Education of the Gifted*, 33(4), 536-569.
Peters, D. B. (2013a). *From worrier to warrior: A guide to conquering your fears*. Tucson, AZ: Great Potential Press
Peters, D. B. (2013b). *Make your worrier a warrior: A guide to conquering your child's fears*. Tucson, AZ: Great Potential Press.
Peters, M. (2003). Personal communication.
Peterson, J. S. (2006). Bullying and the gifted: Victims, perpetrators, prevalence, and effects. *Gifted Child Quarterly*, 50(2), 148-168.
Peterson, J., Duncan, N., & Canady, K. (2009, January). A longitudinal study of negative life events, stress, and school experiences of gifted youth. *Gifted Child Quarterly*, 53(1), 34-49.
Pfeiffer, S. I. (2013). *Serving the Gifted*. London: Routledge.
Piechowski, M. (1991). Emotional development and emotional giftedness. In N. Colangelo & G. A. Davis (Eds.), *Handbook of gifted education* (pp. 285-306). Boston: Allyn & Bacon.
Piechowski, M. M. (1997). Emotional giftedness: The measure of intrapersonal intelligence. In N. Colangelo & G. Davis (Eds.), *Handbook of gifted education*, 2nd ed., (pp. 366-381). Needham Heights, MA: Allyn & Bacon.
Piechowski, M. M. (2006). *"Mellow out," they say. If I only could: Intensities and sensitivities of the young and bright*. Madison, WI: Yunasa.
Piechowski, M. M. & Colangelo, N. (1984). Developmental potential of the gifted. *Gifted Child Quarterly*, 18(2), 80-88.
Pietzak, M. (2012). Celiac Disease, Wheat Allergy, and Gluten Sensitivity: When Gluten Free Is Not a Fad. *Journal of Parenteral and Enteral Nutrition*, 36(1, suppl), 68S-75S.
Piirto, J. (2004). *Understanding creativity*. Scottsdale, AZ: Great Potential Press.
Pirani, A. (2016). *Trauma, addiction, and trauma: Portraying the cycle of suffering in addiction*. New York: ContentoNow.
Plucker, J. A. & Levy, J. J. (2001). The downside of being talented. *American Psychologist*, 56(1), 75-76.
Prober, P. (2008). Counseling gifted adults: A case study. *Annals of the American Psychotherapy Association*, 11(1), 10-16.
Raine, A., Reynolds, C., Venables, P. H., & Mednick, S. A. (2002). Stimulation seeking and intelligence: A prospective longitudinal. *Journal of Personality and Social Psychology*, 82(4), 663-674.
Ramachandran, V. S. & Hubbard, E. M. (2001). Synaesthesia — a window into perception, thought and language. *Journal of Consciousness Studies*, 8(12), 3-34.
Rapoport, J. L., Buchsbaum, M. S., Zahn, T. P., Weingartner, H., Ludlow, C., & Mikkelsen, E. J. (1978). Dextroamphetamine: Cognitive and behavioral effects in normal prepubertal boys. *Science*, 199(4328), 560-563.
Reis, S. Curtis, J. & Reid, A. (2012). Attachment styles and alcohol problems in emerging adulthood: a pilot test of an integrative model. *Mental Health and*

Substance Use, 5(2), 115–131.
Reis, S. M., Westberg, K. L., Kulikowich, J., Caillard, F., Hébert, T., Plucker, J., Purcell, J. H., Rogers, J. B., & Smist, J. M. (1993). *Why not let high ability students start school in January? The curriculum compacting study.* Storrs, CT: The National Research Center on Gifted and Talented.
Renk, K., White, R., Lauer, B. A., McSwiggan, M., Puff, J., & Lowell, A/, (2014). Bipolar Disorder in Children. *American Journal of Psychiatry.* http://dx.doi.org/10.4236/oalib.1100597
Rimm, S. B. (2008). *Why bright kids get poor grades: And what you can do about it,* 3rd Ed., Tucson, AZ: Great Potential Press.
Rinn, A. N. & Bishop, J. (2015, October). Gifted Adults: A Systematic Review and Analysis of the Literature. *Gifted Child Quarterly, 59*(4), 213–235.
Rivera, I., Sanchez, A. I., Vera-Villarroel, P. E., & Buela-Casal, G. (2001). *Sleep patterns and their relation to psychological traits in women. Revista Ecuatoriana de Neurología, 10*(3), 81–83.
Rivero, L. (2002). *Creative home schooling: A resource guide for smart families.* Scottsdale, AZ: Great Potential Press.
Rivero, L. (2010). *A parent's guide to gifted teens: Living with intense and creative adolescents.* Scottsdale, AZ: Great Potential Press.
Robinson, A., Shore, B. M., & Enersen, D. L. (2006). *Best practices in gifted education: An evidence-based guide.* Waco, TX: Prufrock.
Robinson, K. (2015). *Creative Schools: Revolutionizing Education from the Ground Up.* Wellington College Festival of Education. https://www.youtube.com/watch?v=QJYI-b3RlFw.
Robinson, N. M. (2008). The social world of gifted children and youth. In S. I. Pfeiffer (Ed.), *Handbook of giftedness in children. Psychoeducational theory, research and best practices* (pp. 33–51). New York: Springer.
Robinson, N. M., & Noble, K. D. (1991). Social-emotional development and adjustment of gifted children. In M. C. Wang, M. C. Reynolds, & H. J. Walberg (Eds.), *Handbook of special education: Research and practice, Volume 4: Emerging programs* (pp. 57–76). New York: Pergamon Press.
Robinson, N. M. & Olszewski-Kubilius, P. M. (1996). Gifted and talented child: Issues for pediatricians. *Pediatrics in Review, 17*(12), 427–434.
Robinson P. H. (2009). *Severe and Enduring Eating Disorder (SEED): Management of Complex Presentations of Anorexia and Bulimia Nervosa.* Chichester, UK: John Wiley & Sons.
Roeper, A. (1995). *Selected writing and speeches.* Minneapolis, MN: Free Spirit.
Rogers, C. (1995). *On becoming a person: A therapist's view of psychotherapy* (reprint ed.). New York: Mariner Books.
Rogers, K. B. (2002). *Re-forming gifted education: How parents and teachers can match the program to the child.* Scottsdale, AZ: Great Potential Press.
Rogers, K. B. (2007a). What Makes the Highly Gifted Child Qualitatively Different? Chapter in K. Kay, D. Robson, & J. F. Brenneman, *High IQ Kids: Collected Insights, Information, and Personal Stories* (pp. 90–100). Minneapolis, MN: Free Spirit.
Rogers, K. B. (2007b). Lessons learned about educating the gifted and talented a synthesis of the research on educational practice. *Gifted Child Quarterly, 51*(4), 382–396.
Rogers, K. B. & Silverman, L. K. (1997). *A study of 241 profoundly gifted children.* Paper presented at the National Association for Gifted Children Annual Convention, Little Rock, AR, November 7, 1997.

Rothenberg, A. (1990). *Creativity and madness: New findings and old stereotypes.* Baltimore: Johns Hopkins University Press.
Round, J. L. & Mazmanian, S. K. (2009). The gut microbiota shapes intestinal immune responses during health and disease. *Nature Review of Immunology, 9*(5), 313-23. doi:10.1038/nri2515. Review. Erratum in: Nat Rev Immunol. 2009 Aug; 9(8): 600. PubMed PMID: 19343057; PubMed Central PMCID: PMC4095778.
Rourke, B. (1989). *Nonverbal learning disabilities: The syndrome and the model.* New York: Guilford Press.
Rowland, C. V. (1970). Anorexia nervosa: Survey of the literature and review of 30 cases. *International Psychiatry Clinics, 7,* 37-137.
Ruf, D. A. (2009). *5 levels of gifted: School issues and educational options.* Scottsdale, AZ: Great Potential Press.
Sadeh, A., Raviv, A., & Gruber, R. (2000). Sleep patterns and sleep disruptions in school-age children. *Developmental Psychology, 36*(3), 291-301.
Sander, W. (1999). Cognitive ability, schooling and demand for alcohol by young adults. *Education Economics, 7,* 53-66.
Sartre, J. P. (1993). *Being and nothingness* (reprint ed.). New York: Washington Square Press.
Sass, L. (1992). *Madness and modernism: Insanity in the light of modern art, literature, and thought.* New York: Basic Books.
Sattler, J. M. (2002a). *Assessment of children: Cognitive applications* (4th ed.). San Diego, CA: Jerome M. Sattler.
Sattler, J. M. (2002b). *Assessment of children: Behavioral and clinical applications* (4th ed.). San Diego, CA: Jerome M. Sattler.
Sax, L. & Kautz, K. J. (2003, Sept.). Who first suggests the diagnosis of attention-deficit/hyperactivity disorder? *The Annals of Family Medicine, 1*(3), 171-174. http://www.ncbi.nlm.nih.gov/pmc/articles/PMC1466583/
Schafer, G. (2011). Family functioning in families with alcohol and other drug addiction. *Social Policy Journal of New Zealand, 37*(2), 135-151.
Schaub, B., Lauener, R., & von Mutius, E. (2006). The many faces of the hygiene hypothesis. *Journal of Allergy and Clinical Immunology, 117*(5) 969-977.
Schecklmann, M., Ehlis, A. C., Plichta, M. M., Romanos, J., Heine, M., Boreatti-Hümmer, A., Jacob, C., & Fallgatter, A. J. (2008). Diminished prefrontal oxygenation with normal and above-average verbal fluency performance in adult ADHD. *Journal of Psychiatric Research, 43*(2), 98-106.
Schiff, M. M., Kaufman, A. S., & Kaufman, N. L. (1981). Scatter analysis of WISC-R profiles for learning disabled children with superior intelligence. *Journal of Learning Disabilities, 14*(7), 400-404.
Schindler, A., Thomasius, R., Sack, P. M., Gemeinhardt, B., & Küstner, U. (2007). Insecure family bases and adolescent drug abuse: A new approach to family patterns of attachment. *Attachment & Human Development, 9*(2), 111-126.
Schlesinger, J. (2012). *The insanity hoax: Exposing the myth of the mad genius.* Ardsleyon-Hudson, NY: Shrinktunes Media.
Scholey, A., Haskell, C., Robertson, B., Kennedy, D., Milne, A., & Wetherell, M. (2009). Chewing gum alleviates negative mood and reduces cortisol during acute laboratory psychological stress. *Physiology & Behavior, 97*(3), 304-312.
Scholte, R. H., Haselager, G. J., van Aken, M. A., & van Lieshout, C. F. (1999). *Early antecedents of social competence in elementary school of later peer reputation and sociometric status in Dutch adolescents.* Paper presented at the Biennial Meeting of

the Society for Research in Child Development, Albuquerque, NM, April 15-18, 1999.
Schopler, E. & Van Bourgondien, M. E. (2010). *The Childhood Autism Rating Scale (CARS), 2nd edition.* Los Angeles, CA: Western Psychological Services.
Schroeder-Davis, S. (1998, Dec.). Parenting high achievers: Swimming upstream against the cultural current. *Parenting for High Potential,* 8-10, 25.
Schroeder-Davis, S. (1999). Brains, brawn, or beauty: Adolescent attitudes toward three superlatives. *The Journal of Secondary Gifted Education, 10*(3), 134-147.
Schuler, P. (2002). Teasing and gifted children. *SENG Newsletter, 2*(1), 3-4.
Schwanenflugel, P. J. (1997). Metacognitive knowledge of gifted children and non-identified children in early elementary school. *Gifted Child Quarterly, 41*(2), 25-35.
Seligman, M. E. P. (1995). *The optimistic child: A proven program to safeguard children against depression and build lifelong resilience.* New York: Houghton Mifflin Harcourt.
Semrud-Clikeman, M. & Hynd, G. W. (1990). Right hemisphere dysfunction in nonverbal learning disabilities: Social, academic, and adaptive functioning in adults and children. *Psychological Bulletin, 107*(2), 196-209.
Semrud-Clikeman, M., Walkowiak, J., Wilkinson, A., & Minne, E. P. (2010). Direct and indirect measures of social perception, behavior, and emotional functioning in children with Asperger's disorder, nonverbal learning disability, or ADHD. *Journal of Abnormal Child Psychology, 38*(4), 509-519.
SENG. (2015). SENG Misdiagnosis Initiative. http://sengifted.org/programs/initiative/
Shaw, P., Greenstein, D., Lerch, J., Clasen, L., Lenroot, R., Gogtay, N., Evans, A., Rapaport, J., & Giedd, J. (2006). Intellectual ability and cortical development in children and adolescents. *Nature, 440*(7084), 676-679.
Shaywitz, S. E. (2003). *Overcoming dyslexia: A new and complete science-based program for reading problems at any level.* New York: Knopf.
Shaywitz, S. E. & Shaywitz, B. A. (2003). The science of reading and dyslexia. *Journal of American Association for Pediatric Ophthalmology and Strabismus [JAAPOS], 7*(3), 158-166.
http://www.jaapos.org/article/S1091-8531%2803%2900002-8/fulltext
Shaywitz, S. E., Holahan, J. M., Freudenheim, D. A., Fletcher, J. M., Makuch, R. W., & Shaywitz, B. A. (2001). Heterogeneity within the gifted: Higher IQ boys exhibit behaviors resembling boys with learning disabilities. *Gifted Child Quarterly, 45*(1), 16-23.
Shonkoff, J. P., Garner, A. S., Siegel, B. S., Dobbins, M. I., Earls, M. F., Garner, A. S., McGuinn, L., Pascoe, J., & Wood, D. L. (2012). The lifelong effects of early childhood adversity and toxic stress. *Pediatrics, 129*(1), e232-e246.
Silver, S. J. & Clampit, M. K. (1990). WISC-R profiles of high ability children: Interpretation of verbal-performance discrepancies. *Gifted Child Quarterly, 34,* 76-79.
Silverman, L. K. (1988). The second child syndrome. *Mensa Bulletin, 320,* 18-120.
Silverman, L. K. (1991). Family counseling. In N. Colangelo & G. Davis (Eds.), *Handbook of gifted education* (pp. 307-320). Boston: Allyn & Bacon.
Silverman, L. K. (1993a). *Counseling the gifted and talented.* Denver, CO: Love.
Silverman, L. K. (1993b). The gifted individual. In L. Silverman (Ed.), *Counseling the gifted and talented* (1st ed., pp. 3-28). Denver, CO: Love.
Silverman, L. K. (1997). The construct of asynchronous development. *Peabody Journal of Education, 72*(3-4), 36-58.
Silverman, L. K. (1998). Through the lens of giftedness. *Roeper Review, 20,* 204-210.
Silverman, L. K. (2002). *Upside-down brilliance: The visual-spatial learner.* Denver, CO: DeLeon.

Silverman, L. K. (2009). The two-edged sword of compensation: How the gifted cope with learning disabilities. *Gifted Education International, 25*(2), 115-130.
Silverman, L. K. (2012). Using test results to support clinical judgment. https://www.giftedchildren.dk/content.php?787-Using-test-results-to-support-clinical-judgment-linda-silverman
Silverman, L. K. & Kearney, K. (1992). The case for the Stanford-Binet, L-M as a supplemental test. *Roeper Review, 15*, 34-37.
Simpson, R. G. & Kaufmann, F. A. (1981). Career education for the gifted. *Journal of Career Education, 8*(1), 38-45.
Sjolund, S., Hemmingson, T., & Allebeck, P. (2015). IQ and level of alcohol consumption — Findings from a national survey of Swedish conscripts. *Alcoholism: Clinical and Experimental Research, 39*(3), 548-555.
Smith, D. J., Anderson, J., Zammit, S., Meyer, T. D., Pell, J. P., & Mackay, D. (2015). Childhood IQ and risk of bipolar disorder in adulthood: prospective birth cohort study. *British Journal of Psychiatry Open, 1*(1), 74-80.
Smith, M. E. & Farah, M. J. (2011). Are prescription stimulants "smart pills"? The epidemiology and cognitive neuroscience of prescription stimulant use by normal healthy individuals. *Psychological bulletin, 137*(5), 717-741.
Snyder, A. (2004, April). Autistic genius? *Nature, 428*, 23-25.
Soehner, A. M., Kennedy, K. S., & Monk, T. H. (2007). Personality correlates with sleep-wake variables. *Chronobiology International, 24*(5), 889-903.
Solow, R. & Rhodes, C. (2012). *College at 13: Young, Gifted, and Purposeful.* Scottsdale, AZ: Great Potential Press
Soussignan, R. & Koch, P. (1985). Rhythmical stereotypies (leg-swinging) associated with reductions in heart rate in normal school children. *Biological Psychology, 21*(3), 161-167.
Sripada, C. S., Kessler, D., & Angstadt, M. (2014). Lag in maturation of the brain's intrinsic functional architecture in attention-deficit/hyperactivity disorder. *Proceedings of the National Academy of Sciences, 111*(39), 14259-14264.
Stanton, S. C., Campbell, L., & Loving, T. J. (2014). Energized by love: Thinking about romantic relationships increases positive affect and blood glucose levels. *Psychophysiology, 51*(10), 990-995.
Stewart, T. (2006). Defensive masquerading for inclusion and survival among gifted lesbian, gay, bisexual, and transgender (LGBT) students. In G. E. Sluti & B. Wallace (Eds.), *Diversity in gifted education: International perspectives on global issues* (pp. 203-213). London: Routledge Falmer. http://traestewart.com/documents/Stewart_DiversityinGiftedEducation_DefensivemasqueradingLGBTgifted.pdf
Steinhausen, H. C. (2002). The outcome of anorexia nervosa in the 20th century. *American Journal of Psychiatry, 159*(8), 1284-1293.
Streznewski, M. K. (1999). *Gifted grown-ups: The mixed blessings of extraordinary potential.* New York: Wiley.
Strip, C. A. & Hirsch, G. (2000). *Helping gifted children soar: A practical guide for parents and teachers.* Scottsdale, AZ: Great Potential Press.
Strop, J. (2001). The affective side. *Understanding Our Gifted, 13*(3), 23-24.
Swedo, S. E., Leckman, J. F., & Rose, N. R. (2012). From research subgroup to clinical syndrome: Modifying the PANDAS criteria to describe PANS (Pediatric Acute-onset Neuropsychiatric Syndrome). *Pediatr Therapeut, 2*:113 doi: 10.4172/2161-0665.1000113

Swineford, L. B., Thurm, A., Baird, G., Wetherby, A. M., & Swedo, S. (2014). Social (pragmatic) communication disorder: A research review of this new DSM-5 diagnostic category. *Journal of Neurodevelopmental Disorders, 6*(1), 41.

Szewczyk-Sokolowski, M., Bost, K. K., & Wainwright, A. B. (2005). Attachment, temperament, and preschool children's peer acceptance. *Social Development, 14*(3), 379-397.

Terman, L. M. (1925). *Genetic studies of genius: The mental and physical traits of a thousand gifted children* (Vol. I). Stanford, CA: Stanford University Press.

Terman, L. M., Burks, B. S., & Jensen, D. W. (1935). *Genetic studies of genius: The promise of youth: Follow-up studies of a thousand gifted children* (Vol. III). Stanford, CA: Stanford University Press.

Terman, L. M. & Oden, M. H. (1947). *Genetic studies of genius: The gifted child grows up* (Vol. IV). Stanford, CA: Stanford University Press.

Terman, L. M. & Oden, M. H. (1959). *Genetic studies of genius: The gifted group at midlife* (Vol. V). Stanford, CA: Stanford University Press.

Tetreault, N. A., Hakeem, A. Y., Jiang, S., Williams, B. A., Allmon, E., Wold, B. J., & Allmon, J. M. (2012). Microglia in the cerebral cortex in autism. *Journal of Autism and Developmental Disorders. 42*(12), 2569-2584. doi:10.1007/s10803-012-1513-0. PubMed PMID: 22466688.

Tetreault, N. A., Haase, J., Duncan, S., & Montgomery, M. (2016). Gifted Physiology: Gut-Brain Connection. Paper presented at the 2016 Supporting Emotional Needs of Gifted Annual Conference, Williamsburg, VA, July 22.

Tito, R. Y., Knights, D., Metcalf, J., Obregon-Tito, A. J., Cleeland, L., Najar, F., Roe, B., Reinhard, K., Sobolik, K., Belknap, S., Foster, M., Spicer, P., & Lewis, C. M. (2012). Insights from characterizing extinct human gut microbiomes. *PLoS one, 7*(12), e51146. http://www.ncbi.nlm.nih.gov/pmc/articles/PMC3521025/

Tolan, S. S. (1994). Discovering the gifted ex-child. *Roeper Review, 17*(2), 134-138.

Touyz, S. W., Beumont, P. J. V., & Johnstone, L. C. (1986). Neuropsychological correlates of dieting disorders. *International Journal of Eating Disorders, 5*, 1025-1034.

Tucker, B. & Hafenstein, N. L. (1997). Psychological intensities in young gifted children. *Gifted Child Quarterly, 41*(3), 66-75.

Vaivre-Douret, L. (2011). Developmental and cognitive characteristics of "high-level potentialities" (highly gifted) children. *International Journal of Pediatrics.* http://www.hindawi.com/journals/ijpedi/2011/420297/.

Vandekerckhove, M. & Cluydts, R. (2010). The emotional brain and sleep: an intimate relationship. *Sleep Medicine Reviews, 14*(4), 219-226.

Van Gastel, W. A., MacCabe, J. H., Schubart, C. D., van Otterdijk, E., Kahn, R. S., & Boks, M. P. M. (2014). Cannabis use is a better indicator of poor mental health in women than in men: a cross-sectional study in young adults from the general population. *Community Mental Health Journal, 50*(7), 823-830.

Van Meter, A. R., Moreira, A. L. R., & Youngstrom, E. A. (2011). Meta-analysis of epidemiologic studies of pediatric bipolar disorder. *The Journal of Clinical Psychiatry, 72*(9), 1-478.

Verweij, K. J., Zietsch, B. P., Lynskey, M. T., Medland, S. E., Neale, M. C., Martin, N. G., Boomsma, D. I., & Vink, J. M. (2010). Genetic and environmental influences on cannabis use initiation and problematic use: a meta-analysis of twin studies. *Addiction, 105*(3), 417-430.

Visser, S. N., Danielson, M. L., Bitsko, R. H., Holbrook, J. R., Kogan, M. D., Ghandour, R. M.,

Perou, R., Blumberg, S. J. (2014). Trends in the parent-report of health care provider-diagnosed and medicated attention-deficit/hyperactivity disorder: United States, 2003-2011. *Journal of the American Academy of Child and Adolescent Psychiatry, 53* (1), 34-46.
Volkow, N. D. & Li, T. K. (2004). Drug addiction: The neurobiology of behaviour gone awry. *Nature Reviews Neuroscience, 5*(12), 963-970.
Wagner, K. D., Redden, L., Kowatch, R. A., Wilens, T. E., Segal, S., Chang, K., Wozniak, P., Vigna, N. V., Abi-Saad, W., & Saltarelli, M. (2009). A double-blind, randomized, placebo-controlled trial of divalproex extended-release in the treatment of bipolar disorder in children and adolescents. *Journal of the American Academy of Child & Adolescent Psychiatry, 48*(5), 519-532.
Walker, S. Y. (2002). *The survival guide for parents of gifted kids: How to understand, live with, and stick up for your gifted child.* Minneapolis: Free spirit.
Ward, J. Thompson-Lake, D. Ely, R., & Kaminski, F. (2008). Synaesthesia, creativity and art: What is the link? *British Journal of Psychology, 99*(1), 127-141.
Warne, R. T. (2016, January). Five reasons to put the *g* back into giftedness: An argument for applying the Cattell-Horn-Carroll theory of intelligence to gifted education research and practice. *Gifted Child Quarterly, 60*(1), 3-15.
Webb, J. T. (1993). Nurturing social-emotional development of gifted children. In K. A. Heller, F. J. Monks, & A. H. Passow (Eds.), *International handbook for research on giftedness and talent* (pp. 525-538). Oxford, England: Pergamon Press.
Webb, J. T. (1999, January). Existential depression in gifted individuals. *Our Gifted Children,* 7-9.
Webb, J. T. (2000a). *Do Gifted Children Need Special Help??* (Video). Scottsdale, AZ: Great Potential Press.
Webb, J. T. (2000b). *Is My Child Gifted? If So, What Can I Expect?* (Video). Scottsdale, AZ: Great Potential Press.
Webb, J. T. (2000c). *Mis-diagnosis and dual diagnosis of gifted children: Gifted and LD, ADHD, OCD, Oppositional Defiant Disorder.* ERIC Digest, 448-382.
Webb, J. T. (2000d). *Parenting Successful Children.* (Video). Scottsdale, AZ: Great Potential Press.
Webb, J. T. (2001, Spring). Mis-diagnosis and dual diagnosis of gifted children: Gifted and LD, ADHD, OCD, Oppositional Defiant Disorder. *Gifted Education Press Quarterly, 15*(2), 9-13.
Webb, J. T. (2011). *Accurate Assessment? Asperger's Disorder and Other Common Misdiagnoses and Dual Diagnoses of Gifted Children.* (Video). University of Wisconsin School of Medicine and Public Health.
http://videos.med.wisc.edu/videos/32540
Webb, J. T. (2013). *Searching for meaning: Idealism, bright minds, disillusionment, and hope.* Tucson, AZ: Great Potential Press.
Webb. J. T. (2014). Gifted children and adults. Neglected areas of practice. *The National Register of Health Service Psychologists. The Register Report,* 18-27.
Webb, J. T. & DeVries, A. R. (1998). *Gifted parent groups: The SENG model.* Scottsdale, AZ: Great Potential Press.
Webb, J. T. & Dyer, S. P. (1993). *Unusual WISC-R patterns found among gifted children.* Paper presented at the National Association for Gifted Children Annual Convention, Atlanta, GA, November 5, 1993.
Webb, J. T., Gore, J. L., Amend, E. R., & DeVries, A. R. (2007). *A Parent's Guide to gifted children.* Scottsdale, AZ: Great Potential Press.

Webb, J. T. & Kleine, P. A. (1993). Assessing gifted and talented children. In D. J. Willis & J. L. Culbertson (Eds.), *Testing young children* (pp. 383-407). Austin, TX: PRO-ED.
Webb, J. T., Kuzujanakis, M., Gallagher, R., & Chou, S. (2013). Misdiagnoses of Gifted Children: A Call to Action. Presented at the 20th Biennial Conference of the World Council on Gifted and Talented Children, Louisville, KY, August 11, 2013, was the first conference presentation on this topic.
Webb, J. T. & Latimer, D. (1993). *ADHD and children who are gifted.* Reston, VA: Council for Exceptional Children. (ERIC Digest #522, July, EDO-EC-93-5).
Webb, J. T., Meckstroth, E. A., & Tolan, S. S. (1982). *Guiding the gifted child: A practical source for parents and teachers.* Scottsdale, AZ: Great Potential Press.
Wechsler, D. (1935). *The range of human abilities.* Baltimore: Williams & Wilkins.
Wechsler, D., Raiford, S. E., & Holdnack, J A. (2014). *Wechsler Intelligence Scale for Children Fifth Edition: Technical and interpretative manual.* Bloomington, MN: Pearson.
Weiss, M. D., Baer, S., Allan, B. A., Saran, K., & Schibuk, H. (2011). The screens culture: impact on ADHD. *ADHD Attention Deficit and Hyperactivity Disorders, 3*(4), 327-334.
Wennberg, P., Andersson, T., & Bohman, M. (2002). Psychosocial characteristics at age 10; Differentiating between adult alcohol use pathways: A prospective longitudinal study. *Addictive Behaviors, 27,* 115-130.
Wessling, S. (2012). *From school to homeschool. Should you homeschool your gifted child?* Tucson, AZ: Great Potential Press.
White, J. & Batty, G. D. (2012). Intelligence across childhood in relation to illegal drug use in adulthood: 1970 British cohort study. *Journal of Epidemiology and Community Health, 66,* 767-744.
Whitmore, J. R. (1980). *Giftedness, conflict and underachievement.* Boston: Allyn & Bacon.
Who's Who among American High School Students. (1998). 29th Annual survey of high achievers. Lake Forest, IL: Educational Communications.
Wigal, T., Swanson, J. M., Douglas, V. I., Wigal, S. B., Wippler, C. M., & Cavoto, K. F. (1998). Effect of reinforcement on facial responsivity and persistence in children with Attention-Deficit/Hyperactivity Disorder. *Behavior Modification, 22,* 143-166.
Wilkinson, S. C. (1993). WISC-R profiles of children with superior intellectual ability. *Gifted Child Quarterly, 37*(2), 84-91.
Willis, J. A. (2009). *Inspiring middle school minds: Gifted, creative, and challenging. Brain- and research-based strategies to enhance learning for gifted students.* Scottsdale, AZ: Great Potential Press.
Wilmoth, D. (2012). Intelligence and past use of recreational drugs. *Intelligence, 40*(1), 15-22.
Winebrenner, S. & Brulles, D. (2008). *The cluster grouping handbook: How to challenge gifted students and improve achievement for all.* Minneapolis: Free Spirit.
Winebrenner, S. & Brulles, D. (2012). *Teaching gifted kids in today's classroom: Strategies and techniques every teacher can use,* 3rd ed. Minneapolis: Free Spirit.
Wing, L. (1981). Asperger's Syndrome: A clinical account. *Psychological Medicine, 11*(1), 115-129.
Winner, E. (1997a). Exceptionally high intelligence and schooling. *American Psychologist, 52*(10), 1070-1081.
Winner, E. (1997b). *Gifted children: Myths and realities.* New York: Basic Books.
Winner, E., Brownell, H., Happé, F., Blum, A., & Pincus, D. (1998). Distinguishing lies

from jokes: Theory of mind deficits and discourse interpretation in right hemisphere brain-damaged patients. *Brain and Language, 62*(1), 89-106.

World Health Organization. (1992). *The ICD-10 classification of mental and behavioural disorders: clinical descriptions and diagnostic guidelines.* Geneva: World Health Organization.

Yalom, I. D. (1980). *Existential psychotherapy.* New York: Basic Books.

Yücel, M., Bora, E., Lubman, D. I., Solowij, N., Brewer, W. J., Cotton, S. M., & McGorry, P. D. (2012). The impact of cannabis use on cognitive functioning in patients with schizophrenia: A meta-analysis of existing findings and new data in a first-episode sample. *Schizophrenia Bulletin, 38*(2), 316-330.

Zhang, L. (2006). Does student-teacher thinking style match/mismatch matter in students' achievement? *Educational Psychology, 26*(3), 395-409.

Zipfel, S., Löwe, B., Reas, D. L., Deter, H. C., & Herzog, W. (2000). Long-term prognosis in anorexia nervosa: lessons from a 21-year follow-up study. *The Lancet, 355*(9205), 721-722.

Zvolensky, M. J., Buckner, J. D., Norton, P. J., & Smits, J. A. J. (2011). Anxiety, substance use, and their co-occurrence: Advances in clinical science. *Journal of Cognitive Psychotherapy, 25*(1), 3-6.

巻末注

エピグラフ

1 Mogel, W. (2001). *"The blessing of a skinned knee: Using Jewish teachings to raise self-reliant children"*. New York: Penguin.

序　文

1 http://videos.med.wisc.edu/videos/32540

序　章

1 Beljan, 2011; Davis, 2010; Ford, 2011 参照。
2 本書の著者の1人が,「ギフティッドの社会的・情緒的ニーズについては,心理士養成の大学院では何の訓練も受けなかった。高知能にかかわる教育課程では,WISC の質問項目における抽象概念の多さが取り扱われた」と言っていた。あいにく,これが典型的な大学院教育である。実際,教員養成のためのプログラムの大半は,ギフティッド児の認知的・情緒的ニーズにどのように対処すべきかを学ぶ機会はないか,あってもほんのわずかである。
3 非営利団体の SENG (Supporting Emotional Needs of Gifted) は,心理士などの専門家を対象とした継続教育を行ったり SENG Misdiagnosis Initiative (http://sengifted.org/programs/misdiagnosis-initiative/) を通して,この状況の改善を目指している。

4 http://www.nagc.org/sites/default/files/Position%20Statement/Redefining%20 Giftedness%20for%20a%20New%20Century.pdf
5 Borland & Gross, 2007, p. 159.
6 Webb & Kleine（1993）もまた，これらのデータをまとめている。
7 Olenchak（2009a）はメタ感情（meta-affect）という語を用いて，認知的なレンズと感情のレンズを用いてその人自身の個人的な感情を吟味したりモニターする能力（Goldin, 2004）を表現した。メタ認知が人の思考や考えについての判断に重要な機能を果たすのと同様，メタ感情は適切なセルフ・コントロールや実行機能に重要な役割を果たす。そのような自己調整力は生涯を通じて人の発達に必要不可欠であり，特にギフティッド者の発達と成人期における自己実現に重要な役割を果たす。

第1章

1 1972年に作成された連邦教育局長官のS. P. Marlandによる定義が最初であり，今日も広く様々な学校区や州で用いられている。ただし，新たな定義も作られ続けている。
2 ギフティッドの分類に用いられるカットオフ・スコアは検査により異なる。http://www.hoagiesgifted.org/highly_profoundly.htm
3 集団遺伝学においては，同類交配は集団内で遺伝学的に近いあるいは似た特性のもの同士の選択交配とされる。理論上では，同類交配が一貫性をもって十分に継続されたとき，地理的隔離がなくとも新しい種の進化が生じるとされている。
4 http://www.redorbit.com/news/education/1322348/culturally_and_linguistically_diverse_students_in_gifted_education
5 Dąbrowskiの「建設的崩壊」の概念など，本質的に関連のある理論を概観するうえでは，http://sengifted.org/overexcitability-and-the-gifted/ にあるSharon Lindの論文 "Overexcitability and the Gifted" が参考になる。より詳細な論文には，Mendaglio, S.（2008）の "*Dabrowski's theory of positive disintegration*"（Scottsdale, AZ: Great Potential Press）や，Dabrowski, K., & Piechowski, M. M.（1977）. "*Theory of levels of emotional development*"（Vols. 1 & 2）"（Oceanside, NY: Dabor Science）がある。
6 スペースXとテスラのCEOであるイーロン・マスクは，自身の回顧のなかで，「プレトリアで過ごしたマスクの少年時代は孤独なものでした。身体が小さくいじめられていて，知ったかぶりのマスクラットといわれていました。マスクは，たくさんのファンタジーやSF小説を読んで孤独を紛らわしました。『ロード・オブ・ザ・リング』や『ファウンデーション』シリーズのヒーローたちは，皆，世界を救うための使命をもっていました」と言った。http://www.newyorker.com/magazine/2009/08/24/plugged-in
7 ジミー・カーター大統領を思い浮かべて欲しい。大統領時代，自身の社会的信念が当時

の政権の立法府議員からの支持を得られず，身動きの取れない状態であった。しかし，大統領という手枷足枷が外れたとたん，カーター氏は世界の社会問題，公正選挙を巡る問題の仲介者としての才能を開花させた。他には，マーティン・ルーサー・キングや，ガンジーの例がある。

8　有名な例としては，ケン・ロビンソンのビデオ "How Do Schools Kill Creativity" がある。その中で，「オペラ座の怪人」や「キャッツ」の振付師でもありダンサーでもある，ジリアン・リンとの対話がある。彼女は常に身体を動かさずにはいられず，学習障害ではないかと心配されていた。それに対して，ケン・ロビンソンは，「彼女はまさに，ダンスをするために生まれたのです」と言った。http://www.npr.org/2014/10/04/353679082/dancer-needed-to-move-to-think

9　http://www.npr.org/2014/10/04/353679082/dancer-needed-to-move-to-think

10　Ward, Thompson-Lake, Ely, & Kaminski (2008) や Ramachandran & Hubbard (2001) http://sites.oxy.edu/clint/physio/article/synaesthesiaawindowintoperception.pdf 参照。

11　http://gcq.sagepub.com/content/56/2/90.full.pdf+html

12　http://gcq.sagepub.com/content/49/1/51.full.pdf+html

13　Kerr & Cohn (2001) によると，ギフティッド男性の3分の1が長期間安定した結婚生活を送り，その多くが高校時代や大学時代の恋人と早くに結婚している。残りの3分の2は，いくつもの親密な関係を繰り返したり複数回の結婚経験がある。ギフティッド女性の場合，親密な関係と自身の才能とのバランスをとろうとするため異なるパターンを示す。Kerr (1997) によると，そのパターンは4つある。つまり，献身的で伝統的な関係性を保つ，一変する，専門性を貫く，思い悩む，の4パターンである。

14　学習障害の章でより詳細に論じられるが，児童向けウェクスラー式知能検査（あるいはそれに類似する検査）において，ハイリー・ギフティッド児の言語性得点と非言語性得点間の差が20〜30ポイント，ときには40ポイントにも及ぶことは珍しくない。ウェクスラー式知能検査の評価点には，5〜7ポイント（以上）の差がみられることが多い。

15　ADHD児は前頭頭頂葉の発達的遅れがみられることを示す研究もある。Sripada, Kessler, & Angstadt (2014), https://umich.app.box.com/s/4wbb62xkrrjcmgts7gpb 参照。

16　数年前，著者の1人が，ビル・ゲイツと奥様が一緒にレストランで夕食をとっているのを見かけた。テーブルの上には3冊の本が広げられ，各々自分の読みたい本を順に楽しそうに読んでいた。少し変わっていると思われることなどまったく気にしていなかった。

17　Alice Miller の "Drama of the Gifted Child"（アリス・ミラー（著）山下公子（訳）(1996). 新版　才能ある子のドラマ―真の自己愛を求めて　新曜社），Allen Schore の "Affect Regulation and the Repair of the Self", Gabor Mate の "In the Realm of Hungry

Ghosts: Close Encounters with Addiction" 参照。

第 2 章

1 http://www.sciencedaily.com/releases/2010/08/100817103342.htm
2 Ken Robinson（2016）は，このような調和へのプレッシャーとその弊害を力説している。https://www.ted.com/talks/ken_robinson_says_schools_kill_creativity
3 Michalko, M.（2012）は，歴史的な著名人の一風変わった習慣を記している。http://creativethinking.net/wierd-habits-and-rituals-of-famous-historical-figures/#sthash.A3Kyb9Vr.dpbs
4 http://www.cdc.gov/mmwr/volumes/65/wr/mm6509a1.htm?s_cid=mm6509a1_w
5 http://pediatrics.aappublications.org/content/pediatrics/135/2/384.full.pdf
6 http://apps.who.int/medicinedocs/documents/s19032en/s19032en.pdf
7 https://www.nimh.nih.gov/about/directors/thomas-insel/blog/2014/are-children-overmedicated.shtml
8 http://jama.jamanetwork.com/article.aspx?articleid=192424&resultclick=1
9 この定義は，IDEA Partnership と 28 の国，州，地域の団体と個人とによる実践共同体の 2e Community of Practice によるものである。**全米小児ギフティッド協会**（National Association for Gifted Children），**エクセプショナル児協議会**（Council for Exceptional Children），**全米学校心理士協会**（National Association of School Psychologists），**全米 LD センター**（National Center for Learning Disabilities），個人の心理士もメンバーとなっている。この特異な特性のある人々に有効に応じるためには，専門的な知識の習得，技能訓練，継続的な専門性の向上が必要であるとしている。それは，2e の生徒の成績が学年平均を下回る場合でも上回る場合でも，以下のことを必要としているためである。

●エクセプショナリティ相互の影響の可能性に留意した専門的な判定方法。
●拡充や早修などの教育機会により興味関心や才能を伸ばすと同時に，困難な部分のニーズに応じること。
●教育的配慮，治療的介入，特別支援など，その子の学業達成と社会的・情緒的充足を同時に満たすようなサポート。

10 Bright, Not Broken という非営利団体はこの問題を中心課題として活動している。Kennedy & Banks（2011）参照。
11 この問題に関する最初の学会発表は，Webb, J., Kuzujanakis, M., Gallagher, R., & Chou, S. (2013). "Misdiagnoses of Gifted Children: A Call to Action. 20th Biennial Conference

of the World Council on Gifted and Talented Children", Louisville, KY, August 11, 2013 である。
12 Kuzujanakis, Gallagher, & Webb, (2016) 審査中。

第3章

1 https://www.cdc.gov/ncbddd/adhd/data.html
2 Ghodse, 1999; Olfson, Marcus, Wiessman, & Jensen, 2002.
3 https://www.ibisworld.com/industry/adhd-medication-manufacturing.html
4 https://www.motherjones.com/environment/2015/02/hyperactive-growth-adhd-medication-sales
5 Allen Frances (2016) も同様のことを述べている。「現在，我々は ADHD 薬のために年間 100 億ドル以上も使っている。これは，20 年前の 50 倍もの量になる。そして，その多くが誤診された子どもへの薬物療法として無駄に使われている」。
https://www.nbcnews.com/health/health-news/number-young-adults-adhd-drugs-soars-n50856
6 https://pediatrics.aappublications.org/content/pediatrics/early/2011/10/14/peds.2011-2654.full.pdf
7 中枢神経刺激薬は，特に高校生や大学生の成績を上げるのに有効と考えられることもある。しかし，その効果ははっきりしない。特に内向的な人に対しては逆効果をもたらす可能性もある（Bates & Rock, 2004 参照）。
8 障害者法や教育政策の改正，特に No Child Left Behind（NCLB）政策もまた，診断や薬物療法を推し進めている。1990 年代初頭の IDEA による障害者法の改正に基づき，ADHD と診断されると教育的配慮や特別支援を受ける資格が得られるとされている。学校への NCLB 奨励金は生徒のテスト得点に基づいており，ADHD と診断されている子どもの得点は，州に報告する際の合計に含めなくてよいことになっている学校もある。また，ADHD の診断はテスト時間延長などの配慮を受けられるかどうかの判断基準にもなっており，そのような配慮を受けられれば，より多くの問題を解くことができ得点を上げられる。NCLB の施行により ADHD の診断が急上昇し，特に社会的マイノリティの子どもの診断が急増した（Fulton, Schefler, & Hinshaw, 2015）。テスト得点に重きが置かれることで，ギフティッド児にとってはやりがいのない授業となる傾向が高まり，不注意や授業妨害とみなされる行動が増加する可能性が高まった。学校では特定の内容を機械的に暗記することが重視され，選抜プログラムを作ったり飛び級をサポートするようなことがなくなってしまったためである。
9 https://www.cdc.gov/ncbddd/adhd/data.html

10 薬の処方には，自己確証バイアスが含まれていることが多い。仮にその子が ADHD と診断され中枢神経刺激薬が処方された際に，その子の反応がポジティブであれば，専門家は ADHD の診断に間違いはないと判断する。しかし，あいにくリタリン® などの薬は ADHD ではない人の注意力をも改善する。これが，大学キャンパスのブラックマーケットでリタリン® が最も使われている薬である所以である。

11 たとえば次の治療ガイドライン "ADHD: Clinical Practice Guideline for the Diagnosis, Evaluation, and Treatment of Attention-Deficit/Hyperactivity Disorder in Children and Adolescents." *Pediatrics*, 108(4): 1033, October 2011 によると，6 か月症状が持続しなくてはならないという条件はない。また，年齢幅は 4 〜 18 歳で初発年齢は 12 歳以下である。AAPによる他の関連するアクション・ステートメントは，以下を参照のこと。http://pediatrics.aappublications.org/content/pediatrics/early/2011/10/14/peds.2011-2654.full.pdf

Action Statement 1.「かかりつけ医は，4 〜 18 歳までの子どもで，学業や行動上の問題があり，不注意，多動，衝動性のいずれかの症状のある者に対し ADHD の検査を始めるべきである」

Action Statement 2.「ADHD の診断を下すために，かかりつけ医は *Diagnostic and Statistical Manual of Mental Disorders, Fourth Edition* (DSM-IV-TR) の基準を満たしているかどうか判断すべきである（複数の主たる状況で支障がみられるという証拠も含める）。そして，それらの情報は主に，親や保護者，教師，子どものケアにかかわる学校臨床医やメンタルヘルス臨床医から得るべきである。また，ADHD 以外の可能性がないことを確認する必要がある」

Action Statement 3.「かかりつけ医は，子どもへの ADHD の検査にあたり，ADHD と併存する可能性のあるものについても検査をすべきである。それには以下を含む。情緒面や行動面（例：不安症，抑うつ，反抗挑発症，行動障害），発達面（例：学習障害，言語障害，他の神経発達学的障害），身体面（例：チック，睡眠時無呼吸症候群）の検査」

Action Statement 4.「かかりつけ医は，ADHD は慢性的な疾患であり，それゆえに ADHD の子どもや青年は特別なヘルスケアのニーズがあることに留意すべきである」

Action Statement 5.「かかりつけ医は，就学前の子ども（4 〜 5 歳）に対しては，エビデンスに基づいた親や教師による行動療法を最優先に用いるべきである。その効果がみられず，かつ，中程度から重度の支障が子どもに引き続きみられるときには，メチルフェニデートの処方も考慮に入れる」

12 その行動が直接他者に影響を及ぼし危害を引き起こすものでなければ，それは問題とは

いえない。このような行動は，ADHDや学習障害，また，他の神経学的障害に関連する行動と区別される必要がある。ギフティッド児のなかにも様々な思考タイプがあり，理路整然とした思考の者から，支障はないが混とんとした思考スタイルの者，さらには，病的なほどに混とんとした思考の者までいることを想定することが有用だろう。病的に混沌とした思考スタイルのギフティッド児は，外界を論理的に構造化できない。彼らの部屋には首尾よく秘密の引力があり，宿題，靴下，昼食代，新しいジャケット，先生からのメモ，スケジュール帳などが吸い取られてしまう。時間を忘れ，その人生は断崖の淵を猛スピードで進んでいるようで，多くは運に助けられたり，人の介入により助けられているように見える。このような子どもは自分の内側から秩序を生み出せない。そして，周囲にもある種の全力疾走状態を求める。生活を安定させる外的なツール（スケジュール，チェックシート，〆切，家庭教師，宿題の監督，ADHDの指導者など）を必要とする。

支障のない範囲で——病的ではなく——混沌としている子どもは，自ら秩序をつくり出すことができる。同年齢の他の定型児と同様，人為的な組織化や支援は滅多に必要としない。

13 Daniels & Piechowski（2008）
14 心理士は，下位検査内，また，下位検査間の様々な結果を吟味すべきである。不注意は結果の一貫性のなさに現れることが多い。聡明な子どもは難しい問題には正しく回答することが多いが，散発的なミスをすることもある。そのミスの多くはケアレスミスで，「算数」の下位検査がそのような一貫性のなさを見るうえで最も重要である。以前は「注意記憶指標」とよばれていた「ワーキングメモリ」は，不注意をスクリーニングするというよりは，短期記憶や課題解決力の速度を測定している。「数唱」のサブスケール（特に，「順唱」と「逆唱」間の得点の開き）から検討することが有用だろう。「逆唱」はADDなどの軽度の神経学的脆弱性に非常に敏感だが，神経学的脆弱性特有の症状とは限らない。「逆唱」の最長スパンが，「順唱」よりも2桁よりも短い場合は，何らかの障害の可能性がある。

「符号」と「記号探し」のギャップを見ることで，微細運動の発達の遅れが不注意の症状と誤解されているかを確認できる。書字を苦手とする子どもは，色々な方法を考え（また，混乱させ），課題をやらない可能性がある。先延ばしにしたり，宿題を「なくした」り，課題を「忘れた」りすることは，ADHDの症状と非常によく似ている。「符号」得点が「記号探し」得点よりもかなり低い場合は，ADHDではなく微細運動の困難の可能性を考えることで，問題のより適切な説明，適切な介入を可能とするだろう。

「単語」は，あらゆる神経学的障害の影響を最も受けにくい下位検査項目となる傾向がある。また，全検査IQとの相関が最も高い。結果の「ばらつき」が大きく，不注意

や学習障害の可能性のある子どもでは，「単語」得点を見ることで，仮にそれらの障害がなかったら全検査IQがどれほどになり得るかを考えることも有用である。「積木模様」は，「単語」に次いで神経学的障害の影響を受けにくい指標となりうる。

　専門的な検査は，背後にある問題の繊細な理解，それらが日常でどのように現れるのか，どのように対応していくべきかも含め，不注意の問題の特定に有用である。神経心理学者は以下の問をたてることで包括的アプローチをとり，注意の問題を分類している。(1) そもそも，何かに注意を向けられるか？　(2) 長時間注意を持続させられるか？ (3) 注意を散らす刺激を排除できるか？　(4) 課題間の注意の行き来ができるか（並行作業ができるか）？　(5) 注意を向けるべき情報が何であるかの判断ができるか？

　青少年用の包括的神経心理学的評価（Child or Adolescent Comprehensive Neuropsychological Evaluation）の典型的なプロセスには以下のものが含まれている。カウンセラーや心理士は，アセスメントの専門家でない限り必ずしもこれらの手法を用いるわけではない。一方，大半の神経心理学者はこれらの手法を日常的に用いている。当然ながら，これらの手法の多くが複数の機能カテゴリを測定している。

● 親との面談
● 子どもの観察と面談
● ウェクスラー式児童用知能検査第5版（WISC-V: Wechsler Intelligence Scale for Children, 5th Edition）
● NEPSY II（A Developmental Neuropsychological Assessment, 2nd Edition）
● TMT-A検査とTMT-B検査（Trial Making Test A & B）
● カリフォルニア言語学習検査：小児版（CVLT C: California Verbal Learning Test, Child Version）
● ウィスコンシンカード分類課題（WCST: Wisconsin Card Sorting Test）
● ロンドン塔課題（TOL: Tower of London）
● GDS（Gordon Diagnostic System）
● ウェクスラー個別式学力検査第3版（WIAT III: Wechsler Individual Achievement Test, 3rd Edition）
● グレイ音読テスト第5版（GORT 5: Gray Oral Reading Test, 5th Edition）

　基本的な神経心理学検査バッテリーは非常に多く，掲載しきれない。広く用いられている検査を以下に記すが，これらに限定されない。

● スタンフォード・ビネー知能検査第5版（Stanford-Binet 5th Edition）

- DAS（Developmental Abilities Scale）
- WRAT 5（Wide Range Achievement Test 5th Edition）
- Woodcock-Johnson Test of Achievement 4th Edition
- デリス-カプラン実行機能検査（D-KEFS: Delis-Kaplan Executive Function System）
- ルリア・ネブラスカ神経心理学バッテリー（LNNB: Luria-Nebraska Neuropsychological Battery）
- ウェクスラー記憶検査第4版（WMS: Wechsler Memory Scale 4th Edition）
- Rely-Osterreith Complex Figure Drawing Test
- PANESS［motor function］（Physical and Neurologic Examination of Subtle Signs）
- Boston Naming Test
- Word Learning 検査
- CELF-5（Clinical Evaluation of Language Fundamentals, 5th Edition）
- TOVA（Test of Visual Attention）
- CPT（Conners Continuous Performance Test）

15 「思いもよらない反応」というのは，感情があふれ出ており，鮮明でドラマティック，多くは非常に独特なことばで表現される反応を意味する。

16 ある病院スタッフが「お尻確認テスト」ということばをつくった。面談開始から15分以内に，その子の「ぷりぷりしたお尻」を見ることができればADHDの可能性が高いというものである。そのような子どもはソファーの背もたれにもたれかかったり，テーブルに上ったり，引き出しを開けてみたり，部屋中をはい回って椅子の下を見たり，ソファーのクッションの間に物を落としたり，「もう終わった？」と聞いたりするだろう。そして，その子が面談室中を動き回る間，スタッフはその子の「お尻」を幾度となく目撃してしまう。2回の面談が有用だ。そうすることで親とのラポールをより強く築くこともできるうえに，「お尻確認テスト」を複数回行う機会が得られる。もし，2回の面談中ずっとその子がお行儀よくしていられれば，診断基準に合致した信頼性のあるADHDの行動歴がない限り，ADHDの可能性は低くなる。

17 実際のところ，どのような人でも薬物療法には何らかの効果を感じるだろう。ただし，ADHDの薬物療法の効果の程度は人により異なる。医師あるいは親が診断ツールとして薬物療法を試したいと考えているときは，系統立てて行うべきだろう。リタリン®やデキセドリン®は，通常45分以内にその効果が出るため，投薬前の検査と投薬後の再検査を行うべきだろう。再検査のできる注意テストもあれば，代替形式で実施可能なテストもあり，十分な効果の有無を確かめられる。

18 http://www.smithsonianmag.com/science-nature/this-is-how-your-brain-becomes-

addicted-to-caffeine-26861037/?no-ist
19　http://umm.edu/health/medical/altmed/condition/attention-deficithyperactivity-disorder
20　不注意や衝動性は，一連のスキルを<u>もつかもたぬか</u>の問題である。つまり，注意力や抑制力に必須のスキルをもっていれば，本人がそうしたいときに，そうしたいだけ注意を持続でき，行動を抑制できる。そのスキルを十分もたない場合でも，それは注意力や抑制力の欠如ということにはならない。その一連のスキルの発揮の仕方が不完全，あるいは一貫性がないということである。このように，不注意だったり衝動的な子どもの多くは，だらしがない，頑固，強情といわれる。注意を向けたり行動を抑制する姿が彼らにもみられることがあるためである。問題となるのは，その子がまったく注意を持続したり抑制できない場合である。このような問題を抱える子どもは改善がゆっくりなため，成長していないように見えたり，情緒的に同年齢の子どもよりも幼く見えたりする。
21　https://sengifted.org/archives/articles/before-referring-a-gifted-child-for-addadhd-evaluation（訳注：日本語版は，角谷（2019）の予定）

第4章

1　ギフティッド児に最も適した学校は，カリキュラムが柔軟で異年齢集団があり，たとえば，2年生でも成績レベルが5年生と同等であれば5年生と一緒に学習できるような学校である。このような学校は，あらゆる生徒の学習を個別的に扱う。あいにく，たいていの学校は厳格な年齢集団に縛られており，聡明な生徒は待たされることになる。Karen Rogers（2002）は，受賞本 "Re-Forming Gifted Education: How Parents and Teachers Can Match the Program to the Child" のなかで，ギフティッド児のための教育選択についてのメタ分析研究に基づき，学校が用いることのできる多様なアプローチを記している。学校でギフティッド児のニーズに特化した別のアプローチを紹介したものとして，クラスター集団（Winebrenner & Brulles, 2008を参照），一般クラスでの教育方法（Winebrenner & Brulles, 2012を参照），大幅な早修（Gross & Van Vliet, 2005; Slow & Rhodes, 2012を参照）に関するものがある。
2　著者にもよるが，自己愛には健全な自己愛，DSMにある明らかに尊大な自己愛，内在的な自己愛，支配する自己愛（より一般的なもの），破滅する自己愛（精神病質との重複が大きいため予後は不良）というように様々なバリエーションがある。
3　怒りの表出は，しばしば境界性のクライアントと自己愛性のクライアントの鑑別診断に用いられる。境界性パーソナリティ障害の怒りは熱く激しいが，概して浅く，変化しやすく，すぐに消える。自己愛性パーソナリティ障害の怒りは冷たく，計算されたもので，報復的なことが多い。ただし，通常彼らは瞬時に魅力的な態度をとり，根底にある怒り

をカモフラージュすることができる。途絶えることのない自己愛的な達成欲求や周囲からの賞賛欲求を満たすための道具として，自分の魅力を利用する。

4 健全な自己愛と病的な自己愛の違いは http://en.wikipedia.org/wiki/Healthy_narcissism によくまとめられている。

5 http://www.indigochild.com/

第5章

1 強迫症者の人生の困難に関する書籍として，Fletcher Wortmann の "*Triggered: A Memoir of Obsessive-Compulsive Disorder*" がある。この障害がいかに人を消耗させるか，その極度の苦しみがありのままに描かれている。

2 Dan Peters の "*Make Your Worrier a Warrior*" と，子ども向けガイドブックの "*From Worrier to Warrior*" は素晴らしい書である。いずれも「不安モンスターを手なずける」認知的・行動的方法が記されている。他に子ども向けの強迫症行動への対応に関する優れた書としては，John March & Christine Benton の "*Talking Back to OCD: The Program That Helps Kids and Teens Say "No Way"—and Parents Say "Way to Go""* や，Dawn Huebner & Bonnie Matthews の "*What to Do When Your Brain Gets Stuck: A Kid's Guide to Overcoming OCD*" がある。

3 「生物学的変化に伴う飢餓状態」により，意図的でない体重減少がさらに生じることもある。以下を参照のこと。Herpertz-Dahlman (1950). "*Biology of human starvation*" Minneapolis: University of Minneapolis Press.

4 http://www.cdc.gov/nchs/data/nhsr/nhsr087.pdf

5 彼の見解は 1943 年の Leo Kanner の自閉症様の行動の見解と同様であった。研究者や臨床家は何年もの間，（互いに合ったことのない）両者の見解の比較を行った（Klin et al., 2000）。

6 アスペルガー症候群者はプロソディーにかかわる能力に困難を示す。つまり，声のトーン，アクセント，変調によって伝えられるものの理解に非常な困難を示す。また，人とのやりとりの中で，表情，ジェスチャー，姿勢から発せられるニュアンスの理解にも困難を示す。

7 強迫観念的あるいは衝動強迫的に見える行動は，強迫症や強迫性パーソナリティ障害の行動とは通常異なる。アスペルガー症候群の場合，そのような行動ができなくてもそれほど辛いとは感じない。彼らにとってルーチンは快適さを得たり不安を低減させたりするものではあるが，悲劇を回避したり辛い思考から抜け出すためのものではない。

8 http://undark.org/article/invisibility-black-autism

9 Temple Grandin は，コロラド州立大学の動物学者で，その著作でも有名である。彼女

は，アスペルガー症候群者にもっと期待すべきだと力説している。以下のサイトで彼女の業績や著作を見ることができる。https://en.wikipedia.org/wiki/Temple_Grandin

10 何年にもわたり，アスペルガー症候群の行動特性を観察評価スケールにより測定しようという試みがなされてきた。その1つ，"*Australian Scale for Asperger's Syndrome*"（https://www.aspennj.org/pdf/information/articles/australian-scale-for-asperger-syndrome.pdf）は，Garnett & Attwood（1998）に基づいている。これは，親や教師が24の行動特性について，「ほとんどない」から「頻繁にある」の段階で評価する。同様のアプローチが PRO-ED の "*Gilliam Asperger's Disorder Scale*"（Gilliam, 2001）や Schopler & Van Bourgondien（2010）による "*Childhood Autism Rating Scale, 2nd edition*"（Western Psychological Services 発行）でも用いられている。Campbell（2005）は，広く用いられている5つの評価スケールを比較している。Goldstein & Naglieri（2012）による "*Autism Spectrum Rating Scale*" は，もともと DSM-IV-TR に沿ったものとして発行された。現在は改訂版が作られ，DSM-5 に準拠したものとなっている。これは2〜18歳までの子どもを対象とし，親や教師，あるいは主たる養育者による5段階尺度での回答方式をとる。"*ADOS-2（Autism Diagnostic Observation Schedule-Second Edition）*" は，WPS 発行の半構造型の検査で，子どもから成人までを対象とする。訓練を受けた評価者が被験者とやりとりをしながら30〜45分間検査し，社会的行動やコミュニケーション行動を観察する。カットオフ・ポイントにより，被験者の行動が自閉スペクトラム症行動にどの程度一致するかが示される。単一のツールだけを用いて自閉スペクトラム症の診断を下すべきではない。複数のツールを用いるのが有効な診断プロセスであり，ギフティッド者の行動と自閉スペクトラム症による行動特性とを識別するうえでも有用である。

11 http://mcgt.net/wp-content/uploads/2011/04/˜x-Giftedness-Asp.Dis_.Checklist.pdf（訳注：日本語版は，角谷（2019））

12 これに関して，子どもやティーンエイジャーについての詳細は，Neihart, M.（2008）の "*Peak Performance for Smart Kids: Strategies and Tips for Ensuring School Success*"，成人についての詳細は A. Mahoney（1998）の "*Gifted Identity Formation Model*" を参照されたい。

13 Hollingworth（1942）は，ギフティッド児の大きな課題は，「愚かな人たちに対する寛容さを学ぶこと」だと述べた。

14 2001年に起こった9.11の事件が1例としてあげられる。この事件は，多くの人々に様々な影響を与えた。典型的なアスペルガー症候群の子どもにとっては，その日に起こった事件が多くの人にとってどのような個人的意味をもつのかを理解することが難しかった。その事件に釘づけにはなったが，被害者やその家族への共感や心配を示すこと

はあまりなかった。それに対して，多くのギフティッド児がこの悲劇に強い衝撃を受けたが，それは第1に，人に対する共感や深い心配によるものであった。彼らはこの事件を理解し，どのようにしてこの事件が起こったのかを調べ，自分自身だけでなく，米国中，世界中の人々にとって，この事件がどのような意味をもつのかを深く考えた。アスペルガー症候群のギフティッド児のなかには，頭ではこの事件を理解しているが，感情の枠組みはもち得なかった者がいた。そして，彼らの反応が問題を引き起こすこともあった。ある子どもは9月12日に自分の思いを言葉にした。「テロリストが何をしたかはよくわかっています。ただ，タワーをもっとうまく倒壊させるためには，もっと急勾配で飛行機を飛ばし，ビルの低い部分にぶつける必要があります。そのほうがより効果的なやり方です」。これはもっともで論理的な発言ではあるが，タワー崩壊で苦しんでいる人々に対する感情的な理解が欠落している。このように，人との情緒的なつながりの欠如は，自分の行動が人に与える影響についての洞察力の欠如とともに，アスペルガー症候群の特性とされる。

15 このような子どもの多くは，以前はDSM-IV-TRの自閉性障害，アスペルガー障害などのカテゴリの診断基準を満たさないために，特定不能の広汎性発達障害に分類されていた。

16 DSM-5によると，DSM-IVのアスペルガー障害と診断された人の約15％以上が，DSM-5の自閉スペクトラム症のカテゴリには当てはまらない。そして，なかにはこの新しい診断カテゴリに入る人もいる。

17 関係念慮とは，他者の言動が自身を軽蔑したものだと想定する強迫傾向である。

18 一方で，このような関連を示した研究に対する厳しい批判もある。例：Schlesinger, J. (2012). *"The Insanity Hoax: Exposing the Myth of the Mad Genius"*. Ardsley-on-Hudson, NY: Shrinktunes Media.

19 https://en.wikipedia.org/wiki/Impostor_syndrome（訳注：日本語版はhttps://ja.wikipedia.org/wiki/%E3%82%A4%E3%83%B3%E3%83%9D%E3%82%B9%E3%82%BF%E3%83%BC%E7%97%87%E5%80%99%E7%BE%A4）

20 学校や親が標準学力テストやテスト勉強ばかりを過度に重視することで，子どもが失敗のリスクを負って挑戦し，失敗をしても何の罰も受けることなく再び起き上がるチャンスを奪っていることが多くある。これは，ある地域では就学前から起こっている。完璧主義や失敗への恐れは内側へ向かうことが多い。学校での経験は，失敗に対する健全な態度の育成を促すものとはなっていないことが多い。参考資料として，Wendy Mogelの*"Blessings of a Skinned Knee"*や，Brene Brownの*"Daring Greatly"*，Paul Toughの*"How Children Succeed"*，Jessica Laheyの*"The Gift of Failure"*がある。

第 6 章

1　e.g., Schlesinger, J. (2012).
2　成人向けの基準を子どもにそのまま当てはめるのは通常不適切である。子どもは「小さな大人」ではない。たとえば，クローゼット・モンスターや動物のぬいぐるみが実は生きていると信じているというようなことは，成人ではひいき目にみても統合失調型パーソナリティ障害と考えられるだろう。成人のパーソナリティ検査や知能検査などの，典型的な大人の行動基準をそのまま子どもに用いるとどうなるかを考えてほしい。数えるのに指を使う大人はほとんどいない。子どもにとって，小切手帳や領収書などはまったく読めたものではなく，むしろ韻を踏んだことばがたくさんちりばめられている絵本を好む。複数形の理解はあいまいで（"mices"），ジョーク（回りくどい言い方）が苦手だ。歴然とした運動機能の未熟さを忘れてはいけない。（普通の大人は，靴ひもを結んだりズボンを履くのに助けを必要とするだろうか？）標準的な子どもですら人の話をあまり聞けないし，すぐにソワソワしだす。一方，職場の会議で足をぶらぶらさせたり椅子をくるくる回す大人は滅多にいない。それでは，なぜ，双極性障害のような（成人の行動基準を用いた）成人の精神疾患——特に，入院や一生涯（かなりの少量でも有害な）薬物療法をしなくてはならないような診断や障害——を子どもに適用することには平気でいられるのだろうか。
3　Ellen Liebenluft, M.D. (2011) は，1日のなかで気分が変動するものについて，「急速交代型双極性障害」の診断に代わる診断を提案している。それが「重症気分調整不全（Severe Mood Dysregulation）」であり，これは，非常に刺激反応性の高い子どもの症状をとらえたものである。普通の子どもの気分調整の発達的な未熟さと，病的な「重症気分調整不全」とを識別するのは難しいだろう（2歳児を思い浮かべて欲しい）。それでも，双極性障害のような精神病質を意味するのではないという点で，ずっと安全な診断といえるだろう。
4　たとえば以下を参照のこと。http://psychcentral.com/lib/symptoms-of-childhood-bipolar-disorder/；http://www.nimh.nih.gov/health/publications/bipolar-disorder-in-children-and-adolescents/index.shtml；http://bipolarchild.com/resources/faq/
5　fMRIを用いた最近の研究では，実際に双極性障害者の扁桃体が通常より小さく，表情に出る感情に敏感に反応しやすいという結果が得られた。このように，1つの障害を他の障害と区別するためのある種の客観的データは得られるが，それらを分類整理するには相当な時間を要するだろう。ギフティッド者を比較対象群とした研究は今日までなされていないが，これは，ギフティッド者の占める割合の低さや，ギフティッドが精神疾患ではないということを考えると当然のことだろう。

6　Parry & Levin (2012).
7　DSM-IV-TRによると，双極Ⅰ型障害の一般人口における有病率は約1％である。
8　DSM-IV-TRによると，双極Ⅱ型障害の一般人口における有病率は約0.5％である。
9　軽躁病エピソードは「進行した」躁病エピソードよりも少し穏やかな状態を指す。それでも，軽躁病エピソードは少なくとも4日間持続し，その間気分が異常なほど高揚，膨張したり，易怒的な状態が続く。そして，以下の症状のうち三つ以上がみられる：自尊心の肥大，睡眠欲求の減少，しゃべることへの切迫感，観念奔逸，注意散漫，身体エネルギーの増大あるいは興奮，快楽的であるが本質的には有害な活動への極度の熱中。
10　Webb, Gore, Amend, & DeVries (2007), p.154.
11　アーミッシュは電気を使わず，平和主義の実践者であり，馬や馬車を移動手段とする。アーミッシュ人口のうち，うつ病の有病率は1％に満たない (Egeland & Hostter, 1983)。
12　ギフティッド児の実存的うつは中年の危機に似たところがある。中年の危機の渦中にある人は，人生の意味を問い，「これが人生のすべてなのか？　こんな人生を歩むはずではなかったのではないか？」と自問する。
13　このような人々は，数年の間に次々と目標を変えて進んでいく。

第7章

1　連邦指令Public Law 94-142により，どのような子どもが学習障害の特別支援を受けられるのかが決められている。そして，以下の2つの基準により学習障害を定義づけている。(1) 全検査IQ得点が標準得点の1.5標準偏差以内に満たない場合。あるいは，(2) その子の学力が当該学年よりも2学年より低い場合。これらは一般に「ディスクレパンシー・モデル」とよばれるものである。このモデルでは，その子が知的ギフティッドのあるなしにかかわらず，米国の子どもの大半が3年生以降になるまで学習障害の支援を受ける資格が認められないのも当然だろう。つまり，3年生になるまでは，知能検査や学力検査を受けても，2学年よりも下の得点を示すことができないために，知能検査や学力検査を受けることが滅多にないということである。
2　RTIの3段階が実際どのように実施されているのかは様々だが，RTIプログラムには以下のような核となる特徴がある。1. 質の高い，研究成果に基づいたクラス指導。2. 包括的なスクリーニングとアセスメント。3. 継続的な進歩状況のモニタリング。4. 研究に基づいた第2，第3の介入。5. 介入期間中の進歩状況のモニタリング。6. 介入の適合性の検討や厳密な介入の終結。どのような支援がニーズに適しているかは，研究成果に基づいた介入に対する個々の生徒の反応に基づき判断される (Fuchs & Fuchs, 2006)。
3　McKenzie (2010) は，学習障害のあるギフティッド児の特定にRTIを用いると多くの検出漏れがみられることを示した。

4 Sally Shaywitz ("*Overcoming Dyslexia*", 2003) はこの原因を，ディスレクシアの脳ではブローカ野が過剰刺激を受け，頭頂側頭領域と後頭側頭領域が過小刺激状態にあるためだと結論づけた。(以下も参照のこと。Shaywitz, S. & Shaywitz, B. A. (2003). "*The Science of Reading and Dyslexia*". https://www.bisd303.org/cms/lib3/WA01001636/Centricity/Domain/460/The%20Scienc%20of%20Reading%20and%20Dyslexia.pdf).

5 https://www.understood.org/en/community-events/blogs/the-inside-track/2015/03/04/stealth-dyslexia-how-some-dyslexic-students-escape-detection

6 書字は，他の運動速度やスキルと同様，全般的な能力の影響をあまり受けない（Diaz-Asper, 2004 参照）。

7 微細協調運動スキルの低さは，靴ひもを結ぶことがなかなかできないことの原因にもなる。ベルクロのスニーカーを履いたりパソコンを使うことで，微細運動の問題に対処できる。

8 https://www.youtube.com/watch?v=MntCXf7MriI&feature=youtu.be

9 ディスカリキュリアに関して神経心理学的に実証されているものは膨大で，ここでは概観しきれない。しかし，実行機能障害がこの問題の原因の1つである点に留意すべきことだけには触れておきたい。つまり，脳の小葉と学習障害との間に一対一の関係があるわけではない。広範囲の脳のシステムが相互に作用し合い，算数をはじめとする様々な能力を生み出す。よって，数学能力を司る部位は左脳に位置しているという古くからの考えは，あまりにも単純すぎる。ディスカリキュリアにワーキングメモリがかかわるということは，前頭前野と頭頂葉のシステムがかかわることを意味する。「数学的事実」における困難は，自動性の発達に不可欠な線条体システムなど，左半球の皮質や皮質下構造がかかわることを意味する。これらの領域には，左脳の大脳基底核や左脳の頭頂後頭側頭領域が含まれる。自動性には小脳の機能もかかわる。このように見ると，数学を司る小葉というものは存在せず，広範囲の脳のシステムが相互に作用し合っていることがわかる。皮質あるいは皮質下にあるネットワーク構造にダメージを受けることは，それまでに学習した数学的事実へのアクセス困難と関連する。

10 数を加えることを最初に学習する際には，「すべて最初から数える（counting-all）」方法を用いる子どもが多い。最初のセットを数え，それぞれに数を当てはめていく。そして，次のセットを数える。最後に，最初と二番目のセットをまとめて，新たに数え始める。たとえば，3と5を足す際には，まず，3つを数え（最初の足し算），続いて5つを数える（二番目の足し算）。最後に，2つのセットを合わせ，大きなセットにしてすべての数を数える。

11 プロソディ障害とは，声や音楽のリズムやイントネーションといった，微妙な調子の違いを理解することの困難を意味する。また，微妙な表情など，コミュニケーションにお

ける非言語的側面を読み取ることの困難を含める専門家もいる。
12 これは右半球の白質髄鞘損傷の結果生じるために，右半球症候群と呼ばれることもある。
13 感覚統合の問題に関する詳細は以下を参照のこと。Kranowitz, C. S. (2005). *"The out-of sync child: Recognizing and coping with sensory integration dysfunction"*. New York: Skylight Press. その他の書籍は以下を参照のこと。http://www.childrensdisabilities.info/sensory_integration/sibooks.html
14 生の視覚情報を意味あるものに翻訳することを司る，脳の特異的領域がある。眼は，世界の要素（黒，白，色，動き等）に反応する。この情報は細分化され，脳が翻訳して初めて意味をもつ。これは，コンピュータがすべてのテキストをまず0と1の情報にコード化するのと同じである。このメタファーを応用して考えると，感覚・知覚に問題のある子どもは，視覚，聴覚，触覚から伝えられる二値の生データを全体として意味あるものに翻訳することに困難を示す。彼らは部分的に完成された情報をもち続け，必然的にフラストレーションを抱えることになる。
15 これらの症状の神経心理学的な要因に関する有用なレビューとして，Dionne-Dostie (2015), Koziol, Budding, & Chidekel (2011) がある。感覚統合障害と不安の高さの関連を検討した研究もある。1つの仮説として，不安の高さが環境の「些細な」変化への感度を高めるというものがある。ちょうど，ホラー映画を見た後に家のなかの通常の物音に対しても用心深く敏感に反応してしまうのとよく似ている (Conelea, Carter, & Freeman, 2014)。

第8章

1 複数の専門学会が統合されて構成されている米国国立睡眠財団 (National Sleep Foundation) は，年齢ごとの推奨睡眠時間を発表している (https://sleepfoundation.org/press-release/national-sleep-foundation-recommends-new-sleep-times 参照)。それは以下のとおりである：

- 新生児～乳児初期 (0-3ヶ月)：1日当たり14-17時間に幅を短縮した（以前は12-18時間）
- 乳児期 (4-11ヶ月)：1日当たり2時間幅を拡大し，12-15時間（以前は14-15時間）
- 幼児初期 (1-2歳)：1日当たり1時間幅を拡大し，11-14時間（以前は12-14時間）
- 幼児期 (3-5歳)：1日当たり1時間幅を拡大し，10-13時間（以前は11-13時間）
- 児童期 (6-13歳)：1日当たり1時間幅を拡大し，9-11時間（以前は10-11時間）
- 青年期 (14-17歳)：1日当たり1時間幅を拡大し，8-10時間（以前は8.5-9.5時間）
- 成人初期 (18-25歳)：1日当たり7-9時間（年齢カテゴリの新設）

●成人期（26-64歳）：1日あたり7-9時間（変更なし）
●高齢期（65歳以上）：1日当たり7-8時間（年齢カテゴリの新設）

2　https://www.nih.gov/news-events/nih-research-matters/how-sleep-clears-brain
3　夢中遊行者が覚醒しておらず穏やかに布団に戻るようであれば，本人は出来事を覚えていないだろう。夢中遊行者を覚醒させることは危険ではないが，それが難しいこともあり，また，そうする必要もない。ただし，眠っている本人が気づかぬ間の転落などの危険から守られていない場合，夢中遊行はとても危険なものとなり得る。
4　睡眠時驚愕症を含む睡眠障害は，自閉スペクトラム症の子どもによくみられる。以下を参照のこと。Malow Beth., et al., "Sleep difficulties and medications in children with autism spectrum disorders: A registry study". *Pediatrics*, 137. Supplement 2 (2016): S98-S104（http://pediatrics.aappublications.org/content/pediatrics/137/Supplement_2/S98.full.pdf）
5　おねしょは通常，下垂体の成熟の遅れがあり，その結果腎臓に尿産生をゆるやかにするようシグナルを送るホルモンの産出が妨げられることにより生じる。
6　ギフティッドの男児では，おねしょは創造性の高さと関連している可能性もある。眠っている間でさえ，自分自身がトイレにいることを鮮明に思い浮かべてしまうのである。

第9章

1　本章に多大なお力添えを頂いた，神経科学者であられるGifted Research and Outreach（GRO）のNicole A. Tetreault, Ph.D.に，著者一同心より感謝申し上げる。
2　http://io9.gizmodo.com/scientists-discover-a-new-link-between-the-brain-and-th-1710560159?utm_medium=sharefromsite&utm_source=io9_twitter
3　衛生仮説はメディアの関心を多く集めている。概要は以下を参照のこと。http://www.nytimes.com/2016/06/05/opinion/sunday/educate-your-immune-system.html?action=click&pgtype=Homepage&clickSource=story-heading&module=opinion-c-col-right-region&_r=0
4　大腸炎は結腸の炎症で，重症性筋無力症は瞼などの顔の部位，舌や首の筋肉が弱くなる病気である。
5　PANDASやPANSは最近認められた疾患である。詳細は，Swedo, Leckman, & Rose (2012). From research subgroup to clinical syndrome: Modifying the PANDAS criteria to describe PANS (Pediatric Acute-onset Neuropsychiatric Syndrome). "*Pediatr Therapeut*", 2:2 や http://www.pandasnetwork.org/understanding-pandaspans/what-is-pandas/を参照のこと。PANDASの原因として，腸内菌叢の何らかの変化によ

り，セロトニンを介して免疫系が影響を受け，脳の変化に拍車がかかることが可能性として考えられている。

6　以下も参照のこと。https://www.richardhaier.com/research/
7　自己免疫疾患のなかには，病原性抗原（たとえばレンサ球菌などにみられる）とヒト抗原との類似性が原因とされるものもある。誤認により免疫系が自身の細胞を攻撃してしまう。ギフティド者にみられるアレルギーや喘息のほとんどが，体内に入ってきた異常タンパク質に対する正常な免疫反応として生じている。強い免疫反応や炎症により，身体が炎症を抑える力に重い負荷をかける。そして，細胞間の結合が益々漏れやすくこわばったものとなり，より一層異種抗原が体内に入りやすくなるという悪循環が生じる。
8　糖質は，脂質，タンパク質に比べ，分子構造が単純である。糖質の消化は，口の中での睡液腺からのアミラーゼにより始まり，小腸でも消化が続けられる。タンパク質は，胃で消化が始まり小腸で終わる。脂質の大半は，小腸でリパーゼが分泌されるまで消化されない。繊維質は人間自身の酵素では消化できず，大腸でのみ，微生物叢のバクテリアにより分解，消化が進められる。https://www.merckmanuals.com/professional/nutritional-disorders/nutrition-general-considerations/overview-of-nutrition
9　夜驚を含む睡眠障害は，自閉スペクトラム症児にも多くみられることに留意すべきである。Malow et al.（2016）参照のこと。
10　詳細は以下を参照のこと。http://www.niaid.nih.gov/topics/autoimmune/pages/default.aspx, http://www.niaid.nih.gov/topics/autoimmune/documents/adccreport.pdf, http://www.aarda.org/autoimmune-information/autoimmune-statistics/
11　たとえば，以下を参照のこと。Germolec, Kono, Pfau, & Pollard（2012）：http://www.ncbi.nlm.nih.gov/pmc/articles/PMC3465484/, Cusick, Libbey, & Fujinami（2012）：http://www.ncbi.nlm.nih.gov/pmc/articles/PMC3266166

第10章

1　「嗜癖性パーソナリティ」が実際に存在するかどうかをめぐる議論は続いている。この問題と研究に関する妥当な要約は以下を参照のこと。http://en.wikipedia.org/wiki/Addictive_personality
2　ホモセクシャリティであってもそうでなくても，性別の違和感は，自分は異質だという感覚のリスク要因であり，おそらく男性の場合には，アルコールや物質乱用の重要な要因だろう。繊細で中性的（ギフティドではよくある）なギフティドの男性であることは，無視できないリスク要因のようである。以下を参照のこと。Kerr & Cohn（2001）. *"Smart Boys: Giftedness, Masculinity, and the Search for Meaning"*.
3　http://www.spectator.co.uk/2013/03/fixing-a-hole/

4 アタッチメント研究（Hazan & Shaver, 1994）により，成人のカップルは，親子関係での健康・不健康なアタッチメント・スタイルを反映していることが示された。それには，「安定型」，「恐れ型」，「拒絶型」が含まれる。
5 http://www.drugabuse.gov/publications/drugfacts/high-school-youth-trends
6 マリファナの合法化が青年の大麻使用に悪影響を及ぼすかを判断するのは，時期尚早である。実際，自己報告データの研究のなかには，ある地域では合法化により使用が減少していることが示されている。おそらく，違法薬物の方が，青年には魅力的に映るのだろう。Lynne-Landsman, Sarah D., Melvin D. Livingston, & Alexander C. Wagenaar. (2013). Effects of state medical marijuana laws on adolescent marijuana use. "*American Journal of Public Health*", 103(8), 1500-1506.

第11章

1 Vコード診断を受けた者の多くは，他の診断も併せて受けている場合を除き，その治療は保険の補償対象外であることが多い。保険会社は一般に，Vコードの診断は病気の診断ではなく，大半の人が多少とも経験する問題だという立場をとっている。

第12章

1 DSM-5は，法律に多少似ているところがある。ガイドラインを意図的に曖昧にして提示している。可能性のある筋書をすべて予測することはできないが，研究により実証された根拠と指針とを提示している。
2 一般に，医師，心理士および神経心理学者は，想定された診断の可能性の有無を判断するために，標準化されたアセスメントを利用する。さらに，多くの医師やその分野に通じた心理士は，診断のベースレートを参照するよう訓練されている。これは症状を分類する統計モデルであり，患者の年齢，性別，体重などに基づき症状が分類される。ベースレートを用いることで，多くの診断可能性が瞬く間に低下する。このようにして，アセスメントの時間と費用をかけることなく正確に診断できる可能性，その結果として治療が成功する可能性が高まる。
3 ワーキングメモリと短期記憶とはまったくの別物である。ただ，本書が焦点を当てる域にはなく，また，詳細な説明を必要とするため，ここでは触れない。

第14章

1 http://sengifted.org/wp-content/uploads/2016/10/SENG-Misdiagnosis-in-Gifted-Children-Brochure.pdf
2 http://sengifted.org/tips-for-selecting-the-right-counselor-or-therapist-for-your-gifted-

child/
3 https://www.nationalregister.org/pub/the-national-register-report-pub/spring-2014-issue/gifted-children-and-adults-neglected-areas-of-practice/
4 6歳前に薬物療法を受けると，神経伝達物質系が一生涯リセットされる可能性があることを示した研究がある。これをプラスと確信している精神科医もいるが，慎重派は「一生涯」を非常に長い期間と考え，医療関係者の知識が目下の経験に依拠しすぎているように感じている。薬物療法を勧められたら，子どもへの臨床実験がなされているか，また，その結果について，是非，精神科医に確認してほしい。さらに，"*Physician's Desk References*"（PDR，米国医師用卓上参考書）を各自でチェックすべきである。

多くの子どもが，成人を対象とした研究しかなされていない精神科的薬物療法を受けている。そのため，親，また，それを処方する精神科医も，そのような薬物療法には特に注意しなくてはならない。乱暴な診断は乱暴な薬物療法につながることが多い。あなたの子どもが抗精神病薬やリチウム製剤（抗躁病薬），もしくは，その他の「強い」薬を処方されているのであれば，健康上の予防の観点からだけでもセカンドオピニオンを考えた方がよい。

「最も強い」薬は，子どもを対象とした研究が最もなされていないことが多い。それは，製薬会社が試験的研究を行う際に訴訟問題になるリスクが高いためである。これらの試行を飛ばすことで，製薬会社は訴訟のリスクを回避できる。「認定外」あるいは使用者の年齢での実験がなされていない薬を使用するのは，親，子ども，医師が賭けをしていることを意味する。親も医師も，このことを肝に命じ，特に慎重であらねばならない。
5 Barbara Gilman（2008）の "*Academic Advocacy for Gifted Children: A Parent's Complete Guide*" が参考になる。

索　引

●あ
RTI　*169, 171-173, 344*
愛のホルモン　*237*
悪性の自己愛　*105*
悪夢　*211*
悪夢障害　*211, 212*
アスペルガー症候群　*111, 121-134, 192, 284, 340, 341*
アルコール依存症　*233*
アルコホーリクス・アノニマス（Alcoholic Anonymous: AA）　*227*
アレルギー　*216, 218, 219*
合わない学校や職場　*282*
合わない教育環境　*296*
アンダーアチーブメント　*57*

●い
閾値　*175*
閾値モデル　*172*
依存症　*235, 236*
依存症リスク　*236, 238*
一時的なグルコース不足　*155*
遺伝的リスク　*235*
遺尿症　*210*
意味記憶型障害　*189*
インポスター症候群　*143*

●う
WISC-V　*77, 337*
うつ病　*162*

●え
ADHD　*32, 45, 53, 63, 65, 72-80, 84, 87-89, 100, 128, 160, 192, 270, 275, 297*
NAGC　*294, 299*
LGBT　*230*

●お
オキシトシン　*237*
おねしょ　*210*

親子関係　*243*

●か
回避性パーソナリティ障害　*143-145*
乖離モデル　*175, 176*
拡散的思考　*36*
学習障害　*44, 169-171, 182, 337*
学習スタイル　*33*
学習性無力感　*158, 160*
学力検査　*77*
過興奮性　*xii, 26, 27, 32, 33, 69, 77, 115, 128, 206*
過集中　*78, 79*
活動性レベル　*71*
過敏性　*128*
過眠症　*207, 208*
カリキュラムが柔軟　*339*
感覚統合障害　*193, 194, 271, 272*
感覚の過興奮性　*31, 32, 75*
環境が合わない　*281*
環境の問題　*282*
間欠爆発症　*102*
感情の過興奮性　*29*
観念的思考　*111, 113*
完璧主義　*10, 38, 60, 107, 108, 115, 116, 119, 120, 144, 156, 180, 232, 270, 278, 279, 295*

●き
記号探し　*336*
ギフティッドネス　*12, 67, 69, 72, 281*
Giftedness-Asperger's Disorder Checklist　*129*
ギフティッドネスと関連する精神疾患　*284*
ギフティッドネスによる問題行動　*284*
ギフティッドネスの影響　*281*
気分循環性障害　*157, 157*
気分障害　*149*
逆唱　*336*
急速交代型　*152, 154*
急速交代型双極性障害　*154, 155*
教育介入反応（RTI）　*171*
教育環境　*158, 159*
教育的介入　*129*
教育的ニーズ　*159*
教育的配慮　*297*

境界性パーソナリティ障害　339
共感覚　31
共感性　131, 132
強迫観念　114
強迫行為　114
強迫症　111, 113-115, 118, 119, 128, 340
強迫性パーソナリティ障害　111, 116, 119, 340
拒食症　120, 120

●く
具体的思考　124
グローバリー・ギフテッド　8
グローバル・ギフティッドネス　19

●け
軽躁病　149, 152
軽躁病エピソード　152, 157, 344
限局性学習障害　175, 181, 182
健全な自己愛　104, 105

●こ
高機能自閉症　122
向精神薬　55
心の理論　123, 130, 134
個人内非同期性　179
固定型マインドセット　144, 146
孤独感　60
子どもの抑うつ障害　161
個に応じた教育サービス　12
個別式の知能検査　77

●さ
最適知能　9
算数障害　187

●し
視覚空間型　33-37, 47, 75, 170
視覚空間型障害　189
刺激希求性　231, 232
自己愛　105
自己愛性　106
自己愛性パーソナリティ障害　103, 104, 107-109
思考スタイル　33-35
自己疑念　143

自己免疫疾患　216, 224
自殺　149, 166
自殺念慮　153
支障　130, 132, 138, 205, 208, 286
自然な短時間睡眠者　202
シゾイドパーソナリティ障害〔統合失調質パーソナリティ障害〕　111, 136-139
持続性抑うつ障害〔気分変調症〕　163, 164
実行機能　45, 46
実存的うつ　13, 55, 69, 149, 165, 166, 284, 344
実存的孤独　233
児童向けウェクスラー知能検査　16
自閉スペクトラム症　49, 50, 121, 123, 134, 192, 341
自閉スペクトラム症　111
社会的（語用論的）コミュニケーション障害　135, 136
社会不安症　111
重篤気分調節症　99, 100
柔軟性　179
順唱　336
状況特異性　132, 133
衝動　87
衝動性　76, 81
衝突　33, 36, 65, 92, 93, 96, 97, 110, 204, 244, 245, 248, 280
食事療法　86
処理速度障害　269, 270
神経心理学的検査　77
神経性過食症　120

●す
睡眠時驚愕症　212
睡眠不足　205, 206, 212
数唱　336
スタンフォード・ビネー知能検査　16

●せ
セアリック病　220
生活に支障　138, 141, 155
精神運動の過興奮性　30-33, 76
青年期　235, 236
青年期での大麻使用　238
青年期での薬物使用　236
青年期の衝動性　235

索引 353

青年期の脳　236
摂食障害　119-121
SENG　59, 290, 293, 294, 299, 330
SENG Misdiagnosis Initiative　294, 330
繊細さ　26, 27, 33, 49, 149, 151, 165, 285, 291
喘息　218, 219
前頭葉　46
全般的不安症　111
全米小児ギフティッド協会　8, 290, 299

●そ
双極Ⅰ型障害　152
双極性障害　13, 30, 149-157, 343
双極Ⅱ型障害　152, 153
早修　158
創造性　13, 49, 73, 153, 155
創造性の高いギフティッド　149
創造的なギフティッド者　142
想像の過興奮性　28, 74, 141
相対年齢　53
躁病　149, 152
躁病エピソード　152, 152, 153
素行障害（行為障害）　100-102

●た
対人関係上の困難　291
大脳皮質　45
大脳皮質の肥厚化と刈り込み　45
多才性　47, 48
多重診断　57
脱抑制行動　31
多動性　76
タレンティッド　19
短期記憶障害　267, 268
単語　336, 337
短時間睡眠　203
短時間睡眠者　202, 204, 206

●ち
知的過興奮性　28, 32, 33, 76
知能検査　77, 176
注意　337
注意欠如・多動症　31, 63
注意散漫　74, 81
注意の持続　79

抽象的思考力　133
中枢神経刺激薬　84-86, 334
聴覚継次型　33-36, 38, 132
聴覚情報処理障害　195
聴覚処理障害　270, 271
長時間睡眠　208
長時間睡眠者　202
重複診断　282, 284

●つ
2e　56, 59
積木模様　337

●て
ディスカリキュリア　188
手続き型障害　188
纏綿　246, 248

●と
統合失調〔症〕型パーソナリティ障害　111, 140-142
トークン・エコノミー法　92, 93
飛び級　158

●な
内向型　131, 133, 137, 138, 140-143

●に
二重にエクセプショナル　7, 56, 59, 83, 124, 127, 129, 130, 169, 171, 178, 182, 199

●の
脳内のグルコース量　81

●は
ハイリー・ギフティッド　16, 17, 43, 47, 70, 77, 91, 120, 143, 149, 154, 157, 165, 166, 291
ハイリー・ギフティッド児　297, 332
激しく　235
激しさ　26, 27, 32, 33, 76, 81, 91, 138, 149, 151, 155, 165, 233, 285, 291, 296
バソプレシン　237
発達の非同期性　43, 44, 169, 198, 291
般化　133
反抗挑発症　32, 37, 50, 96, 97, 100, 101, 160, 244,

273, 275, 276, 297
判断力　45-47, 76, 77
反知性主義　143
反応性低血糖症　157, 221, 223

●ひ
ピア・プレッシャー　42, 231, 256
非言語性学習障害　191, 192
被刺激性　78, 79
非中枢神経刺激薬　86
非定型　45
非同期発達　iii, 10, 43, 44, 46, 77, 112, 125, 128, 130, 173, 272, 275, 282
非同期性　43, 128, 176, 178, 179
一人一診断　285

●ふ
不安　291
不安症　133, 147, 162
不健全な完璧主義者　38
符号　336
不注意　73, 75, 81, 87, 336, 337
不注意型のADHD　49
不注意優勢型のADHD　271, 272
物質乱用　230, 232, 233, 235
不適切な環境　281
不眠症　206
フロー　74, 78, 259
プロソディ　191
プロファウンドリー・ギフティッド　16, 17, 66, 77, 112, 120, 128, 203, 291

●ほ
ホームスクーリング　297

●ま
マーランド・レポート（Marland Report）　10
マリファナ　238

●む
夢中遊行　209

●め
メタ認知能力　149

●や
夜驚　209, 212
薬物依存症　235, 236
薬物療法　84-86, 153, 163, 296, 334, 338, 350
夜尿　210
夜尿症　210

●よ
抑うつ　60, 149, 152, 291
抑うつエピソード　152
抑うつ障害〔うつ病性障害〕　13, 149, 158, 160, 165
抑うつ病　162
予防　289
予防的ガイダンス　290

●ら
楽観主義　152

●り
理想主義　39, 117, 164, 165, 235

●わ
ワーキングメモリ　336

人名

●A
Asperger, H.　121

●C
Csikszentmihalyi, M.　74, 78

●D
Dąbrowski, K.　xii, 26, 27
Dweck, C.　144

●G
Gardner, H.　34
Grandin, T.　127

●H
Hollingworth, L. S.　iii, 9, 40

● M
Marland, S. P. *331*

● R
Rogers, C. *249*
Rourke, B. *191*

● S
Seligman, M. E. P. *158*

● T
Terman, L. *5, 6*

● W
Wing, L. *121*

監訳者あとがき

「今後も連絡をとり続けよう。時間はかかるだろう。でも，一緒に啓発していこう。一つ書が出版されれば，じわじわとその波が広がっていくはずだ。同じ思いをもつ人たちが，日本にもいるはずだ」
With appreciation for your dedicated work that helps so many! Jim Webb.

　原著 "*Misdiagnosis and Dual Diagnoses of Gifted Children and Adults: ADHD, Bipolar, OCD, Asperger's, Depression, and Other Disorders*" 第2版の第一著者であられる Dr. James Webb に，「日本語版によせて」を書いていただこうと思っていました。それがかなわぬ夢となってしまいました。ただ，Dr. Webb が日本語版翻訳に向けて残してくださったことばがあります。それが，冒頭の2つです。最初のことばは，2018年7月19～22日，San Diego で開催された SENG Annual Conference 2018 にて，別れ際に奥様とともにくださった励ましのことばです。2番目は，原著タイトルページに，サインとともに書いてくださった，翻訳へのねぎらいのことばです。この直後，Dr. James T. Webb は，2018年7月27日，78歳で急逝されました。
　Dr. Webb（Jim の愛称でよばれていました）との交流は2017年の1月から始まりました。米国のギフティッド児支援，研究の分野でトップ25に入る心理学者の1人に，私などから連絡をとったところで返事など来ないだろうと思っていました。ところが，早々に丁寧な返事が届き，私のなかで希望の灯が見えたのを憶えています。彼には，翻訳過程での原著に関するすべての質問一覧にも回答いただきました。"I am *profoundly* ashamed." というユーモアも添えて。本書は，Dr. Webb が私にお送りくださった修正版に基づいて翻訳されています。
　SENG 学会の前に，インタビューをしたいと Dr. Webb から依頼があったため，私がなぜ本書の翻訳をしたいと思ったか，ギフティッドの問題にかかわろうと思ったかを，39シートものパワーポイントにしてお送りしたところ，すべてに目を通してくださっていました。学会では，日本からの最初の参加者のあった記念すべき日と言って大歓迎してくださいましたが，これは，単に私が日本人初参加者だからというだけでなく，ギフティッドをめぐる日本の事情をよくご存知だったからです（これまで，欧州からは勿論，アジアでは韓国，台湾，中国からの参加者はあったが，日本人はまったく来たことがなかったと，憂えていらっしゃいました）。学会中は，親からの質問を受ける形でのワークショップをなさる（満員でした）以外は，ご自身で設立された

出版社 Great Potential Press のブースに静かに座っておられ，彼の書に救われた多くのギフティッド児の親たちの訪問を受けていました。コミコン（Comic-Con）の時期と重なりましたが，コミコンとタイアップの日は，ドレッドヘアのキャラクターになってブース前に変わらずニコニコと座っていらっしゃいました。

彼の功績だけでなく，その温かで気さくでユーモアあふれる人間性は，彼とかかわった世界中の多くの人々が感じていたことだと，in memoriam（https://jamestwebb.com/in-memoriam-dr-james-t-webb/）からもわかります。

人の生死の時期を人が決めることはできません。しかし，医療，教育，発達支援の専門家として，また，親として，目の前の子ども（また，大人）の生命のために最善を尽くそうとするなかで，無知（知らされていない）がゆえに，悩み，苦しみ，そして，その子（人）を傷つけ，その生命を歪め，その生命の終焉を早めてしまうことすらあるとするならば，これほどの不幸はないと思います。日本では，ギフティッドをめぐってこのような不幸が多く起こっていると思います。私は，発達心理学者の1人として，ギフティッドをめぐるこの「無知」がもたらす不幸に対する責任を痛感しました。そして，信頼に足る書籍出版の必要性と責務を強く感じました。ギフティッド児や成人ギフティッドの特性，関連する問題を知るだけでも防ぐことのできる不幸がたくさんあると思います。本書は，「無知」から生じる不幸を防ぐだけでなく，具体的にどうすればよいかが記されています。

なお，原著には DSM-5 の診断基準が Table として掲載されていますが，了解を得たうえで，本書では掲載しませんでした。それ以外は原著に忠実に翻訳することを志しましたが，米国の保険や教育システム，認可処方薬等は必ずしも日本の事情にはあてはまりません。特に日米の違いに注意したいところには訳注を付しましたが，それ以外も，特にギフティッドをめぐる制度の整っていない日本の現状にはあてはまらない部分があります。ただ，日本が今後目指す方向の1つのヒントになると考え，それらは削除しませんでした。

翻訳にあたり多くの方々のお力添えをいただきました。翻訳出版の熱い思いと躊躇する気持ちの入り混じった私の背中を押してくださり，その都度相談にものっていただきご指導くださった，大学時代からの恩師でもある白梅学園大学特任教授，無藤隆先生。原著の解釈から原著者との連絡に至るまで，言語的サポートをしてくださった，Todd Stafford 先生と上越教育大学名誉教授，北條礼子先生。このような仕事を理解し，そして協力してくれた家族。ここに感謝申し上げます。また，私の思いを形にできたのは，何よりも北大路書房，安井理紗様，黒木結花様のご尽力のおかげと，心より感謝申し上げます。

本書が，日本におけるギフテッド児の親，教師，医師，様々な支援にかかわる人々の支えとなることを強く願います。そして，日本の医療，教育，育児にギフティッドネスが自然に考慮されるような社会への一歩となればと願います。

2019 年 9 月

角谷　詩織

● 著者プロフィール

James T. Webb, Ph.D., ABPP-Cl

　ギフティッド教育に最も影響を与えた，全米トップの心理学者の1人。有資格の臨床心理学者。1982年より，ギフティッドやタレンティッドの子どもや成人の社会・情緒的ニーズに注目する。臨床心理学ディプロメイト（Diplomate in Clinical Psychology）の正式な資格保有者。米国心理学会（American Psychological Association）フェロー，運営組織の議会委員を3年間務めた。小児心理学会（Society of Pediatric Psychology），パーソナリティ・アセスメント学会（Society for Personality Assessment）フェローに選出される。米国心理学会より Heiser Presidential Award for Advocacy を，メンサ教育・研究基金（Mensa Education and Research Foundation）より National Award for Excellence, Senior Investigator Division を授与される。全米小児ギフティッド協会（National Association for Gifted Children: NAGC）理事，米国小児ギフティッド協会（American Association for Gifted Children）プレジデントを歴任。

　オハイオ州心理学会（Ohio Psychological Association）の元プレジデント，評議委員会委員を7年間務めた。臨床家としての職務の他，クリニックや病院の様々なコンサルタントの職務にもつく。オハイオ州デイトン，ライト州立大学大学院臨床心理学科（School of Professional Psychology at Wright State University）創設者の1人。教授職，部局長を務めた。それに先立ち，デイトン子どもメディカルセンター心理部を統轄し，ライト州立大学医学大学院（Wright State University School of Medicine）の小児科・精神医学科（Department of Pediatrics and Psychiatry）臨床学准教授を務めた。それ以前は，オハイオ大学（Ohio University）大学院心理学科教員を務めた。

　1981年，国の非営利団体で，ギフティッド児および成人ギフティッドに関する情報や訓練の場の提供，学会やワークショップの開催などを行う SENG（Supporting Emotional Needs of Gifted, Inc.）を設立。現在，名誉理事。デイビッドソン人材育成研究所（Davidson Institute for Talent Development）のコンサルタントを複数年間務めた。

　"*Guiding the Gifted Child: A Practical Source for Parents and Teachers*" の著者の1人。これは，米国心理学会より National Media Award を授与された。「エクセプショナルな子どもたちの独特で繊細な情緒的ニーズの理解に重要な貢献を果たした」書籍の証である。100,000部以上も発行され，世界各国で翻訳されている。Dr. Webb の "*Gifted Parent Groups: The SENG-Model*" は，全米また世界各国で取り入れられ，成果を上げている。ギフティッドやタレンティッドの子どもに関する75以上もの専門雑誌論文，16の書籍，多数のリサーチ・ペーパー，学会発表の業績がある。

　テネシー州メンフィス生まれ。ローズ・カレッジ（Rhodes College）卒業後，アラ

バマ大学（University of Alabama）にて博士号取得。

Edward R. Amend, Psy.D.
　臨床心理士。ケンタッキー州レキシントンにて，Amend Psychological Services, PSCを開業し，ギフティッドやタレンティッドの子ども・若者とその家族の社会的，情緒的，教育的ニーズに注目している。ケンタッキー州とオハイオ州で心理サービスを提供する資格を有す。開業臨床心理士として，また，コミュニティ・メンタルヘルス機関での職，クリニックや病院でのコンサルタントの職にもある。
　ギフティッド，学習障害，ADD，2eなど，様々な特別なニーズのある子どもや青年の評価と治療を提供している。子どもや親のためのディスカッション・グループや，教育グループの指導を行い，学校関係者を対象としたコンサルテーションやトレーニングを実施している。州や国で開催される学会で多くの発表を行っている。そこでは主に，ギフティッドにかかわる，ADHDやアスペルガー症候群等の誤診，学業不振，完璧主義，教育計画，社会・情緒的ニーズの問題を扱う。ギフティッド者のニーズについて全米で講演し，ギフティッド児に関する多くの書籍・論文の著者・共著者である。
　SENG（Supporting Emotional Needs of Gifted）の理事会委員を5年務め，財務責任者でもあった。現在は名誉会長である。ケンタッキー州ギフティッド教育協会（Kentucky Association for Gifted Education: KAGE）の地区代表，プレジデント，NAGCカウンセリング・ガイダンス部理事，議長を務めた。NAGCのAssessment Special Interest GroupやNational Twice-exceptional Community of Practiceに積極的にかかわる。デイビッドソン人材育成研究所コンサルタント，米国心理学会会員，APA Division53（Child-Clinical Psychology）会員，ケンタッキー州心理学会（Kentucky Psychological Association）会員である。"*Roeper Review*"編集者，その他のギフティッド教育誌の編集，査読者である。
　ペンシルベニア州ユニオンタウンの生まれ。ペンシルベニア州ラットローブ，セント・ヴィンセント大学（Saint Vincent College）を首席で卒業，オハイオ州デイトン，ライト州立大学大学院臨床心理学科（Wright State University School of Professional Psychology）にて博士課程修了，ノースイースト・オハイオ大学医学大学院（Northeastern Ohio Universities College of Medicine［訳注：現在はNortheast Ohio Medical University］）にてChief Internを務め，インターンシップと研修を修了した。

Nadia Webb, Psy.D., MPAP, ABPdN, ABN
　小児・成人の診察資格を有した神経心理学者。神経心理学的診察の専門家であり，医療「処方」心理士の資格を有す。ラトガース大学（Rutgers University）で修士・

博士号，精神薬理学のポストドクターでの修士号を取得。New College of Californiaより臨床心理学修士号を授与される。結婚・家族セラピストの資格も有する。個人の臨床業務においては，学習障害のあるギフティッド児，顕著な非同期発達のあるギフティッド児，情緒的問題のあるギフティッド児に広くかかわる。

シカゴ心理学大学（Chicago School of Professional Psychology）で教授の便をとりながら，アーゴシー大学心理学大学院（American School of Professional Psychology［訳注：現在は American school of professional psychology at Argosy University］），ラトガース大学（Rutgers University）でも教授の弁をとる。現職トレーニングプログラムを開発し，複数の機関の連携ケアシステムを整え，子どものニーズに関する複数の州や国の委員会委員を務めた。その功績は，米国医師会（American Medical Association），国防総省（Department of Defense）から表彰され，また，その他さまざまな表彰を受けた。

SENG 理事，デイビッドソン人材育成研究所顧問，社会・応用神経科学研究所（Institute for Social and Applied Neuroscience）常任理事を歴任した。また，ラトガース大学大学院臨床心理研究科（Graduate School of Professional Psychology at Rutgers）より特別功労賞を，米国心理学会より Heiser Award を授与された。子どものメンタルヘルスサービスの働きが，アリゾナ州及びルイジアナ州知事から表彰された。

Jean Goerss, M.D.

小児科医の資格を有す。メイヨー・クリニック（Mayo Clinic）にて研修を修了し，臨床遺伝学の特別研究員として勤務し，疫学的研究を行った。オレゴン州，ポートランド大学（University of Portland）にて B.S. を，イリノイ州メイウッド，ロヨラ大学ストゥリッチ医学大学院（Loyola-Stritch School of Medicine）で M.D. を，ミネアポリス，ミネソタ大学（University of Minnesota）にて疫学の M.P.H. を取得。ミネソタ州ロチェスターのメイヨー・クリニック（Mayo Clinic）にて，小児科学と臨床遺伝学の研修を修了。

自身の研究成果をシニアオーサーとして 3 つの医学論文にて公表し，Easter Seals 研究助成金を受けた共同研究も行った。Phi Kappa Phi や Delta Epsilon Sigma National Scholastic Honor Society などの優等生協会のメンバーである。

2 人のギフティッドの息子をもつ親でもあり，ギフティッド教育に積極的にかかわる。ミネソタ州ロチェスターのギフティッド教育特別委員会委員，アリゾナ州スコッツデールのスコッツデール・ギフティッド支援会（Scottsdale Supporters of the Gifted）創立メンバー，アリゾナ州ディアバレー統一学区（Deer Valley (Arizona) Unified School District）のギフティッド児のためのカリキュラム改定に携わる。

Paul Beljan, Psy.D., ABPdN

アリゾナ州フェニックスで開業している臨床神経心理学者。ライト州立大学大学院臨床心理学科にて博士号を取得。小児心理学と小児神経心理学のプリドクターのインターンシップを，オレゴン健康科学大学（Oregon Health Sciences University）子ども発達・リハビリテーションセンターにて修了した。小児心理学と小児神経心理学ポストドクターを，ミシガン州立大学人間医学大学院（Michigan State University School of Human Medicine［訳注：現在は Michigan State University College of Human Medicine］）にて修了。有資格のディプロメイトとして，米国小児神経心理学協会（American Board of Pediatric Neuropsychology）実行委員会委員，財務部長，理事長を歴任。

専門は小児神経科学，特に，外傷性脳損傷，アルコール・薬物関連の神経発達障害，トラウマ，熱傷性脳症，学習障害，ギフティッドの知能，実行機能，ADD である。拡充学習センター（Learning Enrichment Center）を創立し，ディスレクシア，ADHD，軽度外傷性脳損傷，非同期発達を抱える人々のための生理-神経学的訓練プログラムを開発した。アーゴシー大学心理学大学院（Argosy School of Professional Psychology）の小児神経心理学非常勤教授，アリゾナ州立大学（Arizona State University）にて，ギフティッドの知能にかかわる神経心理学を教授している。"*2e: Twice-Exceptional Newsletter*" の編集顧問委員会委員。

F. Richard "Rick" Olenchak, Ph.D., P.C.

パデュー大学（Purdue University）教育学科長，教育心理学，リサーチ・メソドロジーの教授である。これまでに，ヒューストン大学（University of Houston）のファカルティ・デベロップメント＆ファカルティ・アフェアの副教務局長と教育心理学科長を務める。それ以前は，アラバマ大学（University of Alabama）特別支援教育学科主任，教師教育主任を務める。ミシガン大学（University of Michigan），東ミシガン大学（Eastern Michigan University），アリゾナ州立大学にて学位を取得，コネチカット大学（University of Connecticut）ギフティッドネス＆才能伸長専攻の Ph. D.（教育心理学）を取得。その後，ポストドクターのインターンシップを青年のための安全な医療設備の分野で修了。大学での職に就く前に，一般教育の教師，ギフティッドプログラムの教師，ギフティッドプログラムの指導者，2度の校長としての職を歴任。

NAGC プレジデント。これまで，International Future Problem Solving Program（FPSP），Association for the Education of Gifted Underachieving Students（AEGUS）プレジデントを務め，SENG 役員を務めた。NAGC，テキサス州ギフティッド＆タレンティッド協会（Texas Association for Gifted and Talented）において，様々な

ネットワークをもつとともに,指導的立場にある。

　国内・国際問わず,ギフティッドネスの社会・情緒的側面への対応に関するセミナーや研究会を多く開催し,100以上もの刊行物の執筆者・共同執筆者である。それらの多くは,ギフティッドやタレンティッドの人々の認知と感情との関連を調べたものである。最近の専門は,ギフティッドネスの社会・情緒面と才能の発達とともに,若者の才能発達に与える,共存障害の影響についてである。2eの生徒への関心に基づき,「希望」の構成概念と,それが個々の生徒のホリスティックな発達とどのように関連するかを縦断的に検討している。

Marianne Kuzujanakis, M.D., M.P.H.
　小児科医。SENG専門顧問委員会の議長。ライト州立大学医学大学院(Wright State University School of Medicine)にて医学学位を取得。小児科医の研修をテネシー大学ヘルス・サイエンス・センター(UT-Menphis)で修了し,LeBonheur Children's Medical Center, The Med Newborn Center, St. Jude Children's Research Hospitalに勤務した。ホスピタリスト,臨床部長,プライマリーケア小児科医,ハーバード大学医学大学院(Harvard Medical School)の臨床指導者,地域小児医療訓練プログラムの共同ディレクターとして,医療業務に携わる。Agency for Health Care Research and Qualityから,"National Research and Service Award"を授与され,マサチューセッツ州ボストン,ハーバード大学公衆衛生大学院(Harvard School of Public Health)とBoston Children's HospitalのPediatric Health Services Research Fellowとなり,同時に,M.P.H.を取得した。これまでに,SENGの理事を務め,現在,Bright Not Broken: Lorna Wing Institute of Americaの諮問機関委員。米国小児科学会(American Academy of Pediatrics)会員。

　本書執筆中も,プロファウンドリー・ギフティッドである息子のために,長年のホームスクールを継続中であった。この間,ギフティッドネスやギフティッド児にかかわる医療専門家の役割について広く書き記したブログが,"*Huffington Post*"(http://www.huffingtonpost.com/Marianne-kuzujanakis/)に掲載されている。SENG Misdiagnosis Initiative(http://sengifted.org/programs/misdiagnosis-initiative/)の共同創立者である。

■監訳者紹介

角谷詩織（すみや・しおり）
1974年　長野県に生まれる
2002年　お茶の水女子大学大学院人間文化研究科博士後期課程修了
現　在　上越教育大学教授　博士（人文科学）
専　門　発達心理学・教育心理学
【主著・論文】
　理科大好き！の子どもを育てる―心理学・脳科学者からの提言（分担執筆）　北大路書房　2008年
　8歳までに経験しておきたい科学（共訳）　北大路書房　2007年
　Applied Developmental Psychology: Theory, Practice, and Research from Japan.（分担執筆）Information Age Publishing　2005年
　中学生にとっての部活動・総合的な学習の時間の意義―発達段階―環境適合理論の観点から―　公益信託　平成16年度後期　小貫英教育賞　心理学部門受賞　2005年
　論理的説明力育成を通した学習理解・人間理解の促進　博報財団　第2回児童教育実践についての研究助成　優秀賞受賞　2007年

榊原洋一（さかきはら・よういち）
1951年　東京都に生まれる
1976年　東京大学医学部卒業
現　在　お茶の水女子大学名誉教授　博士（医学）
専　門　小児科学・小児神経学・発達神経学
【主著・論文】
　最新図解　自閉症スペクトラムの子どもたちをサポートする本　ナツメ社　2017年
　発達障害のある子のサポートブック（共著）　学研プラス　2014年
　図解　よくわかる大人のADHD（共著）　ナツメ社　2013年
　発達障害児をめぐる医療―地域から隔離される子どもたち　福祉労働（162），53-60．2019年
　就学前後期におけるQOLと不注意・多動／衝動性との関連　チャイルド・サイエンス＝Child science：子ども学（16），31-35．2018年

■訳者一覧（執筆順）

＊は監訳者

角谷　詩織＊　　上越教育大学
ロナルド・E・フォックスによるまえがき，称賛のことば，献辞，謝辞，エピグラフ，序文，序章，第1-3章，第5-7章，第9章，第11章，第13-15章，該当章の巻末注，監訳者あとがき

榊原　洋一＊　　お茶の水女子大学名誉教授
監訳者まえがき

小保方　晶子　　ハイデルベルグ大学心理学研究所
第4章，第10章，該当章の巻末注

山本　隆一郎　　江戸川大学社会学部人間心理学科，江戸川大学睡眠研究所
第8章，該当章の巻末注

井上　久祥　　上越教育大学
第12章，該当章の巻末注

翻訳協力：知久　麻衣（コネチカット大学大学院）

ギフティッド　その誤診と重複診断
──心理・医療・教育の現場から──

| 2019年 9 月20日　初版第 1 刷発行 | 定価はカバーに表示 |
| 2024年 4 月20日　初版第 7 刷発行 | してあります。 |

　　　　　著　者　　J．T．ウェ ブ
　　　　　　　　　　E．R．アメンド
　　　　　　　　　　P．ベルジャン
　　　　　　　　　　N．E．ウェ ブ
　　　　　　　　　　M．クズジャナキス
　　　　　　　　　　F．R．オレンチャック
　　　　　　　　　　J．ゴ　ー　ス
　　　　監訳者　　角　谷　詩　織
　　　　　　　　　　榊　原　洋　一
　　　　発行所　　㈱北 大 路 書 房
　　　　〒603-8303　京都市北区紫野十二坊町12-8
　　　　　　　　　電　話　(075) 431-0361㈹
　　　　　　　　　FAX　(075) 431-9393
　　　　　　　　　振　替　01050-4-2083

©2019　　　　　　　印刷・製本／創栄図書印刷㈱
　　　検印省略　落丁・乱丁本はお取り替えいたします。
　　　ISBN978-4-7628-3081-5　　　　Printed in Japan

・ⒿCOPY 〈㈳出版者著作権管理機構 委託出版物〉
　本書の無断複写は著作権法上での例外を除き禁じられています。
　複写される場合は，そのつど事前に，㈳出版者著作権管理機構
　（電話 03-5244-5088，FAX 03-5244-5089，e-mail: info@jcopy.or.jp）
　の許諾を得てください。